中国艺术学文库·博导文丛
LIBRARY OF CHINA ARTS · SERIES OF DOCTORAL SUPERVISORS

总主编　仲呈祥

艺术学的文化视野

于平　著

中国文学艺术基金会资助项目

中国文联文艺出版精品工程项目

中国文联出版社
http://www.clapnet.cn

图书在版编目（CIP）数据

艺术学的文化视野 / 于平著 . – 北京：中国文联出版社，2014.8
ISBN 978 – 7 – 5059 – 8988 – 7
（中国艺术学文库·博导文丛）
Ⅰ.①艺… Ⅱ.①于… Ⅲ.①文化艺术 – 文集
Ⅳ.① GO-53
中国版本图书馆 CIP 数据核字（2014）第 182092 号

艺术学的文化视野

作　　者：于　平	
出 版 人：朱　庆	
终 审 人：奚耀华	复 审 人：邓友女
责任编辑：王小陶	责任校对：杜小珊　朱为中
封面设计：马庆晓	责任印制：周　欣

出版发行：中国文联出版社
地　　址：北京市朝阳区农展馆南里 10 号，100125
电　　话：010-65389682（咨询）65067803（发行）65389150（邮购）
传　　真：010-65933115（总编室），010-65033859（发行部）
网　　址：http://www.clapnet.cn
E – mail：clap@clapnet.cn　　wangxt@clapnet.cn
印　　刷：中煤涿州制图印刷厂北京分厂
装　　订：中煤涿州制图印刷厂北京分厂
法律顾问：北京市天驰洪范律师事务所徐波律师
本书如有破损、缺页、装订错误，请与本社联系调换

开　　本：70×1000	1/16
字　　数：405 千字	印　张：28.25
版　　次：2014 年 9 月第 1 版	印　次：2014 年 9 月第 1 次印刷
书　　号：ISBN 978-7-5059-8988 – 7	
定　　价：85.00 元	

版权所有　翻印必究

目　录

代序

001 ／艺术研究与文化自觉
　　　　——于平《艺术学的文化视野》述评（熊元义）

第一编　民族复兴的文化自觉

003 ／实现民族复兴需要发展先进文化
　　　　——胡锦涛总书记七一重要讲话学习心得

009 ／建设文化强国需要增强文化自觉
　　　　——党的十七届六中全会公报学习心得

016 ／推动文化发展需要增强创造活力
　　　　——党的十八大精神学习心得

022 ／建设文化强国需要增强创造活力
　　　　——党的十八大《报告》学习心得

031 ／深化文化体制改革需要增强系统思维
　　　　——党的十八届三中全会《决定》学习心得

036 ／习近平总书记系列重要讲话学习心得三题

第二编　舞台演艺的文化建构

049 ／中国舞蹈的原始发生与历史建构

061 ／杂技艺术的历史本体与现代美化

068 / 诗化舞剧与舞剧的诗化
　　——新时期中国舞剧本体探索的阅读笔记

084 / 音乐剧的审美理想和造美机制

第三编　艺术批评的文化理想

093 / 舞剧是一种舞蹈文化

097 / 重建舞蹈的文化理想

102 / 舞蹈的生命情调与人文精神

106 / "剧作就是文学"的理论诉求与实践意义

111 / 创作的意义与文学的理想

116 / 文艺批评要转作风改文风开新风

121 / "春晚大餐"与本山小品

129 / "春晚"文化与文化"春晚"

第四编　演艺企业的文化转型

137 / 面对"中等收入陷阱"的文艺院团改革

142 / 演艺企业的内生动力与自生能力

148 / 传统舞台演艺的现代转化

151 / 演艺文化的科技支撑与本体开拓

154 / 转制院团的演艺产品生产

164 / 演艺产业发展的认识与建议

第五编　教育科研的文化实践

175 / 教育"规划纲要"视野中的艺术职业教育

184 / 发展艺术教育需要强化职业技能

190 / 实践优先的艺术职业教育
　　——从两部舞剧看一所高职的育才追求

202 / 艺术学：独立学科门类的学域扩张与学理建构

208 / "两大一新"文化建设中的艺术科研

215 / 大数据时代的艺术学对策研究

223 / 从文化产品看文化建设的系统构成

第六编　科技驱动的文化创新

247 / 全球化进程中的文化科技自觉

254 / 科技进步引领下的文化创新

261 / 文化科技自觉引领下的高端文化创新

266 / 科技强文助力文化强国建设

272 / 文化与科技融合的创新驱动

第七编　创造活力的文化追求

283 / 科学发展观统领下的文化发展道路探索

289 / 文化强国建设的创新驱动与转型发展

300 / 新文化时代的文化强市建设

308 / 实现中国梦需要增强创造活力

第八编　国家形象的文化担当

319 / 深圳观念：朝气蓬勃的文化记忆

330 / 深圳学派：面向未来的文化呼求

341 / 中国的和平发展与亚洲的文化共荣

346 / 中国地缘文化的时代担当

352 / 国家文化形象建构的自觉、自信和自强

第九编　凝神聚思的文化愿景

361 / 说"俗"道"雅"谈"文化"

365 / 构建精神家园需要凝聚核心价值

369 / 文化人格的层次攀升

373 / 文化记忆与文化想象

377 / 文化泛漫化及其民生取向

380 / 文化的"平视"与"说人话"

384 / 着眼于"人民至上"的文化自信

388 / 文化建设：依靠人民和教育人民

392 / 文化"为人民"需要大发展大繁荣

396 / "以文化人"要坚持"以人为本"的核心立场

400 / 综合国力竞争中的文化力量

403 / 包容性增长理念中的文化建设

408 / 文化创新的高端定位与发展路径

411 / "集成创新"驱动城市文化转型发展

416 / 城镇化驱动文化转型发展

420 / 先进文化建设重在发挥文化功能的先进性

424 / 后　记

CONTENTS

Preface

001 / Art Research and Cultural Self-Consciousness

　　— Comments on *Cultural View of Art Theory* of Yuping (Xiong Yuanyi)

Part One　Cultural Self-Consciousness in National Rejuvenation

003 / National Rejuvenation Demands Development of Advanced Culture

　　— Thoughts Gained from Learning *the Important Speech Delivered by Hu Jintao*, Former General Secretary of the Central Committee of the Communist Party of China (CPC) and Chinese President at the Symposium to Celebrate the 90th Founding Anniversary of the CPC

009 / To Develop a Strong Culture in China Demands Cultural Self-Consciousness

　　— Thoughts Gained from Learning *the Report Delivered at the Sixth Plenary Session of the Seventeenth CPC Central Committee*

016 / To Promote Cultural Development Needs to Inspire the Cultural Creativity

　　— Thoughts Gained from Learning *the Spirit of the 18th National Congress of the CPC*

CULTURAL VIEW OF ART THEORY

022 / To Develop a Strong Culture in China Needs to Inspire the Cultural Creativity
　　— Thoughts Gained from Learning *the Report of the 18th National Congress of the CPC*

031 / To Deepen the Reform of Cultural System Needs to Strengthen Systematic Thinking
　　— Thoughts Gained from Learning *the Decisions Made during the Third Plenary Session of the Eighteenth CPC Central Committee*

036 / Thoughts Gained from Learning a series of Important Speeches Delivered by Xi Jinping, General Secretary of the Central Committee of the CPC and Chinese President

Part Two　The Cultural Construction of Stage Performance Art

049 / The Origin and Historical Development of Chinese Dancing
061 / The Original Look and Beautification in Modern Times of Acrobatics
068 / Poetic Dance Drama and the Poetization of Dance Drama
　　— Reading Notes of the Probing into the Essence of Chinese Dance Drama in the New Period
084 / The Aesthetic Ideal and Beauty Creation Mechanism of Musicals

Part Three　The Cultural Ideal of Arts Criticism

093 / Dance Drama is Essentially a Kind of Dancing Culture
097 / Reconstruct the Cultural Ideal of Dancing
102 / The Humanitarianism and Humanistic Spirit of Dancing
106 / The Theoretical Request and Practical Meaning of "Play Being Literature"
111 / The Meaning of Creation and the Ideal of Literature
116 / Arts Criticism Needs to Improve the Way of Working, to Change the Style of Writing and Create a New Atmosphere

121 / "The Blowout of CCTV New Year's Gala" and Sketches Performed by Zhao Benshan

129 / Culture of CCTV New Year's Gala and CCTV New Year's Gala of Culture

Part Four   Transformation of Performance Art Enterprises

137 / The Reform of Cultural Theatre Troupes Facing the Middle Income Trap

142 / The Endogenous Driving Force and Viability of Performance Art Enterprises

148 / The Modern Transformation of Traditional Stage Performance Arts

151 / The Support of Science and Technology and Exploration of Essonse of Performance Art

154 / The Production of Performance Art Work of Enterprises Transformed from State-owned Theatre Troupes

164 / Perception of and Suggestion for the Development of the Performance Art Industry

Part Five   The Practice in a Cultural Perspective of Education and Scientific Research

175 / The Art Vocational Education in the Perspective of National Outline for Medium and Long-term Education Reform and Development

184 / Development of Art Education Needs to Strengthen Students' Vocational Skills

190 / The Priority of Practice in Art Vocational Education
— Educational Pursuit of an Advanced Occupation Technical School Reflected in Two Dance Drama

202 / Art Theory: Expansion of Research Area and Construction of Theoretical Structure of an Individual Science

208 / Art Scientific Research in the Process of Promoting Vigorous Development and Prosperity of Socialist Culture and Starting a New Upsurge in Socialist Cultural Construction

215 / How Does Art Theory Adapt to the Age of Big Data?
223 / Study of the Structure of Cultural Construction by Analyzing Cultural Products

Part Six　Culture Innovation Driven by Technology

247 / Awareness of Cultural Technology in the Globalization
254 / Culture Innovation Lead by Technological Progress
261 / Quality Culture Innovation Lead by Awareness of Cultural Technology
266 / Technology fosters the Development of a Strong Socialist Culture in China
272 / Innovation as Its Driving Force in the Combination of Culture and Technology

Part Seven　Cultural Pursuit of Creativity

283 / Exploration of the Path of Cultural Development under the Scientific Outlook on Development
289 / To Develop China into a Nation with a Strong Socialist Culture, We Need Innovation as Its Driving Force and Transition of the Way of Development
300 / To Develop Cities into Cities with a Strong Socialist Culture in the New Cultural Times
308 / To Realize Chinese Dream, we Need to Inspire the Cultural Creativity.

Part Eight　The Role Culture Plays in the Building of National Image

319 / Shenzhen Views: Memory of a Culture Full of Vigor and Vitality
330 / Shenzhen School: Pursuit of a Future-oriented Culture
341 / China's Peaceful Development and the Common Cultural Prosperity of All Nationalities in Asia

346 / The Responsibility of Chinese Geoculture in Today's World

352 / The Self-consciousness, Self-confidence and Self-improvement in the Building of National Image

Part Nine　A Cultural Vision that Will Forge Public Consensus and Put Everyone's Heads Together

361 / Vulgarness and Elegance about Culture

365 / Essential of Spiritual Home: Core Values

369 / Cultural Personality's Progress

373 / Cultural Memory and Imagination

377 / Spread Unchecked of Culture and Cultural Tropism of the Masses

380 / Keep Your Eyesight at the Horizontal Level and Say Word Naturally

384 / Cultral Confidence Based on "People Supremacy"

388 / Culture Construction: Rely on and Educate the Masses

392 / Culture for the Masses Calls for Thriving

396 / To Cultivate Citizens with Culture Must Adhere to the Core Principle of Putting People First

400 / Culture Force in the Synthetic Power Competition

403 / Inclusive Growth in the Cultural Construction

408 / High-end Position and Development Path of the Cultural Innovation

411 / "Integrated Innovation" Drives the Culture Model Change Among Cities

416 / Urbanization Simulate Culture Model Change

420 / The Construction of Advanced Culture should Focus on Exerting Advancement of Culture Functions

424 / **Postscript**

代序：艺术研究与文化自觉
——于平《艺术学的文化视野》述评

熊元义

在中国当代文化艺术理论界，于平是能将理论研究与实际工作紧密结合并头脑清醒的文化艺术理论家之一。从文集《艺术学的文化视野》收录的文化艺术研究成果可以看出，于平对中国当代文化艺术的发展不仅有宏观把握，也有微观研究，无论是在把握中国特色社会主义文化强国道路和中国特色社会主义文化理论上，还是在对文化科技、艺术学和艺术教育的研究方面，都取得了较大的理论成果。这无疑有利于推动中国当代艺术学的健康发展。

首先，于平的文化艺术研究既有广阔的文化视野，也有深厚的理论功底。这就是于平的文化艺术研究是在深入认识和把握中国特色社会主义文化强国道路和中国特色社会主义文化理论的基础上展开研究并进而推进中国当代艺术学的发展的，是在深入认识和把握世界科技发展的基础上推进中国当代艺术学的发展的。可以说，于平的文化艺术研究是将宏观把握与微观研究很好地结合起来了。

于平对中国特色社会主义文化强国道路和中国特色社会主义文化理论有着深刻的认识和全面的把握。于平重视社会主义先进文化的建设，是因为社会主义先进文化的建设关乎中华民族复兴。于平认为要实现中华民族的伟大复兴，就必须加强社会主义先进文化的建设。"文化的先进性不仅是一种属性更是一个动态过程"，"要在中国特色社会主义伟大实践中进行文化创造，要推动社会主义先进文化更加深入人心"，"要以高度的文化自觉和文化自信，提高民族素质和塑造高尚人格，增强民族的自尊心、自信心、自豪感，建设中华民族共有的精神家园""要在全社会形成积极向上的精神追求和健康文明的生活方式。文化作为综合国力竞争的重要因素，不仅在于我们是否有创造先进文化的人，而且在于我们能否塑造出人的文化先进性""要形成与我国国际地位相对称的文化软实力，要提高中华文化国际影响力。为此，我们要有发展先进文化的紧迫感，要加快文化体制改革，加快构建公共文化服务体系，加快发展文化事业和文化产业""要成为文化强国，不仅要有强国的文化而且要切实通过文化去强国，要形成与文化强国相对称的文化力量"。（《实现民族复兴需要发展先进文化》）这些体会和论断抓住了中国当代文化建设的关键和要点，不仅体现了于平对中国特色社会主义文化强国道路的深刻认识，而且也表现了他大力发展社会主义先进文化的责任感和使命感。

于平不仅对中国当代文化建设的意义和属性进行了深刻的揭示，还对文化建设的路径和重要环节进行了精辟的概括。于平认为："从文化建设的实际着眼，文化力量形成于文化产品生产、流通和消费三大环节中。文化产品生产环节中的文化力量是文化生产力，具体而言，它包括创新力（原始创新、借鉴创新和集成创新）、集约力（产业化）、共生力（多样化）和拓展力（扩大再生产）。文化产品流通环节中的文化力量是文化传播力，具体而言，它包括保障力（基本保障）、共享力（均等服务）、弘扬力（价值张扬）和竞争力（科技进步）。文化产品消费环节中的文化力量是文化影响力，具体而言，它包括向心力（民族凝聚）、共处力（和平共处）、引导力（价值取向）和提升力（境界升华）。"（《实现民族复兴需要发展先进文化》）于平这种对文化力量的把握不仅有助于人们对中国特色社会主义文化理论的认识，而且有助于人们将理论认识转化为实践思路，从而在实际工作中围绕中心、把握大局，努力推动中国特色社会主义文化大发展大繁荣。

于平强调通过深化改革推动中国当代文化发展。于平认为深化体制改革是为了推动文化发展，是为了解放和发展文化生产力；而一种文化生产体制机制的形成，又决定于文化产品属性的认识。他辩证地分析了文化产品的两种属性："当我们转变观念，认识到文化产品不仅有意识形态属性而且有商品属性之时，我们一方面可以对不同属性的文化产品区别对待，一方面则要在更高的层面上实现两种属性的统一。我们需要正确处理把社会效益放在首位和提高经济效益的关系，需要正确处理遵循文化建设规律和适应市场规律的关系，需要正确处理提高人民思想道德素质和满足人民多样化精神文化需求的关系。"（《建设文化强国需要增强创造活力》）这种对文化市场在社会主义文化建设发展中的重要作用的深刻认识，很好地把握了社会主义文化的发展方向。

文化的发展繁荣离不开文化创新。中华民族的复兴也意味着中国作为一个大国的崛起。于平认为："着眼于大国崛起的'文化准备'，意味着我们文化改革与发展要着眼于高端文化创新，要着眼于建立与物质文明高度发达相适应的提升文化'软实力'的文化创新；这种'文化准备'还意味着我们通过文化改革与发展而实现的'文化转型'，对内要有凝聚力和崇高的价值取向，对外要有感召力和伟岸的精神魅力。"（《文化科技自觉引领下的高端文化创新》）在于平看来，文化创新是与大国崛起的"文化准备"密切联系在一起的。这样，文化创新就不仅仅是文化本身的创新，而且是中华民族的伟大复兴所应有的内在要求。

对于文化创新的途径，于平进行了相当深入的思考。一是于平积极推动广大艺术家在适应中国当代经济社会发展的基础上进行文化创新。于平看到文化的"自律"是由社会方方面面的"他律"综合作用的结果，而文化"本体"是对无数历史"具体"的不断抽象不断增容，就在把握文化与经济社会发展的逻辑关系的基础上提出中国当代艺术教育在强调艺术教育的"自律"时应重视经济社会发展的"他律"。演艺教育要适应并且先行于经济社会，一个重要的调整是将对"实验艺术"的关注多一些转移到"实用艺术"上来。（《科技进步引领下的文化创新》）二是于平强调"文化创新"最需要关注的便是文化体制创新和文化科技创新，认为前者是解放艺术生产力，后者是发展艺术生产力。于平认为从人类发展的大文化观来看，科技进步不仅是文化发展的动力，也是文化存在的进步形态；科技进步既推动着文化创新，更促进"新文化"的孕育诞生。而文化产品的升级换代和文化服务的趋美近善，都与"器"的改造和应用分不开；并且，体现在这种改造和应用中的"创新"往往都有较高的科技含量。（《文化创新的高端定位与发展路径》）三是于平重视科学技术在文化产业和文化事业发展中重要作用。当代文化产业的发展得到了高新技术的有力支撑。于平认为："文化产业的突起迅涨，对促进经济增长和经济发展方式的转变发生越来越重要的作用。其实，作为对文化产品传统生产方式的转变以及对传统文化业态领域的突破,文化产业的内在支撑是高新技术对'文化'的选择性切入。高新技术对文化产品生产方式的改变,我们往往只注意到它的'同型批量'并认为这是对文化产品追求精神个性的抹杀乃至扼杀。而事实上,当我们置身于信息技术高度发展的当今时代,传统文化业态因其传播力的式微而深陷于窘境之中。应当认识到,文化产业作为当代文化建设跨越式发展的实现,并非传统文化业态生产的'产业化',而是顺应当代文化传播方式的业态提升和业域拓展。文化产业之所以在经济发展方式转变中发挥着优结构、扩消费、增就业、促跨越、可持续的作用,在于它本身就由高新技术所支撑所推动。"(《建设文化强国需要增强文化自觉》)文化产品要好听、好看、好玩,要有观赏性,才能发挥文化娱乐功能。"观赏性从文化需求来说与人民群众需求的文化娱乐功能有更深的关联,从文化生产来说则与高新科技推动的文化优质服务有更多的关联——高清观赏、虚拟观赏、互动观赏已成为人民群众日益增长的观赏需求。在论及文化功能的娱乐、观赏等无形的精神需求之时,我们还应重视文化产品被人民群众日益认同甚至是追捧的有形的物质需求功能,比如在物质生产与精神生产结合部、且既往更主要属于物质生产的'工艺业'回归为文化业态就是如此。"(《从文化产品看文化建设的系统构成》)这种分析不仅将科学技术与文化产品的开发联系起来,而且将科学技术与整个文化产业的发展联系起来,深刻揭示了科学技术在文化建设中的重要地位和作用。于平看到并非文化资源大市的深圳市在充分发挥科技的支撑、提升和引领作用中实现了"弯道超车",在"文化立市"上后来居上,提出从七个方面推动中国当代文化本体形态的转型升级,即面向公共文化服务设施的技术创新,面向农村和小城镇基层文化服务的技术创新,文化生态保护与开发的技术创新,促进新型文化产业发展的科技方法,提升艺术创作及产品效果的科技方法,提升艺术教育效果的科技方法,提升文化对外影响力的科技方法等。(《全球化进程中的文化科技自觉》)于平在推动中国当代文化本体形态的转型升级时不是盲目的,而是时刻警惕在通过互联网技术共同创造和分享全人类的文化成果时的"文化殖民"或"信息殖民"。

关于文化创新的模式,于平特别重视"集成创新"。于平借鉴"科技创新"模式,认为文化创新也有三大模式:"原始创新""引进消化吸收再创新"和"集成创新"。在中华民族文化发展演进的历史上,"集成创新"

与"继承创新"总是交替进行的，而"集成创新"更体现在民族文化的大开拓、大融合时期。于平在区别"集成创新"与"继承创新"的基础上认为，"集成创新"更强调"集成"主体的自觉，而"继承创新"更强调"继承"对象的权衡。中国当代文化发展正处在这种大开拓、大融合时期，因而于平较多地阐发了"集成创新"这种模式，认为"集成创新"一是强调对创新要素的选择、集成和优化，二是强调创新要素的优势互补、有机熔铸，三是强调创新成果的结构追随功能、要素服从结构。而实现这种"集成创新"则需要强化、培养四种意识：一是自主意识，即创新要素及其有机集成要服从主体解决文化转型发展的需要；二是跨界意识，这既包括开放创新要素的空间跨界，也包括开放创新主体的思维跨界；三是协同意识，这意味着要善于集中智慧，凝聚力量，开放建构，有机整合；四是前瞻意识，即不仅关注"现实的文化"更要关注"文化的现实"，在与时俱进中实现文化转型。（《"集成创新"驱动城市文化转型发展》）在这里，从文化创新到"集成创新"，再到"四种意识"的培养，形成逐步递进的关系，也凸显了于平对于"集成创新"的高度重视。文化发展的困境也往往体现在文化如何创新上。如何创新的问题，涉及人才、体制机制、市场环境、方法意识等方面，于平对于这些方面均有相当思考。这些思考无疑有助于推动文化体制机制改革从而推动文化创新。

总体来看，于平的文化艺术研究可以大致分为两个大的方面即对中国当代文化发展的整体把握和微观研究，而且他在开展相关艺术批评时还将两个方面自觉地结合起来、统一起来，既使微观研究具有一种宏观的视野和历史维度，也使宏观研究具有切实的基础和充实的内容，是一种接地气的文化艺术研究。

其次，于平的文化艺术研究紧密地联系中国当代文化艺术实践并从理论上总结中国当代文化艺术实践，而不是为研究而研究、为理论而理论。这就是于平的文化艺术研究具有深度的人文关怀，特别注重人的文化发展和"以文化人"，特别强调文化艺术的繁荣发展应"以人为本"和"为人民"。

于平看待文化的发展繁荣不仅站在民族复兴的历史高度，而且站在满足人民群众的需求高度。于平清醒地认识到，有了先进社会力量的选择，先进思想文化才能有效发挥其先进作用；有了先进思想文化的武装，先进社会力量才成为真正的先进力量。(《实现民族复兴需要发展先进文化》)因此，于平鲜明地提出，文化是"为人民"的。于平认为这种"为人民"的文化首先应保障人民群众的基本文化权益，其次要满足人民群众日益增长的文化需求，第三要全面提高人民群众的思想道德素质和科学文化素质。(《文化"为人民"需要大发展大繁荣》)他认为，物质的需求与文化的需求都是人民的需求，都应当得到有效保障："人民最关心最直接最现实的利益是学有所教、劳有所得、病有所医、老有所养、住有所居；但随着国民经济的持续发展和国民收入的逐步提高，人民大众也关心闲有所乐、玩有所趣、风有所雅、俗有所易、智有所启、情有所寄。人民大众所需的这类公共服务，虽不是最现实的利益但却是最基本的权益，满足人民基本文化需求是社会主义文化建设的基本任务。"(《推动文化发展需要增强创造活力》)但并非所有的文化艺术都是能够满足、都是适合于人民需求的文化艺术。文化艺术既要有娱乐功能，也要有提升精神的作用。于平在透彻解剖"春晚"时提出了我们需更文化些的"春晚"这个发展目标。于平指出，我们置身于一个"人人都有麦克风"的众声喧哗的时代，我们"春晚"需要的不是"随波逐流"而是"柳暗花明"。我们其实可以更淡定些，拒绝"过把瘾就死"；我们也可以更沉潜些，拒绝"吐口沫便红"；我们还可以更超越些，拒绝"撒个野装酷"……总而言之，我们需要更文化些的"春晚"。在这个基础上，于平提出了"春晚"文化应提升的几个方面：首先，央视"春晚"要深化"问题意识"；第二，央视"春晚"要强化"精品意识"；第三，央视"春晚"要浓化"感恩意识"。(《"春晚"文化与文化"春晚"》)这样的分析、批评，应当说是有助于"春晚"提升文化品位和文化影响力的。

在这个基础上，于平特别注重人的文化发展。中国当代文化界出现了文化泛漫化现象，于平没有简单的否定，而是透过"文化泛漫化"的种种现象，既看到中国当代文化对"民生"的关注即这种"文化泛漫化"现象在文化人看来可能不那么"文化"，但它可能深度关切"民生"，是大众需求文化的一个"进阶"，也是文化需求大众的一条路径，也看到有些当代文化对责任担当的放弃。正如人们所说的"文化是个筐，什么都往里装"，中国当代文化界出现了文化泛漫化现象，有"星光大道"的选秀文化，有

"非诚勿扰"的相亲文化,有"开心辞典"的益智文化,有"一槌定音"的理财文化;还有抖落家藏的鉴宝文化,结伴驴友的酷游文化,解析病理的养生文化,"鸡汤"经典的"开讲"文化……对这些文化泛漫化现象,于平全面地解剖了这种"文化泛漫化"现象,将"文化泛漫化"现象分为两个方面:一是"文化行为"的泛漫。除了选秀、相亲、益智、理财、鉴宝、酷游、养生等等,还有各种土产、特产借文化摆摊,用文化贴金,以文化牟利,由此而派生出诸如花草、水果、美食、佳酿、奇石、红木等"文化节日"。"文化节日"毫无节制地泛漫,给人一种口味真重、心地不纯的印象。二是"文化产品"的泛漫。当下许多文化产品一方面是强化着物质形态特别是那些能交换出货币价值的物质形态,另一方面是凸现出娱乐精神。在这个基础上,于平认为,如果说,"文化行为"的泛漫还有助于我们的文化建设关注"民生",那"文化产品"的泛漫则在貌似对"民生"取向的迎合中放弃了责任担当。(《文化泛漫化及其民生取向》)与有些艺术批评家对这种"文化泛漫化"现象空泛的批判不同,于平对"文化泛漫化"现象的肯定与否定不是笼统的,而是建立在严格甄别不同"文化泛漫化"现象的基础上的。这种文化艺术批评无疑是到位的,有助于人的文化发展。

于平特别强调"以文化人"即健康高雅精神品格的培养建构。以说"俗"道"雅"为例,于平在把握当代文化的"俗"与"雅"的辩证关系时毫无艰涩生硬外来词汇的移植和搬用,而是利用中国当代人活的语言包括日常用语和习惯用语阐明深刻道理。于平指出,中国作为五千年不间断的文明古国,作为多民族一体化的文化大国,其最重要的构成特征就是在发展中丰富,同时又在丰富中发展。在这个过程中,发展的动因是每一个体的"自强不息",丰富的成因则是个体之间的"厚德载物",前者意味着"奋发",而后者则意味着"包容"。因此,"和而不同"成为众多个体保持个体特质又顾及和谐相处的"公约"。"雅"不仅存在于"文化整合"之中,而且体现为整合后"文化范式"的确立,即以"雅"为"正"。既然"以雅为正",文化的认同和传习就有了明确的价值追求:善于修饰的文辞称为"雅驯",充满智慧的话语称为"雅言",博大包容的胸怀称为"雅量"……相形之下,雅、俗之间就有了高下之别、庄谐之别乃至文野之别。接着,于平在梳理"雅驯""雅言""雅量"等概念中把握中国当代文化发展规律。这就是于平在承认雅、俗之间的高下之别、庄谐之别乃至文野之别的基础上提出了文化引领，认为那些讲究品位、追求境界的文化人，不一定自封"高雅"但大多自鸣"清高"，不一定都能"超凡脱俗"但大多鄙夷"谄世媚俗"。拒绝媚俗可以是为着维护自己的人格尊严，也可以是为着彰显自己的人格魅力。文化的"以文化人"，就是"化人以雅"，就是使人的品貌、趣味、格调、境界都渐至"文雅"起来。在这里，"雅"成了"文"的内涵，"文"成了"雅"的表征。因此，我们在远离低俗、拒绝庸俗、摒弃媚俗之时，更要养文心、修文德、循雅道、育雅趣，既陶塑文化人格又提升文化境界。(《说"俗"道"雅"谈"文化"》)于平采用娓娓道来、层层剥笋的方式，阐释了俗与雅的关系，揭示了"雅"的内涵和价值，并进一步提出了"化人以雅"的目标和要求。

于平在文化艺术研究中还提倡说"人话"，即努力讲好那些"唯实"的话，坚决反对讲不着边际的空话、言不及义的废话、恍如隔世的老话和人云亦云的套话。其实，那些空话、废话、老话和套话在中国当代艺术批评界之所以盛行甚至有些泛滥成灾，是因为一些艺术批评家严重脱离了当代历史发展和艺术发展。于平界定了这种"人话"的基本内涵，认为这种"人话"一是通俗易懂，二是通情达理，三是言简意赅，四是语近旨远。(《文化的"平视"与"说人话"》)说"人话"是对艺术批评的要求，当然也涉及"以文化人"的大主旨。在艺术批评中，于平不仅大力提倡说"人话"，而且身体力行说"人话"。可以说，这种说"唯实"的"人话"是于平的文化艺术研究和艺术批评的鲜明特色之一。

于平的文化艺术研究既没有"躲进小楼成一统"，也反对"不问苍生问鬼神"，而是既积极推进中国当代演艺企业的文化转型，也极力推动广大艺术家与时俱进的艺术调整。于平在促进中国当代演艺企业的文化转型时认为，与其纠结于科技之光会否损伤人文之光，不如思索人文之光如何借助科技之光的翅膀飞得更好更高更远；同时，他还提出了新的文化创意观，即既促进中国当代"文化创意"从"仿创"向"原创"的转型，也强调这种"文化创意"对精神价值的追求。(《传统舞台演艺的现代转化》)于平在把握中国当代文艺发展规律的基础上推动了广大艺术家与时俱进的艺术调整。在梳理中国当代舞蹈发展历史时，于平既看到了外来舞蹈的积极影响，也看到了外来舞蹈的消极影响。于平认为，俄罗斯芭蕾学派是中国舞蹈当代建构遭遇的第一个世界语境。这种古典芭蕾挺拔外开的形态不仅顺应了中国人民翻身解放的心态,而且顺应了民族舞蹈系统建构的要求。因此,中国民族舞蹈当代建构积极利用古典芭蕾的构架整合戏曲舞蹈的构件。20世纪80年代以来西方现代舞对中国舞蹈创作观念和运动方法产生了极大的影响:一是就人体表现力而言,拓展了躯干运动的表现力;二是就空间表现力而言,拓展了地面空间的表现力;三是就动作表现力而言,拓展了动作过程的表现力;四是就语言表现力而言,拓展了"主题——变奏"(包括"变奏"的随机性和偶然性)的表现力。但是,这种回归本体、回归本原、回归本我的西方现代舞对中国当代舞蹈发展是有消极影响的。因此,于平鲜明地提出:"我们要在关注本体的同时不忽略主体,在关注本原的同时不放弃演进,在关注本我的同时不忘怀大众。"中国舞蹈的当代建构必然是中国社会当代发展的现实写照,因此我们必然要在当代中国人民创造的历史中创造中国当代舞蹈。(《中国舞蹈的原始发生与历史建构》)从上可以看出,于平的文化艺术研究是以人为本、以大众为本,这既是于平的文化艺术研究的立足点,也是于平的文化艺术研究的出发点。

第三,于平的文化艺术研究将理论研究和对策研究很好地结合起来。于平的文化工作为他的文化艺术研究提供了丰富的文化艺术实践基础,与此同时,于平的文化艺术研究又有力地推动了他的文化工作的开展。可以说,于平将文化工作和文化艺术研究很好地结合起来,这两个方面是相互促进、有机统一的。

于平既反对隔绝"源头活水"的理论研究,也反对迷失"表面现象"的对策研究,而是将理论研究和对策研究有机结合起来。于平的艺术研究虽然比较注重对策研究,但却是将这种对策研究和理论研究并举的。于平深知,如果对策研究没有理论研究作为基础,就会迷失方向;反之,如果理论研究不能支持对策研究,就会无的放矢。因此,虽然于平的这些对策研究和理论研究结合的程度不一,但往往是有的放矢的。这二者的结合,使其理论研究不会成为凌空蹈虚之论,也使其对策研究不会成为局于一隅之策。比如他关于演艺企业建设发展的研究,关于作为最近设立为学科门类的艺术学建设问题的思考，关于艺术职业教育的把握，都体现了这种将理论研究与对策研究结合起来、统一起来的自觉努力。

于平在推进演艺企业自我发展能力建设时以为，"自我发展能力建设"更为重要，其中"增强内生动力"更是重中之重。"增强内生动力"包括产品生产营销和企业经营管理两个层面：产品生产营销层面需要提升创新、营销、资本运作和知识产权经营四种能力。我们演艺企业在其转型发展中，面临着新兴文化业态对受众吸引和争夺。如何通过高端项目来凝聚优秀团队，并通过打造演艺品牌来成就优质企业，于平提出，第一，我们演艺产品的生产在表现生活时尚的过程中，不仅使时尚艺术化而且要使艺术时尚化；第二，我们要逐步把"时尚化艺术"的文化快餐精心烹制成文化大餐，通过艺术品位的提升使观众由"娱乐性"的消遣步入"仪式感"的信念；第三，我们要尽可能调动多种艺术手段，要尽可能吸纳高新科技来强化演艺产品的视听感受，让演艺产品既具有文化底蕴又具有时代风尚。不管是增强"内生动力"还是解决"自生能力"，我们都要靠项目设计，靠产品打造，靠品牌营销……唯此我们才有深化改革的动因，才有加速发展的动力。（《演艺企业的内生动力与自生能力》）这些洞见是于平通过大量实际调查和深入理论思考的基础上提出来的，具有拓展视野、更新观念、引领思路的作用，对于演艺企业的发展无疑具有重要的参考借鉴价值。

演艺文化是以人的艺术表演为核心物的文化形态，它不仅以表演的内容反映出人类生活的丰富多彩，而且以其形态的兴替见证着人类文明的历史进程。于平提出，当前演艺文化建设不能不正视当代科技的突飞猛进，不能不正视突飞猛进的当代科技正创造着人类文明的全新视野，不能不正视这个全新视野给我们演艺文化建设带来的机遇和挑战。于平高度重视科技在文化产业发展中的重要推动作用。他指出，自西方工业革命以来，科技进步事实上已不断对传统演艺文化产生重大影响，这个影响主要体现在两个方面：一是演艺传媒的进步，二是演艺装备的改善。由于传媒的进步和装备的改善着手并已然建立起自身的演艺理念，这一方面体现出科技理性对人文精神历史图式的改变，一方面也体现出演艺文化在科技支撑中的本体开拓。在这个意义上，演艺文化的本体开拓意味着与时俱进，也意味着与科技携手去建构时代的新人文！当我们申说舞台演艺遭遇高新科技是它的历史命运也是它的时代幸运之时,我们同时也坚信当代科技进步的翅膀可以使我们的人文精神飞得更高、飞得更远、飞得更持久也更健康!(《演艺文化的科技支撑与本体开拓》)面对当今世界科技发展突飞猛进,与其被动遭遇科技带来的冲击,不如及时合理开发利用科技,自觉将艺术与科技结合起来,实现文化产业的创新发展。这无疑能够促进人们的文化自觉。

在艺术学研究中,于平深入地总结了以往艺术学的发展历史和全面地研究了当前艺术学的发展现状,并在这个基础上把握了艺术学未来的发展趋势。于平深刻地认识到"艺术学"的升格主要不是学理建构的效应而是学域扩张的影响。艺术学力争成为学科门类的"独立战争",不是向统摄自己的"文学"开战,而是向"文学"与"艺术学"之间的逻辑关系开战。艺术学赢得"独立战争"的胜利,主要是实施着学域扩张的业绩;而艺术学学理建构的成就,至少在目前就其主导方面而言,仍然是"文学"统摄的结果。作为学科门类的"艺术学"学理建构的领域,最精练的表达就是史、论、术三个方面,并且,史和论的主体应当是"术"的演进史和创造论。作为学科门类的艺术学学理建构,当前最为紧迫的是各艺术样式本体之"术"的学理建构。没有这个"核心课题"的解决,我们根本不可能建立起具有成熟"学科品质"的学科门类。换言之,艺术学科建设的关键任务是"以道观器"并"以技通道"。艺术学提升为独立的学科门类,只是为我们尽快完善"学科品质"拓辟了路径,而"学科品质"真正意义上并且是符合本体特征的建构,还需要我们进行艰辛与持久的跋涉。

对于艺术学的学理建构,事关学科门类独立后的学科品质。于平认为,应用研究过于把重心放在基础研究,强调的是基础研究的"应用";而现状研究则过于把重心放在现状的描述,不强调提出"问题"并进而提出"对策"。基础研究是普遍性的学理研究,对策研究是特殊性的学识研究;前者是后者的累积与升华,后者是前者的推演与修正。基础研究与对策研究关联性的断裂,可能主要在于"基础研究"研究程序的"内在化"。也就是说,"基础研究"过于沉迷于纯粹的学理研究,不关心"对策"因而也难以在对策研究中获取新的"学识"。基础研究与对策研究的关联,是普遍性与特殊性的关联,即"普遍性寓于特殊性"。于平正是看到了当我们正视艺术学研究的"短板"现象和"问题意识"薄弱之时,我们发现不断产生"问题"的时代自身也是我们亟待关注的"问题",鲜明地提出:无论是解决时代的"问题"还是应对"问题"的时代,我们都必须关注"大数据时代"的思维转变。艺术学对策研究要从"问题意识"导入,要以"价值关怀"应对,这个研究的过程是求知、求真、求策的一脉相承。(《大数据时代的艺术学对策研究》)如何去推动这个最年轻学科门类的发展,于平所论的史、论、术,所强调的"问题意识",所倡导的"价值关怀"等等,都从战略的角度指出了今后努力的方向。

与艺术学升格为学科门类这一"影响深远的制度性变革"相关联的是如何发展艺术职业教育。于平不仅有丰富的艺术教育实践经验,而且在艺术教育上有深度的理论思考,形成了比较完整的艺术教育思想系统。于平指出,要深入地去思考艺术职业教育的发展目标,深入地去思考办学模式、培养模式、教学模式和评价模式的改革。他提出,要考虑实行政府主导、行业企业和社会力量广泛参与的多元办学体制;要考虑推行艺学结合、校团结合、顶岗实习、回炉深造的培养方式;要考虑运行与就业环境贴近的教学环境,按岗位技术需求和技能标准去开发课程编写教材;最后当然是要建立以检验职业能力为核心的评价体系。于平多年从事艺术教育,后来又从事艺术教育管理工作,在艺术人才培养上形成丰富的艺术教育思想,提出了艺术职业教育应正确处理的十大关系。这就是:(1)通识教育与职业教育的关系,(2)终身教育与就业教育的关系,(3)传承教育与创新教育的关系,(4)实验教育与实用教育的关系,(5)自律教育与他律教育的关系,(6)学理教育与技能教育的关系,(7)课堂教育与实践教育的关系,(8)共性教育与个性教育的关系,(9)立场教育与视野教育的关系,(10)统编教育与特色教育的关系。(《教育"规划纲要"视野中的艺术职业教育》)这些"关系"当然是艺术教育要妥善处理、合理调整的方面。提出这些"关系",有利于艺术教育工作者自觉、科学地把握艺术教育规律,促进艺术教育健康发展。提出"正确处理"其实就意味着对既往艺术职业教育教学理念乃至教学模式的调整。我以为,这也是艺术学升格为独立的学科门类后最亟待解决的学科建设重任。

孔子云:"学而不思则罔,思而不学则殆。"这深刻地把握了学与思的辩证关系。而在学与思的基础上的写作,又是对学与思进行深化与升华的有效途径。于平能够在工作中学习和研究，以研究促进工作，并自觉地将二者结合起来、统一起来，实现了相互促进、相互提高。可以说，于平的文化艺术理论研究有利于他在文化管理工作中拓宽思路、丰富方法和创新办法。

于平的文化艺术研究具有高度的文化自觉。他对我们民族五千年文化资源的珍视，对于文化传统的批判继承，对于文化产业的高度重视，对于文化主权的积极维护，对于当下各种文化艺术现象的辩证解剖，等等，都能够抓住关键并进行深刻把握，提出独到而精辟的论断，令人耳目一新，茅塞顿开。于平的文化艺术研究，不仅有利于深化我国文化艺术理论研究，也有利于推动我国文化艺术事业的健康发展。

2014年7月6日

（熊元义，笔名楚昆。文艺理论家。文学博士。《文艺报》理论部主任。国家社会科学基金艺术学项目评委。中南大学、云南大学、江南大学等多所大学特聘教授、兼职教授。发表论文200多篇，出版理论著作9部。）

第一编

民族复兴的文化自觉

实现民族复兴需要发展先进文化

——胡锦涛总书记七一重要讲话学习心得

在中央隆重召开的庆祝中国共产党成立90周年大会上，胡锦涛总书记发表了重要讲话。"讲话"深刻阐述了在新的历史起点上把中国特色社会主义伟大事业全面推向前进的重大方针，明确提出了"我们要继续大力推动社会主义文化大发展大繁荣，坚定不移发展社会主义先进文化"。"发展先进文化"作为新的历史起点上事业推进的重大方针之一，由我们党"实现民族复兴"这一重大历史使命所决定。换言之，实现民族复兴需要发展先进文化，实现民族复兴也是我们发展先进文化的前进方向和发展愿景。

一、实现民族复兴，是中华民族自1840年鸦片战争以来的一个百年梦想。这个梦想因马克思列宁主义同中国工人运动相结合，自1921年起有了正确前进方向和光明发展前景。这体现出先进思想文化与先进社会力量相结合而产生的伟大力量。

实现民族复兴，是中国人民在鸦片战争以后刻骨铭心的磨难中产生的梦想。之所以称为"梦想"，是因为中国人民及其代表性的仁人志士虽揭竿而起、前赴后继，却每每饮恨长街、血祭大荒。今日回望，知道彼时是因为没有找到能够指导中国人民进行反帝反封建的先进理论，没有找到能够领导中国社会变革的先进社会力量。正如胡锦涛总书记所说："1921年，在马克思列宁主义同中国工人运动相结合的进程中，中国共产党应运而生。中国共产党的诞生，是近现代中国历史发展的必然产物，是中国人民在救亡图存斗争中顽强求索的必然产物。"也就是说，中国人民在救亡图存斗争中认识到，实现民族复兴需要先进思想文化的指导，先进思想文化也需要通过先进的社会力量来实现。这种结合告诉我们，有了先进社会力量的选择，先进思想文化才能有效发挥其先进作用；有了先进思想文化的武装，先进社会力量才成为真正的先进力量。正是因为有了这个结合，实现民族复兴才展现出"梦想成真"的前景，这就是总书记所说"中国革命有了正确的前进方向，中国人民有了强大精神力量，中国命运有了光明发展前景"。总书记在此论及的正是"先进思想文化"无可估量的"力量"。

二、实现民族复兴，我们党紧紧依靠人民完成和推进了三件大事。这三件大事开启了中华民族不断发展壮大、走向伟大复兴的历史进程，还使得我们确立了先进的制度文化，从而使我们先进的思想文化得以"体系化"。

我们党紧紧依靠人民完成和推进的三件大事分别是新民主主义革命、社会主义革命和改革开放新的伟大革命。之所以称为"大事"，是因为通过这三大革命的完成和进行，我们实现了民族独立和人民解放，确立了社会主义基本制度，开创、坚持、发展了中国特色社会主义。如果说，马克思列宁主义是先进的思想文化，社会主义基本制度就是先进的制度文化。在某种意义上我们也可以说，我们先进思想文化的"体系化"，是我们确立先进体制文化并不断发展、完善的结果。进而言之，总书记所说"具有5000多年文明历史的中国面貌焕然一新"，新就新在社会主义基本制度的确立，新就新在中国特色社会主义的开创、坚持和发展，新就新在我们有了当代中国发展进步的根本制度保障。胡锦涛总书记对此谈到了五个"有利于"，即"有利于保持党和国家活力，调动广大人民群众和社会各方面的积极性、主动性、创造性，有利于解放和发展社会生产力、推动经济社会全面发展，有利于维护和促进社会公平正义、实现全体人民共同富裕，有利于集中力量办大事、有效应对前进道路上的各种风险挑战，有利于维护民族团结、社会稳定、国家统一"。这五个"有利于"正是社会主义基本制度作为制度文化先进性的功能所在。

三、实现民族复兴，我们党要保持和发展马克思主义政党的先进性，要始终保持开拓前进的精神动力，要始终保持党同人民群众的血肉联系，要始终保持党的蓬勃活力和肌体健康。这使得我们党成为当代中国当之无愧的先进社会力量。

中国共产党的诞生，是马克思列宁主义先进理论和中国工人运动这一先进社会力量相结合的产物。当我们党坚持把马克思主义基本原理同中国具体实际结合起来，我们形成了中国特色社会主义理论体系。正如先进理论总是要与先进社会力量相结合才能发挥其功能，在当代中国，保持和发展先进性的社会力量正是中国共产党。胡锦涛总书记深刻阐述了我们党保持和发展先进性的根本特点，这就是"坚持解放思想，实事求是、与时俱进，以科学态度对待马克思主义，用发展着的马克思主义指导新的实践，坚持真理，修正错误，坚定不移走自己的路，始终保持党开拓前进的精神动力"；总书记还谈到了"坚持从人民群众中汲取智慧和力量"，"坚持任人唯贤、广纳人才"并"以事业感召、培养造就人才"，"坚持正视并及时解决党内存在的突出问题"。也就是说，我们党作为当代中国的先进社会力量，事实上已是当代中国社会发展的领导核心。能否保持和发展先进性关系到我们党能否继续成为领导当代中国社会发展的核心力量，而要保持和发展先进性就要做到上述四个"坚持"。这四个"坚持"的核心是16个字，即"实事求是、与时俱进、坚持真理、修正错误"。

四、实现民族复兴，我们党坚信马克思主义基本原理是颠扑不破的科学真理，坚信马克思主义理论源泉是实践、发展依据是实践、检验标准是实践，坚信理论上的与时俱进是行动上锐意进取的前提。这说明文化的先进性不仅是一种属性，更是一个动态过程。

我们党是当代中国当之无愧的先进社会力量，也是领导当代中国社会发展的核心力量。这首先在于它理论上的成熟，即在于它不仅系统掌握了先进文化，而且深知怎样才能保持文化的先进性。保持文化的先进性，一个重要的方面是"坚持马克思主义必须随着实践发展而不断丰富发展"，另一个重要的方面是"抓紧学习人类社会创造的一切科学的新思想新知识"。胡锦涛总书记论及了辩证地保持和发展"先进性"：其一，是辩证地认识"马克思主义基本原理是颠扑不破的科学真理"和"马克思主义必须随着实践发展而发展"；其二，是辩证地认识"深入学习和掌握中国特色社会主义理论体系"和"抓紧学习人类社会创造的一切科学的新思想"。这其实告诉我们，文化的"先进性"不仅是一种属性，更是一个动态过程，"原理"之所以是"真理"，就在于它可以"及时回答实践提出的新课题"；同时，文化的"先进性"不仅于局部有效，而且是全局"指南"。实践是学习甚至是"更重要的学习"，但学习也是一种重要的实践，否则我们就不可能在世界发展大势中研究我国发展的阶段性特征。文化的先进性需要理论上的与时俱进，还需要"学以立德，学以增智，学以创业"。

五、实现民族复兴，要让社会主义先进文化成为马克思主义政党思想精神上的旗帜，要在中国特色社会主义伟大实践中进行文化创造，要推动社会主义先进文化更加深入人心。

我们党之所以成为中华民族满怀信心走向复兴的伟大旗帜，正在于我们党把社会主义先进文化作为自己思想精神上的旗帜。胡锦涛总书记说"社会主义先进文化是马克思主义政党思想精神上的旗帜"，一方面意味着我们的先进文化是中国特色社会主义理论体系指导下的先进文化，一方面还意味着中国特色社会主义理论体系本身就武装着我们党——也就是当代中国先进社会力量的先进文化。对于社会主义先进文化的发展，总书记一方面强调了发展的方法，这就是"要在中国特色社会主义伟大实践中进行文化创造"；一方面也强调了发展的效果，这就是"要推动社会主义先进文化更加深入人心"。中国特色社会主义的伟大实践，是人民大众踊跃投身的实践，是人民大众在中国共产党领导下实现民族复兴的实践。在这种伟大实践中进行文化创造，才可能创造并发展真正意义上的先进文化。同理，只有推动社会主义先进文化更加深入人心，我们才可能通过中国特色社会主义伟大实践走向民族复兴。

六、实现民族复兴，要以高度的文化自觉和文化自信，提高民族素质和塑造高尚人格，增强民族的自尊心、自信心、自豪感，建设中华民族共有的精神家园。

坚定不移发展社会主义先进文化，需要高度的文化自觉和文化自信。什么是高度的文化自觉？我以为一是目标的自觉，自觉地服务于提高民族素质和塑造高尚人格；二是途径的自觉，自觉地在人民大众的实践中创造并让人民大众共享创造成果。什么是高度的文化自信？我以为一是自信于我们能建设好中华民族共有精神家园，二是自信于我们能在弘扬中华优秀传统文化的基础上创造出中华文化新的辉煌。这个"新的辉煌"，胡锦涛总书记认为是一种"全民族文化创造活力持续迸发、社会文化生活更加丰富多彩、人民基本文化权益得到更好保障、人民思想道德素质和科学文化素质全面提高的新局面"。

七、实现民族复兴，要在全社会形成积极向上的精神追求和健康文明的生活方式。文化作为综合国力竞争的重要因素，不仅在于我们是否有创造先进文化的人，而且在于我们能否塑造出人的文化先进性。

回顾我们党 90 周年的发展历程，我们注意到，先进文化的追求与建设，是一个不断深化的过程，它从一种先进思想文化的追求，到一种先进制度文化的确立，再深入到一种先进民生文化的倡导。事实上，文化不是外在于人的文化，先进文化的倡导既包括积极向上的精神追求，也包括健康文明的生活方式。我们知道，能否实现民族复兴，不是单看 GDP，而是要看综合国力；不是单看人的生产，更要看生产的人——看人的精神追求和生活方式，并由此透视到民族的素质和人格的品位。提高中华文化国际影响力也好，创造出中华文化新的辉煌也好，其基础是民族素质的提高和高尚人格的塑造。正是为着提高民族素质和塑造高尚人格，胡锦涛总书记才强调"必须把社会主义核心价值体系建设融入国民教育、精神文明和党的建设全过程"。在这个意义上，发展社会主义先进文化，除使其与当代中国先进社会力量紧密结合外，还要提升整个中国社会的先进性。为什么说"文化越来越成为综合国力竞争的重要因素",就在于国力的竞争说到底是国民素质的竞争,而国民素质的竞争一要看能否创造先进性的文化,二要看能否通过先进文化塑造人本身的先进性。

八、实现民族复兴,要形成与我国国际地位相对称的文化软实力,要提高中华文化国际影响力。为此,我们要有发展先进文化的紧迫感,要加快文化体制改革,加快构建公共文化服务体系,加快发展文化事业和文化产业。

我国地大物博人口众多,是一个文化大国;我国源远流长历史悠久,是一个文明古国。实现民族复兴,必须形成与民族复兴相对称的文化复兴,由此才能进而去谈形成与我国国际地位相对称的文化软实力,才能在我们百年"强国梦"中为"文化强国"添上浓重的一笔。要成为文化强国,不仅要有强国的文化,而且要切实通过文化去强国,要形成与文化强国相对称的文化力量。从文化建设的实际着眼,文化力量形成于文化产品生产、流通和消费三大环节中。文化产品生产环节中的文化力量是文化生产力,具体而言,它包括创新力(原始创新、借鉴创新和集成创新)、集约力(产业化)、共生力(多样化)和拓展力(扩大再生产)。文化产品流通环节中的文化力量是文化传播力,具体而言,它包括保障力(基本保障)、共享力(均等服务)、弘扬力(价值张扬)和竞争力(科技进步)。文化产品消费环节中的文化力量是文化影响力,具体而言,它包括向心力(民族凝聚)、共处力(和平共处)、引导力(价值取向)和提升力(境界升华)。在我看来,总书记强调的"三加快"正是要求我们文化建设加快形成与我国国际地位相对称的文化软实力,并由此提高中华文化国际影响力。为此,我们要自觉自信、坚定不移地发展社会主义先进文化,要在中国特色社会主义伟大实践中进行文化创造,要在弘扬中华优秀传统文化的基础上创造出中华文化新的辉煌。我们的目的一定要达到,我们的目的一定能够达到。

(原载《光明日报》2011 年 7 月 31 日)

建设文化强国需要增强文化自觉

——党的十七届六中全会公报学习心得

党的十七届六中全会日前在北京胜利闭幕。令我们广大文化工作者无比振奋的是,全会发出了"努力建设社会主义文化强国"的号召。作为我们文化建设"两大一新"的目标,全会认为:"建设社会主义文化强国,就是要着力推动社会主义先进文化更加深入人心,推动社会主义精神文明和物质文明全面发展,不断开创全民族文化创造活力持续迸发、社会文化生活更加丰富多彩、人民基本文化权益得到更好保障、人民思想道德素质和科学文化素质全面提高的新局面,建设中华民族共有的精神家园,为人类文明进步作出更大贡献。"为着实现这一目标,我们广大文化工作者需要增强文化自觉。

一、我们要自觉地用马克思主义中国化最新成果指导文化建设,坚持中国特色社会主义文化发展道路。

马克思主义中国化,是马克思主义基本原理同中国具体实际结合的产物,是我们党紧紧依靠人民探索中国革命与建设正确道路的理论建树。马克思主义中国化的最新成果,就是包括邓小平理论、"三个代表"重要思想以及科学发展观等重大战略思想在内的中国特色社会主义理论体系。这种理论体系的产生,本身就是我们思想文化建设的重大成就,因其能正确有效指导我们的社会主义建设而成为我们思想的旗帜和工作的指针。用马克思主义中国化的最新成果指导我们的文化建设,就要坚持中国特色社会主义文化发展道路。文化发展的"中国道路",如全会所强调的,在于"坚持社会主义先进文化前进方向,以科学发展为主题,以建设社会主义核心价值为根本任务,以满足人民精神文化需求为出发点和落脚点,以改革创新为动力……"这个发展道路是中国特色社会主义道路的重要构成,同样是为着把我国建设成富强民主文明和谐的社会主义现代化国家。

二、我们要自觉地理解文化的地位和作用,把握中国特色社会主义文化发展中重要的理论和现实课题。

李长春同志曾在《求是》发表署名文章,论述"正确认识和处理文化建设中的若干重大关系,努力探索中国特色社会主义文化发展道路"。长春同志论述了文化建设中"正确认识和处理人民群众基本文化需求与多样化、多层次、多方面文化需求的关系"等"十大关系",特别强调"以推动社会主义文化大发展大繁荣为主题,以满足人民群众日益增长的精神文化需求为根本任务,以改革创新和科技进步为强大动力,以构建有利于文化科学发展的体制机制为主攻方向,以全面提高人才队伍素质为重要保障……"。事实上,自步入新世纪,特别是党的十六大以来,我们党对文化的地位和作用的认识上升到新高度,对文化发展规律和方向的认识进入到新境界,任仲平《文化强国的"中国道路"》说得好:"文化既是推动社会发展的重要手段,又是社会文明进步的目标;既是凝聚人心的精神纽带,又是民生幸福的关键内容;既直接贡献于经济增长,又对提升经济发展质量发挥着重要作用。"这种认识的新高度和新境界,是我们理应具备的文化自觉。

三、我们要自觉地把社会主义核心价值体系建设融入文化建设的诸方面和全过程,坚持用社会主义荣辱观引领社会风尚。

全会指出:"社会主义核心价值体系是兴国之魂,是社会主义先进文化的精髓",要"坚持用社会主义核心价值体系引领社会思潮,在全党全社会形成统一指导思想、共同理想信念、强大精神力量、基本道德规范"。我们都十分清楚,没有共同理想信念和基本道德规范,"文化强国"就根本无从谈起。学者们注意到,在中国社会的急剧转型期,民众的信念也在发生转变——从注重理想向强调实际转变,从注重义务向强调权利转变,从注重群体向强调个体转变……如何进一步提炼和践行社会主义核心价值观，是我们当前文化建设的重要课题。我们不仅要把社会主义核心价值体系体现到精神文化产品的创作、生产、传播各方面，而且要通过我们的精神文化产品，在全社会形成积极向上的精神追求和健康文明的生活方式。

四、我们要自觉保障人民群众的基本文化权益，将提高民族素质和塑造高尚人格落到实处。

"人民至上"是我们党治国施政的重要理论，文化建设自然也是这样。胡锦涛总书记七一重要讲话在论及"文化建设"时，多处表述过这一理念，如"让人民共享文化发展成果"，"人民基本文化权益得到更好保障"，"人民思想道德素质和科学文化素质全面提高"等。全会认为"满足人民基本文化需求是社会主义文化建设的基本任务"，提出了"加强文化基础设施建设，完善公共文化服务网络，让群众广泛享有免费或优惠的基本公共文化服务"等举措。除基础设施建设、服务网络、公共文化服务，"着眼于提高民族素质和塑造高尚人格"的文化建设，还要"创作生产更多无愧于历史、无愧于时代、无愧于人民的优秀作品"，还应"发挥文化引领风尚、教育人民、服务社会、推动发展的作用"。应当认识到，中国现代化的成功不可能脱离社会大众来谈，社会大众的文化自觉需要我们文化工作者的自觉培育和积极引领。

五、我们要自觉厘定文化的双重属性和文化发展的双重任务，在文化建设中推动政府与市场的双轮驱动。

至今我们仍认为文化是具有意识形态深刻属性的敏感领域。但正如李长春同志在《求是》上撰文所说："在社会主义市场经济条件下，文化产品既有教育人民、引导社会的意识形态属性，也有通过市场交换获取经济利益，实现再生产的商品属性、产业属性、经济属性。"正是基于对文化双重属性的厘定，我们的文化建设才确定了"一手抓公益性文化事业，一手抓经营性文化产业"的双重任务，才提出了"把社会效益放在首位的前提下，努力实现社会效益和经济效益的有机统一"。政府通过抓公益性文化事业，实现人民群众的基本文化权益；而满足人民群众多样化、多层次、多方面的文化需求，则需要我们的文化自觉走向市场。用任仲平《文化强国的"中国道路"》一文中的话来说，就是"让文化走向市场，就是把创造的权利、评价的权利、选择的权利交给广大人民……就是要在市场的大潮中培育出我们自己的合格市场主体，在发展产业和繁荣市场方面发挥主导作用……就是要在国际竞争的大格局中，以市场倒逼民族文化企业的成长与壮大。"

六、我们要自觉加大力度推进文化体制改革，在中国特色社会主义伟大实践中进行文化创造。

胡锦涛总书记在七一重要讲话中要求我们必须牢记："我国过去30多年的快速发展靠的是改革开放，我国未来发展也必须坚定不移依靠改革开放。"他特别强调："要坚持社会主义市场经济的改革方向……继续推进经济体制、政治体制、文化体制、社会体制改革创新，继续解放和发展文化生产力，继续推动我国社会主义制度自我完善和发展，坚决破除一切妨碍科学发展的思想观念和体制机制弊端，为推进中国特色社会主义事业注入强大动力。"文化体制改革对于我们当下的文化建设和文化发展来说，其重要性是不言而喻的。因为我们置身于一个经济全球化的时代进程中，我们的文化建设与发展也不可避免地遭遇到"世界性"。我们有丰厚的文化资源和广阔的文化消费市场，但我们却难以形成文化产品的商业运作，也难以去吸引资本市场；学者们更指出："文化交流中的逆差，国际竞争的劣势，关系到的绝不只是市场份额的大小、产业较量的成效，更关乎意识形态主动权的得失、国家文化软实力的强弱。"推进文化体制改革要有紧迫感，要自觉加大力度，否则我们将被传统的体制所窒息，将无法全面迎接"世界性"的挑战。

七、我们要自觉推动文化产业的跨越式发展，运用高新技术升级传统文化业态并拓展文化发展新领域。

广义的文化，原本就包括物质文化、制度文化和精神文化。这样说，表明作为精神文化的"文化"与作为物质文化的"经济"并非完全不能沟通。"文化产业"理念的突起及其业态的迅涨，正是工业化时代物质生产理念在文化生产中的体现。我们已经注意到，文化产业的突起迅涨，对促进经济增长和经济发展方式的转变起着越来越重要的作用。其实，作为对文化产品传统生产方式的转变以及对传统文化业态领域的突破，文化产业的内在支撑是高新技术对"文化"的选择性切入。高新技术对文化产品生产方式的改变，我们往往只注意到它的"同型批量"，并认为这是对文化产品追求精神个性的抹杀乃至扼杀。而事实上，当我们置身于信息技术高度发展的当今时代，传统文化业态因其传播力的式微而深陷于窘境之中。应当认识到，文化产业作为当代文化建设跨越式发展的实现，并非传统文化业态生产的"产业化"，而是顺应当代文化传播方式的业态提升和业域拓展。文化产业之所以在经济发展方式转变中发挥着优结构、扩消费、增就业、促跨越、可持续的作用，在于它本身就由高新技术所支撑所推动。它的扩消费是扩展着消费者的文化视域，它的增就业是增加高技能人才的就业，它的促跨越、可持续是因为它是面向未来、走向未来的文化建设。这是我们建设文化强国不可缺失的文化自觉。

八、我们要自觉地将灿烂的文化遗产转化为文化较量中的主动优势，转化为软实力竞争中的现实优势。

我们有五千年的文明史，我们引以为豪的不仅在于这历史悠久，而且在于它不曾间断。也就是说，五千年的中华文明史是不仅重传承、认同，而且重创造、包容的文明史。对于这一文明的生存、发展机理不用细想，就能看到它一是自强不息，二是厚德载物。不可否认，我们有着丰富、灿烂的文化遗产，我们丰富、灿烂的文化遗产也可以成为今日进行文化创造的文化资源；但同样不可否认的，我们丰富、灿烂的文化资源并没有支撑起我们文化创造的丰富和灿烂。对于文化遗产的灿烂，我们太多地存有一种"鉴宝"心态，太多地指望它们在收藏中升值。我们知道，文化遗产是我们祖先进行文化创造的历史积淀，文化遗产的精神价值不仅在于它凝固了我们祖先的精神轨迹和文化创造，而且在于它能激活我们的文化想象和创造活力。实际上，只有将丰富、灿烂的文化遗产转化为当今世界文化较量中的主动优势，转化为软实力竞争中的现实优势，我们才不会"数典忘祖"——我们在盘点文化经典之时将传扬祖先的文化想象，在继承文化遗产之时将激活我们的创造活力。

九、我们要自觉着眼于推动中华文化走向世界，提高中华文化的国际影响力。

胡锦涛总书记在七一重要讲话中指出："要着眼于推动中华文化走向世界，形成与我国国际地位相对称的文化软实力，提高中华文化国际影响力。"中华文化走向世界，就是我们通常所说的文化"走出去"。在我国对外开放不断扩大的今天，文化"走出去"已不是问题，问题是怎样的"走出去"才能形成与我国国际地位相对称的文化软实力，才能提高中华文化的国际影响力。事实上，我们今天文化领域面临的挑战，主要是置身于世界经济时代，文化生产也将走向"世界性"的挑战。任仲平《文化强国的"中国道路"》说得好："中国文化发展必须面对这样的考题——一面是加入 WTO 以后势必开放的国内文化市场，一面是我国文化单位与国外文化企业的悬殊实力……"由于实力的悬殊，我们的文化生产有可能被挤压到全球产业链条的最低端，我们有可能在失去国际文化市场份额的同时遭遇到意识形态的渗透和价值观念的入侵。文化"走出去"，是国家文化形象建构的重要举措。与西方世界预警的"文明冲突论"不同，我们的文化"走出去"是力主"文化共荣"，是通过亲和力产生影响力。对于文化"走出去"的"跨文化传播"特征，我们既往对其技术层面予以了较多关注；现在需要下大力气的是观念层面，是深入探讨并有效调适规避"西方中心主义"普世价值并传递中华文化价值的普世意义。

十、我们要自觉树立人才是第一资源的思想，要为建设社会主义文化强国提供有力的人才保障。

建设社会主义文化强国，全会明确提出"要深入实施人才强国战略"，提出"要加快培养造就德才兼备、锐意创新、结构合理、规模宏大的文化人才队伍。要造就高层次领军人物和高素质文化人才队伍，加强基层文化人才队伍建设，加强职业道德建设和作风建设。"实施人才强国战略，也是一种"以人为本"的理念,是有别于文化服务对象的文化创造主体的"以人为本"。我们注意到,全会高度重视文化人才在文化建设中的重要作用,但同时也意识到我们的文化人才离建设文化强国还有较大差距,还需"加快培养造就"。对于文化人才的培养造就,实际上关涉到文化教育的问题。世界发达国家,主要体现为经济发达和科技领先,它们在任何时候都把科技和教育放在战略地位上予以高度关注。我国的文化建设,也在"引领风尚、教育人民"中起到教育的作用,因此对文化人才的培养造就,意味着对教育者的率先教育。从率先教育的视角来看,当代文化人才的培养造就,一要注重创新能力的培养,二要注重团队精神的培养,三要注重开拓意识的培养,四要注重职业道德的培养。因为当代文化建设的重大成就告诉我们,既往"文化大师"的作用已悄悄让位于有高层次领军人物率领的团队,团队的知识复合能力、创意激发能力和生产实施能力都顺应着时代的选择并镌刻着时代的印记。在此我们似乎也可以说,建设文化强国需要高度的文化自觉,而文化自觉首先是文化人的自觉,高度的文化自觉则首先是造就培养文化人才的自觉。

(原载《中国文化报》2011年10月31日)

推动文化发展需要增强创造活力
——党的十八大精神学习心得

在中国共产党第十八次全国代表大会上,胡锦涛同志代表第十七届中央委员会作了题为"坚定不移沿着中国特色社会主义道路前进 为全面建成小康社会而奋斗"的报告(以下简称《报告》)。其中,《报告》以"扎实推进社会主义文化强国建设"为题,专门论述了中国特色社会主义文化建设,强调"建设社会主义文化强国,关键是增强全民族文化创造活力"。《报告》明确提出要为人民提供一个让"文化创造源泉"充分涌流的广阔舞台,更期待全民族开创一个让"文化创造活力"持续发展的崭新局面。可以说,文化创造源泉的充分涌流和文化创造活力的持续发展,既是我们文化强国建设的必要举措,也是我们建设文化强国的必然取向。

一、增强创造活力需要高度自觉,这首先是在我国现代化全过程贯彻科学发展观的自觉。

所谓"自觉",首先是在我国现代化全过程贯彻科学发展观的自觉,具体而言:一是更加自觉地把推动经济社会发展作为第一要义,二是更加自觉地把以人为本作为核心立场,三是更加自觉地把全面协调可持续作为基本要求,四是更加自觉地把统筹兼顾作为根本方法。我们注意到,对于科学发展观的深入贯彻,这里在既往的内涵阐述上增加了"第一要义"。换言之,"推动经济社会发展"不仅是科学发展观的"应有之义",而且是"第一要义",说明我国"现代化"首先是建立在"经济社会发展"基础上的现代化。

作为贯彻科学发展观第一要义的"推动经济社会发展",其实是"以人为本"这一核心立场的必然取向。按照马克思主义的观点,人在历史纵轴上"是全部世界史的产物",而在现实剖面上"是全部社会关系的总和"。所谓"以人为本",是以人的生存和发展为本,是以民生的保障和改善为本。科学发展观之所以视"推动经济社会发展"为第一要义,是因为"我国仍处于并将长期处于社会主义初级阶段的国情没有变,人民日益增长的物质文化需要同落后的社会生产之间的矛盾这一社会主要矛盾没有变"。因此,站在"以人为本"的核心立场上,不仅要关注"现实的人",而且要审视"人的现实"。也就是说,"人的现实"的突飞猛进,要求"现实的人"与时俱进。这是人类社会发展的必然,当然也是人类文化发展的必然。

鉴于我国文化发展同经济社会发展和人民日益增长的精神文化需求还不完全适应,还有不少突出的矛盾和问题,近年来我们一直强调"文化自觉"。"文化自觉"的首倡者费孝通先生认为其要义在于"文化转型的自主性",这其中"转型"是不可避免的"文化的现实",而"自主"则是"现实的文化"所持的态度。事实上,"文化自觉"不仅包括自知、自珍,而且包括自省、自新,这是文化建设中的"以人为本",是文化建设贯彻科学发展观的应有之义。

二、增强创造活力需要高度自信,这是指我们全面建成小康社会并进而建成富强民主文明和谐的社会主义现代化国家的自信。

建成小康社会并进而建成社会主义现代化国家,是我们夺取中国特色社会主义新胜利的两个步骤,前一个是10年的展望,后一个是40年的远眺。我们实现"两个建成"的自信,首先是"坚定不移走中国特色社会主义道路"的自信,因为正是这条道路"从根本上改变了中国人民和中华民族的前途命运"。与"道路"相关联的,还有"理论体系"和"制度",在从根本上改变我们的"前途命运"后,它们一并也成为党和人民90多年奋斗、创造、积累的"根本成就"。对此,胡锦涛同志强调"全党要坚持这样的道路自信、理论自信、制度自信";强调"既不妄自菲薄,也不妄自尊大","既不走封闭僵化的老路,也不走改旗易帜的邪路"。

增强文化创造活力当然需要高度的自信,而文化创造活力的高扬才是高度自信最好的注脚。道路自信、理论自信、制度自信,说到底,是基于"人民至上"理念的自信,是坚持"人民主体地位"的自信。这样的自信理所当然地会成为党和广大人民的共同信念,先哲所说"王道无非人情"讲的也是这个道理。基于"人民至上"理念中的文化自信,首先是着眼于从人民群众中汲取智慧和力量,这是"众人拾柴火焰高"的自信;其次是尊重人民群众主体地位和首创精神,这是"以民为本固社稷"的自信;第三是倾听民众呼声并反映民众愿望,这是"总关民间疾苦情"的自信。着眼于"人民至上",我们的文化自信才会有正确的前进方向和强大的精神力量;着眼于"人民至上",我们的文化自信才能前瞻到"自立于世界民族之林"的伟大复兴。

三、增强创造活力,需要把握机遇和应对挑战,构建系统完备、科学规范、运行有效的制度体系。

把握机遇和应对挑战,是为着赢得主动、赢得优势、赢得未来。为此,十八大《报告》指出:"坚决破除一切妨碍科学发展的思想观念和体制弊端,构建系统完备、科学规范、运行有效的制度体系。"其中就文化发展而言,是要"加快完善文化管理体制和文化生产经营体制,基本建成现代文化市场体系,健全国有文化资产管理体制,形成有利于创新创造的文化发展环境。"因为"文化软实力显著增强"作为"发展新要求"的重要方面,它的"两手抓"一是社会主义核心价值体系深入人心,一是文化产业成长为国民经济支柱性产业。

实际上,这里也有个"文化的人"和"人的文化"的关系问题。我们所说的"文化的人","文化"所指乃是沉淀为集体人格的"文化史";而所谓"人的文化","文化"所指乃是建构民族精神的"文化观"。我们在关注"以文化人"之时,更应关切"以人创文"。为什么我们要屡屡申说"思想解放""改革开放",就因为我们不可避免地会受到沉淀为集体人格的"文化"的束缚,就因为我们要呼唤构建民族精神"当代性"的新文化。事实上,沉淀为我们集体人格的某些文化观念,还会固化为体制机制并形成相应的文化生产方式。我们当然也期待文化建设能构建"系统完备、科学规范、运行有效的制度体系",但这还有待于国有文化单位改革的进一步深化,有待于现代文化市场体系的进一步健全,有待于文化管理体制的进一步创新和文化政策保障机制的进一步完善。

四、增强创造活力，需要顺应经济发展方式转变，要把推动发展的立足点转到提高质量和效益上来。

《报告》指出："建设中国特色社会主义，总依据是社会主义初级阶段，总布局是五位一体，总任务是实现社会主义现代化和中华民族伟大复兴。"同理，建设中国特色社会主义现代化强国，也需要深刻理解上述"总依据""总布局"和"总任务"。参与十八大报告起草组工作的学者，指出将总布局由"四位一体"扩展为"五位一体"是十八大《报告》的"八大亮点"之一。我们注意到，从党的十二届六中全会（1986年）延续到十六大的"三位一体"，到十六届六中全会（2006年）拓展为"四位一体"，再到十八大明确的"五位一体"，"文化建设"是最初"鼎立"的三足之一。"四位一体"到"五位一体"总体布局的认识深化，说明"文化建设"要更广泛地拓展自己的关联度，要将所谓的"文化界"融贯到"总布局"之中。

毋庸讳言，推动经济社会发展作为深入贯彻落实科学发展观的第一要义，加快转变经济发展方式作为关系我国发展全局的战略抉择，都必然对我们的文化建设产生强力的驱动和深刻的影响。事实上，《报告》谈到"加快形成新的经济发展方式"的新活力、新动力、新体系、新优势，也是我们文化建设创新驱动和转型发展需要认真去考虑、努力去借鉴、积极去探索的重要工作。诺贝尔经济学奖获得者斯蒂格利茨曾预言：美国的新技术革命和中国的城镇化，是21世纪带动世界经济发展的"两大引擎"。这"两大引擎"或许也是我国经济发展方式转变的着眼点。在我看来，文化建设在这方面的着眼点，不只是推动文化产业跨越式发展从而使之成为我国新的经济增长点，更在于构建现代文化生产方式并实现文化内容生产的现代化。

五、增强创造活力，需要努力让人民过上更好生活，开创"社会和谐人人有责，和谐社会人人共享"的生动局面。

在"五位一体"的总布局中，经济建设对文化建设的驱动作用是显而易见的，而文化建设又在社会建设中肩负着重要的责任并发挥着重大的作用。努力让人民过上更好生活,不仅要谋民生之利、解民生之忧,而且要舒民心之郁、畅民心之愿。社会建设的工作抓手主要是基本公共服务体系的健全,这其中就包括公共文化服务体系的构建。人民最关心最直接最现实的利益是学有所教、劳有所得、病有所医、老有所养、住有所居;但随着国民经济的持续发展和国民收入的逐步提高,人民大众也关心闲有所乐、玩有所趣、风有所雅、俗有所易、智有所启、情有所寄。人民大众所需的这类公共服务,虽不是最现实的利益,但却是最基本的权益,满足人民基本文化需求是社会主义文化建设的基本任务。

增强文化创造活力,一个重要的衡量尺度是文化产品的社会效益。在这个意义上,文化建设实际上是社会建设的重要构成部分。我们要加强社会主义核心价值体系建设,目的是引领社会思潮和凝聚社会共识;我们要全面提高公民道德素质,目的是培育知荣辱、讲正气、作奉献、促和谐的良好社会风尚;我们要丰富人民的精神生活,目的是让社会生活更文明、更体面、更优雅、更高尚。与之相关,文化,特别是中国传统文化,格外关注生态文明,格外尊重自然、顺应自然和保护自然,有着特别浓厚的家园意识和建立在此基础上的家国情怀。在中华民族的意识深处,生态与社会是不可分割的整体,而理想的生态如"世外桃源"甚至成为人类社会寻觅的"乌托邦"。可以说,文化建设通过在绿色发展、循环发展和低碳发展中发挥的重要作用,已经深度地将生态文明植入社会建设之中了。

六、增强创造活力,需要落实为文化整体实力和竞争力的增强,发挥文化引领风尚、教育人民、服务社会、推动发展的作用。

文化的整体实力和竞争力,其实最终体现为民族的"集体人格"。为什么我们的先哲要申说"以文化人",就因为"集体人格"关乎文化的整体实力和竞争力。当今的文化建设,丰富人民文化生活也好,保障人民文化权益也好,提高人民文化素质也好,都是为着重塑"集体人格"。如果说,20世纪以鲁迅为代表的文化先锋致力于"改造国民性"的话,我们当下的文化建设一定要以"提升国民性"为担当。我们处于一个"文化"无处不在、无处不说且无处不火的时代。有仁者说,这是一个文化"祛魅"的时代,是文化从文化人书斋里走出来、回到人民大众生活中从而焕发朝气永葆青春的时代；也有智者说，虽然我们置身于一个文化建设热气腾腾的时代，但这种"泛漫化"的热浪替代不了认真严谨的文化创造，更无法替代经典的培育和大师的孕育。

　　事实上，我们所处的文化时代是一个呈现为层次多样、层次认同和层次攀升的时代。从"以文化人"的意义方面来说，对文化人格的层次攀升或者说不断提升，可以有文化素质、文化水平、文化涵养和文化境界四个层次。文化素质是对一个人有无文化进行评价的基础层次，这其实也意味着它是一个社会文明的基础。在这一基础之上，文化水平关乎人的文化能力，包括人的认知能力和创造能力，这个评价超越"文化有无"而进入"文化高低"的层面。文化涵养作为对一个人更高层次的评价，提升到对人的品格和格调的关注，它是一种内涵的养成，而不是外表的矫饰。它不仅需要知识的学习、能力的培养，往往更需要情操的陶冶，它是一种文化人格，更是一种道德人格。文化境界作为最高层次的人格评价，对于大多数文化人而言，其实也是源自人的文化良知的一种追求——是屈原所说的"路漫漫其修远兮，吾将上下而求索"，是张载所说的"为天地立心，为生民立命，为往圣继绝学，为万世开太平"。如果说文化涵养关乎"文化底蕴厚薄"的问题，文化境界关乎的则是"文化胸襟宽狭"的问题，它是文化人格的最高追求。文化人格的层次攀升本身就是创造活力的有效呈现。推动文化发展需要增强创造活力，是因为我们期待的"大繁荣"是文化生产力快速发展的繁荣，我们期待的"新高潮"是文化创造力充分涌流的高潮。对此，我们不仅有道路自信、理论自信、制度自信，更有对永葆先进性、纯洁性的党的领导的自信，有对自强不息、生生不息的中华民族的自信！

（原载《中国文化报》2012年11月27日）

建设文化强国需要增强创造活力

——党的十八大《报告》学习心得

党的十七届六中全会《决定》指出,"坚持中国特色社会主义道路,努力建设社会主义文化强国"。党的十八大《报告》进一步要求"扎实推进社会主义文化强国建设"。建设社会主义文化强国,《报告》强调"必须走中国特色社会主义文化发展道路",同时还强调"关键是增强全民族文化创造活力"。坚持道路,就是要推动社会主义先进文化更加深入人心,推动社会主义精神文明和物质文明全面发展;增强活力,就是要让一切文化创造源泉充分涌流,让全民族文化创造活力持续迸发。可以说,文化创造源泉的充分涌流和创造活力的持续迸发,既是我们建设文化强国的关键举措,也是我们文化强国建设的根本取向。

一、增强创造活力必须深入贯彻落实科学发展观,自觉把推动文化大发展大繁荣作为文化建设的第一要务。

作为马克思主义同当代中国实际和时代特征相结合的产物,科学发展观把我们对中国特色社会主义规律的认识提高到新的水平,开辟了当代中国马克思主义发展的新境界。十八大《报告》强调"必须把科学发展观贯彻到我国现代化建设全过程",强调贯彻科学发展观必须有"四个更加自觉"。具体而言:一是更加自觉地把推动经济社会发展作为第一要义,二是更加自觉地把以人为本作为核心立场,三是更加自觉地把全面协调可持续作为基本要求,四是更加自觉地把统筹兼顾作为根本方法。《报告》还强调:"解放思想、实事求是、与时俱进、求真务实,是科学发展观最鲜明的精神实质。"

在文化建设中贯彻落实科学发展观，要更加自觉地把推动文化大发展大繁荣作为第一要务。正如十七届六中《决定》所说："在坚持以经济建设为中心的同时，自觉把文化繁荣发展作为坚持发展是硬道理、发展是党执政兴国第一要务的重要内容，作为深入贯彻落实科学发展观的一个基本要求……为继续解放思想、坚持改革开放、推动科学发展、促进社会和谐提供坚强思想保证、强大精神动力、有力舆论支持、良好文化条件。"这就是说，"文化繁荣发展"是"经济社会发展"的重要内容，也要把握发展规律，创新发展理念，破解发展难题；更要"准确把握我国经济社会发展新要求，准确把握当今时代文化发展新趋势，准确把握各族人民精神文化生活新期待……在全面建设小康社会进程中、在科学发展道路上奋力开创社会主义文化建设新局面。"（《决定》）

在文化建设中贯彻落实科学发展观，要贯彻"第一要义"，也要落实"核心立场"。"以人为本"作为科学发展观的核心立场，就是要始终把实现好、维护好、发展好最广大人民根本利益作为"文化发展繁荣"的出发点和落脚点。十七届六中全会《决定》在谈到"坚持以人为本"的重要遵循时，强调要"发挥人民在文化建设中的主体作用，坚持文化发展为了人民、文化发展依靠人民、文化成果由人民共享，促进人的全面发展……"也就是说，"以人为本"作为科学发展观的核心立场，有两个明确的意涵：其一，以人为本就是以人民为本，要发挥人民在文化建设中的主体作用；其二，以人为本就是以人的全面发展为本，文化建设要更好地满足人的精神需求、丰富人的精神世界和增强人的精神力量。

二、增强创造活力必须坚持中国特色社会主义道路，建设中华民族共有精神家园。

十八大《报告》强调："全面建成小康社会，加快推进社会主义现代化，实现中华民族伟大复兴，必须坚定不移走中国特色社会主义道路。"对于这条关乎党的命脉，关乎国家前途、民族命运、人民幸福的"道路"，《报告》指出其目标是"促进人的全面发展，逐步实现全体人民共同富裕，建设富强民主文明和谐的社会主义国家"。置身于这一道路之中的文化发展道路，目标是"提高全民族文化素质，增强国家文化软实力,弘扬中华文化,努力建设社会主义文化强国"(《决定》)。关于"社会主义文化强国"的意涵,《决定》表述为"开创全民族文化创造活力持续迸发、社会文化生活更加丰富多彩、人民基本文化权益得到更好保障、人民思想道德素质和科学文化素质全面提高的新局面"。我们注意到,"文化强国"的核心意涵是"文化强民",是提高全民族文明素质;"文化强国建设"的根本指向,一是建设中华民族共有精神家园,二是不断增强中华文化国际影响力。

坚持中国特色社会主义道路,十八大《报告》提出了夺取中国特色社会主义新胜利的"八个必须坚持",其中坚持人民主体地位、坚持解放和发展社会生产力、坚持推进改革开放、坚持促进社会和谐等也是我们建设社会主义文化强国的重要遵循。《决定》则以"五个坚持"来阐明"坚持中国特色社会主义发展道路"的重要遵循:一是坚持以马克思主义为指导,确保文化改革发展沿着正确道路前进;二是坚持社会主义先进文化前进方向,在全社会形成积极向上的精神追求和健康文明的生活方式;三是坚持以人为本,培育"四有"社会主义公民;四是坚持把社会效益放在首位,推动文化事业和文化产业全面协调可持续发展;五是坚持改革开放,不断解放和发展文化生产力。

十八大《报告》以"扎实推进社会主义文化强国建设"为题来阐述文化建设,首句点明的就是"文化是民族的血脉,是人民的精神家园"。这其实意味着,我们的文化建设要延续民族的智慧血脉,要构建人民的精神家园。构建精神家园,有结束精神的漂泊、梳理精神的取向、宽松精神的生态、凝聚精神的内核等几个步骤。对此,十八大《报告》特别强调"用社会主义核心价值体系引领社会思潮、凝聚社会共识",并且第一次提出了包括十二个概念的社会主义核心价值观,也即"倡导富强、民主、文明、和谐,倡导自由、平等、公正、法治,倡导爱国、敬业、诚信、友善"。正如大家所理解的,"三个倡导"分别是在国家大德、社会公德和个人品德三个层面上提出的,是核心价值体系的具体化,是民族智慧血脉的时代化,还是人民精神家园的大众化。事实上,社会主义核心价值观的积极培育和大力践行,不仅能有效地形成自尊自信、理性平和、积极向上的社会心态,而且能成功地建树平等互信、包容互鉴、合作共赢的国际形象。

三、增强创造活力必须以更大的政治勇气和智慧，坚决破除一切妨碍科学发展的思想观念和体制机制弊端。

十八大《报告》在指出"建设社会主义文化强国，关键是增强全民族文化创造活力"之时，紧接着阐明的就是"要深化文化体制改革、解放和发展文化生产力……"深化改革，不仅意味着"破除弊端"，而且意味着"构建良序"，即"构建系统完备、科学规范、运行有效的制度体系，使各方面制度更加成熟更加定型"。文化建设方面的深化改革，《报告》指出是"加快完善文化管理体制和文化生产经营机制，基本建立现代文化市场体系，健全国有文化资产管理体制，形成有利于创新创造的文化发展环境"。

文化建设需要"深化改革"，是因为我们的文化建设既具备许多有利条件，也面临一系列新情况新问题。十七届六中全会《决定》点到的突出矛盾和问题存在于八个方面：一是文化在推动全民族文明素质提高中的作用亟待加强；二是用社会主义核心价值体系引领社会思潮更为紧迫；三是舆论引导的网络建设和管理亟待加强和改进；四是文化产品的创作生产引导力度需要加大；五是公共文化服务体系不健全、发展不平衡；六是文化产业规模不大、结构不合理；七是中华文化国际影响力需要进一步增强；八是文化人才队伍建设急需加强。质而言之，种种矛盾和问题说明我国文化发展同经济社会发展和人民日益增长的精神文化需求还不完全适应，同推动科学发展、促进社会和谐的要求还不完全适应，同扩大对外开放的新形势还不完全适应。

深化改革是为了推动文化发展，是为了解放和发展文化生产力。就总体而言，文化生产力的解放在于深化体制改革，而文化生产力的发展在于协同科技进步。一种文化生产体制和机制的形成，决定于对文化产品属性的认识。当我们转变观念，认识到文化产品不仅有意识形态属性，而且有商品属性之时，我们一方面可以对不同属性的文化产品区别对待，一方面则要在更高的层面上实现两种属性的统一。我们需要正确处理把社会效益放在首位和提高经济效益的关系，需要正确处理遵循文化建设规律和适应市场规律的关系，需要正确处理提高人民思想道德素质和满足人民多样化精神文化需求的关系。也就是说，我们文化建设在深化体制改革的同时要转变发展观念，在让文化生产单位成为独立市场主体的同时要推动现代文化市场体系的进一步完善。

四、增强创造活力必须坚持发展是硬道理的战略思想，要把推动发展的立足点转到提高质量和效益上来。

我国文化发展存在的种种矛盾和问题，总体表现为同经济社会发展和人民日益增长的精神文化需求不适应。从根源上来说，人民精神文化需求的日益增长是由经济社会发展来驱动的，文化发展只有不断缩小与经济社会发展的差距，才能不断满足人民日益增长的文化需求。十八大《报告》在论述经济建设时强调的是"两个加快"，即"加快完善社会主义市场经济体制和加快转变经济发展方式"。《报告》强调："要适应国内外经济形势新变化，加快形成新的经济发展方式，把推动发展的立足点转到提高质量和效益上来，着力激发各类市场主体发展新活力，着力增强创新驱动发展新动力，着力构建现代产业发展新体系，着力培育开放型经济新优势……"《报告》在强调"四个着力"后还强调了"五个更多依靠"，即"使经济发展更多依靠内需特别是消费需求拉动，更多依靠现代服务业和战略新兴产业带动，更多依靠科技进步、劳动者素质提高、管理创新驱动，更多依靠节约资源和循环经济推动，更多依靠城乡区域发展协调互动，不断增强长期发展后劲"。

十七届六中全会《决定》指出"文化繁荣发展"是"坚持发展是硬道理"的重要内容。这也就意味着，文化发展是解决文化建设存在的种种矛盾和问题的关键；这也还意味着，我们"增强全民族文化创造活力"这个"关键"是要大力推动"文化发展"。细细品味上述"四个着力"和"五个更多依靠"，哪一个都对我们的文化发展有极大的启发性和极强的针对性。相比较而言，我们的文化发展更需要激发文化市场主体发展新活力，增强文化创新驱动发展新动力，构建现代文化产业发展新体系，培育开放型文化发展新优势。

十八大之后召开的中央经济工作会（2012年12月15日至16日），把坚持"发展是硬道理"的战略思想部署到具体工作中，提出了"三增强"

（系统性、整体性、协调性）的改革理念，提出了"三尊重"（人民首创精神、实践、创造）的改革路径，还提出了"三相关"的改革举措——全局和局部相配套、治本和治标相结合、渐进和突破相促进。这其实也是我们深化文化体制改革、推动文化发展需要宏观把握的理念和举措。回到十八大《报告》的"五个更多依靠"，从"更多依靠"的拉、带、驱、推、互"五动"中，我尤为关注"科技进步驱动"和"城乡协调互动"。我想到诺贝尔经济学奖获得者斯蒂格列茨曾预言：美国的新技术革命和中国的城镇化，是21世纪带动世界经济发展的"两大引擎"。在我看来，这也是我们文化发展的"两大引擎"——"新技术革命"通过文化和科技融合发展文化生产力，"城镇化"通过城乡一体化进程发展文化内需，使文化积极服务于经济建设的同时实现文化自身的繁荣发展。

五、增强创造活力必须维护最广大人民的根本利益，推动社会主义和谐社会建设。

十八大《报告》号召"为全面建成小康社会而奋斗"，强调"建设中国特色社会主义，总依据是社会主义初级阶段，总布局是五位一体，总任务是实现社会主义现代化和中华民族伟大复兴"。在经济建设、政治建设、文化建设、社会建设和生态文明建设"五位一体"的总布局中，文化建设的许多方面密切关联、甚至水乳交融于社会建设之中，是与社会建设民生工程相互依托、相互促进的民心工程。其实，在"五位一体"的总布局中来思考文化建设，意味着要广泛拓展文化建设的关联度，要建设惠及全体人民的"大文化"。我们文化建设所坚持的"把社会效益放在首位"，从本质上来说就是坚持文化建设中的"群众观点"，就是坚持发挥人民在文化建设中的主体作用。

十八大《报告》指出："加强社会建设，必须以保障和改善民生为重点……要多谋民生之利，多解民生之忧，解决好人民最关心最直接最现实的利益问题，在学有所教、劳有所得、病有所医、老有所养、住有所居上持续取得新进展，努力让人民过上更好生活。"其实，即便在上述人民最现实的利益中，也大多渗透着文化建设的问题。"学有所教"是文化问题，"老有所养"也不单纯是民生问题；除此而外，要努力让人民过上更好生活，我们的社会建设也不能不关心人民的闲有所乐、玩有所趣、智有所启、情有所寄……文化建设的许多工作往往也同时是社会建设的重要方面：我们要加强社会主义核心价值体系建设，目的是引领社会思潮和凝聚社会共识；我们要全面提高公民道德素质，目的是培育知荣辱、讲正气、作奉献、促和谐的良好社会风尚；我们要丰富人民精神生活，目的是让社会生活更文明、更体面、更优雅、更高尚……

旨在改善民生的社会建设，从政府工作层面是要加快健全基本公共服务体系；从某种意义上来说，构建公共文化服务体系是整个公共服务体系的有机构成。正如十七届六中全会《决定》所说："满足人民基本文化需求是社会主义文化建设的基本任务。必须坚持政府主导，按照公益性、基本性、均等性、便利性的要求，加强文化基础设施建设，完善公共文化服务网络……"十八大《报告》更是强调："坚持面向基层、服务群众，加快推进重点文化惠民工程，加大对农村和欠发达地区文化建设的帮扶力度，继续推动公共文化服务设施向社会免费开放。"从加强文化基础设施建设，到继续推动公共文化服务设施向社会免费开放，可以看到我们的公共文化服务体系建设"不似民生"却"胜似民生"，是提高人民生活的幸福感并让人民过上更好生活的"文化民生"。

六、增强创造活力必须发挥文化引领风尚、教育人民、服务社会、推动发展的作用，扎实推进社会主义文化强国建设。

十七届六中全会《决定》指出："改革开放特别是党的十六大以来，我们党始终把文化建设放在党和国家全局工作重要战略地位，坚持物质文明和精神文明两手抓，实行依法治国和以德治国相结合，促进文化事业和文化产业同发展，走出了中国特色社会主义文化发展道路。"在这个前提下，提出"努力建设社会主义文化强国"，是因为我们的文化建设迫切需要与我国深厚文化底蕴和丰富文化资源相匹配，与中国特色社会主义事业总体布局相适应，与建设富强民主文明和谐的社会主义现代化国家的目标相承接。十八大《报告》则号召："我们一定要坚持社会主义先进文化前进方向，树立高度的文化自觉和文化自信，向着建设社会主义文化强国宏伟目标阔步前进。"

从《决定》到《报告》都一以贯之地强调:"文化是民族的血脉,是人民的精神家园。"把增强全民族文化创造活力视为建设社会主义文化强国的关键,意味着我们不仅要延续血脉、守望家园,而且要强健血脉、鼎新家园。否则,我们就难以开创社会文化生活更加丰富多彩、人民基本文化权益得到更好保障、人民思想道德品质和科学文化素质全面提高、中华文化国际影响力不断增强的新局面。在我看来,《报告》论述文化建设的四个部分,正对应着需要发挥的文化作用:所谓"引领风尚",旨在加强社会主义核心价值体系建设;所谓"教育人民",旨在全面提高公民道德素质;所谓"服务社会",旨在丰富人民精神文化生活;所谓"推动发展",旨在增强文化整体实力和竞争力。

从《报告》论述文化建设的四个部分来看,无论是社会主义核心价值观的倡导,还是推进公民道德建设工程;无论是让人民享有健康丰富的精神生活,还是视文化实力和竞争力为国家富强、民族振兴的重要标志,我们的文化建设都体现为精神价值的追求和集体人格的建构,我们都是在"以人为本"的核心立场上从事着"以文化人"的文化建设。我们扎实推进社会主义文化强国建设,必然要追求精神价值和建构集体人格,必然要引导文化人格的层次攀升。在文化建设的体用关系中,"以人为本"是体,而"以文化人"是用。"以文化人"不仅会促进人的全面发展,而且会引导人格的不断攀升。

文化建设引导人格的不断攀升,在我看来可以有文化素质、文化水平、文化涵养、文化境界四个层次。文化素质是对一个人有无文化进行评价的基础层次,这其实也意味着它是一个社会文明的基础。在这一基础之上,文化水平关乎的是人的文化能力,包括人的认知能力和创造能力,这个评价超越"文化有无"而进入"文化高低"的层面。文化涵养作为对一个人更高层次的评价,提升到对人的品格和格调的关注,它是一种内涵的养成,而不是外表的矫饰。它不仅需要知识的学习、能力的培养,往往更需要情操的陶冶,它是一种文化人格,更是一种道德人格。文化境界作为最高层次的人格评价,对于大多数文化人而言,其实也是源自人的文化良知的一种追求——是屈原所说的"路漫漫其修远兮,吾将上下而求索",是张载所说的"为天地立心,为生民立命,为往圣继绝学,为万世开太平"。如果说文化涵养关乎"文化底蕴厚薄"的问题,文化境界关乎的则是"文化胸襟宽狭"的问题，它是文化人格的最高追求。立足于"以人为本"核心立场的"以文化人"，要关注《报告》所论及的两个方面：一方面，文化工作者要坚持以人民为中心的创作导向，为人民提供更好更多精神食粮；另一方面，要开展群众性文化活动，引导群众在文化建设中自我表现、自我教育、自我服务。我们可以坚信：当中华民族集体人格建格实现复兴之日，就是中国特色社会主义文化强国建成之时！

（原载《艺术百家》2013年第1期）

深化文化体制改革需要增强系统思维
——党的十八届三中全会《决定》学习心得

党的十八届三中全会出台了《关于全面深化改革若干重大问题的决定》（以下简称《决定》）。正如习近平向全会所作的"说明"所说："改革开放是我们党在新的时代条件下带领人民进行的新的伟大革命，是当代中国最鲜明的特色，也是我们党最鲜明的旗帜……中央决定用党的十八届三中全会这个有利契机就全面深化改革进行部署，是一个战略抉择。"他还指出："全面深化改革是关系党和国家事业发展全局的重大战略部署……需要加强顶层设计和整体谋划，加强各项改革的关联性、系统性、可行性研究……经济、政治、文化、社会、生态文明各领域的改革都会牵动其他领域，同时也需要其他领域改革密切配合。"

从习近平总书记向全会所作的"说明"中，我们首先看到的是他一再强调"全面深化改革"的战略意义，既是"一个战略抉择"又是"重大战略部署"。因此，他格外强调"两个加强"，即"加强顶层设计和整体谋划"和"加强各项改革的关联性、系统性、可行性研究"。这种主张，在全面深化改革的总目标中得到了体现。《决定》指出："全面深化改革总目标是完善和发展中国特色社会主义制度，推进国家治理体系和治理能力现代化。必须更加注重改革的系统性、整体性、协同性……让一切劳动、知识、技术、管理、资本的活力竞相迸发，让一切创造社会财富的源泉充分涌流，让发展成果更多更公平惠及全体人民。"由此我们可以看到，之所以"必须更加注重改革的系统性、整体性、协同性"，在于我们要"推进国家治理体系和治理能力现代化"。构建现代化治理体系并提升现代化治理能力，其直接指向是两个"让一切"竞相迸发和充分涌流，这必然需要系统、整体、协同的治理能力。

在全面深化改革总目标下的文化体制改革，无疑也要增强系统思维。

首先，文化体制改革的系统思维要关注全面深化改革的整体谋划。这就是习近平总书记所说的"经济、政治、文化、社会、生态文明各领域改革和党的建设改革紧密联系、相互交融"。《决定》在提出"总目标"后，对上述五个领域和党的建设改革提出了六个"紧紧围绕"的重要遵循。其中对文化领域深化改革的要求是："紧紧围绕建设社会主义核心价值体系、社会主义文化强国深化文化体制改革，加快完善文化管理体制和文化经营机制，建立健全现代公共文化服务体系、现代文化市场体系，推动社会主义文化大发展大繁荣。"

我们说文化体制改革的系统思维首先要关注全面深化改革的整体谋划，主要有两个要点：其一，文化体制改革的重要遵循是紧紧对接全面深化改革的总目标的。也就是说，深化文化体制改革要紧紧围绕的"建设社会主义核心价值体系、社会主义文化强国"正紧紧对接着总目标中"完善和发展中国特色社会主义制度"。其二，深化文化体制改革需要加快完善、建立健全的有关方面，与其他领域的改革紧密联系，相互交融。比如我们的现代公共文化服务体系建设，就要关注社会领域深化改革的重要遵循，即"紧紧围绕更好保障和改善民生、促进社会公平正义深化社会体制改革"；比如我们的现代文化市场体系建设，就要关注经济领域深化改革的重要遵循，即"紧紧围绕使市场在资源配置中起决定性作用深化经济体制改革"；还比如我们的文化管理体制和文化生产经营机制的完善，也要分别关注"科学执政、民主执政、依法执政"和"更有效率、更加公平、更可持续"。

其次，文化体制改革的系统思维要考量立场、态度的申说与具体举措的落实。这就是《决定》第十一部分的谋篇布局。与前述深化体制改革重要遵循的"紧紧围绕"相呼应，以"推进文化体制机制创新"为标题的第十一部分，强调的是"以激发全民族文化创造活力为中心环节，进一步深化文化体制改革"。重要遵循是"建设社会主义核心价值体系、社会主义文化强国"，中心环节是"激发全民族文化创造活力"，二者的关联正如习近平总书记向全会所做的"说明"所说："高举改革开放的旗帜，光有立场和态度还不行，必须有实实在在的举措。"这也说明文化体制改革的系统思维需要考量实实在在的举措。

作为全会亟待解决的重大问题，第十一部分阐述的是文化体制改革的重大问题。按文中要点来看，这些重大问题包括完善文化管理体制、建立健全现代文化市场体系、构建现代公共文化服务体系和提高文化开放水平四个方面。我们注意到，党的十八大《报告》论述文化建设的专章《扎实推进社会主义文化强国建设》，它所论述的四个方面分别是加强社会主义核心价值体系建设、全面提高公民道德素质、丰富人民精神生活、增强文化整体实力和竞争力。这四个方面是着眼于文化作用的发挥而言的，也就是"发挥文化引领风尚、教育人民、服务社会、推动发展的作用"。比照着党的十八大《报告》来理解十八届三中全会《决定》，可以看到后者重在强调"举措"。也就是说，要扎实推进社会主义文化强国建设，务要先推进文化体制机制创新。

第三，文化体制改革的系统思维要审视具体举措的系统性、整体性和协同性。这就是整体谋划"文化体制机制创新"的方方面面。在此，一要审视每一相对独立方面的有机构成。比如在"完善文化管理体制"这一方面，不仅要看到推动政府部门由"办文化"向"管文化"转变，而且要看到健全坚持正确舆论导向的体制机制的重要性。比如在"提高文化开放水平"这一方面，不仅要看到扩大对外文化交流，加强国际传播能力和对外话语体系建设；而且要看到积极吸收借鉴国外一切优秀文化成果，引进有利于我国文化发展的人才、技术、经营管理经验。这里要兼顾"推动中华文化走向世界"和"切实维护国家文化安全"。二要审视各独立方面相互间的紧密联系。比如在"建立健全现代文化市场体系"和"构建现代公共文化服务体系"之间，虽然前者的重心在于"促进文化资源在全国范围内流动"，后者的重心在于"促进基本公共文化服务标准化"，但显然，前者的"提高文化产业规模化、集约化、专业化水平"与后者的"推动公共文化服务社会化发展"明显存在着相互依存的供需关系。

对于具体举措的系统性、整体性和协同性审视，务必要注意到推进文化体制机制创新进程中的"四个坚持"和"两个巩固"，如《决定》第十一部分的开宗明义："建设社会主义文化强国，增强文化软实力，必须坚持社会主义前进方向，坚持中国特色社会主义发展道路，培育和践行社会主义核心价值观，巩固马克思主义在意识形态领域的指导地位，巩固全党全国各族人民团结奋斗的共同思想基础。坚持以人民为中心的工作导向，坚持把社会效益放在首位、社会效益和经济效益相统一……"对于这段"推进文化体制机制改革"的宗旨，我的解读是把"四个坚持"作为"两个巩固"的内涵展开,也就是说,"四个坚持"要坚持的前进方向、发展道路、工作导向和工作效益,就是我们对"指导地位"、对"共同思想基础"的巩固。同时我还认为,后"两个坚持"的工作导向、工作效益,相对于前"两个坚持"的前进方向、发展道路而言,也构成一种"摸着石头过河"与"顶层设计"的内在关联。

第四,文化体制改革的系统思维要分析"顶层设计"、特别是其"基本遵循"。这就是《决定》提出的"紧紧围绕建设社会主义核心价值体系、社会主义文化强国深化文化体制改革"。结合《决定》的第十一部分来看,无论是建设社会主义文化强国,还是增强国家文化软实力,都离不开建设社会主义核心价值体系,离不开培育和践行社会主义核心价值观。可以说,没有文化软实力的增强,就谈不上建设文化强国;而没有核心价值体系的建设和核心价值观的践行,文化软实力就根本无从谈起。因为文化软实力就其根本而言,是对国内民众的凝聚力与感召力,更是对国际社会的亲和力与影响力。

我们都知道,社会主义核心价值体系包括四个方面的基本内容,即马克思主义指导思想,中国特色社会主义共同理想,以爱国主义为核心的民族精神和以改革创新为核心的时代精神,以"八荣八耻"为主要内容的社会主义荣辱观。也就是说,核心价值体系是由指导思想、共同理想、民族的时代精神(或时代的民族精神)以及荣辱观来支撑的。后三个方面本身就体现为国家、社会及个人三个层面。因此,党的十八大《报告》首次以24个字概括的社会主义核心价值观,在国家层面倡导富强、民主、文明、和谐,在社会层面倡导自由、平等、公正、法治,在个人层面倡导爱国、敬业、诚信、友善。

其实,在核心价值体系和核心价值观的"顶层设计"同时,有21个省(自治区、直辖市)提出了地域精神,还有200多个城市提出了城市精神。这大概可视为不同地域、不同城市价值追求的"摸着石头过河"。据中共云南省委宣传部课题组《关于当前各地地域精神塑造和培育情况的调研报告》(载《光明日报》2013年11月12日),对于地域精神表述词语频次在20次以上的有8个,即创新、开放、务实、和谐、包容、诚信、自强、团结,其中最高的2个(创新、开放)分别出现78次和59次。而我们注意到,除和谐、诚信外,其余频次较高的表述词语均未在"核心价值观"的概括之中。这说明，作为顶层设计的"核心价值观"，未必以各地域、各城市价值取向认同的"过河石头"来构建，"核心价值观"的顶层设计具有"向前展望、超前思维、提前谋局"的品质。对于地域精神频次较高的表述词语，课题组批评为"盲目跟风的同质化"；而我则认为，上述8个词语之所以频次较高，是因为我们大多数地域或城市在思考理想的价值取向时，都共同面临着明显要克服的不足、要破解的难题和要化解的风险。

以此为例来看文化体制改革系统思维的一个重要方面，我们就能深刻理解《决定》所说："坚持正确处理改革发展稳定关系，胆子要大、步子要稳，加强顶层设计和摸着石头过河相结合，整体推进和重点突破相促进，提高改革决策科学性，广泛凝聚共识，形成改革合力。"上述地域精神表述词语频次较高的8个词，其实也可视为深化文化体制改革应广泛凝聚的共识和坚定形成的合力。因此，创新与开放、务实与自强、和谐与包容、诚信与团结，不是"盲目跟风的同质化"，而是"科学决策的聚合力"。在我们系统思维中需要理解的是，地域精神就其本质而言不是"价值追求"，而是"行动感召"，是实现核心价值观的立场、态度和举措。对此，习近平总书记对全会所作的"说明"已经高屋建瓴地指出："面对新形势新任务新要求，全面深化改革，关键是要进一步形成公平竞争的发展环境，进一步增强经济社会发展活力，进一步提高政府效率和效能，进一步实现社会公平正义，进一步促进社会和谐稳定，进一步提高党的领导水平和执政能力。"毫无疑问，这六个"进一步"也是我们深化文化体制改革应当谋划的思路和瞩望的愿景。

（原载《中国艺术报》2013年11月29日）

习近平总书记系列重要讲话学习心得三题

一、文化是要有一点精神的

"人是要有一点精神的。"这是在党的八届二中全会上,毛泽东在谈到"艰苦奋斗是我们的政治本色"时说的一句话。借用这个句式,就我们当下的文化建设而言,也可以说:"文化是要有一点精神的。"在去年8月召开的全国宣传思想工作会议上,习近平总书记强调:"只有物质文明建设和精神文明建设都搞好,国家物质力量和精神力量都增强,全国各族人民物质生活和精神生活都改善,中国特色社会主义事业才能顺利向前推进。"在这里,总书记一而再、再而三地强调改善精神生活、增强精神力量、搞好精神文明建设,正说明"精神"在我们当下文化建设中的极端重要性。

文化是要有一点精神的,首先是因为什么样的文化就折射出什么样的人的精神。从《离骚》可看出屈原"长太息以掩涕兮,哀民生之多艰"的精神,从《报任安书》可看出司马迁"恨私心有所不尽,鄙没世而文采不表于后世也"的精神,从"三吏""三别"可看出杜甫"穷年忧黎元,叹息肠内热"的精神;"满座衣冠似雪,正壮士悲歌未彻"折射出辛弃疾的精神,"楼船夜雪瓜洲渡,铁马秋风大散关"折射出陆放翁的精神,"人生自古谁无死,留取丹心照汗青"中折射出文天祥的精神……更进一步,文化还是一国之民整体精神状态的写照,如《乐记》所言:"治世之音安,以乐其政和;乱世之音怨,以怒其政乖;亡国之音哀,以思其民困。声音之道,与政通矣。"作为儒家乐舞思想的集大成之作,《乐记》中所申说的"乐与政通"的理念,说明文化的的确确是"人的本质力量的对象化",说明是人的精神决定着文化的精神。

文化是要有一点精神的,还因为什么样的文化会影响着人形成什么样的精神。《乐记》早就指出了这一点，道是"志微焦衰之音使民思忧，啴缓慢易之音使民康乐，粗厉猛起之音使民刚毅，廉直经正之音使民肃敬，宽裕顺成之音使民慈爱，流辟邪散之音使民淫乱。"因此，它的理想之乐是"使其声足以乐而不流，使其文足以纶而不息，使其曲直、繁省、廉肉、节奏足以感动人之善心而已矣，不使放心邪气得接焉。"《乐记》中这段话道破的是"乐与政通"的另一个方面。《乐记》认为"乐之本"在于"人心感于物"，而"政之本"在于"同民心而出治道"，"乐与政通"的要义是以"乐"助"政"来"同民心而出治道"。这也是我们申说"文化是要有一点精神的"之重要取向。

文化是要有一点精神的，这是我们文化建设"坚持人民性"的一个重要遵循。习近平总书记在全国宣传思想工作会上要求我们"树立以人民为中心的工作导向，把服务群众同教育引导群众结合起来，把满足需求同提高素养结合起来"。文化建设就其效果而言要实现两个"结合"，现在最迫切需要的"精神"是反映"人民群众的伟大奋斗和火热生活"，是表现"人民群众中涌现出来的先进典型和感人事迹"。我们要用蕴藉这种"精神"的文化，去丰富人民的精神需求。这是我们文化工作者在党的群众路线教育实践活动中最应关注的问题，也即"从群众中来，到群众中去"的问题。这也是我们坚持先进文化前进方向、尊重文化建设规律的重要遵循。

文化是要有一点精神的，这也是我们文化建设"弘扬中国精神"的时代担当。我们的文化建设是在全面对外开放的条件下进行的，总书记要求我们"讲好中国故事，传播好中国声音"。"讲好""传播好"是方法的要求，"故事""声音"则是精神的诉求。这个"精神"首先是我们社会主义核心价值体系中"以爱国主义为核心的民族精神"和"以改革创新为核心的时代精神"。对于这个精神诉求，总书记要求做到四个"讲清楚"：他要求我们讲清楚中国发展道路的特色是基于自身的历史传统、文化积淀和基本国情；要求我们讲清楚中华民族生生不息、发展壮大的丰厚滋养来自积淀着深沉精神诉求的中华文化；要求我们讲清楚中华民族的突出优势和最深厚的文化软实力是我们的优秀传统文化；要求我们讲清楚中国特色社会主义有着深厚的历史渊源和广泛的现实基础……这是我们文化建设的时代担当，也是我们文化精神的主旋律和正能量。

我们申说文化是要有一点精神的，还因为我们当下的文化生活中存在着"不那么有精神"的状况。文化部部长蔡武就贯彻全国宣传思想工作会议精神接受了《焦点访谈》专访，在充分肯定文化建设的成就之时也指出了"渐渐浮出水面"的一些"意料之外"的问题：比如"吃惯了大锅饭的国有院团在市场竞争中竞争力不足"，比如"一些民营院团为了争夺有限的市场资源不时有低俗倾向出现"。虽然这里主要讲的是舞台演艺文化，但这也是我们文化建设转型发展中在不少领域存在的问题。蔡武同志所说的两个"比如"，前一个指的是文化工作者"要有一点精神"，要振奋精神，开拓进取；后一个指的是文化产品"要有一点精神"，要充实精神，摆脱低俗。的确，有的人热衷于"烧把钱就火"的晚会，这晚会哄抬明星而搁置精神；有的人沉溺于"过把瘾就死"的娱乐，这娱乐放纵欲念而空虚精神……北宋初期的政治家范仲淹在其《今乐犹古乐赋》中谈到："古之乐兮，所以化人；今之乐兮，亦以和民……昔时搏拊，实用洽于群情；此日铿锵，亦足康于兆庶……和气既充于天下，德华遂振于域中；实万邦之所共谅，百世之所攸同……"文化要有"精神"，是因为它既要"化人"又要"和民"，既要"洽群情"又要"康兆庶"，从而使"和气充于天下"；"德华振于域中"……也就是说，当我们聚餐"舌尖上的中国"之时，更要弘扬"德华里的中国"！

文化是要有一点精神的，是因为我们的文化建设要凝聚实现"中国梦"的精神力量，是因为我们要在坚定中国道路、弘扬中国精神中凝聚中国力量。 首先，我们文化建设凝聚的中国力量要有昂扬向上的精神风貌，我们要光大从井冈山精神到延安精神再到西柏坡精神，从大庆精神到载人航天精神，从雷锋精神到郭明义精神，从焦裕禄精神到孔繁森精神等一系列"中国精神"；第二，我们文化建设凝聚的中国力量要有自强不息的精神气质，我们要一鼓作气、百折不挠，如大河奔流不舍昼夜，如大鹏展翼不畏路遥；第三，我们文化建设凝聚的中国力量要有坚定执著的精神信念，我们有五千年文明的丰厚滋养，有十三亿人民的共同意愿，我们能够适应时代发展的进步要求，创造出中华文化新的辉煌；第四，我们文化建设凝聚的中国力量要有高远开阔的精神境界，我们走过了"雄关漫道"，我们踏上了"人间正道"，我们正迈向"复兴大道"……在那里，有我们文化建设的精神引领、精神驱动和精神凝聚；在那里，我们文化的精神和人民的精神将比翼连理、凝心聚力并同兴共荣！

（原载《中国艺术报》2013年9月4日）

二、文化软实力要做实要给力

学习习近平总书记系列讲话精神，是我们在新的历史起点上全面深化改革进程中的一项重要任务。2013年12月30日，中共中央政治局就"提高国家文化软实力研究"进行第十二次集体学习。习近平总书记在主持学习时发表了重要讲话（以下简称"12·30讲话"），指出了提高国家文化软实力要从四个方面"着力"，即要努力夯实国家文化软实力的根基，要努力传播当代中国价值观念，要努力展示中华文化独特魅力，要努力提高国际话语权。在这次讲话中，总书记还特别强调了中国梦的宣传和阐释，强调了注重塑造我国国家形象等事关国家文化软实力的重大问题。

结合习近平总书记系列讲话精神，特别是在全国宣传思想工作会议上的讲话（以下简称"8·19讲话"），可以看到总书记为精神文化进一步发展提出了新的使命和新的要求。他在"8·19讲话"中指出："只有物质文明建设和精神文明建设都搞好，国家物质力量和精神力量都增强，全国各族人民物质生活和精神生活都改善，中国特色社会主义事业才能顺利向前推进。"这一思想，在党的十八届三中全会《决定》（以下简称《决定》）中得到了贯彻和体现。《决定》强调："建设社会主义文化强国，增强国家文化软实力，必须坚持社会主义文化前进方向，坚持中国特色文化发展道路，培育和践行社会主义核心价值观……"；还强调"坚持以人民为中心的工作导向，坚持把社会效益放在首位，社会效益和经济效益相统一"。我的理解是，为着增强和提高国家文化软实力，我们的文化建设一要做实，二要给力。

做实文化软实力，首先是要"夯实根基"。在"12·30讲话"中，总书记指出："夯实国内文化建设根基，一个很重要的工作就是从思想道德抓起，从社会风气抓起，从每一个人抓起……引导人们向往和追求讲道德、尊道德、守道德的生活。"这里强调的是文化建设要夯实道德根基。

总书记还在"8·19讲话"中指出:"要巩固马克思主义在意识形态领域的指导地位,巩固全党和全国人民团结奋斗的共同思想基础。"这里强调的是文化建设要夯实思想根基。作为思想根基的"共同思想基础",总书记要求的是"把全国各族人民团结和凝聚在中国特色社会主义旗帜之下,要加强社会主义核心价值体系建设,积极培育和践行社会主义核心价值观,全面提高公民道德素质,培育知荣辱、讲正气、作奉献、促和谐的良好风尚。"可以看到,"共同思想基础"的内核仍然在于"思想道德根基",这也是我们文化软实力的内核。做实文化软实力首先要"夯实根基",是因为"根基不牢,地动山摇"。

第二,做实文化软实力要"坚实导向"。总书记在"8·19讲话"中强调"要树立以人民为中心的工作导向",《决定》也提出"坚持以人民为中心的工作导向"。树立并坚持这个"导向",总书记要求我们"把服务群众同教育引导群众结合起来,把满足需求同提高素质结合起来"。坚持"以人民为中心"的工作导向,我们的文化建设就要丰富人民精神世界,增强人民精神力量,满足人民精神需求。为着真正做好这一方面,总书记在"12·30讲话"中强调"要努力传播当代中国价值观念"。当代中国价值观念代表了中国先进文化的前进方向,是我们在文化服务内容上需要坚实的导向。也就是说,"坚实导向"包括文化服务对象("以人民为中心")的工作导向和文化服务内容("以先进文化为主旨")的实践导向。我们深知"导向不坚,路邪道偏",深知"坚实导向"对于做实文化软实力的重大意义。

"落实举措"是做实文化软实力的第三个要义。《决定》强调系统、整体、协同地"全面深化改革",其中以"推进文化体制机制创新"为题来强调"深化文化体制改革"。也可以说,深化文化体制改革是做实文化软实力亟待落实的重大举措。关于深化文化体制改革,《决定》认为它的中心环节是"激发全民族创造活力";它的四个重要方面分别是完善管理体制、建立健全现代文化市场体系、构建现代公共文化服务体系和提高文化开放水平。在这里,可以看到做实文化软实力亟待落实的各项举措,都是服务全面深化改革的总目标的。我们需要完善的文化管理体制,是推进国家治理体系和治理能力现代化的有机构成;我们需要建立健全的现代文化市场体系,要充分考虑市场在资源配置中的决定作用;我们需要构建的现代公共文化服务体系，要能更好保障和改善民生、促进社会公平正义；我们需要提高的文化开放水平，要增强对外话语的创作力、感召力、公信力。做实文化软实力要"落实举措"，是因为"举措不力，垂头丧气"。

第四，做实文化软实力要"充实内涵"。总书记在"12·30讲话"中指出："要努力展示中华文化独特魅力……把跨越时空、超越国度、富有永恒魅力、具有当代价值的文化精神弘扬起来，把继承传统优秀文化又弘扬时代精神、立足本国而又面向世界的当代中国文化成果传播出去。"一个"弘扬起来"，一个"传播出去"，正是我们文化建设要大大充实的内涵。具体而言，总书记"8·19讲话"中要求的"四个讲清楚"，就是"充实内涵"以做实文化软实力的重要方面。总书记说："宣传阐释中国特色，要讲清楚每个国家和民族的历史传统、文化积淀，基本国情不同，其发展道路必然有着自己的特色；讲清楚中华文化积淀着中华民族最深沉的精神追求，是中华民族生生不息、发展壮大的丰厚滋养；讲清楚中华优秀传统文化是中华民族的突出优势，是我们最深厚的文化软实力；讲清楚中国特色社会主义植根于中华文化沃土、反映中国人民意愿、适应中国和时代发展进步要求，有着深厚历史渊源和广泛现实基础……独特的文化传统，独特的历史命运，独特的基本国情，决定了我们必然要走适合自己特点的发展道路。"显而易见，"内涵不丰，体虚魂空"，不"充实内涵"，无以言"做实文化软实力"。

对于文化软实力不仅要做实，而且要给力，也就是说不仅要讲动机，而且要讲效果。

对此，文化软实力首先要给力"中国梦"，要成为"中国梦"的支撑力。自总书记在中华民族宗祠国家博物馆首倡"中国梦"以来，对于"中国梦"的宣传和阐释已使之成为中华民族的凝聚之核和奋斗之旗。在"12·30讲话"中，总书记强调"中国梦的宣传，要与当代中国价值观念紧密结合起来"，并用"五个意味着"进行了深度阐释。总书记指出："中国梦意味着中国人民和中华民族的价值体认和价值追求，意味着全面建成小康社会、实现中华民族伟大复兴，意味着每一个人都能在为中国梦的奋斗中实现自己的梦想，意味着中华民族团结奋斗的最大公约数，意味着中华民族为人类和平与发展作出更大贡献的真诚意愿。"文化软实力给力"中国梦"，一方面意味着我们的文化建设要结合当代中国价值观念来宣传和阐释"中国梦",一方面也意味着"传播当代中国价值观念"才能有效提高我们的文化软实力。

第二,文化软实力要给力"城镇化",要成为"城镇化"的驱动力。中央城镇化工作会议不久前在京召开,从会议指出的"城镇化是现代化的必由之路",就可以看出推进城镇化对于当代中国经济社会发展的重要意义。曾有学者预言:美国的新技术革命和中国的城镇化,是21世纪带动世界经济发展的两大引擎。事实上,城镇化和与之紧密相伴的新技术革命,也是驱动我们文化发展的两大引擎。在中共中央政治局以"实施创新驱动发展战略"为题的第九次集中学习中,习近平总书记在主持学习时发表的重要讲话提到:"我国现代化同西方发达国家有很大不同。西方发达国家是一个'串联式'的发展过程,工业化、城镇化、农业现代化、信息化顺序发展,发展到目前水平用了200多年时间。我们要后来居上,把'失去的200年'找回来,决定了我国发展必然是一个'并联式'的过程,工业化、信息化、城镇化、农业现代化是叠加发展的。"也就是说,我们文化软实力要给力"城镇化",面对的是一个并联式、叠加发展的"发达过程"。对此,我们的文化建设既要创造性转化、创新性发展,又要因势利导,顺势而为。

第三,文化软实力要给力"正能量",要成为"正能量"的激扬力。总书记在"8·19讲话"中指出:"坚持团结稳定鼓劲、正面宣传为主,是宣传思想工作必须遵循的重要方针。"毫无疑问,"弘扬主旋律,传播正能量,激发全社会团结奋进的力量"也是我们文化建设的重要遵循。给力"正能量"需要关注现实,要反映人民群众的伟大奋斗和火热生活,反映人民群众中涌现出来的先进典型和感人事迹;给力"正能量",也要守望历史,如总书记在"12·30讲话"中所说:"对中国人民和中华民族的优秀文化和光荣历史,要加大正面宣传力度……加强爱国主义、集体主义、社会主义教育,引导我国人民树立和坚持正确的历史观、民族观、国家观、文化观,增强做中国人的骨气和底气。"

第四,文化软实力要给力"话语权",要成为"话语权"的传播力。我们置身一个全球化的时代,所谓"文化软实力"主要是对他国的亲和力、竞争力和影响力,当然这要以本国民众的道德感、响应力和进取心为前提。总书记在"12·30讲话"中要求"提高国际话语权",要求"增强对外话语创造力、感召力、公信力,讲好中国故事,传播好中国声音,阐释好中国特色";在"8·19讲话"中,总书记也要求"着力打造融通中外的新概念新范畴新表述,讲好中国故事,传播好中国声音"。近代以来"西方中心主义"的确立,是伴随技术革命、经济掠夺、政治霸权、文化殖民从而握有"定义权"的产物。在这种世界语境中提高我们的国际话语权,归根结蒂是要塑造我国的国家形象。对此,总书记讲得很全面也很深入:他强调一要展示中国历史底蕴深厚、各民族多元一体、文化多样和谐的文明大国形象;二要展示政治清明、经济发展、文化繁荣、社会稳定、人民团结、山河秀美的东方大国形象;三要展示坚持和平发展、促进共同发展、维护国际公平正义、为人类作出贡献的负责任大国形象;四要展示对外更加开放、更具亲和力、充满希望、充满活力的社会主义大国形象。文明、东方、负责任、社会主义的大国形象展示与塑造,是文化软实力给力"话语权"的奋斗目标。

正如习近平总书记在"12·30讲话"中所说:"提高国家文化软实力,关系'两个一百年'奋斗目标和中华民族伟大复兴中国梦的实现。"他要求我们:"弘扬社会主义先进文化,深化文化体制改革,推动社会主义文化大发展大繁荣,增强全民族文化创造活力,推动文化事业全面繁荣、文化产业快速发展,不断丰富人民精神世界、增强人民精神力量,不断增强文化整体实力和竞争力,朝着建设社会主义文化强国的目标前进。"显而易见,总书记的系列讲话振奋着民心、统一着思想、凝聚着力量,我们不断增强的国家文化软实力必将助力中华民族伟大复兴中国梦的实现!

(原载《中国艺术报》2014年2月26日)

三、必须发挥文化的作用

完善和发展中国特色社会主义制度,推进国家治理体系和治理能力的现代化,是党的十八届三中全会提出的全面深化改革的总目标。对此,习近平总书记指出:"推进国家治理体系和治理能力的现代化,要大力培育和弘扬社会主义核心价值体系和核心价值观,加快构建充分反映中国特色、民族特性、时代特征的价值体系。"他还进一步指出:"坚守我们的价值体系,坚守我们的核心价值观,必须发挥文化的作用。"在上述表达的逻辑中我们可以看到:文化的作用能否得到有效的发挥,事关价值体系与核心价值观能否有效坚守;同理,价值观、价值体系培育与构建得如何,又事关国家治理体系和治理能力现代化能否有效推进。因此,"必须发挥文化的作用",不只是文化建设领域的内在性诉求,更是国家治理体系的系统性构成。

作为国家治理体系的系统性构成,"发挥文化的作用"首先意味着传播社会正能量。传播社会正能量,一是要考量传播的内容,二是要探求传播的方式,三是要追问传播的效果。就内容而言,主要应通过表现人民群众的伟大奋斗和火热生活,表现人民群众中涌现出来的先进典型和感人事迹,把服务群众同教育引导群众结合起来,把满足需求同提高素质结合起来。我们的戏剧表现挑山女人、表现焦裕禄就发挥了这样的作用。就方式而言,要明白"明者因时而变,知者随事而制"的道理,注重传播方式的理念创新和手段创新,不仅注重内容表现的技能手段,而且注重其平台手段的创新,还要把方式创新的重心放在基层一线。这方面我们电视频道的许多栏目发挥了很好的作用。就效果而言,传播社会正能量就要致力于全面提高公民道德素质,培育知荣辱、讲正气、作奉献、促和谐的良好风尚。近年来,社会风尚人心思"正"、人气扶"正",时时有"正气"盎然、处处有"正义"凛然,足以见文化"传播社会正能量"作用的有效发挥。

作为国家治理体系的系统性构成,"发挥文化的作用"还意味着提高国家软实力。国家软实力,首要的和主要的就是文化的凝聚力、创造力、公信力和感召力。为研究国家文化软实力的提高,中共中央政治局进行了第十二次集体学习。从习近平总书记主持集体学习时发表的重要讲话中,我们认识到"提高国家软实力"需由言及行、由里及表、由近及远。文化要发挥好"提高国家软实力"的作用,一是要从社会风气抓起。抓社会风气,是指抓每一个人的思想道德,引导全社会向往和追求讲道德、尊道德、守道德的生活。二是要传播当代中国价值观念。当代中国价值观念,包括中华传统美德的创造性转化和创新性发展,特别是体现在中国梦的"意味"和追求中。总书记关于中国梦"五个意味"的阐释,是我们提高国家软实力的重要内涵。三是要塑造我国的文明大国形象。为此，一方面要展示我们的历史底蕴深厚、民族多元一体、文化多样和谐，一方面也要使我们最基本的文化基因与当代文化相适应、与现代社会相协调。四是要增强对外话语的创造力、感召力和公信力。我们深知所置身的当代世界是以美国为首的西方国家先行握有"定义权"的世界，在这样一个世界要提高我国的国际话语权，必须把前述四个方面的工作都做好。也就是说，唯有增强做中国人的骨气和底气，才能谈得上提高国家软实力。

作为国家治理体系的系统性构成，"弘扬核心价值观"无疑是发挥文化作用的重中之重。 中共中央政治局第十三次集体学习的主题是"弘扬社会主义核心价值观、弘扬中华传统美德"，这可视为以"提高国家文化软实力研究"为主题的第十二次集体学习的深度开展。因为正是在主持这次学习中，习近平总书记强调："一个国家的文化软实力，从根本上说，取决于其核心价值观的生命力、凝聚力、感召力。"这也就是为什么总书记在阐释中国梦的"五个意味"时，首先就指出，"中国梦意味着中国人民和中华民族的价值体认和价值追求。"那么，文化如何去发挥好"弘扬核心价值观"的作用呢？通过学习总书记的讲话，我们认识到：一是要立足中华优秀传统文化，努力用中华民族创造的一切精神财富来以文化人、以文育人；二是要挖掘和阐发中华优秀传统文化的时代价值，重点做好创造性转化和创新性发展；三是要运用各类文化形式去生动具体表现，使核心价值观内化为精神追求、外化为自觉行动；四是要融入社会日常生活，增强人们的认同感和归属感。

其实，无论是"提高国家文化软实力"还是"培育和弘扬社会主义核心价值观"，习近平总书记在中共中央政治局第十二、十三两次集体学习中一以贯之地强调"夯实根基"，强调抓中国特色社会主义的思想道德建设。特别是在第十三次集体学习中，强调"把培育和弘扬社会主义核心价值观作为凝魂聚气、强基固本的基础工程"，申说"构建具有强大感召力的核心价值观，关系社会和谐稳定，关系国家长治久安"。显然，总书记一以贯之强调的"夯实根基"，不仅"必须发挥文化的作用"，也是文化作用得以发挥的大局、大势和大事之所在。事实上，重视思想道德建设，本来就是我国数千年文明涵育的优秀文化传统。我们所说的"文化"何以能"化人"？又以何来"化人"？简言之，就在于"文以载道""文以育德"。

如荀子《乐论》所言："乐者乐也。君子乐得其道，小人乐得其欲。以道制欲，则乐而不乱；以欲忘道，则惑而不乐。故乐者，所以道乐也；金、石、丝、竹，所以道德也。"

自央视春晚唱出《时间都去哪儿了》，也不乏有人喟叹"文化都去哪儿了"。喟叹"文化都去哪儿了"，有人着眼于历史文化形态的淡逝，有人则着眼于文化感召作用的式微。党的十八大报告以"扎实推进社会主义文化强国建设"为题，专节论述了"五位一体"建设中的"文化建设"，其中特别强调为全面建成小康社会、为实现中华民族伟大复兴，必须发挥文化"引领风尚、教育人民、服务社会、推动发展"的作用。强调"必须发挥文化的作用"，在于我们各项文化工作都必须始终坚持社会主义先进文化前进方向，始终把社会效益放在首位。无论是文化艺术精品的创作，还是公共文化产品的供给，无论是非物质文化遗产的传承，还是科技驱动的文化产业发展……都要考虑社会正能量的传播、国家软实力的提高和核心价值观的弘扬。在我们"文化强国建设"的"体用"关系中，"以文化人"是"用"而"以人为本"是"体"。"以文化人"作为文化作用的积极发挥，不仅在于促进人的全面发展，而且在于引导人格的不断攀升。这或许就是我们文化界为何拒绝娱乐至上的"过把瘾就死"，拒绝金钱至上的"鲜廉寡耻"，拒绝调侃正经、糟践经典、偷渡色情、吐槽暴力——因为这些东西不是必须发挥的文化作用，更不是文化作用的必须发挥。

（原载《光明日报》2014 年 4 月 12 日）

第二编

舞台演艺的文化建构

中国舞蹈的原始发生与历史建构

艺术史家们大多认为，舞蹈是一切艺术之母。确切地说，在"劳动创造了人"的意义上，劳动才是艺术之母。把舞蹈称为"艺术之母"，其实是说舞蹈是人类创造的最早的艺术样式。一个显而易见的事实是，创造了人类艺术和人本身的"劳动"，与人类舞蹈一样依靠着并且仅仅依靠着人类身体的运动。因此在某种意义上我们甚至可以说，是那些带有物质功利性的"劳动"和那些走向精神审美性的"舞蹈"，使人的体力和智力得到开发，也使人的体能和智能得到拓展。

一、人类舞蹈活动的动力定型与动作指向

谈中国舞蹈的原始发生，首先也要从艺术起源"劳动说"的经典命题谈起。在此我们先应有几点共识：一、"劳动"的初义应是人类为获取某种物质资料而发生的"身体运动"；二、"劳动"是人类发生之初最基本的身体运动，但这并不意味着人类最基本的身体运动都是"劳动"；三、不同区域、不同种群的不同"劳动"，决定着人类不同的身体运动并且积淀为人类不同身体运动的"动力定型"。

"动力定型"是苏联生物学家巴甫洛夫提出的概念。以"条件反射"学说为理论基础，他把一系列固定形式刺激中所形成的一整套固定形式的反应现象称为"动力定型"。"动力定型"既有大脑皮质的，也有生理机理的，后者能使人体运动在无意识状态下发生和完成，运动生理学称之为"动作自动化"。可以肯定地说，人类身体运动最初的"动力定型"，都是由其劳动方式和劳动流程所决定的；而这种"动力定型"除使其劳动变得熟练和省力起来，还必然成为其舞蹈活动中身体运动的显要动态。

考察人类舞蹈的发生，必然要考察其舞蹈活动中的"动力定型"。这

是基于文化人类学立场的考察。时下被称为"原生态"的舞蹈，其实就是积淀着人类身体运动"动力定型"的舞蹈。用吴晓邦先生的话来说，这种舞蹈源自"习性的动"而非"练习的动"。这种"习性的动"或者说人类身体运动的"动力定型"，决定于人的生理机能、生存环境、生产方式和生活习俗。在上述四种决定因素中，由生产方式决定的人类身体运动的"动力定型"，会成为舞蹈原始发生时最显要的动态，这为艺术起源的"劳动说"和"摹仿说"提供了重要的口实。

其实，以上四种决定因素中，人的生理机能——主要是两性生理机能的差异，几乎存在于一切"原生态"的人类舞蹈中。男性的高重心与女性的低重心分别决定着其舞蹈形态的跳跃和踩踏，男性的外展性与女性的内敛性又分别决定着其舞蹈形态的炫耀和诱惑。相对于生产方式而言，生存环境作为决定因素更具有先在性和潜在性。虽然人可以选择环境，但一旦选择就必须适应和顺应环境。"人定胜天"的前提是"人必顺天"。

生产方式可以有限地改造生存环境，但前提是适应和顺应。这便是生存环境作为决定因素的先在性。生存环境作为决定因素的潜在性，在于它对人类身体运动"动力定型"的影响往往不易让人察觉。比如在地形差异中，会影响人类舞蹈中大腿屈伸的幅度——平原地区的舞蹈大腿屈伸幅度小而高原地区的舞蹈有较大幅度的屈伸；又比如在纬度差异中，在相同条件下，纬度越高气温越低，但人类舞蹈则是纬度越高显要运动部位越高。这就是为什么蒙古族舞蹈显要运动部位在肩而傣族舞蹈的显要运动部位在胯。

我们之所以认为生产方式是人类身体运动"动力定型"中最重要的因素，因为这是人类在生存、进化中最强烈、最持久、最直观的身体运动。需要说明的是，人类舞蹈活动中"再现"某种生产方式的"劳动"动态，其实主要不是一种有意识的"摹仿"行为，而是人类身体运动的"动力定型"。"摹仿"作为一种自觉行为，只是在部落成员的未成年人向成年人习得劳动经验时才会发生，而这种自觉"摹仿"的学习过程大多是在一种游戏（例如舞蹈）的娱悦中进行的。

生产方式及其劳动动态在文化人类学的舞蹈视野中比比皆是，同样比较多见的还有生活习俗的影响。在某种意义上来说，生活习俗是生产方式的自然延伸，而最初的生活习俗主要是衣食住行之类的物质生活习俗。我常以不同区域不同民族取水方式的不同,来说明物质生活习俗对初民舞蹈身体动态"动力定型"的作用:朝鲜族"顶水"方式促成其"扛手踮步"的体动,藏族"背水"的方式促成其"懈胯抬胸"的体动,蒙古族"提水"的方式促成其"架膀提肋"的体动,而汉族的"挑水"则对应着"左过右,右过左"的秧歌舞步。

其实,考察舞蹈的原始发生,不在于指出"艺术起源于劳动"和"功利先于审美"。"功利先于审美"当然是一个正确的命题,而"功利如何转换为审美"或者说"功利与审美的中间环节是什么"则是一个困难的命题。舞蹈发生时身体运动的"动力定型"主要是人类包括"劳动"在内的功利活动的产物,但舞蹈作为人类身体运动的审美把握,人们的关注点不在"动力定型"而在"动作指向"。

"游戏"和"巫术"作为两种基本的指向,用英国著名历史学家兼考古学家罗宾·乔治·科林伍德的话来说,所有的艺术不是"游戏的"便是"巫术的",区别是在于前者释放情感从而超越现实生活,后者凝聚情感并介入现实生活。换言之,"游戏"或"巫术"的动作指向,可能就是舞蹈原始发生时由"功利"而"审美"的中间环节。

二、中国舞蹈的逻辑起点与形态意蕴

讨论中国舞蹈的原始发生,常见有研究者将史前岩画上的人物动态随意指认为"舞蹈"。对于研究工作来说这其实是很危险的。我常在想,岩画上的这些人物动态为什么会被指认为"舞蹈"?无非一是因为这些人物动态看不出有什么"功利"目的(比如狩猎、游牧或战争等),二是因为这些人物动态与后世的某些典型舞蹈动态相类似(比如汉画像石上"顺风旗"或"大射雁"的舞姿)。但其实,在未探明这些岩画人物动态的"动作指向"之时,我们即便分析其"动力定型"也无法指认其文化功能。

因此,讨论中国舞蹈的原始发生要从可以辨识的逻辑起点入手。在这方面,中国象形文字为我们提供了便利。河南殷墟出土的甲骨象形文

图 A

字，其造字原则最初是"远取诸物，近取诸身"。就以"舞"字而言，是一个人两腿旁开、两臂旁展且双手持物的动态（见"图A"）。作为中国舞蹈的逻辑起点，这个象形的"舞"字告诉我们，尽管当时的舞蹈动态远比这丰富和复杂，但这个动态肯定是最常见也是最基本的动态。我们需要进一步探究的是，这个"舞"所象之形的形态意蕴是什么？这个象形的"舞"字最初是仅指人的"舞蹈"，还是也特指着舞蹈的"人"（即"舞人"）？

东汉许慎著《说文解字》，在释"巫"之时谓之为"祝也。女能事无形，以舞降神者也。象人两袖舞形。"可惜的是，许慎没有明示出这个"象人两袖舞形"的"巫"是个怎样的"象形字"。不过我注意到，后来的文字学家都认为"巫"的古字是四个端头各有一短横的"十"字（见"图B"）。这个字固然也是"巫"字，但却不是许慎所说"象人两袖舞形"的"巫"字。许慎释"巫"的重要性在于，他既指出了"巫"的身份就是"以舞降神"的"舞人"，又指出了"巫"的舞蹈是"两袖舞形"，而这个"两袖舞形"的舞蹈动态正是前述"舞"字的人体动态。

图 B

"巫"最初的职能是"以舞降神"的舞人，并且是女性舞人，所以称"女能事无形"。这里巫之所事"无形"便是所谓的"降神"，"降神"是巫之舞蹈的"动作指向"。那么这个"象人两袖舞形"的"动力定型"是什么呢？关键在于这个"袖"指的是什么？"袖"字作为形声字较为晚出，它的本字是个会意字，是由"衣"和"穗"来组成的（见"图C"），而"穗"的本字又是以手（爪）摘禾之象（见"图D"）。

图 C 　　　　　　图 D

也就是说，最初的"袖"并非衣服上遮蔽膀臂的部分及其延伸，而是舞人所执之舞具——也即"衣"中所裹之"穗"。关于那个上"爪"下"禾"的穗字，《说文》释为"禾成秀也"，而"秀"又被释为"禾实也。有实之象下垂也。"我认为，"袖"的初始意蕴与"穗"相关，而"穗"作为"禾成秀也"，又由"秀"决定了"袖"的读音。并且，"秀"的"有实之象下垂也"也正是"象人两袖舞形"的舞人动态。这很可以说明"巫"作为舞人的动态，是稻作文明促成的"动力定型"，是稻作文明中"稻熟拔其穗"的生产方式使然。

正是在这个意义上，我很同意庞朴先生《稂莠集·说"無"》的看法。他认为："'能事无形以舞降神'一句，说得很对。巫的本能正是能事无形，其手段则是舞。在这里，巫是主体，无是对象，舞是联结主体与对象的手段。巫、無、舞是一件事的三个方面，因而这三个字不仅发一个音，原本也是一个形。"（即"图 E"——引者注）

图 E

庞朴先生所说的"一件事的三个方面"，即瑞士心理学家皮亚杰在《发生认识论原理》一书中所指出的，是"一个既无主体也无客体的客观实在的结构"，"一个在以后将分化为主体和客体的东西之间唯一可能的联结点的活动"。其实，作为中国舞蹈原始发生的逻辑起点，那个"象人两袖舞形"的"舞"字，起初正是"一个既无主体也无客体的客观实在的结构"，"一个在以后将分化为主体和客体的东西之间唯一可能的联结点的活动"。这个活动叫"舞"，而其分化出来的主体和客体分别是"巫"与"無"。

三、中国舞蹈的"引武入舞"与"制礼作乐"

中国舞蹈原始发生的逻辑起点告诉我们，其最初的"动力定型"源自稻作劳动，而其最初的"动作指向"是"以舞降神"。其实，就"舞"的动作指向而言，我们还可以进一步追问，"以舞降神"的目的是什么？

《周礼·春官》记载："司巫掌群巫之政令。若国大旱，则帅巫而舞雩。"也就是说，那个"象人两袖舞形"的"舞"，其"以舞降神"的目的是"求雨救旱",这个舞蹈活动称为《舞雩》。陈梦家《殷墟卜辞综述》记载:"武丁卜辞的'無',到了廪康卜辞加'雨'的形符而成(上'雨'下'無')的字(见"图 E"),是《说文》'雩'之所从来……但《说文》的'雩'已是形声字,卜辞作'無'作(上'雨'下'無'),乃是'舞'之形象。"

除《舞雩》外,中国最早与舞蹈相关的祭祀活动有《时傩》,也即《周礼·夏官》所载:"方相氏掌蒙熊皮,黄金四目,玄衣朱裳,执戈扬盾,帅百隶而时傩,以索室驱疫。"也就是说,《舞雩》的指向是"救旱"而《时傩》的指向是"驱疫",《舞雩》的舞者是"巫"而《时傩》的舞者称为"隶"。

"隶"是会意字,是以"手"操"尾"之象(见"图 F")。这让我们联想到"三人操牛尾,投足以歌八阙"的《葛天氏之乐》。正如《舞雩》的舞者由"执穗"向"执羽"(《诗经》多有记载)演变,《时傩》的舞者则由"操尾"向"执戈扬盾"演变。可以肯定地说,"操尾"之"隶"不同于"执穗"之"巫",后者与稻作文明相关联而前者维系于游牧文明。

图 F

谈到与游牧文明相关联的中国初民舞蹈,不能不提《诗经》中屡屡提及的《萬舞》。《萬舞》又称《乐萬》,《萬舞》的舞者也有特定的称谓,叫"萬人"。《墨子·非乐》记载:"昔者,齐康公兴《乐萬》。萬人不可衣短褐,不可食糠糟。曰:食饮不美,面目颜色不足视也;衣服不美,身体从容丑羸不足观也。"宋·陈叔方《颍川语小》载:"萬,舞名、州名、虫名,又姓也;非'万'也。佛胸之'卍'与此'萬'同。"为什么"佛胸之'卍'"称为"萬字号"?"萬"作为"舞名",和"虫名"有何关联?

《说文》告诉我们:"萬"作一种"虫"又写作"蠆"(见"图 G"),释其为"毒虫也,象形"。在《说文》中,有个"蚌"字(不过是上"圭"下"虫"的上下结构)被释为"萬也";还有个"虿"

图 G

被释为"蛙也"。这就是说，萬、蛙、虾三字同义互训，是同一种"虫"并且是"毒虫"；三字的读音分别字"丑芥切""乌蜗切"和"巨支切"。联想到现在"蛙"类还被人称为"田鸡"或"石鸡"（其实"鸡"应写作"虾"），可以肯定"萬"作为一种"虫"，就是"蛙"；作为一种"毒虫"，则应是"蟾"。

我在马家窑彩陶纹饰的研究中，注意到有"蛙纹"在抽象化进程中演变成"萬字号"，这说明"萬字号"即"蛙字号"；同时，也有"蛙纹"在拟人化进程中演变成"蛙人"，这很可能就是跳起《萬舞》的"萬人"。从马家窑彩陶到阴山岩画，再到后世的纳西族东巴舞谱，有一个"像人戴冠伸臂、曲胫而舞"的形象（见"图H"），这个上"干"下"几"的字即在中国文字中晚出的"无"。

图 H

高亨《周易古经今注》载："无者，奇字無也。無即古舞字……象人双手执舞具之形。无亦古舞字……像人戴冠伸臂、曲胫而舞之形。"其实这个上"干"下"几"的舞者之形，在纳西族东巴舞谱中就是"舞"字，只不过读音为"娑"。（《说文》释"娑"为"舞也"，而《尔雅》释"娑"为"舞名也"。）关于这个"像人戴冠伸臂、曲胫而舞之形"的"舞"，从阴山岩画中可以看到其"动力定型"来自游牧劳动中拦截围赶羊群的动态，而《诗经》对其"有力如虎，执辔如组"的描绘说明它是一种"尚武"之舞。中国武术至今视为基础的"马步蹲桩"就源自这一动力定型（是马背生活促成的动力定型），这便是中国舞蹈的"引武入舞"，也即游牧文明的舞蹈与稻作文明的舞蹈互补。

司马迁作《史记》，以黄帝为信史的发端。这可能是受了周王朝"制礼作乐"的影响——也即把黄帝的纪功乐舞《云门》奉为"六代乐"之首。"制礼作乐"是周王朝通过"传道统"而实现"大一统"的文化主张，与之相对应的政治主张是"封土建邦"。

在此，我们不想详列从黄帝《云门》到周武王《大武》之"六代乐"，只想说明"六代乐"的确立是周王朝自诩"天命在兹"的文化整合，是周王朝"礼乐治国"的文化建设。在这种整合与建设中，"巫"之舞成为以"执羽旄"为形式特征的"文舞"，"萬"之舞成为以"执干戚"

为形式特征的"武舞";与之相对应,也形成了"文以昭德"和"武以象功"的文化指向。而二者由稻作文明和游牧文明赋予的形态意蕴已隐匿在历史长河的浩渺烟波之中了。

四、中国舞蹈的阴阳互补与刚柔相济

"六代乐"作为中国乐舞文化最早的文化整合,在其"文舞"和"武舞"的类分中已体现出阴阳互补与刚柔相济的风貌。如前所述,"文舞"源自"象人两袖舞形"的"舞"(特指的),而"武舞"源自"象人戴冠伸臂、曲胫而舞之形"的"无"。这是中国舞蹈原始发生可以确认的两个逻辑起点,体现的是稻作文明与游牧文明的融贯会通。

《国语》称"国之大事,唯祀与戎",就其最初的动作指向而言,"舞"的功能是"祀","无"的功能则是"戎","武王伐纣,前歌后舞"说的就是后者的意思。我有个不成熟的想法,即《韩非子》所载"止戈为武"之说,"止戈"可能是"武"之读音的"反切",其音当与"无"最初的读音(从纳西族东巴舞谱中我们得知读若"娑")相近。

"象人两袖舞形"的文舞常被形容为"翩翩起舞",翩翩者,鸟飞状也;而"象人戴冠伸臂、曲胫而舞之形"的武舞,则常被形容为"起舞婆娑",颇类蛙跃之态。也就是说,文舞重"手挥"而武舞重"足踏"。在我看来,"舞"之初始与东夷、百越文明相关联而"无"之初始与氐羌、华夏文明相关联,朝鲜族的"农乐"和藏族的"锅庄"可视为二者的现代遗存及流变。

论及文舞与武舞,我还注意到"士"与中国舞蹈文化的关系。在中国古代,"士"是一个特殊的阶层,有人说是"低级贵族",也有人说是"高级平民"。《说文》释"士"为"事也",其所事之"事",最初正是《国语》所言的"国之大事,唯祀与戎"。古时凡"祀"必舞,其舞翩翩;凡"戎"则必武,其舞奕奕;而对应着"祀与戎"的则称为"巫士"与"武士"。随着时间的流逝,巫士运筹于内而尚文,武士决胜于外而尚武,"士"逐渐分化成两个不同的集团,用顾颉刚先生的话来说,叫做"文者谓之儒,武者谓之侠。儒重名誉,侠重义气。"舞蹈当然也开始变化。

舞蹈超越"劳动"的功能性之后，其或祀或戎的动作指向被逐步仪式化。这就是所谓的"发乎情而止乎礼仪"。"发乎情而止乎礼仪"是"制礼作乐"的基本要求，它要求彼时的舞蹈"比音而乐之，及干戚羽旄"。"干戚羽旄"是舞者所持之"器"，作为形而下之"器"，最初是"降神"之物，后又以其象征性发挥着"比德""通道"的作用。

在"舞器"（即现在所称"舞蹈道具"）的运用和规限中，中国舞蹈开始形成自己的舞动理念和舞动风格。经春秋战国而至秦汉，"短兵长袖"对"干戚羽旄"取而代之。鸿门宴中，项庄舞剑（短兵），项伯则以舞袖"翼蔽沛公"；并且，楚有虞姬为项羽"舞剑作歌"，汉有戚夫人为刘邦"翘袖折腰"。

在众多"舞器"之中，"长袖善舞"一语道出了中国传统舞蹈的本质特征。这个本质特征有三：一是中国舞蹈"手舞"重于"足蹈"，二是中国舞蹈"舞器"重于"舞徒手"，三是中国舞蹈"舞神"重于"舞形"。

我一直认为，"袖、剑、绢、扇"是中国传统舞蹈的"国舞四器"。在"国舞四器"中，宫廷舞蹈关注"舞袖"与"舞剑"，汉之戚夫人和唐之公孙大娘分别是其代表；民间舞蹈关注的主要是"舞绢"与"舞扇"。从实用角度来看，绢为揩涕而扇为取凉，所以民间舞蹈中"南扇北绢"较为多见；从审美角度来看，绢上刺绣显"女红"而扇中诗书露"才华"，故而又有"女绢男扇（折扇）"之用。

实际上，"舞器"除用于情态表现外，还用于情境象征，传统戏曲舞蹈表演中的"以鞭代马""以桨为舟""以旗当车""以靠布阵"等就是如此。"舞器"成为中国传统舞蹈重要的传情达意、叙事示境的手段。

五、中国舞蹈的正心修身与多元一体

主导中国传统舞蹈审美趣味的，是"发乎情止乎礼仪"的儒家思潮，因而也就形成了中国舞蹈以静示动、以神领形的审美趣味。这种审美趣味与我们正心修身的人生理想相一致。"修身"对于通过身体运动来呈现的舞蹈活动而言，集中体现为对舞者身体的约束。中国传统舞蹈要求舞者为"善其事"而"利其器"，这最初是"长袖善舞"的袖手，历经楚汉之"束腰"、盛唐之"隆髻"和宋明之"缠足"，固化了"内敛式"的舞风。

在此,我特别想指出"缠足"对中国传统舞风的影响。元代陶宗仪《南村辍耕录》有"缠足"条,记载了此前许多文献中关于"缠足"的记载,其中援引《道山新闻》的说法,曰"李后主宫嫔窅娘,纤丽善舞,后主作金莲……令窅娘以帛绕脚,令纤小屈上作新月状,素袜舞莲中,回旋有凌云之态。"其实,这是当时男权社会对女性病态审美的写照。

清人褚人获《坚瓠集》有首调寄《沁园春》的词写到日常生活中的这种审美病态,曰:"锦束温香,罗藏暖玉,行来欲仙。偏帘栊小步,风吹倒退,池塘凝伫,苔点轻弹,芳径无声,纤尘不动。荡漾湘裙月一弯,秋千罢,将跟儿慢拽,笑倚郎肩。/登楼更怕春寒,好爱惜相偎把握间。想娇憨欲睡,重缠绣带,蒙腾未起,半落红莲。笋指留痕,凌波助态,款款低回蜜意传。描新样,似寒梅瘦影,掩映窗前。"

以唐宋为界,中国舞蹈多元一体文化格局的形成,在唐以前是主动"拿来",从周设"四夷乐"到唐立"十部乐",从汉之《摩诃·兜勒》(有人说是《木卡姆·刀郎》的前身)到唐之《南诏奉圣乐》无不如是。中唐以降,气象不再。宋以后,先是蒙元,后是满清,大漠烽烟替下小桥流水,宽袍大袖掩去细袄短裙。

中国舞蹈多元一体文化格局的划分依据是语言系属,按各民族语言系属可分为四大部分:除阿尔泰语系各民族舞蹈自成一大部分之外,其余三大部分均属汉藏语系,分别是其中的汉语、藏缅语族、苗瑶和壮侗语族(也有语言学家将这一部分划为"澳泰语系")。在这四大部分中,其各自舞蹈最初的动作指向各不相同:阿尔泰语系部分多用舞蹈"逐疫",汉语部分多用舞蹈"祈丰",藏缅语族部分多用舞蹈"跳丧",而苗瑶和壮侗语族部分多用舞蹈"求偶"。

中国古代舞蹈的终结形态是"戏曲舞蹈",它与各民族民间舞蹈的"游艺性"有别,是较为严格意义上的"演艺性"的舞蹈。按任半塘先生《唐戏弄》的说法,中国戏曲的历史发展有周戏礼、汉戏象、唐戏弄和宋元戏曲四个阶段。戏礼的仪式性、戏象的脸谱化(面具)、戏弄的科诨风都历史地沉淀于"戏曲"之中。

王国维说:"戏曲者,谓之以歌舞演故事也。"也就是说,戏曲舞蹈就其基本特征而言是"演故事"的舞蹈。具体而言,戏曲舞蹈一是动作逆向起动以美化生活动态,二是动作描述语言以形化曲辞意象,三是动作提炼程式以虚化故事场景,四是动作服从行当以强化人物性格。

我们注意到,戏曲舞蹈"逆向起动"和"划圆运动"的运动法则,体现出中国人"反复其道""圆流周转"的运动时空观;但就戏曲舞蹈直观的体态运动而言,较多地积淀着蒙、满等马背民族(特别是蒙古族)的"动力定型"。戏曲舞蹈与蒙古族舞蹈在直观体态运动上至少有五个共同点:即梗脖立背、松肩扣肩、提腹收臀、架肋圆膀和端腿扨脚。这似乎也说明了中国传统舞蹈是在多民族文化交流、交融中不断成长不断发展的。

结语:中国舞蹈的世界语境与当代建构

新中国成立以来,俄罗斯芭蕾学派是中国舞蹈当代建构遭遇的第一个世界语境。古典芭蕾挺拔外开的形态不仅顺应了中国人民翻身解放的心态,而且顺应了民族舞蹈系统建构的要求。因此,用古典芭蕾的构架来整合戏曲舞蹈的构件,成为中国民族舞蹈当代建构最初的做法。

与之相关,中国各民族民间舞蹈的教材整理也以苏联芭蕾"代表性舞蹈"的整理方法为参照。当代中国民族舞蹈之主体——"中国古典舞"的建构,一是从20世纪50年代的舞者训练体系走向80年代的舞剧语言体系,这先后以崔承喜、李正一为领军人物;二是从戏曲舞蹈的移植走向汉唐舞蹈的重塑,其代表人物为孙颖和高金荣。

进入20世纪80年代以来,欧美现代舞,特别是"玛莎·格雷姆动作体系"影响着我们的舞蹈教学建设。其实,现代中国舞蹈的拓荒者们,大多直接或间接受业于德国现代舞(即"拉班—魏格曼体系")。如吴晓邦曾师从的日本舞者江口隆哉是玛丽·魏格曼的学生,戴爱莲在英国则师从过拉班的学生库特·尤斯,还有40年代末赴美留学的郭明达所师从的阿尔文·尼可莱则受业于魏格曼在美国开办的舞校。

20世纪80年代以来西方现代舞对中国舞蹈创作观念和运动方法产生了极大的影响:一是就人体表现力而言,拓展了躯干运动的表现力;二是就空间表现力而言,拓展了地面空间的表现力;三是就动作表现力而言,拓展了动作过程的表现力;四是就语言表现力而言,拓展了"主题—变奏"（包括"变奏"的随机性和偶然性）的表现力。

西方现代舞主张回归本体、回归本原、回归本我的观念对中国舞蹈的当代创作具有两重性。我们要在关注本体的同时不忽略主体，在关注本原的同时不放弃演进，在关注本我的同时不忘怀大众。

中国舞蹈的当代建构必然是中国社会当代发展的现实写照，因此我们也必然要在当代中国人民创造的历史中创造中国舞蹈的当代性。同样值得重视的是，中国舞蹈的当代性建构必然有其历史基点，必然在我们民族历史、社会给定的条件下进行，而这个"当代性"就是中华民族精神家园的当代建设，是中华民族国际形象的当代塑造。

事实上，中国舞蹈的当代性建构是包含着无限生机、无尽追求和无穷可能性的建构。我们要努力统筹世界语境与民族话语的关系，要努力统筹共同理想与个体诉求的关系，要努力统筹艺术精神与科技进步的关系，要努力统筹舞蹈本体与大千世界的关系……我们相信，中国舞蹈的明天会更美好！

（原载《民族艺术研究》2010年第6期）

杂技艺术的历史本体与现代美化

跨入新世纪的中国杂技艺术，有两个显著的亮点：一是对人体技能的超常开发向极限逼进，以奇险性征服了大众涉险猎奇的观赏心理；二是对超常开发的人体技能做"舞蹈"美化，以艺术美引导着大众"由技入艺"的观赏境界。也就是说，杂技在其本体不断标新立异的同时，也开始了"修艺求美"的本体改造，开始了杂技艺术真正"艺术化"的进程。在这样一个进程中，我认为有必要梳理一下杂技艺术的本体发生和历史演进，有必要重新审视它的形态类分，这样我们才会对它的"舞蹈"美化有更充分的艺术自觉。

一、杂技艺术的本体发生

讨论杂技艺术的本体发生，应明白"本体"寓于"具体"之中的道理。从"劳动创造了人"这一根本意义上来说，杂技艺术无疑是人类劳动技能，特别是人类狩猎劳动技能的提高与升华。从人类狩猎劳动着眼，我们可以看到人类劳动技能包括人类身体能力开发的技能，人类掌控劳动工具的技能和人类搏驯劳动对象的技能。事实上，人类身体能力的开发，是伴随着劳动工具的掌控和劳动对象的搏驯而发展的。从东汉时期张衡的《西京赋》对早期杂技"冲狭燕濯，胸突铦锋。跳丸剑之挥霍，走索上而相逢"的描绘中，可以看到狩猎劳动的艰险开发了人类劳动技能的奇绝，可以看到劳动工具（武器）的运用亦发展了人类掌控劳动工具的技能。这两个方面构成了杂技艺术本体发生的最初内涵，它使我们知道杂技艺术固然要立足于身体能力的超常开发，但这种能力的开发在大多数情况下是为了将"工具"（后演进为"道具"）掌控得更灵便自如更出奇制胜。

论及艺术的起源或发生，我们都知道"功利先于审美"这一为艺术史上众多事例证明过的结论。在杂技艺术的本体发生中,"功利先于审美"也是勿庸赘言的。我所感兴趣的是,先于"审美"的"功利"是如何摆脱"功利"而走向"审美"的。也就是说,人类掌控劳动工具的技艺以及在此基础上开发身体能力的技艺,如何与狩猎劳动失去直接的关联而产生相对独立的价值。纵观人类生存和生产、发生和发展的历史,这可能存在三种情形:其一,在狩猎劳动获得成功后,猎人们情不自禁地流露出成功的喜悦,也情不自禁地复现出狩猎劳动的技能及其动态,这是"游戏"行为消解了"功利";其二,在狩猎劳动发生前,猎人们有必要通过劳动技能的温习来做好劳动的准备,包括活动好身体,掌控好工具,协调好步骤,这是"操练"行为消解了"功利";其三,狩猎劳动的技能作为人类的经验需要一代代传下去,以便下一代人在进入狩猎的"实战"前有"能力",这是"教育"行为消解了"功利"。因此,可以说,艺术发生从"功利"到"审美"的中间环节是多样性的,并且最初还能看到其间接地指向"功利"。但间接地"指向"并不意味着直接地"实施",这就为日后"审美"的发生提供了可能。

二、杂技艺术的历史演进

在中国史籍中最早能"验明正身"的杂技艺术可能是"角抵戏"。据《汉书·武帝纪》云:"元封三年春,作角抵戏。"文颖注曰:"名此乐为角抵者,两两相当,角力角技艺射御,故名角抵,盖杂技乐也;巴渝戏、鱼龙、蔓延之属也。""角抵"本作"觳牴",以此作为"杂技乐"之初名,我以为可以看到其中烙有人类狩猎劳动的印记,这也反过来证明了人类狩猎劳动与杂技本体发生的关联。据相关史籍,我们知道"角抵"起自秦汉,而自汉之始,这类"杂技乐"又以"百戏"名之。其实,在文颖的注释中,已说明"角抵者……角力角技艺射御",这其中还包括"箭术"(射)和"驭术"(御)。也就是说,"角抵"作为最初的"杂技乐",不仅是人类搏驯动物之技艺的艺术呈现,而且体现出这类技艺的复合性与杂多性。

"角抵"起自秦汉而汉称其为"百戏",这在《后汉书·安帝纪》中有记载。《隋书·音乐志》则说"奇怪异端,百有余物,名为百戏",说明

"百戏"的内涵一是杂多，二是奇异。至唐代，有将"百戏"称为"杂戏"的，如《旧唐书·音乐志》所说"大抵散乐杂戏多幻术"，此间一是将"杂戏"与散乐并列，二是指出两者都有"幻术"的成分。今日广义的杂技包含魔术，而魔术的发生似乎与我们提及的人类狩猎劳动无关。唐时所谓"杂戏多幻术"，是汉武帝通西域之后的外来之物，如《旧唐书·音乐志》所言"幻术皆出西域，天竺尤甚"。据徐珂《清稗类钞》，元代又将"百戏"称为"把戏"，说是"江湖卖技之人，如弄猴舞刀及搬演一切者，谓之顽（通'玩'）把戏，本元时语也"。论者认为"把戏"是元人对"百戏"之讹读，今仍有"耍把戏"一语是其延续。为此，清代李斗《扬州画舫录》又称之为"杂耍之技"。我们注意到，自杂技登录史籍，无论朝代如何变更，都视之为"戏"，从秦"角抵戏"、汉"百戏"、唐"杂戏"到元"把戏"都是如此。虽有论者认为"把戏"可能是"百戏"之讹读，但我还是认为"把戏"比较贴近杂技艺术的形态内质。从大多数杂技节目借助道具的戏耍呈现人体的技能来看，正可视之为"把戏"——把玩之戏。当然，这"把戏"应当并列于"幻戏"（魔术）、"动物戏"（马戏或猴戏等）及"优戏"（滑稽戏），而"把戏"又应是今日广义之"杂技"之本体的内质。

三、杂技艺术的形态类分

从杂技艺术的历史演进可以看到，这些技艺的表演给人的印象一是杂，二是耍，是难登大雅之堂的。但自元以降，特别是明清之际，杂技艺术开始部分地融入传统戏曲，无论武戏还是文戏，都穿插有杂技的表演。这一方面深化了戏曲的技艺水平，一方面又强化了杂技的艺术效果。喜欢看"有技术含量的艺术"，是中国大众观赏心理的一个重要方面；对杂技艺术来说，则是要让难的"技术含量"呈现为好的"艺术效果"，是所谓"难能可贵"。正是在这种总体追求下，自明清以降的我国杂技步入了"现代进程"：一是体能开发与道具应用并进，二是技术难度与技巧设计共荣，三是杂技耍弄与戏曲表演互益，四是传统杂技与现代马戏同辉。特别是近代以来西方马戏的东来，其大棚装置、照明技术与节目设计理念，促进了我们传统杂技的"现代进程"。

在杂技艺术的现代进程中,"杂技艺术化"成为不懈的努力和追求。艺术化的"杂技"不仅以技撼人,而且以美感人;不仅以奇制胜,而且以情通幽。我们把杂技演出的"大棚装置"装置成了真正的"大雅之棚"。但我们注意到,杂技艺术既往的复合性和杂多性特征,由于"艺术化"追求而使得"杂多"更为"复合","复合"之后又更为"杂多"。在许多情况下,杂技艺术的形态类分也变得难以进行。就当下的杂技分类而言,通常是将魔术、滑稽、马戏之外的部分划分为"空中"和"地面"两大类;另一种分类稍精细些,即把杂技总分为文活、滑稽、马戏和技艺四类,其中"文活"包括魔术与口技,而"技艺"则由形体、耍弄、高空、力技四部分组成,车技、跳板、浪桥、蹦床等外来影响的技艺还不在这其中。即便这样,杂技艺术的形态类分仍令我们感到粗疏。

在我看来,思考杂技艺术的形态类分,应先专注于除魔术、滑稽和马戏之外的主体部分。这一部分若与前三者同列并以中国古籍中出现的词语命名,可称之为并列于幻戏(魔术)、优戏(滑稽)、马戏三者的"把戏"。对"把戏"的进一步类分,将接触到杂技艺术形态类分的实质,其着眼点首先是掌控道具的人体能力,其次是人体能力的道具掌控。为此,我以为在"把戏"之下可分为五类:

(一)**平衡类**。平衡类中可进一步分出直立平衡和倒立平衡,前者如"走钢丝"而后者如"椅子顶";直立平衡又可细分为定位平衡和运动平衡,二者分别如"晃板"和"踩球"等。

(二)**柔韧类**。这类"把戏"的着眼点在于人体(主要是腰、腿)柔韧度的开发。从某种意义上来说,人体的平衡能力和柔韧能力是完成许多杂技节目的基础,但也不排斥以其为内核自成节目。自古而有的"缩骨术"及"折腰术"便是这类节目的基本技能。

(三)**腾翻类**。腾翻类有自力腾翻和借力腾翻之分,"自力"主要靠虎跳、踺子、小翻等催发,而"借力"主要有软杠、跳板、蹦床等。杂技的腾翻与戏曲、体操的腾翻要求有较大差异,这就是戏曲腾翻讲究"表情性"而体操腾翻讲究"体态美",杂技腾翻首要的要求是"准确性"——准确地"钻圈"、准确地"落座"及准确地"过人"等。

(四)**攀援类**。这类"把戏"大多与高空有关,爬竿、荡绳、秋千、绸吊均属此类。

（五）操持类。"操持"正是"把戏"之本义，其类别较多，类分也较为复杂。对操持类作进一步划分，一个基本的视角是人体部位的视角，因此可分为手技、蹬技、顶技等，掷丸、蹬伞、顶缸是其代表性节目。对操持类"把戏"的划分还可以有人体技能的视角，这一视角首先着眼于是负重操持还是灵巧操持，比如"扛中幡"和"抖空竹"；后者又可细分为掌中操持还是出手操持，比如"水流星"和"飞刀"等。

需要特别说明的是，正如"杂多性"是杂技艺术构成的基本特征一样，"复合性"也是每个杂技节目构成的基本特征。但无论一个杂技节目会涉及几个类别的人体技能，总有某个类别的技能是主导方面，这是我们确定某个节目类别属性的基础；同时，节目的"复合性"程度越高，在某种意义上也意味着节目的"技能性"难度越大。

四、杂技艺术的"舞蹈"美化

所谓"杂技艺术的'舞蹈'美化"，也即通过舞蹈设计来强化杂技审美，依其切入的层面大约可分为五个方面。

第一，是对杂技艺术的人体动态呈现进行造型修饰。杂技艺术的人体动态，如前所述，是完成一定人体技能的附随物，其本身未必符合人体动态造型的"美的法则"，当然更非对应一定情感状态的"格式塔"。因此杂技要由"技"入"艺"，不能不首先对这种人体动态进行符合"美的法则"的造型修饰。考虑到不同人体技能的实现会导致不同人体动态的出现，我们提出两类人体动态造型的"美的法则"，即"黄金分割"的比例关系和"阴阳和合"的顾盼关系，前者更符合西方人体造型美法则，后者则是东方人体造型美法则的要求。

第二，对杂技艺术的人体动态，要考虑其连续呈现时的"变化规律"，这就需要对杂技艺术的人体动态呈现进行"主题变奏"。这里的"主题"，是指实现一定人体技能导致的一定人体动态的"动力定型"；而"变奏"，则是使人体动态"动力定型"的展开符合"变化规律"。人体动态"主题变奏"的"变化规律"，其基本理念是"保留一部分，变化一部分"。但变化哪部分又保留哪一部分，变化的部分多还是保留的部分多，则是"变的规律"中的"变数"。一般来说，扩张的变化往往"变下身留上身"，而内敛的变化往往"变上身留下身";又则,变化的部分多意味着"突变",而保留的部分多意味着"渐变"。需要指出的是,在人体动态"主题变奏"的艺术呈现中,"重复"呈现与"对比"呈现是最基本的方式。正是"重复",使"主题"才成为"主题";而正是"对比",才使"变奏"充满着艺术的"意味"。

第三,与人体动态"主题变奏"相关联的,还有动态人体的空间位移(舞径)和空间分布(舞群),对舞径与舞群的设计是对人体动态"主题变奏"的深化与拓展。舞径与舞群的关系既是线与形的关系,又是虚与实的关系;既是流态与稳态的关系,又是调度与构图的关系。在种种关系中,舞径与舞群都力求于"和",而此间"和的关系"主要体现为在舞台中轴线两边实现"等重平衡"。所谓"等重平衡",主要是区别于"对称平衡"的(尽管"对称"也能实现"等重")。"等重平衡"是将作用于视觉、平衡觉的各种舞台表现要素进行"非对称"的搭配与调节,其前提是了解这些"要素"的轻重效应。在我看来,舞台表现要素的"轻重",有绝对与相对之分。绝对的"轻重",体现为人多重于人少,地面重于空中,前区重于后区,远离中轴线重于近靠中轴线;相对的"轻重",体现为面向重于背向,动态重于静态,下场门重于上场门(因为人的阅读习惯导致视觉的"右移"为终结),甚至光亮重于光暗……

第四,"舞群"不仅仅是动态人体的空间分布,更是动态人体呈现于舞台的独立视觉单位。因此,处理好舞群与舞群之间的关系,是强化杂技审美更深一层次上的舞蹈设计。舞群与舞群之间的关系,我们称之为"舞蹈织体",它类似音乐中用来处理"声部与声部之间的关系"的"织体"概念。舞蹈织体,亦可分为"单舞群织体"和"多舞群织体"两类,而"多舞群织体"又可分为主调舞群织体和复调舞群织体两类。在"单舞群织体"中,我们主要强调"齐一关系",强调舞群的整合与单纯。主调舞群织体主要体现为"主副关系",这又通常体现为"独领"与"群随"的"一多关系";作为主调舞群织体的基本形态,"一"与"多"的关系往往呈现为"旋律性舞动"和"节奏性舞动"的关系。在舞蹈织体中,复调舞群织体是最富于变化也最富于表现力的样式;在各织体基本的"平行关系"中,可以是你腾我跃的共鸣关系,可以是此起彼伏的消长关系,可以是相互追随的模进关系,还可以是互相抗争的矛盾关系……从"造型修饰"到"织体结构",舞蹈设计对于杂技审美的强化基本上还是"技术性"的。

尽管"织体化"的舞蹈设计已经使杂技艺术的舞台呈现颇具"艺术性"了,但我们还可以向更深层次迈进,这就是**我们最终要提及的第五个方面,"意象化"与"情节化"的舞蹈设计**。"意象化"也好,"情节化"也罢,是使"杂技"摆脱单纯演"技"而"由技入艺""以技通道"的重要路径。早在我国汉代的百戏中,就有"冲狭燕濯"的意象化设计和"乌获扛鼎"的情节化设计。尽管从古之百戏至今之杂技,其节目的命名都直呼其"技",如古之跳丸、耍坛、旋盘、高絙、寻橦和今之顶缸、蹬伞、晃圈、空竹、爬竿等;但尽可能赋予其一定的意象和情节,已成为杂技节目设计中的一个较为普遍的追求。在许多情况下,导演甚至将许多不同的杂技技术综合、交织运用,使之成为"主题杂技诗剧"或"杂技情节演剧"——前者如首批成为"国家舞台艺术十大精品"之一的《依依山水情》,后者如韩国创演而风靡世界的《乱打》。最近,广州军区战士杂技团又完成了杂技《天鹅湖》的创演,这将体现出舞蹈设计在强化杂技审美中更为重要的作用。

(原载《中国艺术报》2011年2月21日)

诗化舞剧与舞剧的诗化

——新时期中国舞剧本体探索的阅读笔记

一、从第九届中国舞蹈"荷花奖"谈起

2013年岁末,第九届中国舞蹈"荷花奖"舞剧、舞蹈诗决赛在上海举行。有关注决赛的记者注意到:决赛的8部作品里,5部是舞蹈诗。并且,"颇有意味的是,面对大比例的舞蹈诗作品,对于究竟何为舞蹈诗,众多专家评委却莫衷一是,甚至有评委用'怪胎'来形容舞蹈诗。"(乔燕冰《舞蹈诗是"怪胎"吗?》,载《中国艺术报》2013年12月18日)其实,对于此次决赛的疑义,舞蹈界还有两种意见更值得重视。一种意见比较宏观,也即著名舞剧编导舒巧向担任评委的凌桂明发问:"决赛的8部作品,为什么是6部金奖2部银奖?"言下之意不合由"金"至"铜"塔形分布的常规。凌回答是:"作品之间没有可比性。"舒则诘问:"没有可比性为什么还要比?"另一种意见比较微观,即确定为舞蹈诗的5部作品,其中由佟睿睿创作的《一起跳舞吧》明显是一部舞剧。将其划归舞蹈诗并给予金奖,可能是考虑到奖项数量可以向东道主(上海)倾斜,但上海已有《简·爱》锁定舞剧金奖,于是将艺术水准也可获金奖的《一起跳舞吧》划归舞蹈诗。

二、"荷花奖"舞剧、舞蹈诗比赛的原点

舞蹈诗是什么?认知的起点似还应回到中国舞蹈"荷花奖"舞剧、舞蹈诗比赛的原点。在第九届之前,舞剧、舞蹈诗比赛还出现在第二、第四、第五、第七诸届之中,而其余第一、第三、第六、第八届只有小型舞蹈比赛(小型舞蹈比赛后来又分化出中国古典舞、民族民间舞、当代舞)。

因此，从中国舞蹈"荷花奖"比赛的原点上来看，舞蹈诗的第一个内在规定性在于它与舞剧一样是"大型舞蹈作品"，它的第二个内在规定性是"非舞剧作品"。但如何才算"非舞剧作品"，历届赛事大体上还是清晰的：比如第四届的舞剧金奖是《霸王别姬》，舞蹈诗金奖是《云南映象》；第五届的舞剧金奖是《风中少林》，舞蹈诗金奖是《天地之上》；第七届的舞剧金奖是《牡丹亭》，舞蹈诗金奖是《天边的红云》。稍有疑问的除第九届被划归舞蹈诗的《一起跳舞吧》之外，还有第二届（也是舞剧、舞蹈诗的首届）被划归舞蹈诗的《妈祖》。舞蹈界甚至有人认为第二届获舞蹈诗金奖的《妈祖》比获得舞剧金奖的《妈勒访天边》更像舞剧！

三、舞蹈诗是改变舞剧面貌的幸运儿

第二届中国舞蹈"荷花奖"舞剧、舞蹈诗比赛——作为舞剧、舞蹈诗首次名正言顺的比赛发生在2000年。在那一比赛前后，舞蹈理论界已经开始讨论舞蹈诗的问题了。一直关注芭蕾舞剧研究的杨少莆写出了这方面第一篇有分量的文章。他说："舞蹈诗的兴盛是近些年舞坛突出现象，特别是对比舞剧创作的不够繁荣。大约始于《土里巴人》（一说是《长白情》以及《黄河水长流》等等）。标示舞蹈诗、舞蹈诗剧、音舞诗画、歌舞诗……的作品渐渐多起来，人们便认可舞蹈艺术又派生出一种创新的形式。"在接下来的追问中，杨少莆认为"舞蹈诗的形式是舞剧的对应物，'舞蹈诗'这个新创词汇显然也是针对'舞剧'而言的……舞蹈诗的根是从歌舞晚会演化而来的主题晚会，又以'淡化情节'——对传统戏剧形式的反叛而树起舞蹈本体意识猛醒的标识——奠定了理论基础，而意念的诗化和表现手法的诗化则使舞蹈诗找到了形态目标。"（《"诗"的兴盛与"剧"的无奈——关于舞蹈诗的絮语》，载《舞蹈》2000年第2期）在杨少莆看来，传统舞蹈观念视"舞剧是舞蹈的最高形式"，久而久之，使舞蹈缠在"叙事"上而失去了自身的灵性。"于是，有了回归本体的意识，有了对舞剧重新认识的要求……应运而生的舞蹈诗便是重新认识舞剧和改变舞剧面貌的一个幸运儿，也可以说是舞剧的变种。"（引文同前）杨文明确指出舞蹈诗的应运而生是舞剧本体意识的回归。

四、舞蹈诗脱胎于大型综合晚会

与前述"舞蹈诗是'怪胎'吗"的诘问不同，10余年前的舞蹈界将舞蹈诗视为"重新认识舞剧和改变舞剧面貌的一个幸运儿"，认为舞蹈诗是"树起舞蹈本体意识猛醒的标识"。在这之后，吕艺生撰文对"舞蹈诗"加以评论。他说："到了80年代，中国出现了莺歌燕舞、歌舞升平的太平盛世。这个时期艺术上最突出的表现之一就是各种大型综合晚会的出现，而舞蹈诗就是在这样的基础上成型的。它可以说就脱胎于这种充满诗意的、以音乐舞蹈为主的大型综合晚会。"对于舞蹈诗，吕艺生认为"在选材和创意过程中至少要考虑三个条件：首先，表现的内容本身具有史诗性或诗性，或能够诗化的舞蹈作品……其次，舞蹈诗的内容能够凸现舞蹈本体特征，并使内容与舞蹈水乳交融……再次，舞蹈诗能够有更大的包容性。"（《论舞蹈诗》，载《舞蹈》2000年第6期）吕艺生的论述显然关注到了舞蹈界此前的言论，如他所说："有关专家此前对舞蹈诗的属性特征进行了探讨，其中以于平的《诗歌意象与戏剧行动》和冯双白的《关于舞蹈诗创作中结构问题的思考》二文最具理论性，杨少莆《"诗"的兴盛与"剧"的无奈》也颇耐人寻味……"（引文同前）

五、舞蹈诗动态意象的组合方式

笔者和冯双白的文章都发表在此前的《舞蹈》杂志。笔者的文章《诗歌意象与戏剧行动》有一个副标题，叫做"舞蹈诗与舞剧的形态学研究"。文中写道："考察舞蹈的动态意象对于舞蹈诗的创作而言是至关重要的。首先，我们要认识到'意象是关涉人类精神的碎片'……其次，我们要认识到'意象是超越公式化了的语言的道'……意象组合方式作为对'语言公式'的超越，有贯串式组合、对比式组合、复沓式组合、扩张式组合等。"（载《舞蹈》1998年第5期）一年后，冯双白发表了《关于舞蹈诗创作中结构问题的思考》，其实关注的也是舞蹈诗"意象组合方式"的问题。冯双白指出："在'歌舞诗'（他那时在文中称'歌舞诗'而非'舞蹈诗'）的创作中，舞蹈本体的力量当然是不可忽视的；另一方面，由于它是大型作品，又没有矛盾情节的贯穿……结构的问题就处于创作的核心位置。"为此，冯双白认为："'歌舞诗'类作品的共同特点：其一，均是由若干独立性的节目组合成的大型作品，它不同于普通歌舞晚会，有着全盘的统一主题……其二，歌舞诗有很自由的表现空间，可以做大跨度的时空跳跃，容纳比较大的主题，叙说比较多方面的内容而又可以没有贯穿性人物……其三，歌舞诗以具象的、个性的、独立的、有意味的'形式'来达到抽象的归纳和'内容'的表达……'结构'是所有舞蹈创作不可回避的问题，但在歌舞诗中它来得更为严酷。"（载《舞蹈》1999年第6期）

六、舞剧的"诗化"和组舞的"主题化"

在2000年首次举行的舞剧、舞蹈诗比赛前，笔者写了《舞剧、舞蹈诗与舞蹈"荷花奖"》的文章。文章认为，第二届中国舞蹈"荷花奖"以舞剧、舞蹈诗为参评对象，主要是针对大型舞蹈作品而言的。文中写道："大型舞蹈作品，在10年前大约就是两类：一类是舞剧，一类是组舞。以80年代初期兴起的'舞蹈仿古风'来说，《丝路花雨》《铜雀伎》是舞剧，《编钟乐舞》《汉风》则是组舞；又以80年代后期以来的'舞蹈地域热'为例，《阿诗玛》《森吉德玛》是舞剧，《黄河儿女情》《北方音画》则是组舞。进入90年代以来，受'交响编舞'观念的影响，大型舞剧的创作在结构方式上由于'淡化情节'，出现了'诗化'的倾向；而大型组舞的创作则强调'主题内容'在组舞构成中的有机贯穿，由此而出现了'主题化'的倾向——又由于许多组舞的'主题'是展示地方风情，组舞的'风情化'也成了大型组舞创作的一个显著特征。一方面是结构严谨的舞剧由于'诗化'而结构松散跳跃起来，另一方面是结构散漫的组舞由于'主题化'而结构有机贯穿起来……"（载《文艺报》2000年5月25日）

七、"舞蹈诗剧"的"弥漫沼泽"

舞剧的"诗化"和组舞的"主题化"其实是两个相向的进程，正是这两个相向的进程形成了舞蹈诗出场的合力。因此，笔者在文中写道："据我们目前的认识,准备参评'舞蹈诗'的剧目,起码又可分为两类:一类是前述'诗化'得不成舞剧的'舞剧',比如《长白情》《苏武》等;一类是前述'主题化'的组舞,我称为'舞蹈组诗',比如《阿姐鼓》《扎花女》等。我以为,如果要使参评'舞蹈诗'的作品更具有'可比性',就要在这一类别中区分开来'舞蹈组诗'和'舞蹈诗剧'。这样一来,'舞蹈组诗'倒是比较容易区别于'舞剧';但'舞蹈诗剧'与'舞剧'(特指'舞蹈戏剧')的区别还找不到一条清晰的'界河',在二者的'充分形态'之间有一片弥漫的'沼泽'。"(引文同前)的确,存在于这片"弥漫沼泽"的"舞蹈诗剧",可能会被分别划入"舞剧"与"舞蹈诗"的不同圈地中,甚至不排除有的作品会处于"亦剧亦诗"或"非剧非诗"的境地。这或许也是有人视"舞蹈诗是个筐"的症结所在。我曾在文中指出:"'舞蹈诗'中关于'舞蹈诗剧'这一部分,其实是对传统舞剧(舞蹈戏剧)结构形态改进与偏离的结果。最近有一种说法,认为舞剧创作中出现的'诗化'倾向,是舞剧创作的一种进步。这种说法有一定的合理性。但如果舞剧'诗化'得'戏剧性'不复存在之时,还会是一种进步吗?舞剧的进步不会、也不应该是'舞剧'的消解。"(引文同前)

八、"舞剧诗化"与舞蹈本体的追求

著名舞剧编导李承祥曾明显感受到"1977年是中国舞剧的丰收年"。而"丰收年"中最引起他关注的,是"舞剧领域里一种新的样式得到了比较普遍的发展",他还说"我们习惯称之为'舞蹈诗'或'舞蹈诗剧'"。李承祥在《高奏时代强音,展示民族风情》一文中分析说:"传统概念上的舞剧,一般都有完整的故事情节,人物形象在矛盾和冲突得到发展,具备所谓完整的戏剧结构。而今天演出的舞蹈诗,大多采用'浓缩情节'的路子,并不要求强烈的戏剧性。有的作品有人物而不贯穿,或者有人物贯穿但不出现矛盾冲突,作者笔墨更多地侧重于地域风情的展示和民族精神的高扬。"(载《舞蹈》1998年第1期)李承祥注意到,舞蹈诗呈现为"浓缩情节"的形态,但根由却在于为着展示地域风情。换句话来说,在被称为舞蹈诗的作品中,地域风情展示比人物性格的刻画更重要,在某种意义上也可以说是此前风情歌舞晚会主题更凝炼、结构更紧凑的结果。因此，李承祥指出："在这类作品中体现出舞蹈编导对'舞蹈本体'和'舞蹈诗化'的追求，大多具有很浓的诗味，传统美学中的'虚实相生''情景交融'以及舞蹈本体的功能都能获得比较充分的发挥。近期上演的成功之作有《长白情》《鄂尔多斯情愫》《瑶山之火》《泼水节》《阿姐鼓》等。"（引文同前）

九、臆解"舞蹈诗"的当代发生

论及"舞蹈诗"，都难免会谈到它的当代"发生"。杨少莆说"大约始于《土里巴人》"，这大概是在20世纪90年代初；冯双白则将冠名为"古代歌舞诗乐"的《九歌》（1983年首演），视为较早运用他称为"歌舞诗"的新体裁。吕艺生认为："中国最早见诸记载的周代大型创作的《大武》，是中国早期典型的诗化作品。它以周武王灭商的史实为线索，通过音乐、歌唱与舞蹈来表现的大型史诗，是歌舞诗乐的统一……（我国当代）解放战争处在尾声阶段创作的大型歌舞表演《大进军》，北平刚解放时创演的大歌舞《人民胜利万岁》，取的也是这种形式……当然，在这些作品中成就最高的要属60年代的《东方红》。"（《论舞蹈诗》，载《舞蹈》2000年第6期）对于吕艺生的说法，我想补充的两点是：第一，如果把周代的《大武》视为最早的舞蹈诗，那它也是舞蹈诗剧，如吕所说"典型的诗化作品"；而舞蹈组诗意义上的舞蹈诗，应当是屈原的《九歌》，尽管闻一多先生视之为"古歌舞剧"。第二，吕文中所提及的"这种形式"的当代发生，《东方红》称为"大型音乐舞蹈史诗"，《人民胜利万岁》称为"大歌舞"……此前由中国人民解放军（包括其前身中国工农红军、八路军和新四军）文艺工作团创作的"这种形式"，是由"活报剧"向"大型活报剧"发展而来。于是舞蹈理论界更多地关注着"大歌舞"对舞蹈诗形态发生的影响，也开始关注着"大歌舞"时代的舞剧创作。

十、舞蹈诗是舞蹈艺术发展的创造性成果

在对于舞蹈诗的进一步论述中，房进激与赵大鸣是两种比较有代表性的观点。房进激以《舞蹈诗——中国舞蹈艺术的新发展新创造》为题，对

这种舞蹈体裁予以了高度肯定。他说："被称为'舞蹈诗'的这种舞蹈艺术形式，在整个舞蹈世界发展史上，是中国舞蹈艺术发展中的一种特殊现象……具体地说，舞蹈诗是在近几十年中国舞台所出现的各种形式的所谓'大歌舞'中发展、演变、脱胎出来的。""为什么大家会如此喜爱'舞蹈诗'并承认其存在的价值呢？我认为最主要的是它更加充分地发挥了舞蹈艺术的大写意、大抒情、大概括、大抽象的艺术优势。它既没有舞剧过重的戏剧内容和人物冲突的负重；又超越一般小型舞蹈表现内容的局限性……'舞蹈诗'能够以一种篇章化、跳跃式的方式，表现一种被概括抽象了的社会精神风貌、一个民族发展的人文历史、一个国家某一历史时期的时代精神乃至一个军事集团的战斗历程。对某种精神的崇拜使舞蹈诗可以包容并体现重大题材和思想内涵。"（载《舞蹈》2001年第3期）看得出，房进激对"舞蹈诗"发生、发展的"合理性存在"是高度首肯的。他认为"'舞蹈诗'虽是源于综合性的艺术形式的'大歌舞'并受其启迪和反思而成，但其发展却成为一种更加舞蹈本体化的单纯舞蹈形式类别……是舞蹈艺术发展和进步的创造性成果。"（引文同前）

十一、审视"大歌舞"时代的舞剧创作

与之有别，赵大鸣的文章关注的是舞蹈诗对于舞剧的消解，所以他的论述以《"大歌舞"时代的舞剧创作》为题。他指出："如果对过去几十年的文艺舞台做一个概括，某种意义上，可以把它看做一个'大歌舞'的时代。十几年里，大型歌舞晚会举目皆是，不论逢五逢十、过年过节，还是各种各样的开幕式和闭幕式，甚至连电视文艺这种走进家庭的传媒形式，也是在不断推出各种大型晚会的过程中，在无数'大歌舞'的辉煌场面中，走过了这十几年。"（载《舞蹈》2001年第4期）这样一个"大歌舞"的时代，造就了一批对"大歌舞"风格习性驾轻就熟的舞蹈编导。赵大鸣认为那些得心应手于"大场面"又热衷于"大场面"的编导，既是在沿用"大歌舞"的某种创作方法，又是沿袭了过去舞剧创作的一贯传统。这个看法显然不同意那种"舞蹈诗发生的一个源头在于'舞剧的诗化'"，也即"发生于舞剧艺术本体探索的进程"的认知。为此赵大鸣尖锐地指出："为什么会有'舞蹈诗'的说法，并且为

什么会在舞剧创作的前提背景中、在今天被提出来……其实,在'舞蹈诗'出现之前,各种类似的说法就已经流行一段时间了。回忆起来,人们一定还记得像'情绪舞剧''情景舞剧''心理结构舞剧''交响舞剧''舞蹈诗剧'等等概念名词……这些看上去不一样的说法,其实都在竭力绕过同样的问题,那就是一个完整的、连贯的、言之有物的戏剧情节。不想面对这个问题,而宁愿相信自己是因为与众不同的更高追求才故意放弃了戏剧性……"(引文同前)

十二、如何认识舞剧的"淡化情节、淡化人物"

赵大鸣的论述很尖锐,但他全盘否定舞剧艺术"本体探索"的看法并不符合实际。几乎就在同时,冯双白就亮明了自己的观点,他指出:"有人说,搞'舞蹈诗'是由于舞剧搞不好,就降格到'舞蹈诗'了。这种情况,显然在创作实际中是常常发生的,但是这种说法忽略了一个很重要的问题:'舞蹈诗'是在怎样的历史条件下出现的?当代舞蹈史告诉我们,在'文革'结束时,我们对那种处处'以阶级斗争为纲'、时时讲'情节性'的舞蹈作品已经反感了。舞蹈界的有识之士大胆地探索起'舞蹈本质特征'问题,探讨'舞蹈必须用舞蹈来表现'的问题,研究起'舞蹈艺术的抒情本质'问题。正是在这样的大历史背景之下,作为对于'阶级斗争为纲'式的'情节舞'的历史反拨,出现了持续20年的'淡化情节''淡化人物'的艺术创作倾向;也正是在这样的历史发展潮流中,出现了'舞蹈诗'这一新的艺术样式。"(《关于舞蹈分类问题的几点思考》,载《舞蹈》2001年第4期)我们注意到,论及"舞蹈诗"的发生,舞蹈界有两个聚焦点:一是"大歌舞"的辉煌,二是"诗化舞剧"的探索。其实,"大歌舞"的辉煌催发的是"舞蹈组诗",而"诗化舞剧"的探索带来的是"舞蹈诗剧"——这是新时期中国舞剧艺术的本体探索。

十三、《长城》是第一部明确标榜的舞蹈诗

撇开那些近似的提法,在中国舞蹈"荷花奖"明确提出"舞剧、舞蹈诗"比赛之前,第一部将作品标榜为"舞蹈诗"的是《长城》。按现在的

形态分类来看,《长城》是一部"舞蹈诗剧"。舞蹈诗《长城》由范东凯、张建民创作于 1989 年末,是两人作为北京舞蹈学院编导系首届本科生的毕业作品。这部舞蹈诗由四个章节构成,即思兮长城、人兮长城、情兮长城和魂兮长城,有点像交响乐作品构成的四个乐章。舞蹈学者胡尔岩认为:"舞蹈诗《长城》是 80 年代舞蹈创作水平的代表,是 90 年代舞蹈创作水平的新界。《长城》的问世,预示着中国舞蹈创作思维进入了一个新的阶段。"(《〈长城〉:一个新的高度》,载《舞蹈》1990 年第 3 期)胡尔岩从三个方面认为《长城》"达到了新的高度":一是以舞蹈语言外化主题深层蕴含的创造能力,二是舞蹈语言个性化水平,三是视觉空间的交响性和舞段情节的暗示性融为一体的程度。胡尔岩指出:"所谓视觉空间的交响性,其特点并非是淡化了情节,便具有了交响性的视觉效果。而是编导者根据音乐所提供的多声部交响,编创出与音乐相适应的多种形象,又使这多种形象相互依存,成为整体并与特定的情绪氛围相吻合……《长城》的所有构段,基本上都用交响编舞法。从某种意义上来讲,《长城》是一部具有中国特色的交响舞剧。"(引文同前)

十四、舞蹈诗与交响舞剧的内在关联

在胡尔岩对《长城》的高度评价中,我们注意到舞蹈诗与交响舞剧的内在关联。事实上,舞剧艺术的本体探索,在形态变化上被称为"诗化",而在技巧追求上被称为"交响编舞"。这一点,范东凯、张建民的同班同学张守和及其学友也在其毕业作品《无字碑》创作中体现出同一追求,只是他们称《无字碑》为"交响舞剧"而非"舞蹈诗"。张守和曾撰文分析过交响舞剧《无字碑》的创作意识,文题就鲜明地标示为《舞剧的交响诗化》。他说:"'交响舞剧'是借用交响音乐的思维方式来体现舞剧戏剧情节……交响的多维音响,不是来自对生活的自然描述,而是以其高度概括的方式,表现出人类的崇高思想和精神风貌……这种淡化情节、虚拟象征和简约的手法也正是我们创作《无字碑》的基本法则……我们在舞剧艺术的天地中,选择了武则天一生中的几次重大事件,通过四个生活侧面来表达:一幕《不屈命运》中削发为尼、博取宠爱的宫女,二幕《母爱升华》中杀子立后,三幕与太子权力争斗的《治世之争》,四幕《武周大典》的威武帝王……"（载《舞蹈》1989年第9期）事实上，"舞蹈诗"称谓的出现，一条重要的路径是"舞剧的交响诗化"。它在"借用交响音乐的思维方式来体现舞蹈戏剧情节"之时，甚至都按照交响乐常见的四个乐章来结构舞剧。这也形成了后来的"舞蹈诗剧"及其基础上的"舞蹈诗"。

十五、"交响编舞"与"舞剧的交响诗化"

"舞蹈诗剧"，或曰"舞剧的交响诗化"，是舞剧艺术本体探索与传统舞剧"相揖别"的"分水岭"。实际上，无论是创作《长城》的范东凯、张建民，还是创作《无字碑》的张守和及其学友，他们的创作理念都受到肖苏华教授所传授的"交响编舞法"的影响。肖苏华曾在苏联跟随以交响芭蕾《斯巴达克》名扬舞界的格里戈罗维奇学习，学成后大力传扬"交响编舞法"。肖苏华的"交响编舞法"，指的是借鉴交响曲的音乐思维逻辑，来丰富舞蹈创作手法、强化舞蹈表现力；他还将按这种方法创作的舞剧称为"交响舞剧"，以区别传统的"戏剧性"舞剧。他曾撰文从五个方面将"交响芭蕾"舞剧和"戏剧芭蕾"舞剧加以比较："一、交响芭蕾是'音乐—舞剧'结构，而戏剧芭蕾是'戏剧—舞剧'结构；二、交响芭蕾的主要艺术手法是写意、概括和象征，而戏剧芭蕾的艺术手法主要是写实、模拟和图解生活；三、交响芭蕾中推动情节发展和矛盾冲突戏剧展开的主要手段是舞蹈本身，而在戏剧芭蕾中这一重要任务却由哑剧来承担；四、交响芭蕾简化、淡化情节，而戏剧芭蕾则着重突出情节；五、交响芭蕾是舞蹈中的生活，而戏剧芭蕾则是生活中的舞蹈。"（《交响芭蕾的艺术特征》，载《舞蹈》1992年第4期）其实，"舞剧"向"舞蹈诗剧"再向"舞蹈诗"的变迁，最明显也最具争议的就是其中的"简化、淡化情节"。

十六、从线性结构走向色块结构的《阿诗玛》

肖苏华"交响编舞法"的传授及北京舞蹈学院编导系首届本科生毕业作品的体现，主要发生在20世纪80年代末至90年代初。接踵而至并在这方面取得重大成就的舞剧其实是由云南省歌舞剧院创作的《阿诗玛》。该剧1991年亮相于第三届中国艺术节，如编导的"创作谈"所言："我们掌握舞蹈规律，从抒发人物（阿诗玛）情感出发去铺设情节线，因而产生了该剧所特有的无场次、色块形的框架结构。感情的色块'黑、绿、红、灰、金、蓝、白'铺设了阿诗玛'诞生、成长、爱情、愁云、笼中鸟、恶浪、回归'的情节线……在剧中我们努力去创造有意味、有意象、有意境的群舞和独舞交织，以群舞衬托独舞的形式，赋予民间舞更深的思想内涵和表现力。"（赵惠和《探索民族舞剧的创新之路》，载《舞蹈》1993年第2期）与舞剧"诗化"的表述相呼应，那时舞剧创作新理念表述的一个热词就是由"线性结构"走向"色块结构"。

十七、台、港舞剧创作的"诗意"追求

进入20世纪90年代初之后，台湾舞蹈家刘凤学、林怀民和香港舞蹈家黎海宁来大陆演出的舞剧作品也明显体现出"诗意"特征。先是刘凤学的"新古典舞团"带来了被誉为"舞蹈交响乐"的《布莱诗歌》。这部作品取材于德国现代作曲家卡尔·沃夫的清唱剧。刘凤学的同名舞剧创造出一群具有高度理想因而不满于现实修行生涯的男女修士，展示其不仅作为"修士"更作为"人"的心灵历程，使该剧充满着灵与肉、崇高与卑下、精神束缚与意志自由、世俗生活与理想境界的冲突。接着是林怀民的"云门舞集"带来了舞剧《薪传》。这部由序幕、唐山、渡海、拓荒、野地的祝福、死亡与新生、耕种与节庆等八段结构的舞剧，也没有贯穿的人物及人物间的戏剧冲突。林怀民截取台湾民间艺人陈达的即兴演唱，用台湾民间小调"思想起"的曲式，表达对故乡的怀念和对祖先的崇敬。用林怀民的话来讲，叫做"《薪传》就像一个盒子装了陈达的歌，他的吟唱提供了剧情，也成为《薪传》里最动人的演出。"（《我的故事》，载《舞蹈》1993年第6期）再后来是香港城市当代舞团与广东实验现代舞团合作演出的黎海宁的《九歌》。舞剧《九歌》的九个段落是日月兮、河、水巫、少大司命、遥兮、蚀、山鬼、死雄、礼。很显然，这种命名为"舞剧"的作品其实是"舞蹈组诗"。

十八、"意象单元"与舞剧的"组舞式"结构

新时期中国舞剧艺术的本体探索，其实是整个"舞蹈本体探索"的一股潮流。1988年，《舞蹈》杂志举办"龙年笔会"，就是相邀舞蹈理论界讨论"舞蹈本体"。因此，在这一年年末举行的全国舞剧观摩研讨中，王举创作的《高粱魂》引起了人们极大的关注。舞蹈评论家张华指出："王举的作品，总是呈现某种'组舞式'的结构，一块、一块、连蹦带跳地往前走。中间的故事交代、逻辑连带关系的陈述，几乎被毫不犹豫地扬弃了……在《高粱魂》中，序、颠轿、野合、祭酒神、尾声，顺理成章的五个大块，跳跃连接的每一个舞蹈场面单元。显示出块状跨度的，是它的表层'视象'；粘连着原作故事情境的，也是这表层'视象'……表层'视象'的大跨度跳跃，显然打破了故事情境的连贯性。叙事变得疏略，几乎仅仅是一种提示而已。粘连故事情境的表层'视象'的空疏，不是内容的空泛；相反，恰恰是因为有一种更深层次的内在底蕴要凸显出来而导致的结果……"（《王举的意象世界》，载《舞蹈》1989年第5期）张华认为这部舞剧的每个舞蹈场面都变成了巨大的"意象单元"，指出"它从这些意象内部的各种画面对照、律动对照中流溢出来，从这些意象间的呼应关联中流溢出来，从这整个作品意象世界的块状结构的大开大合跳跃发展中流溢出来。舞台时空是充分诗化的，这给表现予以极大的自由……"（引文同前）在这里，我们该明白了舞剧"诗化"的重要意义了。

十九、超越"哑剧叙述"的"舞蹈织体"

对于新时期中国舞剧艺术的本体探索，真正有价值的追求我以为还可以向前追溯到苏时进的《一条大河》。舞蹈评论家张华的《大河，交响的祭礼》评述了舞剧《一条大河》，认为"《一条大河》可以称之为一种'轴心式'的结构，'轴心式'便是水，鞭策着舞剧的运动——渴水送水相交替，渴水送水相重叠，焦盼与牺牲，煎熬与险阻，洞穿的水壶映衬勇士

垂死的独舞,宝贵的一口水引发波涛滚滚的境界……一缕一缕越缠越紧,一层一层越揭越深;缠紧的是戏剧的情势的张力,揭示的是英雄儿女灿烂的精神。"(载《舞蹈》1987年第11期)借《一条大河》,张华谈到了"舞蹈的交响化",并进而谈到了"舞蹈织体"。他认为:"《一条大河》的人物、戏剧情势、背景氛围和象征意味在舞蹈织体中较为成功地达到统一……在舞蹈总的织体中,这些部分相互关联的运动、对比、消长,构成了有机统一的气韵,揭示事物、人物内在关系的意义,推动剧情的发展,辉映性格的神采,从而超越了哑剧的叙述,遵循故事现象层的发展逻辑来铺陈剧情的方法。"(引文同前)此间所谓"超越哑剧的叙述"以及"遵循故事现象层的发展逻辑来铺陈剧情的方法",正是"诗化舞剧"的本体探索。

二十、用"第二自我"表现"难解的矛盾心境"

由《一条大河》前溯,笔者注意到有两组中型舞剧的"诗化"探索值得载入史册。较早的一组是南京军区政治部前线歌舞团创作的《天山深处》(尉迟剑明、苏时进编导)和《蘩漪》(胡霞菲、华超编导)。苏祖谦、熊明清《金陵春浓舞正酣》一文评述说:"《天山深处》……集中表现了四个人物,而笔墨又多用在主要的两个人物——副营长郑之桐和他的未婚妻李倩身上,表现他们由于思想境界的差异所产生的矛盾冲突和李倩自身走与留的思想斗争……编导设计了这两个主要人物的'第二自我'参与表演,以表现这一深刻而难解的矛盾心境。'第二自我'的出现,像化身,像幻影,又像人物自己内心独白的舞蹈显现,叙述着难以启齿的隐痛。'第二自我'的运用,把内心活动的思想矛盾化作了可见的舞蹈形象,使得以舞蹈形式来揭示这一题材丰富的思想内涵成为可能。"(载《舞蹈》1982年第4期)对于《蘩漪》的"诗化"探索,我们在此不展开了。由《一条大河》前溯至《天山深处》,使我们更清楚地认识到苏时进在新时期初期舞剧创新中的重要作用。联想到他还以双人舞《再见吧,妈妈》和群舞《黄河魂》接连夺得第一、第二届全国舞蹈比赛的金奖,他的探索更为值得我们重视。

二十一、把观众引向人类精神世界的深处

另一组值得关注的"诗化"探索是刘世英、岳世果编导的《悲鸣三部曲》。"悲鸣"是由三部中型舞剧组成的舞剧集，分别是《鸣凤之死》《原野》和《日之思》。这其中，《鸣凤之死》出现最早，笔者曾在《凤鸣哀婉声凄切》一文中有评述说："从觉慧困在人世的'狭笼'，到鸣凤步出人世的'梅林'；从鸣凤反抗人生的'梦魇'，到觉慧点燃人世的'火祭'……切莫小视这个'小'到只有两位演员的舞剧（算上隐身人也只有四位演员），竟从一个特殊的角度表现了一个人世的横断面。"（载《舞蹈》1986年第1期）文中单引号括住的狭笼、梅林、梦魇、火祭，再加上生离、高墙等，便是该剧的"诗章化"结构。在《悲鸣三部曲》中，稍后完成的《日之思》具有更浓的"诗化"色彩。正如周诗蓉的舞评指出："取意于巴金的散文诗《日》和曹禺的话剧《日出》的舞剧《日之思》，是刘世英、岳世果创作的一部具有强烈人生意识与哲理追求的舞剧佳作。由三个命题片段《黑的日》《白的霜》《幻的光》组成……超越了复杂且具体的故事情节和特定的历史空间的局限，以纯舞蹈形式去昭示人生，把观众引向人类精神世界的深处，唤起人们对生命本体的重新体察和对人生价值的深广思考……"（《生命呐喊的悲歌——舞剧〈日之思〉赏析》，载《舞蹈》1988年第5期）从苏时进的《天山深处》和刘世英的《日之思》，可以看到"诗化舞剧"这一本体探索的指向是人"难解的矛盾心境"和"精神世界的深处"。

二十二、"芭蕾交响诗"与篇章式舞剧结构

与《悲鸣三部曲》同样值得关注的，还有早于那一作品问世的《觅光三部曲》。由舒均均创作的《觅光三部曲》面世于1985年，在当时引起了舞蹈界极大的关注——特别是它的结构方式。在舒均均看来，"社会永远是光明与黑暗并存，永远要去寻求光明，永远要经过斗争，才能赢得光明。而人类这种对光明永世不竭的追求，乃是历史前进的原动力、精神历

程的长明灯……当我构思'觅光'的结构时,深感叙事性、戏剧式的舞剧结构对我的种种束缚,难以表达那个久久激动我的宏伟主题……"(《〈觅光三部曲〉创作体会》,载《舞蹈艺术》1985 年第 4 期)因此,舒均均决定寻找一个更自由的表达,决定"采用篇章式舞剧结构"。舒均均说:"在这部舞剧里我们采用了诗与音乐里常用的变形、象征的手法,波涛、宇宙、光明、黑暗,都被赋予人的性格,来曲折地表达人的心情和心理过程。"她还说:"《觅光三部曲》是三个互为独立但又合为一体的舞蹈诗章:《黄河》《人生》《宇宙》,贯穿一个完整的意念——对光明的追求……是否可以把它称之为'芭蕾交响诗'?抑或称为芭蕾序列舞剧?"(引文同前)为了强调这种追求的"合理性",舒均均甚至引出了诺维尔早在 1760 年就申说的主张:"舞剧在某种程度上从属于诗的规律……"

二十三、"舞蹈织体"与"人物内心活动的形象化"

由交响编舞、舞蹈织体再前溯"诗化舞剧"(特别是大型舞剧的"诗化"),我们当然不会忽略舒巧的创作,尤其是其 1979 年创作的《奔月》和 1984 年创作的《画皮》。方元《执著的追求——观舞剧〈画皮〉有感》写道:"《画皮》极大地加强舞蹈结构(请注意并非指舞蹈语言和编舞本身)的程式感,把舞蹈语言(指'编舞')的感染力、内涵性提到宏观地理解舞蹈艺术功能的高度来认识、指导创作实践。这是对过去舞剧创作理论的一种挑战。"(载《舞蹈》1984 年第 4 期)换句话说,"《画皮》是用舞蹈形象来组织情节、组织人物矛盾关系的舞剧,也就是用'舞蹈程式'来进行结构的舞剧。它不是那种在戏剧结构中突出'可舞性'的舞剧。"(引文同前)方元特别谈到该剧第二场的"勾魂摄魄",认为"在这里舞蹈语言本身已上升为结构,舞蹈语言与结构设计达到水乳交融的境地,而它又是紧扣人物内心活动来展开的。这里没有交待与描述情节的现象,杜绝了那味同嚼蜡的图解情节、图解人物的所谓'情节性舞蹈'……整场戏由王生与其妻陈氏的独舞、众女鬼的群舞和美女鬼与王生的双人舞组成……在这里,编舞技巧上的'织体化'得到进一步的运用。舞蹈动作上的一致与不一致的交替运用,音乐与舞蹈在节奏上、韵律上同步与不同步的交替运用,舞台调度上的规则与不规则、平衡与不平衡的交替运用,使这段全剧主要舞段形成一个交响化的织体，造成了一种意境，产生了一种特殊的艺术感染力，一种想象与现实的交织，一种庄严肃穆与荒诞不经的交织，一种光怪陆离与冷若冰霜的交织，而这种意境就是王生与画皮女鬼这两个人物内心感情的折射，是人物内心活动的形象化。"（引文同前）从这里可以看出，《画皮》较之《一条大河》更早、更自觉地实践着"舞蹈织体"，而这也是"诗化舞剧"的重要手段。

二十四、"批判的武器"与"武器的批判"

1979年问世的大型舞剧《奔月》，是当时颇具争议的作品，当然那时还纠结在舞剧语言的"民族性"上。其实，那时舒巧就强调"要不断注意克服'为舞而舞'的习惯弊病"，强调"将集体表演性的舞段也调动起来为塑造主要人物，特别是为揭示主要人物的内心世界服务"。为此，她"要求舞剧结构线索清晰，避舞蹈所短（即她所说'舞蹈的弱点是叙述，长处是抒情'——引者注），安排尖锐的戏剧冲突，造成强烈的感情起伏。"（《探索——舞蹈〈奔月〉创作体会漫谈》，载《舞蹈》1980年第1期）不过在那时，人们更关心"语言"而非"结构"的问题，新时期中国舞剧"本体探索"强调"结构"至少是《画皮》之后的事情。舒巧借《奔月》来"漫谈"，认为舞蹈语言的运用也要从"人物性格"而非"既成风格"出发，所以她将所谓"中国古典舞"的语言程式进行了四个方面的变化——"一是变化动律的节奏，二是变化动作的连接关系，三是改变原来舞姿上身与腿部的关系、重新协调，四是变化舞姿、造型本身。"（引文同前）虽然"语言"探索不如此后"结构"探索的意义重大和深远，但我们仍可清楚地认识到：对于一种创作方法乃至思维方式的探索，我们舞剧的本体探索千万不能在"批判的武器"的寻求中忘却了"武器的批判"。

（原载《艺术评论》2014年第6期）

音乐剧的审美理想和造美机制

2002年12月10日至26日，文化部艺术司组团赴日本、美国考察音乐剧艺术，我任领队，与艺术司戏剧处、音乐舞蹈处和演出处的有关同志赴日、美考察。在我国驻日使馆文化处、驻美使馆文化处，特别是驻纽约总领事馆文化组的精心安排下，我们先后观摩了《狮子王》（观摩了日本四季剧团和纽约百老汇两个不同的团体的演出）、《猫》（日本四季剧团演出，以下为纽约百老汇的演出）、《制作人》《歌剧院的幽灵》《妈妈咪呀》《阿依达》《悲惨世界》《现代米莉》等8部9场不同风格的演出。同时，与日本政府的文化官员、日本四季剧团的管理阶层、纽约市政府的文化官员、美国音乐剧联盟的主要成员、纽约大学音乐剧教学组织者以及百老汇音乐剧的制作人、百老汇剧院赢利团体负责人等进行深入的座谈。经过对感性印象的梳理和沉淀，结合自己以往对音乐剧艺术的了解和关注，将以下见闻与思考奉献给读者。

一、观赏音乐剧是一种"精神休闲"的审美消费

我们赴纽约百老汇的考察，引起美国主流媒体《纽约时报》的关注。该报记者杰西·麦金利（Jesse Mckinley）在对我们进行专访后，于2002年12月23日在《纽约时报》发表署名文章《中国官员研究百老汇音乐剧》。文章开门见山："一个中国政府代表团悄悄地来到了纽约市。纽约市对于这种访问已经习以为常，但这个代表团的目的很特殊。他们既不是进行政治访问，也不是要洽谈商贸合作，而是要探索一种美国特有的、令人神往的事物。这种事物拥有神奇的力量，能够沟通人们的心灵，能够使人愉悦、惶恐、悲哀甚至手舞足蹈。他们要考察的对象是美国百老汇音乐剧。"的确，我们要考察的对象是音乐剧。毋庸讳言，音乐剧是当代世界

舞台剧中最成功的剧种；而来美国百老汇考察，则是因为美国纽约的百老汇和英国伦敦的西区是世界上剧院最集中的区域，在这两个剧院集中的区域中，音乐剧的演出占极大的比重，产生着极大的商业利润和娱乐刺激。这正是我们所要了解的音乐剧的审美理念和造美机制。

音乐剧衍生与发展的历史，如果从1904年比特尔·琼斯明确提出"音乐剧"的概念算起，至今正好是百年之旅了。在百年的发展进程中，音乐剧从早期主题浅薄、情节散漫、风格芜杂、格调低俗的"文化快餐"形态中走出，不断地洞悉和揭示人的命运、价值、尊严以及普遍的人类道德准则等，为20世纪的舞台推出了具有相当分量的"文化大餐"——它关注时尚并且引导时尚，尊重人格并且建构人格，如一位乐评人所说："音乐剧从来都有一种乐观、豁达、积极向上的精神状态相伴随，从来都有一种幽默情怀、潇洒心态运化其间，从来都充溢着一股热烈的青春气息和活泼泼的生命活力……"（居其宏著《音乐剧，我为你疯狂》）

音乐剧为什么会成为当代世界舞台剧中最成功的剧种？音乐剧为什么从"文化快餐"走向了"文化大餐"？音乐剧为什么寻求表现手段的丰富性并追求表现形态的灵活性？显然，是因为音乐剧关注的是其当下的演出市场，关注的是其观众当下的欣赏动机和审美趣味；而通过我们的考察来看，音乐剧的观众主要是都市市民，观赏音乐剧是都市市民对休闲方式的一种选择。就其根本的动机而言，观赏音乐剧的表演作为一种"精神休闲"，与去电影院看"大片"，去康乐宫打"保龄"，去酒吧饮"鸡尾"是相通的——都是为了在紧张的工作节奏之余释放心理的压力并解脱精神的负担。因此，我们所看到的大部分的音乐剧作品，尽管在题材选择上或诠释名著（如《悲惨世界》《阿依达》），或追逐时尚（如《现代米莉》《妈妈咪呀》），或搬演演艺界的生活（如《歌剧院的幽灵》《制作人》），但都充满着幽默和机智，充满着爱心和纯情，也充满着欢愉和达观。简言之，当下的音乐剧是满足都市市民"精神休闲"的产物。了解都市市民当下的精神需求并"投其所好"，是音乐剧商业操作的起点，也是其演出市场的归宿。观众观赏音乐剧，从消费的角度来看，是"审美消费"，是以满足"精神休闲"为目标的审美消费。事实上，音乐剧在满足大众的"审美消费"之时甚至消解了传统的"音乐戏剧"的一些审美理念：比如主要人物的主题动机理念、人物陈述的音乐宣叙理念以及传统乐队建制的和声编配理念等。音乐剧在关注时尚并引导时尚之时,使自己也成为一种"时尚"。

二、音乐剧作为舞台表演艺术的文化产业和文化市场

如果只是对音乐剧的审美理念进行考察,最好的去处应是纽约百老汇和伦敦西区。因为音乐剧审美理念并不是完全整一的,其最大的文化差异就是以百老汇为代表的美国音乐剧和以西区为代表的英国音乐剧的差异。一般说来,美国音乐剧较多地受爵士乐舞、摇摆乐舞和踢踏舞的影响,而英国音乐剧则多为对歌剧、轻歌剧的"改良"。所以,英国音乐剧更注重戏剧结构的严谨和歌唱艺术的魅力,美国音乐剧更像缺乏传统根基的美国文化——既有欧洲古典轻歌剧、喜歌剧中情节的趣味性,又有本土滑稽歌舞剧的娱乐性,还有本土乡村音乐和黑人灵歌悠扬的旋律及爵士乐舞复杂而火爆的节奏。特别是早期的美国音乐剧,总是依托于一个充满滑稽人物和事件的故事,以便串联起那些好看好听的歌舞节目,这就难以避免低级庸俗的噱头和性感的色情调料。这种审美理念在今天的《制作人》《妈妈咪呀》《现代米莉》中仍有所体现。

考察音乐剧艺术,选择美国和日本,一是因为纽约百老汇并不只是上演纯粹美国风格的音乐剧,英国音乐剧的代表性作品如《猫》《歌剧院的幽灵》《悲惨世界》《西贡小姐》等也都在百老汇尽情展示。二是因为我们不仅想考察音乐剧的审美理念,而且要考察其造美机制;不仅想考察百老汇作为音乐剧最大产出地的造美机制,而且要考察日本作为把音乐剧大规模引进亚洲的造美机制。事实上,音乐剧作为伴随着工业化进程和都市化进程的产物,在其思想性、艺术性之外有着鲜明的商业化。商业性是艺术产品实现其商业价值而具有的一种商品属性,它以追求商业利润的最大化为目标,迫使艺术产品在思想性、艺术性之外去强调一种叫做"观赏性"的东西。无论是作为文化产业的日本"四季剧团",还是作为文化市场的纽约百老汇,"好听""好看"并且"好玩"的观赏性,都是音乐剧进入造美机制的一个重要前提。

在日本考察音乐剧,其实主要是考察"四季剧团"作为舞台表演艺术"文化产业"的操作方式。当我国的经济建设随着20年来改革开放的步伐

迅速发展之际，曾有人指出下一步最具发展潜力的是信息产业和文化产业。当我们的文化发展由"事业型"向"产业型"转换之际，得到迅速发展的是音像录制、电影院线、主题公园等文化产业；舞台表演艺术由于艺术品种类别的差异、院团管理层次的差异而在细察慎行。"四季剧团"的创始人浅利庆太在确定该团早期的方向之时，指出是"在于打破剧坛上以往那种固定的观念化的创作手法和舞台造型……确立起新的现实主义的创手法"；当他在20世纪60年代初观看百老汇音乐剧后，开始将东西方戏剧艺术的完美结合作为自己的理想，而这一理想的起步就是搬演百老汇优秀的音乐剧作品——从《平步青云》《猫》《西区故事》直到《歌剧院的幽灵》《狮子王》《阿依达》等。现在的"四季剧团"拥有7个剧场（东京3个，京都、大阪、名古屋、福冈各1个），近300人的演员队伍可分成8个剧组在各地演出8台不同的音乐剧，创造了相当可观的商业利润。作为一个成功的文化产业，"四季剧团"首先在于选择了"音乐剧"这一舞台表演艺术产品的生产，以这一时尚的舞台表演艺术来冲击"固定的观念化的"传统表演艺术；其次，"四季剧团"艺术生产的重心是演出，演出的剧目以搬演"经典"为主而只有少量"原创"，因为"产业"活动的目标是通过演出获得最佳商业利润而不是展示"原创"作品；第三，"四季剧团"演出的剧目特别注意迎合青年观众甚至是儿童的口味，它选择有着无限潜力和生机的、面向未来的市场。

纽约的百老汇不同于日本的"四季剧团"，这是一个街区，一个拥有大量剧场、拥有大批音乐剧演出并从而拥有大批进行审美消费的音乐剧观众的"文化市场"。百老汇作为舞台表演艺术的文化市场，在多年来的运作中已具有了特殊的含义。人们常把在百老汇演出的剧目称为"百老汇剧"。在我看来，"百老汇剧"的特定含义是：一、它是商业戏剧，区别于非赢利团体的戏剧演出；二、它是大都会戏剧，区别于地方剧院的戏剧演出。这是一个真正的"市场"：一方面，它具有稳定规模并具有持续的效益，不同于我国某些城市办"××艺术节"的类似农村"赶集"的、在一定时效限制内的"农贸市场"机制；另一方面，它具有充足的"货源"并具有足量的"顾客"，使音乐剧的生产和销售处于一种良性循环之中。需要指出的是，尽管号称音乐剧四大剧目的《西贡小姐》《歌剧院的幽灵》《悲惨世界》《猫》的演出效益达到每剧每年一个多亿美元，但也有80%

的"百老汇剧"在商业运作上是不成功的。从造美机制的视角来看,音乐剧是大投入并期待高回报的"文化产业",但这并不意味着凡"大投入"必有"高回报"。面对音乐剧制作"血本无归"的前车之鉴,之所以还有"不惜血本"的后继之人,无疑在于为数不多的成功者所获得的"高回报"的诱惑,无疑在于以"造美"而"逐利"的内驱力使然。正是这些以"造美"而"逐利"的音乐剧的制作人,与百老汇众多的剧场经理一道,促进了音乐剧产品的丰富和音乐剧市场的繁荣。

三、音乐剧对构建我国舞台表演艺术"文化产业"的几点启发

去国外考察音乐剧,事实上已是许多人在许多年前就已做过的事情。作为中国政府文化主管部门派出的考察小组,我们的重要目的之一正如《纽约时报》记者所言,是"要学习美国百老汇的经验,振兴中国的戏剧事业,尤其是使中国众多国营的歌剧院、戏剧院在观众面前焕发出新的光芒,倡导主流文化的流行……要从美国成功的百老汇戏剧中学到如何将经典与流行相结合,让传统艺术能够长久地焕发光彩。"这段话,是记者对我们采访时即兴问答的归纳。在回国后的考察报告中,我们着眼于舞台表演艺术,着眼于舞台表演艺术的产业和市场,有了更为系统的思考。

首先,音乐剧的审美观念是追随其文化功能的,这就是为广大都市市民提供"精神休闲"。提供"精神休闲"的舞台表演艺术,无疑应具有较强的娱乐性,其目的在于释放观众的精神压力并解除其精神负担。但事实上,这种针对"精神休闲"而出的艺术产品,在服务于每一个体之时不会不关注一定时代、社会给大众带来的整体"精神压力",这就使得舞台表演艺术不能脱离时代、社会去理解"精神休闲"。运作成功的音乐剧作品,或触及普遍的人类情操,或具有强烈的现实针对性;其"精神休闲"文化功能的实现,恰恰是剧中所呈现的并非闲情逸致的人生义理。

其次,音乐剧在其追随时尚并引领时尚的艺术把握中,在实现艺术"时尚化"的同时努力实现着时尚"艺术化"。作为有着悠久、丰厚舞台表现艺术传统的国度,我们不能固定"程式化"的表演传统,更不能认为只有这样才是把握自身艺术的独特性和纯粹性。艺术与生活的关系,从来不是用既往生活沉淀的艺术教条去框限、删节生活的生机和活力。我们传统

的舞台表演艺术在对现实生活的艺术把握中若能与时俱进，我们就不仅能融入时尚而且能创造时尚。我一直认为，许多具有综合表演手段的地方戏，特别是歌舞性较强的"曲牌体"地方戏，在其与时俱进的历程中，会促成音乐剧艺术的中国风格。

第三，音乐剧的"大制作"和"高回报"是与舞台表演艺术的"产业化"分不开的。事实上，音乐剧艺术的发展历程，其审美理念的"时尚化"伴随并推动着其造美机制的"产业化"。综览日、美音乐剧的造美机制，以下几点值得关注：一、舞台表演艺术作为"文化产业"要建立的造美机制是"铁打的营盘流水的兵"。这就是说，"文化产业"的产品生产和营销，都必须紧紧地依托于剧场。日本"四季剧团"作为具有一定规模的"文化产业"拥有7个剧场，使之可以进行舞台表演艺术的规模生产和营销；百老汇剧院的经理们对于舞台表演艺术产品的生产和营销，也发挥着十分重要的作用。二、舞台表演艺术作为"文化产业"，同样要追求系统生产和规模效益。这就是说，"大制作"和"高回报"与其说是音乐剧造美机制的一个特征，不如说是以音乐剧为产品的舞台表演艺术"文化产业"的一个特征。国内有一种说法，即中国音乐剧的制作应先着眼于"低投入""小制作"，这其实是脱离"文化产业"的造美机制来谈论音乐剧的生产，是将音乐剧的审美理念和造美机制相剥离的一种看法。在我看来，音乐剧生产的"文化产业"，类似于汽车制造之类的大型企业；当这类产业在我国起步之际，不是先尝试"汽车"的低级形态或弱化形态，而是为着生产真正的"汽车"去建立产业机制——先期的合资与引进是必要的。三、"制作人制"是舞台表演艺术作为"文化产业"的一种值得重视的造美机制。"百老汇剧"的制作，基本上是以"制作人"为中心。从融资到策划，从选择编剧、作曲、演员到与舞美、灯光、服装及全体演职员签约，从订购剧场档期到与广告、票务公司合作，均由制作人及其工作班子来完成。这与我国舞台表演艺术中的"项目聘任制"有相似之处，但我国还十分缺乏这类职业化的"制作人"。制作人吸引投资并对投资负责，推动着舞台表演艺术"文化产业"的运作。

第四，我们现在就应考虑建立与我国舞台表演艺术"产业化"进程相适应的"文化市场"。我国正在发展的文化产业和文化市场中，舞台表演艺术是滞后的。舞台表演艺术文化产业的滞后无疑是影响其文化市场发育的一个重要因素。但即使在这一文化产业不甚发达的今日，想在这一文化市场中获取利润的机构或机制还是不少——比如大大小小的演出公司和形形色色的"艺术节"。我以为，在我国这样一个表演团体众多、舞台剧目众多的国度，应当考虑建立伦敦西区及纽约百老汇之类的以"剧场群"为标志的"文化市场"。这个"剧场群"为标志的舞台表演艺术的"文化市场"仍可在中国改革开放的经济特区深圳率先尝试。之所以是在深圳而不是在其他城市，主要理由有四：其一，深圳是文化传统比较薄弱的现代都市，时尚化的表演艺术会成为都市文化品格的一部分而同时满足都市成员及外来观光者的文化需求。其二，深圳的消费水平相对而言较高，又紧邻着消费水平更高的香港，还可吸引包括新加坡在内的东南亚一些国家的游人，到此享受"精神休闲"。其三，多元投资的可能会使这一文化市场迅速崛起，如果政府投资数个剧场，"世界之窗"之类的文化产业投资数个剧场（美国迪斯尼就投资音乐剧的制作而扩大自身文化产业的经营范围），再有其他企业、房地产产业的国营或个体的投资，就会迅速形成规模，抢占先机。其四，在剧场群落改变计划经济时代规划粮店般建造剧场的格局之时，有眼力的制作人会拿资金来此征集剧本，招聘各类创作、表演人员，制作原创剧目或干脆引进剧目，形成规模效应。

　　作为赴日、美考察音乐剧艺术的见闻和思考，写到此，似乎已经过于具体、过于进入操作层面了，这可能与我所在的工作岗位所要求的思维方法有关——既要有前瞻性又要有可行性，既要道理上说得通又要操作上过得去。我相信，音乐剧作为当今世界上最成功的舞台表演艺术，其"艺术时尚化"的审美理念和"制作产业化"造美机制都会对我们舞台表演艺术的繁荣和舞台表演艺术团体的改革产生积极的影响和良好的效益。

（原载《人民音乐》2003年第5期）

第三编

艺术批评的文化理想

舞剧是一种舞蹈文化

一份很文化的报纸，采访了一些有文化的舞人和非舞人，讨论了一个"乏文化"的问题——舞剧该不该有字幕？这个问题不言自明的前提是，舞剧是不容易看懂的；"该不该有字幕"的设问，那意思是"舞剧还想不想让人看懂"？

包括舞剧在内的艺术产品，是人（被称为各类艺术家的人）艺术地把握世界的产物。艺术作为一种公共文化产品，大概没有谁诚心要让人看不懂。"让人看懂"其实也是心态健康的艺术家的愿景，因为在这之后才谈得上让受众被那些艺术所感染、所感动、所感化——而这也正是心态积极的艺术家的热望。

但是对一个艺术产品的"懂"与"不懂"，其实是一个很复杂的问题，是一个关涉"阐释学"的"理解的命运"的问题。"懂"，意味着认知主体与认知对象建立了某种有机有效的联系；而"不懂"，则说明认知对象对于认知主体的"无意义"，在认知主体与认知对象之间出现了某种"短路"。有时候，认知主体理解的"无意义"，可能并不等于认知对象的"无意义"，因为在许多情况下，对象的意义（至少有一部分）不在主体的解码设定之中。

语言文字是人类居于首位的交流工具。事实上，它也是我们基于概念、判断、推理的思维工具。作为交流工具和思维工具的语言文字，当然就成了我们"懂"与"不懂"的基本解码设定。问题在于，不同的艺术产品有不同的语义符码，而绝大部分艺术产品的语义符码都不是能用语言文字来解析的。舞剧正属于这类艺术产品。

对于包括舞剧在内的舞台演剧产品，我倾向于认同"非音乐戏剧"和"音乐戏剧"的二分法。"非音乐戏剧"大概只有话剧和哑剧，它的显著特质是语义符码贴近日常生活形态，容易被受众理解。话剧自不在言，哑剧虽非语言文字，但往往惟妙惟肖地再现生活动态。与之有别，"音乐戏剧"的语义符码总是偏离日常生活形态的——无论是戏曲、歌剧、音乐剧还是舞剧，都是如此。相对于戏曲、歌剧、音乐剧还有可以识别的念白、韵白、Rap以及唱段，舞剧的语义符码更被认为是"高度偏离日常生活形态"的。

或许正因为如此，"舞剧该不该有字幕"才成了一个问题。字幕在舞台演绎的观赏活动中其实是一种很普遍的现象。无论是看西方舶来的歌剧，还是看本国土生的戏曲，没有字幕大致是不易看懂（听懂）的。戏曲建立在方言基础上的声腔体系，在其表意过程中似乎并不在意"意义的表达"，它将"表达的方式"（韵味）视为自身的命脉。歌剧的"宣叙"和"咏叹"也是如此。难怪为了看懂并且仅仅为了看懂的受众，不明白歌剧为什么不能"有话好好说"。

戏曲和歌剧在声腔或唱段出现时配以字幕，是为辅助受众在欣赏"表达的方式"时理解"意义的表达"。而事实上，这种辅助理解的字幕在以语言为表意手段的电影中已普遍存在，它还更普遍地存在于电视诸多栏目的生活节目中。但即便如此，其语义符码"高度偏离日常生活形态"的舞剧，似乎也难以说要用字幕。如果舞剧的疑义都能用文字来说明，我们看到的肯定是一部有问题的舞剧。你能想象交响乐演奏配字幕吗？

舞剧应该让人看懂，这是毫无疑问的。但更多的人希望舞剧是一种能让人看懂的戏剧，这就需要掰扯掰扯。曾有一位话剧导演大腕对我说，她执导过话剧、歌剧、音乐剧、戏曲（包括京剧和诸多地方戏），想听我讲讲舞剧以便以后也导它一把。我注意到，虽然舞剧也请"刀笔吏"编剧，也有过按编剧的潜台词用哑剧的方式先表意再编舞（比如《小刀会》），还有过让一台话剧导演（当然也是大腕）说一句潜台词然后再由舞蹈编导行动（比如《星海·黄河》）……但绝大部分的舞剧编导都是在小型舞蹈创作中卓有成就者而非其他什么剧种的大腕。年长的舒巧、门文元是如此，中年的张继钢、苏时进是如此，年青的佟睿睿、王舸还是如此。

视"舞剧"为一种戏剧，其实本无可非议。但鉴于我们当下对于"戏剧"的理解是基于"话剧"的理解，这可能也需要掰扯掰扯。由于汉语言文字确立的思维方式和理解惯性，在"舞剧"组词的偏正结构中，"剧"成为中心词而"舞"成为其修饰、限定词。当"剧"的内涵已被"话剧"

的理解所浸淫，"舞剧"就难免被要求当作"舞蹈的话剧"来看待。也只是在"舞蹈的话剧"的理解设定中，"舞剧该不该有字幕"才是不成为问题的问题。

我之所以说"绝大部分舞剧编导都是在小型舞蹈创作中卓有成就者"，意在强调与其视"舞剧"为一种戏剧，莫如视其为一种戏剧冲突和情感张力的舞蹈——"舞剧"的真正涵义，其实应当是以"舞"为中心词的"剧舞"。事实也正是如此。一部舞剧发展史，从诺维尔依托哑剧实现"舞剧"的独立表意，经伊凡诺夫的《天鹅湖》二幕、福金的《仙女们》、格里戈洛维奇的《斯巴达克》，到吉里安的《婚礼》等，"交响编舞"，或者说"作曲式编舞"的观念得以确立。"舞剧"作为"剧舞"的确是无法用字幕来释义的。

近两年来我看了不少舞剧，但真正值得我为之撰写舞评的只有为数不多的几部：林怀民的《九歌》、杨丽萍的《孔雀》、邢时苗的《粉墨春秋》、苏时进的《邹容》、佟睿睿的《一起跳舞吧》、王舸的《红高粱》等，还有一部太过厚重的舞剧《孔子》。要说"该不该有字幕"，比较一下《一起跳舞吧》和《孔子》就能明白。这两部舞剧都用了字幕，前者本可不用，不用也能看懂并有所启迪；后者用得繁缛，但受众仍看不懂，不明白为什么。也就是说，从制作人生产营销的角度，用用字幕未尝不可；但从舞剧编导创作构思的角度，必须摒弃字幕思维。

舞剧作为"剧舞"有其表意的局限，这是毋庸置疑的。所以舞剧编导的创作构思，基于受众理解的立场，一是借助"前理解"，二是探求"易理解"。所谓借助"前理解"，是指借助受众的知识积累，这体现为我们许多舞剧往往以文学名著（既往）或影视热片（当下）为蓝本，比如前述《红高粱》。所谓探求"易理解"，是20世纪50年代为我国培养舞剧编导的苏联专家古雪夫就言明了的"特性"：比如表现运动中的形象是舞剧结构的主要规律，舞剧的戏剧结构越简单舞蹈越丰富；比如舞剧中主要人物的数量一般不能超过四个，因为要考虑人物形象能否在发展中展现；比如要按照音乐编舞，独舞的语言设计越复杂越好，群舞则越复杂越糟……

当下舞剧演出中出现"该不该有字幕"的问题，说明我们的舞剧创作从构思到表达都存在一些问题。其一，舞剧为历史名人作传是困难的，比如前述《邹容》和《孔子》。在通过舞剧"看懂"名人的理解上，弄不好我们会出现"名人"和"舞剧"的双重失落。其二，舞剧的让受众看懂不能依赖图解，林怀民的《九歌》和杨丽萍的《孔雀》都存在类似的问题。《九歌》中的"云中君"始终由两位演员肩扛着表演，作者说是"表现骑在人民头上作威作福"；《孔雀》则在舞台上设计一个硕大的"鸟笼"，来喻说"人生的困境和不自由"。其三，舞剧与其受众的关系，就一种审美实践而言需双向互动、双向建构。借助"前理解"是舞剧顺应受众，探求"易理解"则不能单方面苛求舞剧，受众更应在舞剧的审美实践中逐渐提升解码能力——而字幕只能让这种能力在依赖中沉睡……

（原载《光明日报》2014年5月10日）

重建舞蹈的文化理想

这是一个舞蹈无处不在、无处不跳、无处不火的季节。这节那节需要舞蹈，这乐那乐需要舞蹈，这'秀'那'秀'需要舞蹈，甚至这"达人"那"达人"也需要舞蹈……这是狂欢的舞蹈，也是舞蹈的狂欢；这是舞蹈的文化，却可能并不意味着文化的舞蹈。

一、泛漫化的舞蹈成了眼球经济的"百搭牌"

如果你是"驴友"，你可能会在名山大川遭遇"印象"。这"印象"那"印象"，其实是一个个实景演出，是把"一方人文"的典型性格还原到"一方水土"的典型环境之中。你可以挑剔这"印象"的人文不那么深刻，你也可以挑剔这人文的"印象"搅扰了山水的空灵，但对大多数偶尔出游、难得一游的观光客来说，山水的旅游被赋予了文化的积淀，这"印象"还真留下了某些印象。

如果你是"宅人"，你可能会在"大营""大道"瞥见"星光"。这"星光"那"星光"，其实是一场场才艺展示，是把苦心孤诣的艰辛求索呈现到大庭广众的开心一笑之中。你可以挑剔这"星光"的才艺不那么精湛，你也可以挑剔这才艺的"星光"抹花了夜空的纯净，但对大多数娱情乐兴、自得其乐的休闲者来说，艺术的神圣被消退了炫目的光环，这"星光"还真荡起了某些念想。

你可能会注意到，无论是"印象"的营造，还是"星光"的闪烁，都充实着或镶衬着喜兴、欢愉乃至激越、亢奋的舞蹈。事实上，舞蹈好像从来没有像今天这样与我们的生活息息相关：去公园晨练，你会看到舞蹈的"夕阳红"；去馆所健身，你会投入舞蹈的"音律操"；随手打开电视，不时有舞蹈在晚会上捧场；应邀风情聚餐，也常有舞蹈在席间伴宴……其实舞蹈发挥着远比上述现象更为重要的功能：新近愈演愈红的音乐剧《妈妈咪呀》（中文版）就有舞蹈的魅力四射，稍早的杂技剧《天鹅湖》的载技载艺也多靠舞蹈来支撑，更早些由"团体操"作为开幕式的大型体育赛事则早由以舞蹈为主干的"文艺表演"取而代之了。也就是说，在注重视听感受的"眼球经济"时代，"舞蹈"或者说"泛漫化的舞蹈"成了炙手可热的"百搭牌"，强化着各类艺术或准艺术的观赏性。但在舞蹈不断拓展并强化自己的工具属性时，也不乏职业并且敬业的舞者担心其本体在泛漫中消解。

二、演艺"大制作"的诟病除了舞美就是舞蹈

在当代舞台演艺的创作和制作中，"大制作"是一个颇遭非议的话题。之所以屡遭非议，大抵是认为许多"制作"无助于演艺本体甚至是有害于这一本体，对于重写意理念、重虚拟表现的戏曲艺术尤为如此。演艺（无论是舞台演艺还是影视演艺）需要"创作"也需要"制作"，这是毋庸置疑的。"制作"需要体现"创作"的理念从而引导观众的解读，这也是毋庸置疑的。但电影大片的视觉冲击、豪华剧院的视觉氛围正改变着观众的期待视野，还有某些重大题材、重大庆典的综艺表演也需要"大制作"通过视觉冲击引起心灵震撼——在这里，舞美的"体量谋略"与舞蹈"人海战术"成为工具的首选。

在纽约百老汇看音乐剧，的确能看到不少"大制作"——比如《西贡小姐》中有直升机从天而降，《阿依达》中有游泳池碧波粼粼……但这基本上是一演数载的驻场演出，以至于剧院往往就成为某部剧的专属剧院。我在百老汇所见的《妈妈咪呀》，就其"大制作"的视觉冲击力和感受的震撼力来说，也远非我们"巡演版"的《妈妈咪呀》可同日而语。但那些"大制作"一与豪华剧院无关，二与"人海战术"无关。以舞蹈的"人海战术"来吸引眼球并期待藉此震撼心灵，是我们舞台演艺"大制作"当下独有的特色。

读到过许多抨击"大制作"的文章，大多认为"大制作"一是"烧钱"，二是"伤体"——损伤演艺本体，但这好像不影响舞美因自身的本体得到强健而"我行我素"。其实，我们真正够"大"的演艺或综艺"大

制作",一在大型场馆内,二在实景"印象"中。这里的舞美制作往往还具有高科技的含量,而"舞蹈"编排(如果还算"舞蹈"的话)则呈现为较低水准的扩张。在许多情况下,服务于"大制作"的舞蹈主要是满场人跑来跑去、成堆成串,舞蹈在其工具属性得到高度发挥时,的确在本体属性上有所困顿。

三、谁是舞蹈明星或怎样成为舞蹈明星

舞蹈界有不少人为刘岩而惋惜而抱憾!这位主演过《瓷魂》《红河谷》《筑城记》《黄道婆》等四部大型舞剧的女舞者,在"2008奥运开幕式"的连排中因偶发事故而告别舞艺。尽管她是为着一项重要而且光荣的使命,尽管编创团体也有着强化她明星身份的良好愿望,但其实那段只有两分钟左右的表演只能展现她艺术才华极为有限的一面。在这个意义上,刘岩的悲剧其实折射出舞蹈的悲剧——作为曾经的舞蹈明星,刘岩在四部舞剧中的杰出表演似乎还没有那两分钟的"长绸舞"绚烂。

说到舞蹈明星,当下的大众首先想到的是杨丽萍,想到的是那只充满灵性的孔雀;而在上一辈人的记忆中,这"孔雀"一如白淑湘和她的"白天鹅"。但现在,想如同赵青通过舞剧《宝莲灯》、陈爱莲通过舞剧《鱼美人》、舒巧通过舞剧《小刀会》那样来成为舞蹈明星已不大可能了。这就是为什么杨丽萍要在她的"原生态"歌舞集《云南印象》中,去不断强化大众对那支并非"原生态"的《雀之灵》的印象;也是为什么杨丽萍要在"2012央视春晚"中再度以《雀之恋》亮相,并且还让高科技为雌孔雀也装点了绚烂的尾屏。

借助视频是今日舞者成"星"的一条重要途径。网络达人中,有不少搔首弄姿、扭捏作态的舞者,但这大多与"星"途背道而驰;央视秀场,"星光大道"之侧还有"我要上春晚"助阵,当然每年一度的"央视春晚"最为给力——它甚至使同样每年一度的"央视舞蹈大赛"也相形失色。许多让我们经久难忘的舞蹈基本亮相过"央视春晚":比如2004年的《俏花旦》、2006年的《俏夕阳》、2007年的《小城雨巷》、2008年的《飞天》等。在此我想特别提一下2005年的《千手观音》。这支舞蹈让大众记住了它的编导张继钢,后来也记住了它的领舞者——聋哑舞星邰丽华。我

感到不无遗憾的是，大众在张继钢与《千手观音》之间划上了等号（后来当然还与"奥运"开幕式和大型音乐舞蹈史诗《复兴之路》划上了连线），而张继钢许多比《千手观音》厚重得多、也辉煌得多的舞蹈创作却如"泥牛入海"了。

四、"萎退的舞蹈"能否重建它的文化理想

莱辛"论诗与画界线"的《拉奥孔》和普列汉诺夫《论艺术》的"没有地址的信"，先后都提出过一个论断：即与原始部落的舞蹈相比，现代舞蹈或者说现代人的舞蹈是一种"萎退的艺术"。原因在于现代人的运动感知能力在退化，在于曾经在日常交流中发挥着主导作用的"体态语"让位于发达的"声音语言"。但其实，新中国成立以来，特别是进入改革开放的新时期以来，我国的舞蹈艺术是有过长足进展的。正是由于它与时代、与大众保持着密切的联系，包括舞蹈在内的歌舞艺术至今仍是最富生机、最有人气、最具活力的舞台演艺。

今天的舞蹈，在其工具属性得到强化并泛化之时，也不失有舞人做着重建的努力：我们的大型舞剧创作，尽管不能不受"大歌舞"时风的影响，但毕竟在舞蹈的叙述方法和叙述能力上有明显提升；我们的实验舞蹈创作，已将舞蹈本体的探索和创作主体的思索高度契合，已为当代中国包容和接纳的主体也向当代中国敞开了自己的心扉；我们还有许多重新植根乡土沃壤的舞者，在所谓"原生态"的认祖归宗中去焕发舞蹈的情感张力和生命伟力！

舞蹈是一种内涵丰富的文化。尽管它具有自娱、健身、交谊、宣泄等种种非艺术的文化功能，但艺术表现、审美创造肯定是它努力追求的文化理想。即便在文化传播手段不断更新、文艺演出样态不断翻新的今日，舞蹈仍有其独特的文化品质和不可取代的优势——比如它的"体态语"表现使它不存在"跨文化"传播的障碍，比如它的"律动性"节奏使它具有极大的情感穿透力，比如它的直观"动态性"丰富并拓展着"读图时代"的文化理解……在当下泛漫化的舞蹈语境中重建舞蹈的文化理想，一是仍要下大力气传承人民群众创造的历史舞蹈文化，二是要在人民群众的当代社会实践中进行舞蹈文化创造，三是要拓宽传播渠道以满足人民群众日益增

长的舞蹈文化需求，四是要努力培养人民群众成为舞蹈文化创造的主体……这样，我们的舞蹈就能在极大地发挥工具性能的同时，极大地提升文化品质并实现文化理想。

（原载《人民日报》2012年3月30日）

舞蹈的生命情调与人文精神

相信晚饭后去公园或广场散步的人，都能看到一簇簇、一队队展臂踏步、运身转体、摇头晃脑、心悦意得的"舞者"。我之所以带引号，在于他们的"手舞足蹈"既非"情动于中"的艺术表现，也不是"情不自禁"的文化风情；不过他们肯定都自以为是在"舞蹈"，并且自信这"舞蹈"有助于他们康健体魄、愉悦身心，甚至还有助于他们体态袅袅、风姿翩翩！很显然，这是我们当下最具常态性的"群众舞蹈"，我也相信这是我们舞蹈艺术乃至舞蹈文化的群众基础！

大城小镇里公园或广场上的"舞蹈"，其实彰显出"舞蹈"悄无声息的"文化转型"与"自我革命"。这是一个乡村文明日渐式微城镇文明不断昌盛的"转型"。乡村文明中与农耕生产方式相维系的舞蹈活动，以往总是出现在年复一年"春耕秋收闹冬闲"的"冬闲"之中；步入城镇文明后的舞蹈活动，变"闹"的娱乐性功能为"养"的康健性功能，其周期性也由"年复年"变成了"周复周"，在晚饭后，特别是退休人员将活动周期变成了"日复日"。当然，在那些大中城市的舞蹈沙龙里还有以白领阶层为主体的"舞蹈"，作为另一类"群众舞蹈"，它并不侧重康健性功能，它的功能主要在于"社交性"，在于步入一种社交场合、融入一种社交氛围并陶冶一种社交仪态。

谈论"舞蹈"之所以从群众自发的"活动"入手，在于我们关心"舞蹈"其实是关心其"文化"的命运。其实自宋、明以降，文化人基本上就不关心"舞蹈"了——没有了汉魏之际曹植的"拍袒胡舞"，也没有了盛唐李白的"自起舞剑作歌"……文人雅士陶冶情性只谈"琴、棋、书、画"，"修身养性"其实已无"修身"可言了。近代以来关注"舞蹈"的文化人，可能首推激情"说舞"的闻一多。他所著述的《说舞》一文，通过参加一场澳洲原始舞蹈的假想，指出舞蹈的目的是紧紧围绕"生命"

来展开的：是以综合性的形态动员生命，以律动性的本质表现生命，以实用性的意义强调生命，以社会性的功能保障生命。因为在闻一多看来，"舞是生命情调最直接、最实质、最强烈、最尖锐、最单纯而又最充足的表现。"

闻一多认为，只有实现"生命情调表现"的"六个最"，才能看到"舞的真面"，才能看到"真正全体生命机能的总动员"。实际上，当舞蹈脱离"生命机能"率性表现的必须而成为一种职业后，它就成了一种失去"真面"的表演。失去"真面"其实并不意味着失去"真诚"，比如初民们那些祈丰、求嗣、招魂、驱邪的舞蹈，虽非"真面"，却不失"真诚"。随着语言文字的发达及其在人类社会交往中地位的提升，倚重于身体文化的舞蹈无论从生命情调，还是从人文精神上都开始滑落。在中国漫长封建社会中，"舞蹈"的一个最主要的家园是"女乐"。其品质被清代戏曲大玩家李渔一语道破："昔人教女子以歌舞，非教歌舞，习声容也。欲其声音婉转，则必使之学歌；学歌即成，则随口发声，皆有燕语莺啼之致……欲其体态轻盈，则必使之学舞；学舞既熟，则回身举步，悉带柳翻花笑之容……"

其实，现在的青少年也不乏通过"学歌舞"来"习声容"者，并且这种欲体态轻盈、欲回身举步"悉带柳翻花笑之容"的身体文化观，也会影响到人们对"舞蹈"的理解和认证。舞蹈、舞蹈者的身体常常被从"性"的欲念中来解读，而他们之中也的确有混迹那种欲念解读场所者，也的确有（哪怕很少、哪怕不自觉）为某些看客的此种欲念"搔首弄姿"者。换言之，对舞蹈"期待视野"的历史积淀，有可能诱导我们的舞蹈误以为那是自身与生俱来的本性。事实上，"舞蹈"既是艺术表现的一种工具，也是"习舞者"把自己变成艺术品的一种方法，如被誉为"现代舞之母"的伊莎多拉·邓肯所说："只有把舞蹈包括在内的教育才是合理的教育……要把艺术给予人民，要使劳动者获得艺术的观念，最简单最直接的办法莫过于把他们的孩子变成活的艺术品。"这里所说的"活的艺术品"，指的就是"舞蹈"在对人体训练过程中对人体美的陶塑效果。

应《光明日报》编辑同志之邀来谈"舞蹈"，我当然知道主要是谈"舞蹈创作"，并且是"职业的舞蹈创作"。但要谈就难免有所褒扬有所批评，这种褒扬、批评需要很"职业"但不能很"小众"，需要很"文化"但不能很"矫情"。我当然知道，舞蹈从业者已经极大地拓展了舞蹈的本体——人们在山水实景游艺中看到舞蹈营造的"印象",在舞台歌手煽情中看到舞蹈编织的"意象",在动漫形象设计中看到舞蹈创生的"幻象"……更有诸多 TV 大敞"精舞门"大开"讲舞堂":湖南卫视《奇舞飞扬》,贵州卫视《舞艺超群》,浙江卫视《舞动好声音》,成都卫视《舞动嘉年华》,央视既《酷舞先锋》又《舞出我人生》,最甚者莫过于东方卫视《舞林大会》《舞林争霸》《星空舞状元》的全方位出击……

相形之下,我们的这个舞赛那个舞赛,这部舞剧那部舞剧,自身还在"为赋新诗强说愁","春眠"过后"却道天凉好个秋"了!的确,"舞蹈"失却了轰动也失却了追捧——20 世纪 80 年代两届全国舞赛后,独舞《水》《春蚕》《海浪》《雀之灵》等广为流传;90 年代以来被广为传演的群舞有马跃的《奔腾》、张继钢的《女儿河》、孙颖的《踏歌》和达娃拉姆的《酥油飘香》等;进入新世纪,"舞蹈"的声望不能不借助央视的"春晚",于是人们记住了刘凌莉的《俏花旦》(2004)、张继钢的《千手观音》(2005)、赵明的《俏夕阳》(2006)、应志琪的《小城雨巷》(2007)……现在不要说小型舞蹈作品,就是大型舞剧也如同"过眼烟云"。

当非职业舞蹈风生水起之时,我们的职业舞者当然不愿随波逐流,那我们该何去何从?能有何作为呢?我想到"从群众中来到群众中去"的"群众路线",当然在此不是视其为"执政理念",而是视其为"创作法宝"。深得这一法宝真谛的第一个典型是戴爱莲。她在 20 世纪 40 年代深入西南边陲少数民族地区采风,不仅传扬了民族风情,而且提升了自己的创作,一支《荷花舞》至今传扬不朽。深得这一法宝真谛的第二个典型是贾作光。他在新中国建国初期扎根内蒙,不仅学习该地区蒙古族、达斡尔族等民族舞蹈,而且将提升后的舞蹈在民众中普及,他不仅有《鄂尔多斯舞》保持本色,而且有《任重道远》《海浪》等开创新篇。深得这一法宝真谛的第三个典型是杨丽萍。她先以《雀之灵》的自编自演为万众瞩目,但又重返红土地编织《云南映象》《云南的响声》等。她不久前编创并主演的舞剧《孔雀》,从语言要素、主题动机、形象设计各方面都体现"从群众中来到群众中去"的编创理念,成为大众追随"舞蹈"的一大"热点",体现出最贴近大众的"人文精神"。

毫无疑问,舞剧以其厚重的体量和丰富的承载,成为最可能引人关注的"舞蹈"焦点。新中国的舞剧创作,特别是新世纪以来的舞剧创作,就数量而言在世界稳居首位是毋庸置疑的。这其中也不乏包括《红河谷》《红梅赞》《千手观音》《粉墨春秋》《大红灯笼高高挂》等在内的精品力作。但大多数舞剧热衷于舞美的体量谋略和舞蹈的人海战术，一俟"亮相"便偃旗息鼓。立足"从群众中来到群众中去"的视点，我特别想推荐编导佟睿睿为上海歌舞团编创的大型舞剧《一起跳舞吧》。这部舞剧不仅表现出都市的世相百态，而且聚焦于让市民们摆脱俗物、超越平庸的活动——在社交舞蹈中放松心情、陶冶性情。是的，这是现时代第一部在表现现实生活时，感悟到大众自己的舞蹈（活动）对自己日常生活超越作用的舞剧。它沟通了大众的舞蹈活动和职业舞者的舞蹈创作，它告诉我们"舞蹈"能够怎样开掘"人文精神"，怎样重新唤起渐趋式微的"生命情调"。

（原载《光明日报》2013年9月28日）

"剧作就是文学"的理论诉求与实践意义

《文艺报》开展"剧作就是文学"的讨论，从标题看最为针锋相对的主张是苏叔阳的《剧作就是文学》和李道新的《剧作不必是文学》。这种针锋相对实际上源出于剧作本身所具有的二重性，也就是说，剧作既是一种特殊的文学体裁，又是一种演剧的案头之本。在发起这个讨论时，阎晶明同志已申明：讨论"不是要为文学从戏剧里分一杯羹，不是要把被说成'边缘化'的文学借影视之力拉回到'中心'来"；讨论"不仅是对一个理论问题的追本溯源和与时俱进的探讨与提升，同时也是对文学创作的空间拓展、戏剧的艺术性要求甚至剧作家的权益维护等问题在观念上、理论上的加强和改进"。

一、"剧作就是文学"体现出一种强烈的理论诉求

剧作，作为与小说、散文、诗歌、报告文学等同列的一种文学体裁，这已经是无需讨论、不证自明的了。之所以如此，我想无非基于三个显而易见的事实：一是剧作写作使用着与文学表达同一的物质媒介——文字，这使得剧作可以脱离演剧而成为相对独立的文学式阅读的对象；二是大量的优秀剧作已经历史地充实着文学的宝库甚至成为文学经典的有机构成；三是近现代以来有许多以其他文学体裁写作见长的文学家涉足剧作写作，从而极大地丰富了剧作的思想内涵并提高了其审美品位。

说"剧作就是文学"，历史地来看，这一理论诉求陈述的是一个事实。作为文学的剧作，起初主要是舞台剧剧作，影视剧剧作是影视作为新兴文化业态诞生后的产物。就既往的舞台剧剧作而言，由于彼时文字出版物是首屈一指的文化传播业态，剧作作为一种艺术样式的文字呈现必然被视为一种文学体裁。但在实际的舞台剧创作中，历史上也有为各色戏班"幕表

戏"演出"打本子的",这些场上演剧的案头文本或许"不必是文学",也"未必是文学",但说实话,"不必是文学"的这类"打本子的"剧作在彼时往往意味着构思随意、语言浅白、境界缺失;而被认为"就是文学"的剧作其实是对剧作写作的一种褒扬。

20世纪30年代和80年代,电影和电视作为新兴文化业态开始在我国迅速成长起来。相比较而言,电影由于制作成本较高,主要发展为一种艺术样式而并未取代文字出版物成为主要的文化传播手段。电视的发展则不同,它的巨大影响首先是作为一种新兴的、强势的文化传播业态,电视剧只是在电视传媒上发表的一种戏剧艺术样式。但无论是电影还是电视剧,在其发生和发展的相当一个时期,都是求助于文学家来进行剧作写作的,那些勇于探索一种新的表现领域的文学家自然也把这视为一种新兴的文学体裁。且不说就当时而言"剧作就是文学"是电影、电视剧剧作写作的一个无可争辩的事实,即便站在今日立场上,我们也大可不必因为二者作为新文艺业态、新艺术样式特有的表现手段逐渐成熟、逐渐系统而张扬自己的"不必是文学"。

我很同意阎晶明同志的说法,"剧作就是文学"的讨论,不是"要为文学从戏剧里分一杯羹"。说实话,在电影、电视剧的历史发展中,我们的文学家运用自己的文学经验和文学才华,以剧作写作的方式对这些新的艺术样式起到了巨大的支撑、提升乃至引领作用。即便在今日,我们在看某些"大腕"导演的某些"大片"时,仍然能看到在"不必是文学"理念驱使下对文学经典的改头换面、生吞活剥,仍然能看到由镜头组接技巧造成的"视觉盛宴"对艺术形象灵魂的阉割。这很可以说明那些自以为"不必是文学"的剧作,在其舞台呈现或影视呈现时是很可能"两败俱伤"的。

二、"剧作就是文学"其实不排斥"剧作还是剧作"

对剧作的文学式阅读,我们更多地着眼于舞台剧剧作。喜欢文学式地阅读影视剧剧作的人恐怕为数甚少。其实,就其主要功能而言,剧作存在的意义主要不是作为相对独立的阅读对象。我们通常将剧作称为"剧本",点明了它主要是场上演剧的案头文本。由这一视角来看,"剧本"的真实含义就是"演剧的文本"。"一剧之本"作为对剧本的比拟性描述，意味着舞台剧要在编剧的"根本"之上，生长出繁茂的"枝叶"并绽放出绚烂的"花朵"来。这一视角中的剧作，需要文学性更需要演剧性。这就是导演田沁鑫自己动手改编萧红的《生死场》、导演黄定山亲力而为改编裘山山的《我在天堂等你》而大获成功的缘由。大获成功的还有作曲家莫凡根据曹禺的话剧《雷雨》改编的同名歌剧。我在这里所说的"大获成功"指的是"演剧性"的成功，而上述导演或作曲家也从未有将改编的剧作提供为文学式阅读对象的愿望。

与诗歌、散文相比，剧作作为文学式阅读的对象在中国是比较晚出现的，屈原之后千余年才有了关汉卿。而古希腊悲剧则早早地发生在西方文学的源头，到千余年后的莎士比亚能达到戏剧文学的巅峰，似乎也是水到渠成的事情。因此有学人认为就总体而言，中国文学是"诗"的文学而西方文学是"剧"的文学，也因此，学人们认为与西方的"戏剧"相比，中国的戏剧堪称"诗剧"。任半塘先生《唐戏弄》认为中国戏剧的发展由周之戏礼、汉之戏象、唐之戏弄而至宋元之后的戏曲，除戏曲的剧本外，我们并没有见到戏礼、戏象和戏弄有可作为文学式阅读的"剧本"。闻一多先生认为屈原的《九歌》是"古歌舞剧"（确切地说是"古歌舞剧"的吟唱部分），似可证明我们早已有"剧作就是文学"的案例。但《乐记》中对另一部时代更早些的歌舞剧《大武》的描述，可视为简练的"剧作"，但却不是"文学"。

其实，且不说影视剧剧作与舞台剧剧作在文字表述方式上有很大差别，舞台剧各剧种之间的表述方式也是差别甚大的。因此，戏剧（主要是话剧和戏曲）研究家想把歌剧、音乐剧、舞剧都定义为只是表意手段不同的"戏剧样式"时，歌剧、音乐剧则认为自己是按一定戏剧关系展开的音乐体裁，舞剧也强调自己是结构着戏剧性的舞蹈体裁。事实上，歌剧、音乐剧、舞剧（特别是舞剧）的剧作就文学式阅读而言，远不如话剧、戏曲剧作有味道。但即便是话剧、戏曲的剧作，也只是主要运用人物间独白（对唱）和人物对白（"咏叹"或"宣叙"的独唱）进行表达的文学体裁。这种既无法运用景物描写，又无法进行心理刻画的文学体裁，其实恰恰容易被文学（阅读）爱好者所轻忽。

中国的演剧理念集中体现在戏曲艺术中。它与西方话剧艺术演剧理念的根本差异（无论是斯坦尼的"体验"，还是布莱希特的"体现"），在于西方话剧强调在规定情境中展开人物行动，而我国戏曲则主张通过人物行动来喻示相应的情境。正是因为这种演剧理念的贯彻，中国戏曲才历史地形成了"演员（特别是名角）中心制"的演剧形态。王国维先生将戏曲定义为"以歌舞演故事"，而"演员中心制"更使得许多戏曲演出给人的感受是"借故事演歌舞"。在这种演剧理念的驱使下，"幕表戏"成为既往戏曲演出的一种常态。不仅"编剧"彼时被呼为"打本子的"，"导演"则更是被拒之门外。那时候的"剧作"，说"就是文学"是对它的抬举，说"不必是文学"还不如说"未必是文学"。

三、当前申说"剧作就是文学"有重要的实践意义

应当说，编剧乃至导演工作在舞台剧创作中得到重视，是20世纪初话剧艺术作为"新演剧"进入我国后对中国传统演剧产生的最大影响。"剧本剧本，一剧之本"的再三强调，以及"演员中心制"向"导演中心制"的转型，其根本意义我以为一是在于申说演剧手段要服务于剧本的思想内容，二是在于申说演剧手段的综合性要整合为演剧形态的统一性。在当下的舞台剧创作实践中，演员中心制早已销声匿迹了。如果说我们的舞台剧创作对"剧作"、对"编剧"有所轻忽甚至有所怠慢的话，大多发生在导演和编剧之间，而根源又大多是导演（特别是大腕导演）的独断专行。

我在工作中时常听到有编剧抱怨导演在舞台剧执导过程中对剧作随意删改，也不时听到有大腕导演要求并非"小腕"的编剧依据自己构想的故事去"打本子"。"剧作就是文学"作为一种理论诉求的提出，在于编剧有感于"打本子"身份的"复归"。不过这次不是作为"角儿"的演员而是作为"腕儿"的导演使然。我国舞台剧的"导演制"（最初称"舞台监督制"）是洪深先生顺应时代需求而着手建立的职业排演制度。如他所说："排演必有其道焉。道者为何？即将剧中之主义、对话、动作、表情、化妆、布景之力，一一为之传出；而其间尤宜了解编者之本旨，于剧情不可丝毫之增减。"这最后一句话更是把"不可丝毫之增减"的"编者之本旨"列入了"排演之道"。洪深的"排演之道"，是赋予导演以"职责"而非"权力"，所以彼时左翼剧联排果戈理的《钦差大臣》之时，甚至由

欧阳予倩、洪深、沈西苓、史东山、应云卫、万籁天、章泯等七人组成导演团来执导。现在的"导演中心制",一方面在"多头执导"中(群众戏称"飞行导演")造成艺术积累的严重透支,一方面又在"寡头执导"中(群众戏称"文化包工头")形成某种程度的艺术专断。

在舞台剧的文学性和演剧性之间,一般说来编剧更看重也更擅长的是前者,而导演擅长和看重的是后者。不幸(或者说我们不得不正视)的是,我们正置身于一个浅阅读的"读图时代",舞台剧的"演剧性"不再效力于洪深所议论的"主义",甚至也不再热衷于苏叔阳所捍卫的"文学"。想想郭德钢的"以相声演故事",想想周立波的"用清口论时事",再想想名导张艺谋和名演赵本山结盟把电影做成大"小品"……我们讨论剧作"就是文学"或"不必是文学"似乎有些太"书生"了。

但是,在我看来,当前申说"剧作就是文学"是有多方面的实践意义的:其一,申说"剧作就是文学",是希望我们的剧作写作从文学经典中汲取养料,从而不断丰厚演剧的思想内涵并提升演剧的文化品位。就这一意义而言,我一直把"剧作就是文学"视为《文艺报》前一阶段"为什么读经典"讨论的延续。其二,申说"剧作就是文学",是希望我们的文学真正把剧作视为一种可独立阅读的文学体裁,深入探讨这一体裁建立在演剧精神基础上的审美特征。其三,申说"剧作就是文学",是希望我们有出息的文学家来耕耘"剧作"这块充满生机并大有作为的园地,在别一种艺术样式的展现中扩大文学的影响并确立文学的地位。其四,申说"剧作就是文学",是希望我们演剧的导演尊重剧作的原创理念和价值取向,开掘剧作的人文底蕴和人生感悟,不为浮泛浅薄的剧场效果而滥用科诨。其五,申说"剧作就是文学",还是希望我们的演艺家丰厚自身的文学涵养,使自身精湛的演技超越"演戏便调侃,登台便唱春"之调侃、唱春而上升到吟心、言志、冶情、启智的层面,真正实现"五四"新文化运动主将陈独秀当年所说"戏园者,实普天下之大学堂也;优伶者,实普天下之大教师也"的境界。

(原载《文艺报》2011年6月21日)

创作的意义与文学的理想

《文艺报》讨论"文学理想与审美表达",不仅打开了文学的视野,而且敞亮了作家的胸襟:论者们敏锐地觉察到,正是当下文学理想的缺失和审美表达的错位,引发了这个讨论并引导着这个讨论的走向;论者们也渊博地指证到,纵览古今中外的文学经典和文学大家,无不体现出文学理想与审美表达的高度追求、高度思索和高度实现;论者们还都忧虑地警觉到,文学理想与审美表达必须有自我拯救的紧迫感,必须有良知的自我叩问和信仰的自我坚守!

一、文学理想与有理想的文学

尽管我们可以不再申说文学家是"人类灵魂工程师",但文学创作作为文学家"灵魂"的自我敞亮却是一个不争的事实。按照马克思的观点,人所特有的劳动会在观念中预设劳动的成果,文学家的创作实践自然也不会不心询创作的意义。真正意义上的文学创作,是观念本身的劳作和智慧结晶的花果,是思想之"柴"的拾取和精神之"火"的烧灼。没有思想的拾取和累积,文学家就变成了纯粹的"写手"(如同当下不少作家或准作家的自我定位);而没有精神的烧灼和烛照,就其"劳作"的价值判断而言,只能是写手的"码字",这与雀友的"码牌"好像也没有什么本质的差异。

因此,文学创作作为文学家的劳作,不会不去思考创作的意义。创作的意义是什么?不同的文学家肯定会有不同的释义。与其罗列文学家们林林总总的主张,我以为还不如匆匆浏览一下文学历程中的叠叠足迹。毋庸置疑,能够载入文学史册的作品,都可称得上是有理想的文学,这些有理想的文学当然也会是我们审视"文学理想"的参照。但我注意到,我们传世的文学或曰文学的经典，许多并非职业文学家所为：《诗经·国风》的"劳者歌其事"自不必说，诸子散文的宣"仁"布"道"也不必说；屈原为申说"任用贤能，修明法度"而曲笔《离骚》，贾谊为体察"盛衰之理，权势之言"而直言《过秦论》；更有诸葛亮《出师表》、李密《陈情表》言"忠"事"孝"，有柳子厚《捕蛇者说》、刘伯温《卖柑者言》愤世疾邪……不一而足，视其为文学家只是因其作品而予以的追认。真正以文学"为业谋生"的，在中国古代主要是传奇、杂剧、小说者流。也就是说，我们在许多有理想的文学中看到的"文学理想"，其实只是写作者（不一定都是职业文学家）发布的人生感慨和社会主张；这些被后世视为"文学"的作品，于著作者甚至都谈不上是"创作"，而只是一种有意义的写作。也就是说，是有意义的写作支撑着有理想的文学。

二、文学的消费与国民精神的引导

"有意义的写作"最初肯定不是为着"文学消费"而出现的。不过，自东汉蔡伦发明造纸术以来，又自北宋毕昇发明活字印刷术以来，文章的发布和文献的传播变得方便起来。舞文弄墨者不必非因"大担当"而高谈阔论不可，有了"小情调"也不妨浅酌低唱。这使得文学的色彩变得更为斑斓，文学的阅读也变得更为闲适起来。其实，元明清之际的词曲、戏文、小说大多是为闲适观赏、闲适阅读的文学消费而作，如今陶情冶性、益智启思的文学经典是对彼时汗牛充栋之文学读物的披沙拣金。显而易见，消费文学的意识会带来一时文学的繁荣，尽管这"繁荣"可能仅仅体现在政暇农闲的消遣和茶余饭后的"消食"中。不过，即便是为着文学消费而写作，自言"梁园玩月，章台攀柳"的关汉卿以及"托之空言，稍舒蓄积"的李笠翁，其实也不曾放弃过"文学理想"。

明清之际，言情小说、春宫画曾大行其道，民间唱曲、演剧也不乏"调情叫春"的戏弄。尽管不乏有识之士感慨"世风日下"，却似乎难以平息"欲海狂潮"。鸦片战争之后，外患频频，民族危亡日迫，文学的"鸳鸯蝴蝶"才为国人所不耻、所唾弃。只是在这时，才有登高一呼的鲁迅的文学理想——即采集"国民精神所发的火光"来擎举"引导国民精神的前途的灯光"。对于中华民族的生存和发展而言，鲁迅的文学理想及这一理想驱动下的创作实践具有格外重要的意义：其一，它告诉我们文学理想不是文学家自身的臆想或幻想，文学理想将由"国民精神的火光"来点燃，有理想的文学家应当是悉心采集"国民精神的火光"的文学家。其二，它告诉我们采集"国民精神所发的火光"不是目的，文学家的理想还在于借此来擎举"引导国民精神前途的灯光"，文学家的创作在于实现由"火光"而"灯光"的凝聚和升华。其三，它告诉我们要想做国民精神的引导者，先要做国民精神的同路人；只有坚持不懈地为强健国民精神而创作，我们的文学理想才有望成为国民精神的"民族魂"。

三、"去魅"的文学与文学理想的重建

对于当下文学理想的缺失和审美表达的错位，应当看到是我们的文学家面临着双重挑战的境遇：从我们的言说对象来看，中国作为正步入上升期的新兴市场国家，我们困惑于构建怎样的文学理想能为这个"上升"提速；从我们的言说主体来看，世界范围内的"网络化生存"结构着事实上的"平等言说"，我们困惑于构建怎样的文学理想能支撑正在或已经被"去魅"的文学。当我们评说新时期，特别是"后新时期"文学一路走来的种种景观，说"一地鸡毛"的写作也好，说"下半身"的写作也好，说"低幼化"抑或是"痞子化"的写作也好……根源可能还在于我们文学被"去魅"之后的空虚和彷徨。文学的被"去魅"导致了不少文学家或还算不得"家"的文学工作者被"放逐"（或"自我放逐"）。在我们的现代化建设呼唤"四有"新人之时，有人却看到为着"消费文学"的理念，出现了一无视野二无胸怀三无境界四无信仰的"四无"写手。有时我也在想，即便我们不必把写手们随意的"码字"视为"文学"，但我们的写手对于"码字"也要有敬畏之心。因为你无论谈不谈"文学理想"，那"码字"作为你心灵的敞亮也需要掂量掂量。否则，当你以"我是流氓我怕谁"来耍横之时，人民群众的回应是"世上流氓不可怕，就怕流氓有文化"。

正如生活是文学创作唯一的、不竭的源泉，理想则是文学创作永恒的、不熄的光焰。文学史的研究者都注意到一个重要的文学创作现象，叫做"国家不幸诗家幸"。这或许是类似于"多难兴邦"的"多难兴文"。事实上，一部中国近现代史，就是中华民族"患忧克艰向复兴"的历史，

就是志士仁人"前赴后继求富强"的历史。新中国成立以来，特别是进入改革开放的新时期以来，国家的经济建设取得了巨大的成就，人民的生活水平正走向全面的小康。置身于这样一个国家欣欣向荣、人民孜孜图强、生产屡屡提速、生活蒸蒸日上的时代，我们的文学岂能弃责任和"去理想"？岂能无追求和不担当？我们注意到，由于经济活动在国家发展中的重要作用，市场规律也不会不在关涉精神文明的文化建设中产生影响。这使得具有较高文学理想的"好文学"，使有助于提升民众素质和强健民族精神的"好文学"，一时不如"好看的""好卖的"文学有市场；并且，我国经济体制改革之初出现"造导弹的不如卖茶鸡蛋的"（指劳动报酬）这一状况，在包括文学创作在内的精神生产领域也有待进一步改观。但如果是一位真正的文学家，真正心询过创作的意义并叩问过人生的良知的文学家，这不应当影响他对文学理想的坚持和守望，因为这也是他更看重的职业道德和事业追求。

四、"教育人民"并"接受人民群众的评判"

自党和政府倡导科学发展观，统筹兼顾政治、经济、社会、文化"四位一体"建设以来，我们的文化建设进入了一个最好的发展时期。怎样在这个最好的发展时期发展"最好的文化"，是我们广大的文化工作者和政府的文化管理部门都不能不去认真思考并大力促进的课题。胡锦涛总书记十分关心当前"好文化"的建设，所以才特别强调要"加强对文化产品创作生产的引导"，强调"要引导广大文化工作者和文化单位自觉践行社会主义核心价值体系，坚持社会主义先进文化的前进方向"。联想到鲁迅当年的文化理想，其实也有着对文学家，特别是青年文学家加以引导的意思，也即明确指出文学要成为引导国民精神前途的"灯光"，不能不先被国民精神所发的"火光"来引导。

胡锦涛总书记一方面希望我们的文化工作者要"创作生产更多无愧于时代、无愧于人民的文化精品，更大限度发挥文化引导社会、教育人民、推动发展的功能"；一方面也强调"人民群众是文化产品的创造者和享有者，文化精品来源于人民群众，服务于人民群众，最终应该由人民群众来评判"。事实上，《文艺报》开展"文学理想与审美表达"的讨论，就是对文学创作进行一次积极的引导。结合对胡锦涛总书记讲话的理解，可以认为我们当前"文学理想"的重建，要重视文学"引导社会、教育人民、推动发展"之功能的发挥，要在服务人民群众的创作实践中接受人民群众的评判。我们应当认识到，人民群众推动历史进步的社会实践是文学精品创作的重要源泉，服务人民群众并接受人民群众评判的文学理想才有可能创造文学经典。这也是文学史屡屡为我们提供的镜鉴。

（原载《文艺报》2011年3月11日）

文艺批评要转作风改文风开新风

对于文艺批评的批评和检讨近来时常见诸报端。我没有分析这其中文艺大众的批评、文艺作家的反批评和文艺批评家的自我批评各占多大比重，但从批评的指向和检讨的自省来看，为着有力并有效地推动文艺的大发展大繁荣，我们的文艺批评一定要转作风改文风开新风！

一、转作风：贴近实际深入民众

文艺批评的"转作风"，根本要求就在于"贴近实际深入民众"。在一般意义上，文艺批评的"贴近实际"指的是贴近文艺作品或曰批评对象的实际；而"深入民众"也主要是了解人民群众对批评对象的认知态度和读解效果。但在我看来，我们不宜以过于实用的态度来理解文艺批评的"转作风"——我们固然要贴近某一具体文艺作品的实际，也固然要为着这一具体文艺作品而作深入了解和深度考查；但更为重要的，"转作风"应当是针对批评主体自身而言的，是对主体认知结构和价值观念的转换调整。为此，我们的"转作风"要通过"贴近实际深入民众"，从而调整对批评对象的选择视野和评价参照，并实现文艺批评主观能动作用与客观接受效应的有机统一。

具体而言，当前文艺批评的"转作风"应在以下三个方面下功夫：一是基点下移。对于我们的文艺批评家来说，"基点下移"首先意味着走出书斋，走出"本本主义"，感受真实而鲜活的生活，体验人民大众投身的社会实践；其次也意味着走出"圈子"，走出"熟人社会"，摆脱交情与偏好的困扰，在与人民大众的交往中重建主体的独立人格；再次还意味着走出"职业"，走出"批评身份"，回归平凡人生的场景，求索普通人性的真谛。二是节点前移。"节点"指的是文艺批评主体的选择性定位，它包含时代性节点和社会性节点，前者往往体现为时代的热门话题而后者往往积淀为社会的长久话题。贴近实际、深入民众看"节点"，"节点"又往往体现为民生"焦灼点"和民情"兴奋点"，在此可以把"节点前移"视为对"基点下移"的进一步要求，要求我们文艺批评主体能更务实更亲民。三是焦点深移。通过"基点下移"和"节点前移"，我们在改变选择视野的同时会确立独有的选择视角，我们在调整评价参照的同时会确立特殊的评价取向，由此而进入我们视野的批评对象已不可能再是一个独立文本的"物自体"。批评对象的被选择说明它已经获得了较之文本结构更丰富的内涵，我们需要通过"焦点深移"来感知其现实意义和社会意义。这是我们文艺批评"转作风"的根本目的所在。

二、改文风：通达学理精诚文心

文艺批评需要"改文风"，是因为我们既往太把文艺批评当作"文艺批评"。所以一谈文艺批评，就要先"正其名"——是"学院批评"还是"媒体批评"，是"结构主义批评"还是"接受美学批评"，是"体系化批评"还是"秀场式批评"……这种境况的存在，一方面是文艺批评的"职业化生存"使然，一方面也与文艺批评的"书斋化操作"相关。在这种境况中，文艺批评似乎格外关注自己的"话语权"，总是想"说了算"而不是"说得对"，总想显摆"雄辩术"而不是倾注"亲和力"，总想拉"体系"虎皮、钻"概念"牛角、施"话语"雾障、设"前提"陷阱。在我看来，我们的文艺批评与其强调"话语权"，莫如强化"话语能"，努力变"话语权"的颐指气使为"话语能"的潜移默化。作为文艺批评的实践效果，"话语能"要通过文风的改进和提升来实现。

毛泽东在《改造我们的学习》中反对以主观主义的态度来学习、研究、认识世界，认为"应当从客观存在的实际事物出发，从中引出规律，作为我们的向导"。为此，毛泽东批评作讲演、作文章中"无实事求是之意，有哗众取宠之心"的现象。

为实现"通达学理精诚文心"，文艺批评的"改文风"首先要有的放矢。有的放矢，就是指我们的文艺批评要从客观的真实情况出发而不是从主观愿望出发，就是指对批评对象要有较为系统、深入的调查研究，就是要对批评对象进行阐发后可能产生的实践效果给予正确的评估。有的放矢,就是俗语所说的"不见兔子不撒鹰",而发现"兔子"的过程便是调查研究的过程。它的反面"无的放矢",则是毛泽东批评过的"瞎子摸鱼"和"闭塞眼睛捉麻雀"。

其次,文艺批评的"改文风"要开门见山。开门见山,不仅是一种行文风格,其实也是一种行文能力。因为要"见山"就要知道"山路"所在和"山体"特征,就要知道为何"见山"和如何"见山"。对于我们文艺批评的对象,以"山"喻之可能往往是"横看成岭侧成峰,远近高低各不同",但文艺批评家可不能"不识庐山真面目,只缘身在此山中"。这就是说,"开门见山"不仅意味着文艺批评要直截了当,而且要登高一呼。作为一种能力,文艺批评的"开门见山"体现的是理论联系实际的能力;更确切地说,是针对实际运用理论方法、实施理性剖析的能力。那种只把兴趣放在脱离实际的空洞理论上的文艺批评,用毛泽东的话来说,叫做"拿了律己,则害了自己;拿了救人,则害了别人"。同理,拿了"从事文艺批评",则害了"文艺批评"。

第三,文艺批评的"改文风"要鞭辟入里。人们对文艺批评的不满意,在很大程度上是对于它们不痛不痒的言辞、若明若晦的理念、似是而非的主张、欲言又止的态度的不满意。所谓"鞭辟",乃"策励"之意,后人多用"鞭辟入里"形容文意深刻透辟。常听人说当下的文艺批评多见的是"文艺表扬",关键是这些"文艺表扬"做到"鞭辟入里"也甚为不易,多见的是"隔靴搔痒"乃至"隔岸观火"。要做到"鞭辟入里",通达学理是必要的,精诚文心也是必要的。我们为什么需要文艺批评?从根本上来说是要推动文艺创作的繁荣发展,是要营造文艺创作健康发展和良性繁荣的氛围,是要策励文艺精品的生产以满足人民大众日益增长和不断提升的文化需求。没有"鞭辟入里"的文风改进,我们的文艺批评难以胜任这个使命。

第四,文艺批评的"改文风"要著叶知秋。"为理说理"的文艺批评因"不从实际出发"而为大众淡漠,"就事论事"的文艺批评也会因"未能引出规律"而为大众忽略。毛泽东提出"引出规律,作为向导"的良好学风,也是我们文艺批评应当特别遵行的良好文风。这便是"著叶知秋"的意思。所谓"著叶知秋",一是要求我们的文艺批评能"窥斑见豹",对于我们的文艺创作有全局性的启示；二是要求我们的文艺批评能"望月知潮"，对于我们的文艺创作有预见性的提示。这也就是我们通常所说的将一般性寓于特殊性之中，将必然性寓于或然性之中。需要说明的是，"著叶知秋"对于我们文艺批评的文风改进，不是一个过高的要求而是一个切实的步骤，是一个重建文艺批评公信力的必要步骤。

三、开新风：陈言务去义理常新

我们的文艺创作是为人民大众提供精神食粮的创造性活动。创造性活动的本质就是"创新"，就是古哲先贤凝练的推陈出新、革故鼎新、除旧布新。面对以"创新"为本质的文艺创作，我们的文艺批评无疑也应在转作风、改文风的基础上去"开新风"。中华民族五千年不间断的文明史，既在于源头活水充沛，也在于江河不拒新流；既在于"厚德载物"博大包容，也在于"自强不息"月异日新。事实上，"开新风"首先是社会生活的代以新变，是由此所决定的社会意识的与时俱进。文艺创作作为人民大众的精神食粮，其优品佳作本身就是人民大众社会实践的观照与反映，它必然在镌刻人民大众创新轨迹的同时为其注入创新活力。为此，文艺批评的"开新风"，既要关注文艺创作的创新实践，也要努力营造文艺批评的创新氛围。"开新风"应当成为文艺批评的"文化自觉"，文艺批评应当自觉去追求"陈言务去义理常新"。

"开新风"作为文艺批评的价值追求，不是为新而新、跟风追风，而是作风转换、文风改进的瓜熟蒂落和水到渠成。事实上，文艺批评能否"开新风"，不会是"忽如一夜春风来"，也不会是"狂飙为我从天落"；"开新风"将是一路山重水复、柳暗花明、云舒云卷、潮涨潮落的艰辛探索。在这个探索中，我们文艺批评一要温故知新，二要推陈出新，三要求是创新。这就是说，"开新风"首先要"知新"。"新"之为新，是相对于"故"而言，不"温故"何以能"知新"呢？但"故"对于我们来说是一个漫长的文化记忆，因此"温故"的意义主要不是为着"知新"而"排他"，其目的是从中悟觉"新"赖以萌生的契机和生长的规律，悟觉"新"对于"故"的形态转换与本质超越。其次，"开新风"必然要"出新"。"知新"不易，"出新"当然就更难，因为"出新"常常意味着挑战通识乃至常规、成见乃至定理。所以我们的成语屡屡将"出新"与"推陈"、"鼎新"与"革故"、"布新"与"除旧"联词通义，视为一个行动的两个方面。这也说明"出新"不仅需要见识，而且需要策略，要相机而进顺势而为。第三，"开新风"的真正意义在于"创新"。我们之所以主张"求是创新"，是如毛泽东所说："'是'就是客观事物的内部联系，即规律性；'求'就是我们去研究。"也就是说，我们主张的"创新"，是通过研究规律性而走向"创新"，不是闭门造车，不是按图索骥，不是捕风捉影，更不是向壁虚构……"求是"是文艺批评固有的使命，"创新"是文艺批评不弃的担当，而通过"求是创新"的"开新风"，更应成为我们文艺批评熊熊燃烧的热望！

（原载《光明日报》2012年5月1日）

"春晚大餐"与本山小品

一、"春晚大餐"与"中国化的狂欢"

"春晚"在中国已是一个专有缩略语汉语词汇，指的是由中央电视台在除夕之夜组织播演的"春节联欢晚会"。再有两年，自1983年起步的"春晚"就要步入它的而立之年了。有人认为，"春晚"是神圣时间的镜像体验，是"中国化的狂欢"。具体而言，"春节联欢晚会已经作为华夏民族本土春节的象征而被充分仪式化了。从某种意义上来说，晚会节目的好坏倒在其次，而观看晚会的活动本身却更重要"；原因是观看的活动"把观看者浸漫到有源可溯的民族文化长河中，体认个体所依赖的文化渊源，从而使作为观看者的每一位华夏子孙获得己身所属族群的踏实感、实在感和皈依感"，也从而"在被文化全球化裹挟的时代大潮中体味到本土文化的尊严与魅力"。（参见耿文婷《中国的狂欢节——春节联欢晚会审美文化透视》）一方面，我心悦诚服地认同作者对"春晚"本体研究的真知灼见；而另一方面，我又不无遗憾地注意到"实在感和皈依感""尊严和魅力"正在从"春晚"中消散流逝。这样一种效果与动机的悖离、行为与观念的异趣、现象对本体的障蔽，是促使我琢磨"'春晚大餐'与本山小品"这一话题的深层缘由。

就演出形式而言，"春晚"是一台演员观众互动、综艺节目共荣的文艺晚会。"春晚"的节目构成，在我看来就是"语言类"和"非语言类"两类。前者人们常直呼"小品相声类"，后者包括歌唱、歌舞、舞蹈、戏曲等，其实可统归为"乐舞类"。一般来说，最适合与观众互动的是"语言类"节目，原因是这类节目更容易找到贴合观众情趣的话题，也更容易找到开涮观众心智的支点。就我个人而言，更多的是以娱乐的心情去看"春晚"，比较留心的多是小品和相声。我们和直播现场带有"半表演"任务的观众不同,"神圣时间的镜像体验"成为我们走向"狂欢"的通道,这通道中有许多"仪式"(比如家庭的团聚和亲友的问安)共行,"春晚"似乎正消散着"仪式"的效应并流逝为"狂欢"的远景。而这才是令"春晚"的策划、组织者们焦心瘁智的事情,这也才是"本山小品"成为"春晚"主菜、历 20 载不撤席的深层原因。请注意,今年手机段子盛传"兔年春晚之十大亮点",其中"本山大叔无趣了"位居其一。这是一个令策划、组织者而非"本山大叔"值得去关注的现象。如果"本山小品"已然无趣,那么"小品王"一再蝉联只是"水落石出"而非"水涨船高"。不少朋友甚至调侃地说,"我要上春晚"似乎比"兔年春晚"更给力!

二、"同桌的你"与"小品王"的纠结

由"春晚大餐"说到"本山小品",首先固然是"小品"历经年成为"大餐"中的主要菜系;其次,"春晚小品"固然让我们开心地记住了陈佩斯和朱时茂、赵丽蓉和巩汉林、郭达和蔡明,记住了宋丹丹、黄宏、潘长江、范伟等等,但最不能忘怀的还得数赵本山。说"本山小品"是"春晚大餐"中的"主打菜系"的头牌,不光是春晚"烹调者"们的惦记,也是电视机前"挑食者"们的念想。你想想,自 1990 年本山大叔联袂黄晓娟出演《相亲》起,除 1994 年缺席外,22 个年度的"春晚",本山大叔亮相 21 次,其中有 13 次被评为"小品王"。试想,如果不是那"惦记"与这"念想"的合谋,怎会有本山大叔在这个"中国化狂欢"中 20 余度的"欢狂"(不是"疯狂")。细细想来,有那么多观众因本山大叔而"狂欢",本山大叔想不"欢狂"都不成——不过他因"欢狂"而失态的几率并不高,偶尔的"口出狂言"伴随着更多的"脚踏实地",他认为"偷着乐"比"咧着笑"更能体现"小品王"的幽默。说实话,看本山大叔早期的"春晚"小品,我其实并不觉得他比合作者宋丹丹、范伟高一头或胜一筹,甚至觉得没有了这样的天作之合,不说每况愈下至少也是风光难再的(不过近两年的合作者王小利有望"发达")。到后来,本山大叔似乎有些过于自信,以为"带谁"便"火谁"、说啥人都乐,这"欢狂"可能就不一定再能忽悠那"狂欢"了!

尽管每年"春晚"的"本山小品"都没有错过,但今日只看标题并不

能完全想到当年的精彩,有些甚至连内容也难以忆及了。为此,又上网将这21个小品重新咀嚼了一遍,惊异地发现今年的《同桌的你》居然就是本山大叔首次亮相"春晚"之《相亲》的翻版!只是在"翻"的过程中把自己从当年的"同桌"(当事人)转移为对于"同桌"的"焦虑者",把自己由一个"老树著花"的"夕阳红"转移为一个"老屋防漏"的"霜天风"了。这个小品不只结构骨架是"翻版",其中故意流露出"暧昧"的那个细节——男同桌骑自行车带女同桌看完电影回村途中路过一片昏暗的庄稼地——也照"翻"不误。由《同桌的你》想到"本山大叔无趣了"的那条手机短信,恐怕还不只在于上述情节乃至细节的翻版,更在于小品主要的"包袱"——"此处省略xx字",也是当年贾平凹《废都》刻意而为、且让读者觉得忒没意思的"废招"。正如当年"本山小品"在《卖拐》之后克隆出《卖车》,从一本"脑筋急转弯"中选取几道题当成主要"包袱"大肆抖搂,也被观众批评为有趣无味,只是这次从《相亲》翻版出的《同桌的你》,显得无味无趣了!

  小品是戏剧教育中的一种作业形式,是培养演员观察力、想象力、模仿力和表现力的一种训练手段。由于体量微小而要求情节凝练、冲突紧凑、性格鲜明且台词敞亮,成为考量演员同时考量编剧的一种戏剧样式——一种类似于微型小说的"微型戏剧"。毫无疑问,小品成为"春晚"的主打菜系,一方面是在这个"神圣时间",我们需求的是形态"微量"但意味隽永的艺术样式,这是可能性;一方面也是在这个"狂欢体验"中使小品的喜剧性得以凸显并促进了喜剧小品的成熟,这是必然性。"春晚"中的小品使许多演员成为大众狂欢的"开心果",其中的佼佼者也是当之无愧的喜剧表演艺术家。我还注意到,也有人视本山大叔为与卓别林不相上下的"喜剧大师"。在我看来,本山大叔可否、能否与卓别林去比较,恐怕不是"比较文化"研究的一个好课题;同样,本山大叔可否、能否转型为"本山大师",无论就热衷于他的观众,还是就他本人的意愿而言,都不是没有疑问的。曾有一位友人对我说,本山大叔是农民心目中的文化人,但却是文化人谈资中的农民。近年来本山大叔"小品王"的桂冠戴得比较踏实了,但也有人不以为然地说那也就是个"山大王"。其实,认真分析一下20年来"春晚大餐"中的"本山小品",是比去琢磨叫"本山大叔"还是叫"本山大师",叫"小品王"还是"山大王"更有意义的事情。

三、老蔫大哈、白云黑土及其他

亮相"春晚"的"本山小品"共有21个，其中与范伟交手的有9个，与宋丹丹联袂的有5个。也就是说，与宋丹丹或范伟的合作成为"本山小品"的主流。也有观众注意到，与宋丹丹合作时，本山大叔听命于宋丹丹的"摆布"；而与范伟合作时，大多数情况下是范伟遭遇到本山大叔的"忽悠"。更深入一些分析，可以看到这些"本山小品"大致可分为5个系列：一是"老蔫大哈"系列。这一系列的命名取自"春晚"第一个本山小品《相亲》中的两个人物（徐老蔫和马大哈），有包括《相亲》（1990年）、《小九老乐》（1991年）、《我想有个家》（1992年）、《捐助》（2010年）、《同桌的你》（2011年）在内的若干作品。我觉得也可把《老拜年》（1993年）、《钟点工》（2000年）和《送水工》（2004年）放在这一系列中，这是希望被"镜头"关注的"夕阳情怀"。二是"白云黑土"系列。赵本山和宋丹丹联袂的小品除《钟点工》外基本属于这一系列，包括《昨天、今天、明天》（1999年）、《说事》（2006年）、《火炬手》（2008年），我把《策划》（2007年）也划入这一系列。无论参演者是崔永元、牛群还是刘流，赵本山和宋丹丹作为角色的关系是固定的，是从"炕头"走向"镜头"的乡村老夫妻。三是"雅俗关系"系列，最具代表性的就是《红高粱模特队》（1997年）和《不差钱》（2009年）。四是"干群关系"系列，主要有《三鞭子》（1996年）、《拜年》（1998年）。《牛大叔"提干"》（1995年）作为一种"换位思考"，似也可以归入这一系列。五是"医患关系"系列。"医患关系"在此有些"戏说"的意思，特点是把没病的人"忽悠"成病人，并且在忽悠病人时把自己也忽悠病了。比如《卖拐》（2001年）、《卖车》（2002年）、《心病》（2003年）、《功夫》（2005年）均属此列。

如果做进一步的分析，可以看到本山大叔"耿耿于怀"的是"夕阳情怀"——也即"老蔫大哈"系列。在这个系列中，除《小九老乐》《老拜年》和《同桌的你》外，基本上是为鳏寡老人设定的情景，是在"春晚大餐"上为特定群体端上的一道温馨菜肴，给这一群体营造出"老有所养"后会"老有所乐"的温馨。这个"老有所乐"，一是"年轻夫妻老来伴"，可以是《相亲》《我想有个家》那样的"相亲成家",也可以是《送水工》《钟点工》那样的"装爹扮妈";二是"老夫聊发少年狂",主要是难以忘怀"同桌的你",《同桌的你》是如此,《小九老乐》也是如此,二者都以此结构戏剧冲突的焦点;三是"老有所为自得乐",《老拜年》的"发挥余热"和《捐助》的"奉献爱心"都是如此。在本山大叔"耿耿于怀"的这个系列中,可以看到他关注的话题比较单一,可以用来结构话题的材料也比较单一,所以在这份"温馨菜肴"中总是用"同桌的你"来增"温"添"馨"。在我看来,这一系列较为贴近"本色本山",带有"大城市铁岭"那疙瘩浓郁的风情韵味。但显然,年年上"大餐"上成"常备菜"(人称"钉子户")的本山大叔,并不满足于纠结"同桌的你"来温馨"夕阳情怀",他想通过"实话实说"走上"星光大道",想通过昭著"本山"(赵本山)留住"老根"(刘老根),更想使他操持了一辈子的本业"二人转"成为"万人迷"乃至成为"亿人狂"。

平心而论,"本山小品"中的"白云黑土"系列是对"本色本山"的一次有力攀升。这一系列中的"白云"和"黑土",明显不同于"老蔫"与"大哈"了。借用本山大叔的话语体系,"老蔫"与"大哈"是"大城市铁岭"的人名,"白云"和"黑土"则是那疙瘩的名人了。从"人名"到"名人",本山大叔经历了9个"神圣时间"8次"镜像体验"。在我看来,这是"本山小品"最有光彩的系列,也是"本山小品"最为灿烂的时期。这"光彩"和"灿烂"的体现,一是他本人不断地被曝光,二是他旁边站着个更鲜亮的宋丹丹。我总以为,在"老蔫大哈"系列中,本山大叔将"本色"倾注在"老蔫"的性格中;而在"白云黑土"系列中,"白云"与"黑土"恰恰是他"双重性格"的分化:一方面因为成了名人难免如"白云"般飘飘然,一方面又警醒自己这块铁岭的"黑土"要保持淡定,别"说胖就喘"。说实在的,在"白云黑土"系列中,"飘飘然"的"白云"比"淡淡乎"的"黑土"似乎更招人喜爱,黑土在白云面前犹如相声表演中的捧哏和逗哏,无论是人物性格的真实性,还是人物语言的幽默感,"黑土"都显得比"白云"更苍白。不少人都认为"本山小品"是"春晚大餐"不可或缺的"常备菜",而我却一直为"春晚大餐"缺席了陈佩斯与朱时茂、赵丽蓉与巩汉林两对搭档而遗憾;如果没有郭达与蔡明的联袂出演,我想很多人也会若有所失的!

在经历"老蔫大哈"系列的铺垫（当然这是本山大叔与生俱来且无法去身的"关怀"）和"白云黑土"系列的攀升后，本山小品更努力地去开阔视野、开放话题，当然他得牢牢把住两条准则：其一这是国人的"狂欢时节"，其二这是本山的"炫耀时刻"。就后者而言，他一方面要炫耀自己是农民心目中的文化人乃至大文化人，另一方面他还要炫耀他所拥有并经他光大的"二人转"文化。我从不认为他想为农民代言也不认为他想丑化农民，当然他也十分反感把他自己视为文化人谈资中的"农民"。每当想起"本山小品"中城乡关系、干群关系和医患关系（这是我杜撰的）诸系列，我就感觉本山大叔似乎在游离"本色本山"，以至于让人在"变色本山"中感觉到本山大叔的"各色"（既"隔"且"涩"）。在"干群关系"中，或许是喜剧小品不擅歌颂，抑或是本山大叔难为歌颂，无论是《三鞭子》还是《拜年》，本山大叔想要"坐大"（"群众都是干部的长辈"）却难以遂愿，表演不仅苍白而且还显得苍老。在"城乡关系"中，本山大叔其实想真诚地言说"雅俗关系"，想迈开"喷农药式"的模特步，托毕姥爷的关系上"溜光大道"，结果从"不差生活"走向了"不差钱"。说"医患关系"系列的"本山小品"是"变色本山"，可能并不准确；甚至有人说这才是"本色本山"，是骨子里的"本色本山"，是松绑了、胀圆了、奔腾了的"本色本山"——虽然这一系列以范伟开通"防忽悠热线"（《功夫》）收场，但人们从《卖拐》《卖车》乃至《心病》记住了本山大叔的"忽悠"，也不乏有观众认为他是用"忽悠"来开涮大众，他把"二人转"艺术出奇制胜的"调侃"推向了为胜造奇的"忽悠"！人们牢牢记住了具有"本色本山"的瘸步，也记住了他比"脑筋急转弯"转得快的智商！

四、本山小品的"说口"与"春晚大餐"的追求

其实，小品作为"微型戏剧"成为"春晚大餐"的主打菜系，在于其独特"说口"成就的语言魅力。以"本山小品"为例，其魅力之一在于"贯口"，这主要是流畅地堆砌词语和意象造成的效果。如《钟点工》中宋丹丹饰演的钟点工所说"有人花钱吃喝，有人花钱点歌，有人花钱美容，有人花钱按摩"，还有人花钱雇她"陪人唠嗑"；又如《老拜年》中阎淑

萍饰演的老妻数落老夫是"小家雀落在雁塔上，玩意不大架子不小；高压锅煮鸭子，肉烂嘴不烂；老母猪戴口罩，挺重视这张老脸。""贯口"多讲究"韵口"，在小品中往往"先声夺人"；同时我们也注意到，"贯口"的言说形态往往有"损口"的言说内容。在许多喜剧小品的"说口"中都有"损口"，这也是包括"本山小品"在内的小品表演似乎难以摆脱的"魅力"之一。在我看来，"损口"是民间小品表演"脏口"的改良，是"二人转"表演"回黄转绿"的一种调节。《钟点工》中把老年人的"孤独感"分析为"屋里憋屈型、内分泌失调型、没事找抽型"三型就是如此。"损口"作为一种改良或调节，虽脱"脏"但未能去"咒"，所以在《不差钱》中，丫蛋才会以"感恩"之心对毕姥爷说："我一辈子都不会忘记你的，我做鬼也不会放过你的。"当然，喜剧小品的"损口"大多都是以"岔口"的方式出现，"岔口"也成为小品魅力追求的常见手段。严格来说，"岔口"是一种有意而为的"打岔"，如《不差钱》中本山大叔说"小沈阳"是"小损样"，说他"上炕"都费劲还想"上道"（星光大道）；也有一种"岔口"是无心而生，可谓之"误口"。《不差钱》中丫蛋把"星光大道"误读为"溜光大道"，《捐助》中受助大婶把"栏目组"误读为"拦不住"等就是如此。最后，包括"本山小品"在内的许多小品表演都格外重视用身体语言补充或替补声音语言，我把这一"说口"称为"补口"。《策划》中宋丹丹所言"下蛋公鸡，公鸡中的战斗机，哦耶"，便在身体语言的同步配合中产生强烈喜剧效果；《红高粱模特队》中赵本山挺胸收腹的模特步走成"喷农药式"的劳作步也十分令人捧腹……深琢磨细推敲，对于喜剧小品独特"说口"和语言魅力的追求，在"本山小品"中可能还有你强词我夺理的"斗口"、你说东我道西的"昏口"、你装傻我充愣的"痴口"等等……这些"说口"多年来肯定是大大有助于"本山小品"的情趣和意趣的，却与兔年的"本山大叔无趣了"无关！

  对于广大电视观众而言，"春晚大餐"开宴的"神圣时间"是只提供一种"狂欢"的氛围，还是也应提供一种"仪式"的皈依？我觉得这是一个问题。解读"本山小品"，是想为探讨这一问题提供一种思路或曰一种希望：其一，我希望"春晚大餐"不要以"人"取"品"。作品的选用要靠作品本身说话，对"小品王"更应有拿出"王牌小品"的高标准。其二，我希望"本山小品"不要因"小"失"品"。"小品"虽非"大道"，但常备于"春晚大餐"是一种荣耀也是一种担当,何况"本色本山"还有上升为"亮色本山"的空间。其三,我希望"盛宴狂欢"不要得"乐"忘"品"。"春晚大餐"虽是"一年一度",但关于它的话题却往往"一度一年";瞬间之"乐"固然也很需要,但寓"品"于"乐"却体现出更高的追求。不可否认,尽管是为着"中国化的狂欢"而"备菜","春晚大餐"毕竟是一种精神聚餐:是寻求精神舒畅和欢欣的聚餐,是寻求精神皈依和凝聚的聚餐,更是寻求精神昂扬和高蹈的聚餐!当若干亿众在同一个"神圣时间"进入同一种"镜像体验"之时,无论是"春晚大餐"还是"本山小品",我以为都不要简单地以"收视率"或"票决"来自我陶醉或自我粉饰。难道我们真不知道我们都做了些什么吗?难道我们真不怀疑自己的判断力吗?难道我们真打算把"春晚"也办成另类"江湖"吗?!我想,对此我们应当共同说"不"!不是吗?!

(原载《艺术评论》2011年第4期)

"春晚"文化与文化"春晚"

一、才过而立之年的"春晚"似乎不再被热切地期待，一种"有它过年，没它也过年"的感觉正萌生并蔓延开来。不过"春晚"的烹调者却十分在意也十分尽心，通过征用"吐槽"、撷取"神曲"、围观造势、混搭创新来应付这道年俗大餐的"众口难调"。

没有期盼，没有悬念，没有惊喜，当然也没有埋怨……电视开着，微博也开着，目光在二者间游移，更多些在后者的视屏上流连；说不上精彩，也说不上平庸，有一搭没一搭地从演员的台词中听出网友的"吐槽"，也有一搭没一搭地从熟悉的耳音中瞄一眼镜头的切换，还有一搭没一搭地从主持人抖落的"机灵"过渡到演员怀揣的"神圣"；当时没想过何以"心不在焉"，也没有想过"心何求焉"，后来看到"春晚"的品尝者和烹调者都在热议"收视率"，我想到的却是"收视率"可能统计不了"注意力"！

的确是"众口难调"！在这个需要"欢度"的夜晚，小品、相声等语言类节目一直是"春晚大餐"的主菜。蛇年"春晚"，观众也的确记住了小品《想跳就跳》《大城小事》《你摊上事了》和相声《败家子》《这事不赖我》。说实话，这些节目给人的感觉是"有味觉没味道"。为什么"有味觉"？如有些观众所认同的，这些作品贴近生活、接通地气、顺应民意。从老年人的孤独到大保安的"原则"，从农民工的讨薪到败家子的"招摇"，但稍加琢磨，你会发现这些节目主要是让浮光掠影的人物去混搭网友"吐槽"的语言。于是，人们从两个视角来挑剔节目的"味道"：艺术批评家认为，节目因"婉而多讽，谑而不虐"的缺失而走向了扁平尴尬的说教；普通观众则认为，过分追随"吐槽"的"口无遮拦"，有可能堕入低俗粗鄙的泥淖。真的，我们好像不应用"口味真重"的"腹黑体"话语来调剂大众的"众口难调"。

二、"春晚"曾是强势媒体助兴古朴年俗的文化举措，30 年来的"与民同乐"使其成为一道"民亦乐其乐"的文化景观。"春晚"作为新年俗使除夕之夜更温馨、更喜兴、更敞亮也更时尚，它曾是大众"一年盼一晚，一晚嚼一年"的念想。

以除夕团聚为核心要素的春节，是我国最重要的传统节日，也只有它才担得起"年俗"这个字眼。研究者们认为，包括"年俗"在内的中国传统节日，是民族情感的凝结，是增强民族文化认同、维系国家统一与社会和谐的重要精神纽带。也就是说，伴随我国传统节日的历史仪典和文化符码，通过辞岁敬祖、拜年访亲、团聚联欢等仪式所传递的，是诚心正意、修身齐家、和亲睦邻、聚族爱国的情怀。而对于"春节"这一年俗，我总以为它与我国古老的"蜡祭"有某种内在关联，是基于"万物本乎天，人本乎祖"的认知而产生的"感恩报本"之心，所谓"大报本，反始也……岁十二月合聚万物而索飨之也"！

"春晚"作为新年俗，30 年来通过"为民添乐"来"与民同乐"，通过"难忘今宵"来助兴"爆竹声中一岁除"，通过"冬天里的一把火"来给力"总把新桃换旧符"，通过"常回家看看"来祝福"天增岁月人增寿"……因此，自打"春晚"洞开央视的"视窗"，在相当一个时期内都成为神州大地乃至海外华语社群的一个念想，也成为全球华人"海内存知己，天涯若比邻"的一个期盼。在那样一个时期内，电视开着，闲话唠着，瓜子嗑着，饺子煮着，看着赵本山忽悠范伟，看着蔡明折腾郭达，看着宋丹丹抱怨黄宏，看着朱时茂"修理"陈佩斯，看着赵丽蓉"智斗"巩汉林……那年复一年的"开心一笑"，使百姓忘却了一年的辛劳，舒解了一年的郁积，积蓄起一年的正能量，培育着一年的"益生菌"！实际上，除了这些"春晚"大餐的"主菜"，歌舞类节目也大大吊起了大众的胃口。仅以舞蹈而言，2004 年的《俏花旦》、2005 年的《千手观音》、2006 年的《俏夕阳》、2007 年的《小城雨巷》……就既喜兴又温馨，既时尚也敞亮，通过"一晚嚼一年"的回味满足了大众"一年盼一晚"的期待。

三、大众需要欢度年俗，需要沉浸于一年一度的"中国式狂欢"。虽然先前只有广场社火"放浪形骸"，只有民间戏班"调笑草台"；但一俟"春晚"洞开"央视"，引得各路传媒"扮靓竞秀"——电影院线"满档贺岁"，网络在线"吐槽狂欢"……

对于"春晚"的无期盼、没悬念、少惊喜、不埋怨，或许并不全然是"春晚"自身的缘故。在我看来，"春晚"烹调者近年来的煞费苦心没有取得预期的效应，在于我们谋求"超越自我"之时或多或少地忽略了"应对语境"。30年前"春晚"问世时，电视传媒的优势是显而易见的：一是它率先进入了千千万万的家庭，而以"家庭"为单元正是欢度年俗的一个基本特征；二是它具有极强的节目网罗和观演互动功能，满足所有"家庭"喜兴祥和、熬夜守岁的需求。但显然，当"春晚"步入而立之年，电视作为传媒"一家独大"难再，"春晚"即便作为电视节目也呈现"百鸟争鸣"，更不用说电影院线以"满档贺岁"跻身年俗，网络在线以"吐槽狂欢"彰显个性……

传统的年俗欢度，在乡村是将"社火"闹得"红红火火"，在城镇是将"戏班"捧得"热热乎乎"。如今，"社火"随着乡村的"空巢"日甚而式微，"戏班"的"老戏老演"也难免遭遇"弦也调不准了"的尴尬。不过电影院线的"满档贺岁"和网络在线的"吐槽狂欢"却挤兑着"春晚"：前者用"造星"挤兑"做秀"，用"无厘头"挤兑"真性情"；后者用"酷辣"挤兑"机灵"，用"围观"挤兑"和睦"……这其实还只是"春晚"需要应对的"言说语境"。我们需要应对，或者说需要正视的，还有大众的"接受语境"，用研究者的话来说：这是一个传统神圣价值受到严重挑战的时代，也是精神生活高度开放的时代；这是一个精神生活越来越等同于文化消费的时代，也是一个人们越来越有条件过一种不受日常的物质生活和社会生活拖累的精神生活时代。我们需要关注这个接受语境的改变。

四、而立之年的"春晚"不能一味地"笑逐颜开",也得想想何以"安身立命"了!30年来,"春晚"在助兴古朴年俗的同时也提升了年俗文化,"春晚"形成了一道文化景观就意味着要使这一景观更文化。"春晚"要顺应民心也要团聚民气,要尊重民意也要激发民力,要欢悦民情更要开启民智……

对于刚刚过去的蛇年"春晚","说三道四"的不多,"吆五喝六"的没有,但没有"挑刺"的也少有"献花"的,没有"抹粉"的也罕有"涂脂"的。这大概就应了那句"有味觉没味道"。但其实,有些街谈巷议还是值得我们去"锣鼓听声"的。一种说法是,"春晚"过去是服务于北方农村的,现在好像面向北方的城乡结合部,所以讲上海方言的总是被讪笑,讲广东方言的总是被捉弄;另一种说法是,"春晚"的主持人比表演者更富有表演性,表演者让作品无光,主持人令表演者逊色,所以作品往往经不住咀嚼,表演者也往往架不住品评。在我看来,前一种议论关涉到"春晚"的价值取向,后一种议论关涉到"春晚"的美学定位。与后一种议论相关的,是我听不少人说蛇年"春晚"没有中国文联主办的"百花迎春"耐看,要知道这几年"百花迎春"仅仅是交由四个省区联办的。

既然我们置身于一个文化平民主义的时代,我们置身于一个"人人都有麦克风"的众声喧哗的时代,那么我们"春晚"需要的不是"随波逐流",而是"柳暗花明"。我们其实可以更淡定些,拒绝"过把瘾就死";我们也可以更沉潜些,拒绝"吐口沫便红";我们还可以更超越些,拒绝"撒个野装酷"……总而言之,我们需更文化些的"春晚"。首先,央视"春晚"要深化"问题意识"。问题是时代的声音,"春晚"的接通地气就在于关注了民众关心的问题。深化"问题意识"是指不要停留在拿问题"开涮"的层面,这样做显然是作品对问题缺乏深度的考察,冲突的扭结与性格的塑造都显得浮皮潦草,"幽你一默"的结果是"食之无味"。其次,央视"春晚"要强化"精品意识"。"春晚"要面向大众,但不能因为"众口难调"而"鱼龙混杂",更不能因此而"鱼目混珠"。就总体而言,我以为歌舞类作品可以选拔为主,让一年的这一晚"精品荟萃""佳人辈出";语言类作品重在原创,在敏感于问题的同时,要结构精巧、语言精练、性格精当。第三,央视"春晚"要浓化"感恩意识"。"春晚"

是一个晚会，但并不意味着仅仅局限于文艺节目组成的晚会。作为新年俗，"春晚"今年较多地发挥着团聚、欢乐的作用，而对自古而有且凝为底蕴的"报本反始"的年俗功能有所淡化。在看央视"感动中国"人物颁奖节目时，我总觉得它应该成为"春晚"的内涵。我们的感恩，不仅是对"家"更是对"国"，"国家好，大家好，自家才会好。"我们可以增加必要的访谈和外景，让我们透过"欢乐春节"看到"感动中国"。这其实也是电视作为传媒所具实力的优势所在。

（原载《光明日报》2013年3月23日）

第四编

演艺企业的文化转型

面对"中等收入陷阱"的文艺院团改革

今年年初，文化部在京召开了全国文化系统国有文艺院团体制改革工作座谈会，部党组书记、部长蔡武同志在会上发表了重要讲话。讲话中蔡武部长两次强调"不可逆转"：一是文化系统国有文艺院团改革大局不可逆转，二是既定的国有文艺院团体制改革"时间表"不可逆转。面对这两个"不可逆转"，蔡武部长强调一要有"义无反顾"的使命感，二要有"趁势而上"的紧迫感。可以说，为确保完成国有文艺院团转企改制任务，我们不仅要有"大局观念"，而且要有"机遇意识"。

一、从文艺院团改革的"奇帆认知"谈起

为加强对国有文艺院团转企改制的调研、督导工作，文化部改革办2011年分赴各地深入调研并大力督导。2011年10月，重庆市市长黄奇帆同志接见了部改革办赴渝调研组，相应的《文化通报》指出"重庆市文艺院团管理体制改革成效明显"，这个"成效明显"主要体现为解决院团办公和演出场所、解决院团职工住房、提高院团职工的收入和待遇、建立市场化的激励机制等改革保障措施到位。之所以采取上述积极措施来为文艺院团的转企改制创造条件，基于奇帆市长对文艺发展繁荣的一个认知，即他把"人均收入"与"文化发展"联系起来，认为"人均收入到了10000美元以上，文化消费需求增长，花钱去看戏的人也多了，文艺团体才会比较繁荣。"据此，奇帆市长认为："在经济水平较低的地方，文化市场发展的结果多半是低俗文化或者贵族文化，不会有大众文化产业。文化发展要符合社会发展的阶段性特征"；同样据此，他还认为"文化体制改革要有正确的思路，既不能采取计划经济下大包大揽的模式，也不能把文艺院团完全逼向市场。"由省一级政府主官来谈文艺院团管理体制改革，黄奇帆

市长的认知既有"实事求是"的态度,又有"稳中求进"的愿望;更为重要的是,"奇帆认知"体现出一种思维方式的整体性和辩证性。

二、我国经济社会发展面对"中等收入陷阱"

当下我国经济社会发展的阶段性特征,突出体现为面对"中等收入陷阱"的种种诱因。据相关统计数据报告,2011年我国人均GDP接近3.5万元人民币,相当于5000美元左右。按照世界银行标准,这标志着我国已经进入中等偏上国家的行列,必然将面对"中等收入陷阱"的种种诱因。但有经济学家指出,所谓"中等收入"不仅要看"总量"而且更要看"结构"。一个显而易见的事实是,世界主要发达经济体人均收入占人均GDP的比重均在60%以上,而我国目前仅占25%左右。也就是说,我国目前的人均收入仅在1500美元左右;在国家面对"中等收入陷阱"之时,大多数个人还处在向"中等收入"迈进之中。按"奇帆认知",人均收入在1000—5000美元阶段时,"文化消费只占总需求的20%左右,主要任务还是发展文化市场。"但事实上,我国城镇居民收入虽远高于人均收入,但其生活消费的"恩格尔系数"一直较高,"房产泡沫"在更深层面上阻止个人物质消费向服务消费转移。这样,我们面对的"中等收入陷阱"是一个"双重陷阱":从经济社会发展的大环境来说,需求疲软、成本上升、转型困顿已日渐凸显;从文艺院团发展的直接处境来说,由于人均收入占人均GDP比重过低和生活消费的"恩格尔系数"一直偏高,需求疲软、成本上升、转型困顿的感受更为强烈。在我看来,对于剧场演出的需求疲软,不仅受制于相对较低的人均收入及其相应较低的文化消费,而且在于影视、动漫游等文化新业态、新新业态对于文化消费市场的果剖瓜分。在剧场演出需求疲软的同时,"成本上升"显得"逆势上扬",这一方面体现为不少"豪华剧院"的资源成本,一方面也体现为演艺工作者对于"复杂劳动"的心理期待。

三、"中等收入陷阱"的要害是"转型陷阱"

关于"中等收入陷阱",经济学家们各有高见。根据世界史的经验和我国发展现状,学者们提出要关注贫富差距进一步扩大的"两极分化陷阱"，要关注背离经济发展规律的"资产泡沫陷阱"，要关注社会保障制度超过经济发展水平的"福利包袱陷阱"，要关注劳动适合人口绝对数量减少与老年人口数量激增的"人口老化陷阱"……特别是要关注"转型陷阱"：它突出表现为投资与消费关系的失衡，表现为资源环境的约束与就业结构的矛盾……正是基于实现"中等收入陷阱"的跨越，去年年末召开的中央经济工作会才确定了"稳中求进"的工作总基调。在这个"总基调"上，工作会强调"抓住加快转变经济发展方式这条主线"，强调"把握发展实体经济增长由政策刺激向自主增长有序转变"并"促进经济自主协调发展"。在思考文艺院团改革发展大计之时，我们不能不关注我国经济社会的发展大势。因为前述"奇帆认知"对于文艺院团改革体现出这样一个思路：1. 文艺院团的改革是为了促进其发展；2. 文艺院团的发展需要文化市场的发育；3. 文化市场发育的关键在于文化消费需求的增长；4. 要建立市场化的激励机制助推文化消费需求的增长……很明显，这个"激励机制"既针对"需求疲软"也针对"成本上升"。但实际上，我们文艺院团改革还要从深层次上关注"有效供给"从而跨越"转型陷阱"。

四、文艺院团改革要顺应经济发展方式转变

关于今年我国经济社会发展"稳中求进"的总基调，中央经济工作会认为我国目前"中等偏上收入"发展阶段仍然是一个重要战略机遇期，因此需要将"求进"落实为"三新"：即在转变经济发展方式上取得新进展，在深化改革开放上取得新突破，在改善民生上取得新成效。实际上，"转变经济发展方式"作为今年我国经济社会发展的主线，必然体现为经济结构调整，这个调整的基础是"发展实体经济"，而这个调整的阈值是"自主协调发展"。我们注意到，中央经济工作会关于经济结构调整有几个重要的工作思路，第一便是着力扩大内需特别是消费需求，第二和第四则分别是着力推进产业结构优化升级和着力推动区域协调发展。具体而言，在扩大内需方面将消费需求放在比投资需求更重要的位置，这一方面意味着要增加群众收入以提高其消费能力，一方面意味着要以消费需求去引导投资需求。我们注意到，强调扩大消费需求主要是文化、旅游、健身、养老、家政等服务消费；而强调推进产业结构优化升级时特别提及了壮大文

化产业和推动文化事业蓬勃发展。在我看来，文化发展要符合经济社会发展的阶段性特征，不是静态地观望和消极地等待，而是要密切注视国家经济发展大势为文化发展带来的机遇和敞亮的空间。我们文艺院团改革要顺应经济发展方式转变的大势，并且不是一般地顺应而是要有所作为，要在扩大群众的文化消费中有所作为，同时要通过自身的结构调整在我国产业结构优化升级中有所作为。

五、要研究人民群众精神需求和休闲方式的新变化

蔡武同志在全国文化系统国有文艺院团体制改革座谈会的讲话中强调，国有文艺院团转企改制任务完成的衡量标准是"应转制能转制的院团必须全部转制到位"。实际上，作为国有文艺院团体制改革路径的"五个一批"（包括转制、整合、撤销、划转、保留），核心理念是在社会主义市场经济条件下，为推动文化大发展大繁荣打造国有演艺市场主体，与此同时也意味着我们国有演艺企业结构的优化升级。蔡武同志指出"改革是结构调整、利益格局调整"，我认为这个"结构调整"就文艺院团而言，包括产品样式结构和演艺生产结构的调整。也就是说，文艺院团的转企改制，在"事转企"的体制改革中要更深地触及演艺生产理念的转变。当我们看到长期以来国有文艺院团举步维艰的生存状况，看到转企改制院团在"倒逼机制"下的开拓挺进，看到民营院团扎根民众热土而焕发的勃勃生机，我们顺应"转企改制"的演艺生产理念转变，关键在于研究人民群众精神需求和休闲方式的新变化。为什么我们说既要讲艺术规律又要讲市场规律？为什么我们说既要讲社会效益又要讲经济效益？当我们以市场规律、经济效益作为艺术规律、社会效益的补充要求时，我们的根本要求就是要研究并适应人民群众精神需求和休闲方式的新变化。

六、实现由政策刺激向自主增长的有序转变

我们注意到，为打造有效、有为的国有演艺市场主体，从中央到地方都出台了支持国有文艺院团转企改制的多项政策，它包括增加财政资金投

入、加强基础设施建设、放宽资本准入条件、落实社会保障政策、拓宽人员安置途径等诸方面。对于转企改制后的国有文艺院团，文化主管部门也从建立政府采购制度，加大资金投入、项目支持、资源配置等方面的政策倾斜予以扶持。事实上，这些政策扶持或者说政策刺激，在国有文艺院团转企改制后的良性运转和跨越发展中发挥了重要作用。但是，作为已经或将要成为独立市场主体的国有文艺院团，要逐渐摆脱多年来作为"事业编制的单位人"所养成的"找市场不如找市长"的思路和心态。我们清醒地知道，国有文艺院团作为可经营性的事业单位，应当而且必须生产出可经营的文化产品，还应该通过文化产品的经营来"获得一个市场投资者可以接受的预期利润率"，这后一句话是经济学家林毅夫对合格市场主体解决"自生能力"的表述。很显然，从当前国有文艺院团改革的多种途径来看，我们是兼顾着"政策刺激"和"自主增长"的，因为对"改革途径"的选择就意味着对"自主增长"方式的选择。中央经济工作会在谈到"牢牢把握科学发展这个主题和加快转变经济发展方式这条主线"时，特别提到了"促进经济增长由政策刺激向自主增长的有序转变"。对于我们作为演艺市场主体的国有文艺院团来说，一定要把"自主增长"放在发展演艺生产、提供有效供给的工作中来加以落实。近日来，《光明日报》《文汇报》都以整版篇幅刊发《文化消费：别把农村遗忘》《安庆地区黄梅戏剧团生存之道：在市场中重生》《"开心麻花"：八年深耕戏剧品牌》《相声会馆：打造海派"欢笑产品"》等专题报道，都说明作为独立演艺市场主体的文艺院团要强化"自主增长"能力，而一个必要的前提就是研究并顺应人民群众精神需求和休闲方式的新变化。

（原载《中国文化报》2012年2月14日）

演艺企业的内生动力与自生能力

2013年6月5日,文化部等9部委颁发了《关于支持转企改制国有文艺院团改革发展的指导意见》。以"九龙治水"的方式支持转企改制国有文艺院团的改革发展,一方面说明了党和政府对这一工作的高度重视,一方面也说明了这一工作"牵一发而动全身"的复杂性。"指导意见"包括一"扶持"两"建设"三个方面,即落实和强化对转制院团的政策扶持、促进转制院团自我发展能力建设和加强转制院团改革发展支撑体系建设。就转企改制的国有院团而言,可能更关心"政策扶持"方面;但我以为,"自我发展能力建设"更为重要,其中"增强内生动力"更是重中之重。

一、增强"内生动力"要提升四种能力

"增强内生动力"作为重中之重,在于它是转制院团自我发展能力的驱动力量,是其作为市场主体的主观能动性和发展自觉性的集中体现。根据"指导意见","增强内生动力"包括产品生产营销和企业经营管理两个层面:产品生产营销层面需要提升创新、营销、资本运作和知识产权经营四种能力;企业经营管理层面一是要实行市场化、企业化的经营者选用机制,二是要形成符合现代企业制度要求、体现文化企业特点的资产组织形式和经营管理模式。这两个层面之间体现出一种密不可分的关联,前者体现为"生产力",而后者体现为"生产关系"。从"生产力决定生产关系"这一基本原理来看,提升"四种能力"是更具主导性的。

提升"四种能力"作为"增强内生动力"的主导方面,其实是任何企业经营者都需要深思熟虑、深谋远虑的"商业模式"。所谓"商业模式",通俗些说就是企业要赚钱的途径与方式,"四种能力"当然也主要是"赚

钱"的能力。不过下一个正式的定义，"商业模式"指以实现客户价值最大化为目标，整合内外各相关要素，形成一个完整、高效、具有独特的核心竞争力的运行系统。其实，运行系统通过最优实现形式满足客户需求并实现客户价值最大化是显在目标，而潜在目的是使自身运行成为一个持续盈利的过程。作为演艺企业"客户价值最大化"的实现，可以通俗表述为在"两个面向"的服务中实现"两个多出"，前者指"面向群众、面向市场"，而后者指"多出精品、多出人才"，前者关系到如何生产出有效益的演艺产品，而后者关系到如何有效率地组织艺术生产。

二、解决"自生能力"要着眼于演艺产品定位

演艺团体通过"转企改制"成为演艺企业，也意味着要通过增强"内生动力"来解决"自生能力"。所谓"自生能力"，经济学家林毅夫将其定义为"在一个开放、竞争的市场中，一个正常管理的企业，获得一个市场投资者可以接受的预期利率的能力。"这就是说，实现转企改制的演艺企业，尽管原有的正常事业费继续拨付，尽管有可能得到有关专项资金和基金的支持，尽管有可能因参与公共文化服务而得到政府的定向资助，尽管有可能享受有关税收优惠政策……但最根本的，仍需考虑生产怎样的演艺产品才有可能"获得市场投资"，仍需考虑演艺企业的"持续盈利过程"能否达到市场投资者的"预期利率"。如果说，政府对转企改制的演艺企业要"扶上马，送一程"，那么已经"上马"的演艺企业需要在这相送的"一程"中尽快解决"自生能力"！

解决"自生能力"当然首先得着眼于演艺产品的定位。企业总是因某种或某类产品的生产而存在的，它的"四种能力"（创新、营销、资本运作和知识产权经营）也是围绕着产品的定位来展开和提升的。当某一企业的主打产品不能解决"自生能力"，这个企业的选择是要么"转产"要么"破产"。着眼于演艺产品的定位，就是着眼于"两个面向"（面向群众、面向市场），着眼于人民群众对于演艺产品的文化需求。这个需求无论是基本需求、"三多"（多方面、多层次、多样化）需求还是增长需求，就其指标而言是"看戏"，就其动机而言是"找乐"，就其效果而言就是"开心"。许多演艺人深谙此道，知道观众来剧场是来"开心"而不是来"开

会"的，是来"听戏"而不是来"听训"的。

从"两个面向"出发来组织演艺产品的生产，其实意味着要贴近大众的文化消费理念。消费演艺产品，大众需求的通俗表述是"好听、好看、好玩"。在听、看、玩的"三好"需求中，观众期待的是为心灵降压减负的娱乐效果，是通过文化消费来实现精神休闲。这样，我们就不难理解，传统戏曲为什么由小丑、小旦的"二小戏"或小丑、小旦、小生的"三小戏"生发开来。"丑"以自我贬抑的方式来逗人开心，这实际上也成为我国传统演艺的一种基本取向，相声、小品的创作理念也是如此。而相声、小品成为历年央视春晚的主打节目，也说明大众观赏心理与演艺创作取向的"互动"效应。

三、演艺产品的"在场性"及其基本品质

其实，转制院团作为演艺企业主要是舞台演艺产品的生产者，它与影视演艺的最大区别就是观众的"在场性"。观众和表演者同时"在场"，意味着表演者和观众需要"互动"。中国传统演剧为什么形成"演员中心制"（或曰"主演中心制"），就在于需要表演者"逢场作戏""随行就市"，就在于需要表演者戏里戏外"插科打诨"、台上台下"现挂现牵"。如果说，插科打诨是为了让观众"开心"，那么现挂现牵则是为了让观众"入戏"。"开心"让观众为之"埋单"，"入戏"让观众为之"动情"——不"说教"而"教"在其中矣。

娱乐性是演艺产品吸引观众的重要品质，也是其基本品质；但要真正做到深度吸引、长期吸引观众，还要建立观众对于演艺产品的仪式感。这就是我们常说的"品牌效应"。演艺产品的品牌效应，主要是剧目品牌或演艺家品牌，前者如百老汇音乐剧中的《猫》《歌剧院的幽灵》《悲惨世界》《西贡小姐》等；后者如我国话剧界的濮存昕、宋丹丹，戏曲界的茅威涛、韩再芬，舞蹈界的杨丽萍等。与之相关，还有导演品牌、编剧品牌、作曲品牌乃至今后必然出现的制作人品牌等。很显然，我们的转制院团还来不及将"品牌"打造摆上议事日程，剧目投排和演员使用都缺乏精心的设计和长远的考虑。

四、演艺企业"持续盈利"的商业模式

我们当下演艺团体转企改制而形成的"集团制"以及联通相关区域剧院而形成的"院线制",从某种意义上来说都可能是克服改革阵痛的权宜之计。看看当下形成有效"商业模式"的演艺企业(基本上是民营企业)就能理解这一点。在这些基本实现"持续盈利"的演艺企业中,一类是依托山水旅游(当然也为旅游壮势)的实景演艺,这基本上形成了梅帅元团队与张艺谋团队的"双分天下",但后者致力于打造"印象"系列已见品牌效应,前者似应强化"梅氏山水"的品牌效应。另一类是关注都市休闲的消遣演艺,比如赵本山的"刘老根"、郭德纲的"德云社"、周立波的"海派清口"以及后起新秀的"开心麻花"等。也就是说,"集团制"的抱团取暖和"院线制"的张网捕鱼,都还未见到"持续盈利"的商业模式。

不过,分析一下上述两类演艺企业的商业模式,我们可以看到一个共同点——这就是定点演出或曰驻场演出。这方面也还有与实景演艺一样依托旅游的驻场演出,如《云南映象》《藏谜》(九寨沟)以及《梦幻漓江》《梦幻腾冲》等。驻场演出,是百老汇音乐剧运营方式的重要特征之一,这个特征的本质是不同于我们的"剧团本位"的"剧场本位",也即"铁打的剧场流水的剧团"。从某种意义上来说,"剧团"只是因特定剧目演出而形成的团体,是一个内涵可变的概念而非结构固化的实体。剧场为避免闲置而让有效益的剧目扎根,同时也是剧场为避免冷清而在某一区域扎堆……于是,便有了纽约百老汇,也有了伦敦西区。北京宣武的天桥也有类似的构想。

五、从"品牌效应"到"规模效应"

"指导意见"有一个值得重视的理念,这就是"鼓励具备条件的地区开展演艺产业集聚区建设,加快形成规模效应"。相对于前述或剧目或演员或其他的"品牌效应"而言,"规模效应"在我国演艺企业的持续发展

中，是更为重要也更为紧迫的方面。"演艺产业集聚区"作为"规模效应",是更为宏观层面上的"品牌效应",它变我们既往时间性的"节目"市场为空间性的"街区"市场,它便于演艺产品的集聚营销也便于演艺受众的自由决择,它使我们的演艺企业不是"面向市场"而是"步入市场",它使我们"游勇散兵"似的叫卖转向"集艺聚英"似的营销……很显然,这也是极大降低演艺企业运营成本的一个重要举措。

相对于依托山水旅游的实景演艺而言,关于都市休闲的消遣演艺还显得相当薄弱。这个"薄弱"一在于演艺产品及效应的"小"而"散",二在于增量"小打小闹"和存量的"不死不活"。这当然与"演艺产业集聚区"的缺位有关。与"演艺产业集聚区"相关联的,是营销演艺产品的剧场建设。作为演艺产品的营销场地,我国的剧场建设存在两个误区:一是往往将剧场作为地区或城市的标志性建筑,不必要的豪华装饰不可避免地提高了剧场使用的租金并提高了演艺产品的价位;二是往往将剧场如同计划经济时代规划粮店般分布,这使得许多剧场在"非市场"的状态中闲置。就当下而言,我以为特别需要结合演艺团体的转企改制来考量剧场建设的问题。

六、剧场的简朴实用与剧目的长演不衰

实际上,当下的剧场建设既与演出市场的需求无关也与剧场本质的功能无关。剧场建设的主要功能是为大众提供观赏演艺产品的文化场所。但同时,我国的剧场建设又不能不考虑剧团作为演艺产品生产单位的切实要求。演艺团体作为"可经营性文化单位",只具备经营的可能性而未必都具备经营的现实性。没有剧场的剧团多演多赔、少演少赔、不演不赔的状况就说明了这一点。面对豪华剧场的昂贵场租(这还会引起一般剧场场租的攀升),剧团的演出收入在充抵场租后甚至会成为负数,它有可能导致"场租昂贵—票价提升—观众弃购—市场萧条—剧团休演—剧场闲置—成本空耗—转嫁场租……"的恶性循环。为此,"指导意见"提出"采取灵活的产权形式,或以政府购买演出场所的演出时段、提供场租补贴等形式,为各转制院团解决演出场所问题",这不失为一个重要的举措。但显然,我们还应调整"豪华剧场"建设的思路,一是让其简朴实用,

二是让其集聚通用。这样，我们才可能通过增强"内生动力"来解决"自生能力"。

很显然，我们的演艺产品生产不能仅仅满足于前述"实景演艺"和"消遣演艺"。"指导意见"提出"把转企改制与兼并重组结合起来，推动演艺资源向优质企业集中"，这实际有个通过"演艺品牌"来建树"优质企业"的过程。曾有文化部门的主管领导注意到"音乐剧"在国际演艺市场"走红"的状况，认为它具有"与时俱进"的品质，这包括它在内容表现上关注青春时尚和在形态构成上运用高新科技。2013年6月，刘云山同志《在文化体制改革调研（北京）座谈会上的讲话》中指出："文化也有一个加快转变发展方式的问题。要从数量扩张向质量提升转变，解决好资源整合、结构优化、科技含量等制约文化发展的问题。"我们演艺企业在其转型发展中，面临着新兴文化业态对受众的吸引和争夺。如何通过高端项目来凝聚优秀团队，并通过打造演艺品牌来成就优质企业，可从百老汇"长演不衰"的经典音乐剧中得到几点启示：第一，我们演艺产品的生产在表现生活时尚的过程中，不仅使时尚艺术化而且要使艺术时尚化；第二，我们要逐步把"时尚化艺术"的文化快餐精心烹制成文化大餐，通过艺术品位的提升使观众由"娱乐性"的消遣步入"仪式感"的信念；第三，我们要尽可能调动多种艺术手段，要尽可能吸纳高新科技来强化演艺产品的视听感受，让演艺产品既具有文化底蕴，又具有时代风尚。不管是增强"内生动力"，还是解决"自生能力"，我们都要靠项目设计，靠产品打造，靠品牌营销……唯此我们才有深化改革的动因，才有加速发展的动力。

（原载《中国文化报》2013年9月25日）

传统舞台演艺的现代转化

在社会主义市场经济条件下，发展文化产业是文化建设的重要抓手和必然选择。尽管不必所有的文化建设都以发展产业的理念来进行，但却不能不正视这个产业化进程对文化建设的促进作用和提升效益。我们的演艺文化建设也是如此，因为我们不是面临而是置身在这样一个进程中。

演艺文化的传统是舞台演艺。它的特征一是表演时空的限定性，二是观演对象的在场性，这使得它必须在限定的表演时空中对在场的观赏对象进行适应中的引领，应对实用性的理智。使演艺文化超越"限定性"和"在场性"特征的，是影视演艺的华丽亮相和迅猛扩张。在既往的视野中，我们已经注意到影视演艺是科技进步催生的演艺新业态，也已经注意到这种新业态的演艺创新在掠夺大众的眼球之时也攫取了大众的心灵；其实我们还应该注意的是，由科技进步催生的影视演艺不仅一如既往地关注着不断进步的高新科技，而且在其生产方式中倾注着不断前行的产业化运作理念。可以毫不夸张地说，没有高科技集成创新和产业化运作理念的共谋，就没有演艺文化的新兴业态。

很显然，影视演艺作为新兴演艺业态对舞台演艺构成的挑战是多方面的。首先，影视演艺通过提供更丰富、更新颖、更绚烂甚至更奇幻的视像吸引了更多的观演对象，也即挑战着舞台演艺的市场；其次，这个"其次"从某种意义上来说可能更为重要，是挑战着我们演艺文化既往的生产体制，那种"文化养人，广电用人"的说法说明这种新兴演艺业态的用人机制也是"新兴"的。因此，对于传统的舞台演艺而言，一要思考科技装备的问题，二要思考体制改革的问题。对于我们演艺文化生产力的解放和发展而言，这两个问题是相互关联的。也就是说，没有体制改革的深化，我们的舞台演艺难以向科技装备敞开胸襟；而没有科技装备的提升，我们的舞台演艺也难以产生体制改革的紧迫感。而事实上，这两个问题都是我们在产业化进程中进行演艺文化建设必须解决的问题。

当下的演艺文化建设,传统的舞台演艺和新兴的影视演艺都在提升新的内质和拓展新的疆域。就后者而言,3D技术明显使其内质得到提升,而网络演艺借助电脑、手机视屏又使其疆域得到拓展。相比较而言,传统的舞台演艺主要体现为通过疆域的拓展而实现内质的提升,这主要体现在举行盛大活动的"场馆演艺"和伴随旅游行为的"实景演艺"中。尽管用传统舞台演艺的目光看,"场馆演艺"有科技含量高、本体技艺弱之憾,但无疑这是一个必经的过程并且仅仅会是一个"过程"。

在我看来,关注产业化进程中的演艺文化建设,当下尤为需要关注传统舞台演艺的现代转化。我曾经谈到,面对新兴文化业态的崛起,包括舞台演艺在内的传统文化业态至少可以在三个方面有所作为:一是借鉴新兴业态的生产手段,这主要是高科技手段的集成创新,包括光效、音效、LED视屏和机械装置舞台的"景效"等,不要以所谓"维护本体"来"拒绝创新"。因为艺术发展的历史证明,"本体"是由历史进程中无数个具体不断建构起来的。二是借用新兴业态的生产方式,这主要是分工专业化、生产流水化、运营连锁化等等。三是借助新兴业态的生产平台,因为不断更新的电视业、网络业、手机业等文化传播业已经把人们带入到电视、电脑、手机的"三屏"时代,具有更强传承力的传统舞台演艺必须认识到,只有借助新兴文化业态的传播力,才能更有效地强化自身的生存力并实现其在新的历史条件下的传承力。

事实上,我们的舞台演艺不仅来自久远的传统,而且也维系并守望着这一传统。在舞台演艺界有一种看法,即认为"产业化"对舞台演艺并不适用,认为这可能会损害舞台演艺的原创性、独创性和优创性。事实上,"文化产业"作为催生新兴文化业态的生产理念,具有鲜明的时代性和大众性——时代的高新技术为这种生产理念的实现提供了"可能",而大众不断增长的文化需求则为这种生产理念的实现提供了"可以"。如同接受美学认为"一千个读者就有一千个哈姆雷特",演艺创造美学当然也认为"一千个演员就有一千个'林妹妹'"。不过审视产业化进程中的演艺文化建设,我们需要更具科技含量也更具大众情怀的文化创意,需要的是拥有更广泛观众和更持久观赏的"哈姆雷特"和"林妹妹"。我一直认为,文化产业作为文化产品的批量化、规范化、集约化生产,要求我们的演艺文化更具创意性,这是对包括传统舞台演艺在内的演艺文化建设的更高要求和更远期待。

传统舞台演艺遭遇文化建设的"产业化"进程,是它的历史命运也是它的时代幸运。为此,我们应树立新的文化创意观:第一,是强化文化创意的创造性。在经贸市场化、传播网络化推动的全球化进程中,我们的文化创意有了更宽阔的视域和更前瞻的目光;我们当下物质产品的生产已经有了由"中国制造"向"中国创造"迈进的紧迫感,"文化创意"作为文化产业的灵魂和文化产品的内核,更应该加速完成"仿创"向"原创"的转型。第二,是强化文化创意的创价性。所谓"创价性"是指对文化创意的价值追求,这当然主要是对"精神价值"的追求。面对西方发达国家将自己的价值观念作为"普世价值"强势推行,我们文化创意的创价性要把我们"核心价值"的守望作为第一要义。第三,是强化文化创意的创业性。文化创意的"创业性"要求指的是它有助于催生新兴文化业态也有助于既有文化业态的规模发展,从而使文化产业在经济发展方式转型中发挥重要作用,也从而让人民群众有更多参与文化产品生产的创业机会。最后,让我们再一次重温胡锦涛总书记在今年7月23日讲话中的一段要论,即"发展文化产业是社会主义市场经济条件下满足人民群众多样化、多层次、多方面精神文化需求的必然选择,也是加快经济发展方式转变的重要抓手。"对此,演艺文化建设显然不能置之度外!

(原载《中国文化报》2012年12月6日)

演艺文化的科技支撑与本体开拓

演艺文化是以人的艺术表演为核心物的文化形态。它不仅以表演的内容反映出人类生活的丰富多彩,而且以其形态的兴替见证着人类文明的历史进程。在讨论当下的演艺文化建设时,我认为一个重要的课题就是它不能不正视当代科技的突飞猛进,不能不正视突飞猛进的当代科技正创造着人类文明的全新视野,不能不正视这个全新视野给我们演艺文化建设带来的机遇和挑战。

一、演艺文化是人类文明进程中最久远也最本体的艺术文化

在"以文化人"的意义上,演艺文化不仅是人类进化过程中的历史积淀,更是推动着人类文明前行的精神创造。作为以人的艺术表演为核心物的文化形态,演艺文化最初是以声音和形体的表演为传达手段的文化,这是由人类谋取物质资料的活动,由人类在这一活动中的集结和交流而直接衍生出来的文化。这种声声相应、面面相觑的演艺文化,同步于人类的发生、发育、发展和发达,从最初的身体总动员、部落总动员到本体的分化、个体的特化无不如是。在演艺文化的发生、发育、发展和发达进程中,它也必然传达着人类文明进程中载道、宣德、言志和抒怀的热望。但一个不争的事实是,中国传统的演艺文化,是由长期赓续的农耕文明所陶塑并且以强化这一文明形态作为自己的历史担当的。因此,它所期待并努力维系的是一个稳步的、相对静态的社会和谐,它更看重人伦的秩序而淡漠科技的冲撞。这当然不能不影响到传统演艺文化对自身本体的认知和坚守,这也使得"在正视科技支撑中实现本体开拓"成为我们演艺文化建设的时代课题。

二、演艺文化建设的时代课题是必须正视改变时代的科技进步

"笔墨当随时代",是清末著名画家石涛对于艺术与时代之关系的真切感受;事实上,真正有作为、有出息的表演艺术家,也深知"粉墨亦当随时代"的道理。我们当下文化建设所处的时代,是一个由高新科技突飞猛进并推动全球化进程加速的时代,我们强调"发展是硬道理"其实是"当随时代"的更直接、更紧迫的表述。很显然,"当随时代"的当代演艺文化建设,必须正视改变时代同时也创造着时代景观的科技进步。自西方工业革命以来,科技进步事实上已不断对传统演艺文化产生重大影响,这个影响主要体现在两个方面:一是演艺传媒的进步,二是演艺装备的改善。传统演艺主要就是剧场演艺或者说是舞台演艺。演艺传媒的进步对于传统演艺的影响,并非指新兴传媒为传统演艺提供了传播平台,而是指它创造了演艺新业态,这包括已蔚然成风的影视演艺和脱颖而出的网络演艺。这方面对于传统演艺的影响是巨大而深刻的。站在传统演艺的立场上,我们更关注演艺装备的改善,它意味着传统演艺面对新兴演艺业态,要通过演艺装备的科技支撑来实现本体开拓,来积极地顺应时代并有效地影响时代。

三、演艺文化的历时性进程不断创生着演艺新形态也不断激发着传统演艺的创造力

如前所述,传统演艺主要指的是舞台演艺,有人类学家认为这是由"祭神如神在"或"扮神便为神"的原始祭祀活动演化而来。我们或许无法确证这个演化的某些关键环节,但可以知道它的"世俗化"取向——这是一种引领世俗而非追随世俗的取向。这种取向早期唤作"以文化人",后来也称为"文以载道"。在当下舞台演艺、影视演艺和实景演艺鼎足而立的状态中,应当说舞台演艺仍然是演艺文化的本体和主体,因为影视演艺虽然获得了表演时空的自由,但仍然要以表演者为主体,实景演艺虽然淡化着表演者的演技,但仍然强调其本体是"表演"。可以说,是科技进

步使影视演艺和实景演艺成为可能。相对于传统的舞台演艺而言，影视演艺通过"蒙太奇"重构着演艺产品的构成逻辑，而实景演艺则通过"日常化"解构着演艺产品的本体技艺；不过二者也由传媒的进步和装备的改善着手并已然建立起自身的演艺理念，这一方面体现出科技理性对人文精神历史图式的改变，一方面也体现出演艺文化在科技支撑中的本体开拓。

四、舞台演艺遭遇高新科技是它的历史命运也是它的时代幸运

在高新科技突飞猛进的当代世界，不仅人们面对的世界图景日新月异，人们置身的生存状态也千变万化。意识作为对存在的反映，似乎还来不及依据新信息的刺激去调节自身的认知机制，只是本能地感觉到我们正失去往日的温情、风情和多情。我们舞台演艺在其悠久历史进程中培植起来的演艺理念，被视为演艺文化的本体而抗御着高新科技的"入侵"，如美声演唱对"高保真"音效扩放不屑一顾，又如戏曲表演对LED视屏投影如临大敌……传统舞台演艺认为高新科技在强化演艺产品的视听效果之时，其实也在弱化演艺受众的视听能力。在高新科技对舞台演艺的异向切入中，机械舞台要求拓展新的行动设计，数控灯具要求拓展新的造型理念，LED视屏更是要求拓展新的演剧意识……对于切入舞台演艺的科技装备是视为"支撑"还是视为"搅和"，对于既定的演艺本体是"固守"还是"开拓"，是事关舞台演艺"生存还是毁灭"的时代抉择，也是舞台演艺必须迎接的挑战。其实，无论是审视当下新兴演艺业态的革故鼎新，还是历史地考察传统演艺业态的推陈出新，我们必须正视的事实是，演艺文化的"本体"不是与生俱来的"自在物"，而是一个历史建构的过程，是这一过程中无数个"具体"面对自己的时代课题和历史担当去开拓和建构的过程。在这个意义上，演艺文化的本体开拓意味着与时俱进，意味着与世同行，也意味着与科技携手去建构时代的新人文！当我们申说舞台演艺遭遇高新科技是它的历史命运也是它的时代幸运之时，我们同时也坚信当代科技进步的翅膀可以使我们的人文精神飞得更高、飞得更远、飞得更持久也更健康！

（原载《中国文化报》2010年11月8日）

转制院团的演艺产品生产

一、国有文艺院团转企改制的艰辛历程

转制院团，指的是转企改制的国有文艺院团。自2003年6月中央在京召开"文化体制改革试点工作会议"，到2013年6月由文化部等9部委颁发《关于支持转企改制国有文艺院团改革发展的指导意见》，国有文艺院团改革取得了"转企改制"这一重要的阶段性成果。有中央领导同志认为，这个自党的十六大以来的10年，对于文化改革发展而言，是带有里程碑意义的10年。在我看来，国有文艺院团的"转企改制"无疑是这个"里程碑意义"的重要构成。"里程碑"的意义，一方面在于它是既往历程的制高点，一方面更在于它是未来行程的高起点。立足高起点，应当有更开阔的视野，也应当有更高远的目标，还应当有更强劲的动力；如果没有这样的心理准备和工作谋划，"高起点"会令我们产生如履薄冰、如临深渊的惊悚与恐慌。

10年前启程的"文化体制改革试点"，其基本内涵是"宣传、文化体制改革"，对象涉及宣传、文化两大类别五个层次。在文化类别的三个层次中，单列了"文艺创作演出单位"这一层次，使其介于公益性事业单位和经营性企业单位之间。用当时的话来说，这一层次包括两个部分，即"由国家扶持的重点院团"和"可以逐步转制为企业的一般院团"。具体些说，"重点院团"是不必"转制为企业"的。但何谓"重点院团"呢？用时任文化部部长孙家正的话来说："重点院团的确定，应当根据艺术品种、艺术水准、布局结构、民族特色等多种因素，由地方党委、政府统筹考虑。"在"体制改革试点"中留出"确定重点院团"这一空间，其实是党和政府对具有重要文化价值的演艺产品及其生产加以保护、扶持的举措。面对这一预留空间，许多国有文艺院团都在发掘、强调自身的某种"因素"以期待跻身"重点"行列，而这种较为普遍存在且又不切实际的想

法，成为国有文艺院团在相当长一个时期内"转企改制"的观念障碍。

后来的结局如国有文艺院团所熟悉的，是按照"五个一批"的"区别对待"进行了体制改革。所谓"五个一批"，指的是按照现代企业制度、法人治理的"转企一批"，以资本为纽带实现兼并、重组的"整合一批"，对不具备创演、入市条件的"撤销一批"，对濒危、稀有的重要文化遗产"划转一批"，对体现高端技术的演艺品种"保留一批"。在五个一批中，除"撤销"的一批外，"划转"和"保留"的是维持事业单位的体制，真正"转企改制"的是"转企"与"整合"这两批。事实上，当下"整合"的这一批主要是"同城同类"的国有文艺院团，并非"以资本为纽带"的兼并、重组；而"转企"的一批离"现代企业制度"还有相当大的差距。在国有院团的改革发展中，我们常听到"事业单位也要实现企业化经营、管理"的要求；但事实上，我们许多已然转企改制的国有文艺院团，本质上依然是"企业单位的事业化管理"。这主要体现在文艺院团的干部任免方式及其管理部门的内设构成上。

文化部等 9 部委颁发的"指导意见"显然注意到这一点，因此从一"扶持"两"建设"三个方面来加以指导，也即落实和强化对转制院团的政策扶持，促进转制院团自我发展能力建设和加强转制院团改革发展支撑体系建设。相对于"政策扶持"而言，我以为转制院团更应该关注"自我发展能力建设"和"支撑体系建设"，只是"自我发展能力"作为主观能动性更是我们要下大力气之处。根据"指导意见"，"自我发展能力建设"的重中之重是"增强内生动力"。这是转制院团自我发展能力的驱动力量，是其作为市场主体主观能动性和发展自觉性的集中体现。转制院团增强内生动力，包括产品生产营销和企业经营管理两个层面：产品生产营销层面需要提升创新、营销、资本运作和知识产权经营四种能力；企业经营管理层面一是要实行市场化、企业化的经营者选用机制，二是要形成符合现代企业制度要求，体现文化企业特点的资产组织形式和经营管理模式。

二、深化文化体制改革的新目标和新举措

几乎在"指导意见"颁发的同时，刘云山同志在北京调研文化体制改革工作后做了一个重要讲话。云山同志的讲话由四个部分组成：一是文化

改革发展进入新阶段,二是文化体制改革要有新观念,三是文化体制改革要有新目标,四是文化体制改革要有新举措。"讲话"通篇贯穿着"创新"精神。在"新阶段"的命题下,云山同志指出:"实现'两个一百年'的奋斗目标,实现中华民族伟大复兴中国梦,对文化改革发展提出了新的更高要求。"这个"新的更高要求",聚焦于文化发展方式的转变。云山同志认为"文化也有一个加快发展方式转变的问题",这意味着要从数量扩张向质量提升转变。为此要下大力气解决资源整合不力、结构优化不足、科技含量不高等制约文化转型发展的关键性难题。

就我们转制院团而言,与新观念、新目标相比,我们或许更关心文化体制改革的新举措。云山同志指出的"新举措"包括四个方面:一是体制机制创新,二是内容业态发展,三是传播能力建设,四是改革法规保障。很显然,这其中的"内容业态发展"可以说是转制院团演艺产品的"核心关注"所在。对此,云山同志强调的是:"要实现文化创新驱动战略,促进文化产业与科技、旅游、体育、信息产业的深度融合,大力推进内容创新、形式创新和业态创新,以创新促繁荣、促发展。"云山同志还特别申说:"文化是最需要创新的领域,创新是文化发展的内在需要。"

在刘云山同志的这个重要讲话中,"新目标"的五个方面有两个与我们转制院团密切相关:一个是在转企改制基础上增强文化市场主体竞争力,一个是在规范秩序基础上建立文化市场体系。转制院团作为文化市场主体,它的新目标"重点要放在建立和完善现代企业制度上,放在加快股份制改造、完善法人治理结构上;要进一步优化企业资本结构和组织形式,使企业真正适应市场竞争的需要,在竞争中发展壮大。"与之相关,文化市场体系作为转制院团的生存境遇与发展空间,其新目标"要着力在培育文化要素市场上下功夫,在发展现代流通组织、流通形式上下功夫;要构建统一开放竞争有序的现代文化市场体系,更好地发挥市场在文化资源配置中的积极作用。"

三、围绕"两个面向"实现"两个多出"

转制院团作为一类独立的文化市场主体,当然知道自己必须置身于一定的文化市场体系中。既往的国有文艺院团,其实也总在生产演艺产品,有些院团甚至年年都推出新产品，也不乏虽演出场次不多但产品奖项很高的状况。在许多情况下，我们总是自认为产品不错，却发现鲜有观众为之埋单，因而"有观众无市场"成为不思改变、自我安慰的口头禅，也从心底里期盼着"文化搭台，经济唱戏"的机遇——我们其实深知这一说法的本质是"经济搭台，文化唱戏"。这其实反映出市场主体与市场体系须臾不可分的"鱼水关系"。转制院团之所以需要"转制"，本质上在于围绕面向群众、面向市场来进行演艺产品生产的体制、机制创新，在于逐步建立有利于调动演艺工作者积极性、多出精品多出人才的管理体制和运行机制。"两个面向"和"两个多出"的问题落实到演艺产品生产中，实际上就是如何生产出有效益的演艺产品以及如何有效率地组织演艺产品生产的问题。

　　经过30多年改革开放的实践，我们国有文艺院团的生产力得到了很大的解放，产生了在数量上和质量上都令世界为之瞩目的精品和人才。这些精品和人才一方面构成了社会主义文艺演出繁荣昌盛的绚丽景观，一方面又由于没有真正进入社会文化消费的"大循环"，难以产出"两个效益"相统一并具有市场影响力的品牌。也就是说，在演艺产品生产方面，我们缺少着眼于广大群众文化消费需求而组织生产的意识，大量精品和人才因无法实现其商品价值而成为文化资源闲置的一部分。其结果，一方面是演艺产品的社会效益因闲置而无法实现，另一方面是演艺团体的生产和扩大再生产不能持续进行。这都在相当大的程度上束缚了我们的演艺生产力。正因为"两个效益"的无法实现不是受限于我们的生产能力而是取决于产品的市场取向，所以转制院团亟待正视的问题应是围绕"两个面向"（群众与市场）来组织演艺产品生产。

　　围绕"两个面向"来组织演艺产品生产，不能不对群众的需求、市场的需求做总体把握，也就是说，受众的需求取向和构成分析，将成为我们组织演艺产品生产的重要参数。立足于"两个面向"来看大众的文化消费，可以看到他们对于演艺产品的观赏，不仅要好听、好看还要好玩，这个"好玩"也就是我们以往所说的"演戏要有戏"。这实质上是追求观赏过程中的精神参与和娱乐效果。也可以说，大众之所以对"演艺"提出了近似"游艺"的需求，说明希望通过感受到演艺产品的娱乐效果来满足自己的"精神休闲"生活。为满足大众的"精神休闲"而进行演艺产品生产，可能是演艺生产在"文化产业"理念感召下首先必须做出的决断。

四、"精神休闲"与演艺产品的观赏性

生产活动因需求而产生、因需求的提高而发展，是不争的事实和不变的法则。我们注意到，20世纪科学技术对人类做出的最主要的贡献之一，是将人类从繁重的体力劳动中解放出来，使人们有了充裕的休闲时间。休闲社会学作为社会学的一个全新课题已引起学者们的关注。美国学者杰弗瑞·戈比在《你生命中的休闲》一书中定义了社会学意义的"休闲"，认为"是从文化环境和物质环境的外在压力中解放出来的一种相对自由的生活，它使个体能够以自己所喜爱的、本能地感到有价值的方式，在内心之爱的驱动下，为信仰提供一个基础。"由此可以看到，演艺产品是大众"精神休闲"中可能选择的一种文化消费，这种文化消费的基础是"娱乐性"，是内心之爱的驱动和外在压力的解脱。为了使演艺产品在大众的"精神休闲"中占有更大的份额，我们一方面应了解大众休闲生活一般意义上的价值追求，一方面也应通过顺应并进而引领大众的"精神休闲"去追求更高的精神价值。

演艺产品就其体量而言，可以分为小的节目和大的剧目两类。在小节目中，艺术手段及其技巧的呈现是大众观赏的焦点；而在大剧目中，艺术手段的的确确是引导大众洞悉人物命运、体察人文关怀、感悟人生哲理的手段。所谓"演艺"，就是把可抽象为"思想性"的东西"艺术地"表现出来；而中国传统的演艺呈现，是以"歌舞"为主要表现手段，所以王国维定义中国广泛存在、百姓普遍喜好的"戏曲"之时，就高度概括为"戏曲者，谓之以歌舞演故事也。""以歌舞演故事"，我以为并非指"歌舞"是演述"故事"的最好手段，而是在长期的观演互动中，认识到"歌舞"是强化"故事"观赏性的最好手段。我曾提出在深化国有文艺院团改革的操作步骤中，可以考虑先盘活"歌舞类"演艺团体，然后确立"以歌舞盘活戏剧"的演艺生产观念。这一提法有两个取向：其一，对于歌舞院团而言，组台歌舞演出轻巧灵便，比较容易切入市场；可在组台歌舞获取一定经济效益后，再考虑进行具有更高艺术价值和思想厚度的歌剧、舞剧、歌

舞剧及音乐剧的生产。其二，对于包括京剧、地方戏在内的戏曲团体，应再度弘扬"以歌舞演故事"的传统；目前此中普遍存在的问题，一是"歌"强"舞"弱而观赏性不足，二是"程式化"过强而"时尚性"不足。

娱乐性文化消费的突起，成为演艺产品强化"观赏性"的动因，也成为其最为看重的市场卖点。实际上，"观赏性"并非仅限于产品形态的"视听盛宴"，它更深层次地维系着故事演述的态度，维系着"戏说"这一无法回避的事实。大众习惯把演艺产品的欣赏简称为"看戏"，其内涵是看"戏"怎样来"说"事。所谓"戏说"，主要是以"戏"的叙述方式和叙述规律来"演故事"，它的一个基本要求是"说得有趣"或"有趣地说"。相当长一个时期的相声、戏剧小品蹿红，就说明了"戏说"与"趣说"的一致性，古人也有"戏者，嬉也"的说法。对于故事的"戏说"，可以从三个层面来认识：一是戏剧语言层面，这就是在传统戏曲中常常出现的"插科打诨"。插科打诨往往并非戏剧叙说的必需，在许多情况下是娱乐大众的"噱头"同时也是消解"正经"（正儿八经）的必然。二是戏剧手段层面，这包括表现手段的程式化和人物设置的类型化。以中国传统戏曲为例，许多剧种都是在"一丑当先"的基础上发展起来的，"二人转"的"一丑一旦"是如此，"三角班"的"一丑一旦一生"也是如此。三是戏剧精神层面，也即包括戏剧在内的艺术活动应成为人类精神自由的家园。孔子所言"游于艺"，道出了戏剧精神层面上"戏说"的真谛。

五、演艺产品生产的特殊性与当代困境

要有效组织演艺产品的生产，我认为需要充分认识其生产方式的特殊性。这种特殊性，首先是演艺生产者的亲历性或在场性。不同于影视、网络中演艺产品的传播，舞台演艺的每一次产出都必须生产者"亲历"，这使得它不可能成为主要依靠"复制"而获取巨额利润的"文化产业"，它的"可经营性"是建立在较大成本支付上的"可经营性"。某些演艺如杂技、舞蹈以及戏曲武功的生产者由于从业年限较短，使得生产资料的高折旧率极大地提高了生产成本。第二，是演艺生产者及其产品的同一性。演艺产品的生产不同于一般文化产品的产出，后者的产品与生产者是分离

的，既有产品销售不影响生产者从事新产品的开发和生产。由于演艺产品的呈现依存于生产者的"亲历"与"在场"，产品销售将使新产品的开发和生产中断；反之亦然，在新产品的开发过程中也不得不中止产品的产出和销售。第三，是演艺生产者作为产品材料构成的"灵肉一体性"。这个特性告诉我们，任何演艺程式的沿袭都是变异中的沿袭，因为人"不能两次跨入同一条河流"。

与之相关，我们当然也不能忽视舞台演艺在当代社会发展中的困境，这主要有五个方面：第一，随着文化娱乐、休闲方式的多样化，近千年来以剧场舞台为传播平台的舞台演艺一统天下的局面一去不复返了，观众选择的多样化使舞台演艺市场急遽萎缩已成为一个不争的事实。第二，传统演艺建立在农耕文明基础上的道德伦理及其建立在方言基础上的演艺形态，不得不接受当代社会的严峻挑战，追求并适应"数字化生存"的年青一代明显疏离传统演艺，以致不少传统演艺不是"穷则思变"而是退缩到"非遗"群落，自我陶醉于"夕阳红"。第三，围绕着传统演艺生产需要建立的生产团体，以及围绕着一定时期社会需求设置的演艺格局，越来越显示出不合理性。就团体而言，主要是背负着大量的非生产性人员（包括离退休人员和演艺团体科技进步及管理方式转型而出现的结构性过剩人员）的负担，极大地增加了生产成本；就格局而言，也因为大众文化生活选择的多样性而使社会需要相对缩减并从而使生产团体相对过剩。第四，我们既往对演艺团体"事业化"管理的方式，不仅养成了一种不计成本、不求利润的生产方式，而且成就了一批只取赠票、只蹭"白戏"的观众群体。这也使得我们的文艺院团在生产方式和市场需求上陷入了双重的困境。第五，同样由于既往"事业化"的管理，我们对文艺院团生产资料的投入严重短缺，在当下的"市场化"竞争中处于明显劣势。

六、帮助国有文艺院团成为"成熟的"市场主体

要帮助国有文艺院团成为一个"成熟的"市场主体，不是在其"转企改制"后就可以一蹴而就的。一个几十年在"事业体制"管理下从事"人类灵魂工程"建设的演艺团体，要完成公益性服务向营利性经营的转变，既关涉到生产者对产品属性认知的观念转变，也关涉到生产资料对产品成

本影响的效益转变。因此，国有文艺院团作为市场主体的"成熟"，一是无法负担既往事业体制沉淀下来的不再从事产品生产的生产力成本，这需要依托比较健全的社会保障体系来解决；二是应当改善既往事业体制对生产资料严重投入不足的状况，特别是妥善解决作为演艺团体生产车间和经营门市的"剧场"的状况。此外，文艺院团的成员，作为生产力的构成并不都是"劳动力"，不少成员是作为"劳动对象"而存在的。因此，演艺产品生产的组织，应当由档案管理经过岗位管理走向具体产品生产的项目管理；而只有拥有"剧场"，才有可能逐步实现"铁打的剧场流水的剧人"的项目管理。

与帮助国有文艺院团成为"成熟的"市场主体相关，政府文化主管部门乃至更多的相关部门还应尽可能帮助它们去营造一个较为"成熟的"市场氛围。当前需要迅速落实的主要有三个方面：其一，政府应设立为公益性演艺产品"埋单"的财政专项。这不仅是演艺产品由陶冶情操向娱悦性情转变过程中经济效益的必要补充，更是促进演艺产品步入市场后坚持社会效益的必要保证。其二，政府应协调演艺产品被视频传媒使用后的价值支付。演艺产品的经营及其价值实现，仅仅依托于"剧场"并视其为唯一的"市场"显然是不够的，政府应通过"版权法"来保障演艺产品全部价值构成的有效实现。其三，政府应鼓励社会资金有偿或无偿资助演艺团体和演艺产品生产。其实，这种资助的最大受益者只能是整个社会，因为演艺产品将对社会大众产生积极影响并从而提升社会大众的文化素质和精神涵养。

对于转制院团，按照文化部等9部委颁发的"指导意见"，其原属的文化主管部门乃至更高一级的政府部门都给予了较大力度的扶持。尽管"扶持"的意愿都是促使院团面向市场、改善服务，但具体的做法不尽相同，效果也很不一样。的确，我们既往事业体制的国有文艺院团，缺乏组织"经营性"演艺产品生产的经验；这其中更为深刻的原因，在于即便注意到演艺产品的娱乐属性，我们仍需坚持"社会效益第一"的原则。这其实是我们国有文艺院团既往被定为事业体制的根本。因此，我们既往对国有文艺院团没有经济利润方面的要求，生产资料的投入也严重不足。转制院团从企业经营的视角来看，其产权制度的改革较之经济体制改革中的国有企业而言，要简便易行得多。我们要求转制院团面向市场、改善服务的困局也部分存在于此。一段时间内，我们常听到文艺院团一台戏投入动辄数百万元，其实这其中很大一部分（特别是灯光、音效）是在弥补既往生产资料投入的不足。在媒体对"大制作"的批评中，未能考虑到文艺院团进入市场竞争（包括与国外演艺团体竞争）、打造知名品牌的特定需求。固然，在演艺产品的"大制作"中可能存在着浪费现象，但纵观现在成为知名品牌的演艺产品，哪一个又不是"大制作"呢？这样说，并非一味地强调"大制作"，而是说我们要把"项目投入、激发活力"作为进一步深化改革的主要方法，鼓励转制院团向市场前景好、社会效益高的领域进军，鼓励它们打造具有核心竞争力的知名文化品牌。

七、演艺市场的主体重塑与阵地坚守

通过项目投入来打造知名品牌，又通过知名品牌来开拓市场前景，在当下的国有文化企业中，可能以中国对外文化集团最为成功。它的杂技晚会《时空之旅》及后续的音乐剧《妈妈咪呀》《猫》都取得了相当不菲的业绩。须知，它原本是一个主要由国家资金投入的演出中介，现经过多家剧院代理并使之连成"院线"，再到打造演艺产业品牌而实现了具有极大跨越意义的"三级跳"。实际上，这其中体现出文化市场主体"自我重塑"的课题。我们知道，转制院团能否在转企改制后取得良好效益，与我们能否建设好现代文化市场体系有很大关系。就建设现代文化市场体系的系统工程而言，除重塑市场主体外，还要进一步改善宏观管理，健全政策法规，转变政府职能，以便充分发挥市场在文化资源配置中的基础性作用，形成统一开放竞争有序的现代文化市场体系。文化部等9部委的"指导意见"有一个值得重视的理念，这就是"鼓励具备条件的地区开展演艺产业集聚区建设，加快形成规模效应"。这显然会是降低演艺企业运营成本的一个重要举措。

当然，在现代文化市场体系建设中，核心的问题还在于"重塑市场主体"。有一种看法认为，对文化体制改革结果的预期与经济体制改革的结果可能相似，就市场主体而言可能会出现较大幅度的"国退民进"。我以为这是一个值得重视的问题。就作为市场主体的国有文艺院团而言，体制是事业还是企业可以因团而异，但应保证国有企业占主导地位。因为其一，不管我们如何强调演艺产品的娱乐效果，其意识形态属性总是无法抹去的，演艺产品的"社会效益"总是要始终放在首位的。其二，演艺产品的文化含量和艺术质量在很大程度上取决于艺术人才，而艺术人才的培养不仅是一个漫长的过程，而且是一个汰选的过程，只有"国家"才会从文化建设的长远目光中来关注这一点。其三，演艺产品及其艺术种类往往还是民族智慧的结晶和民族精神的象征，国家有责任对其加以保护和扶持。如果放任民族演艺的流失，必将危及国家文化安全。其四，演艺产品具有保障大众基本文化权益的公益属性。一个负责任的政府在满足大众基本文化权益的同时要提升其生活品位和精神境界，以使整个社会走向健康与富足。这种认识告诉我们，国有文艺院团的转企改制，应是"体制需要改，阵地不能丢"！

（原载《中国文化报》2013年11月26日）

演艺产业发展的认识与建议

一、赴日考察演艺产业的基本情况

2009年8月27日至31日，文化部组团对日本演艺产业进行了考察。这次赴日考察，是在我国大力推进国有文艺演出院团体制改革的背景下，根据中央领导同志相关指示精神专门组织的。考察团成员由文化部相关业务司局、部分直属文艺演出院团、部分省市文化厅局长和省一级演艺集团负责人组成。在日期间，考察团重点考察了宝塚歌剧团和宝塚音乐学校，考察了四季剧团，参观了吉卜力美术馆（日本著名漫画家宫崎骏的创作基地），并走访了日本文部科学省。考察团先后与宝塚舞台株式会社社长植田孝、宝塚音乐学校负责人今西正子、四季剧团创始人兼艺术总监浅利庆太、日本政府文化厅长官玉井日出夫及有关部门负责人进行了座谈，并实地观看了宝塚歌剧团演出的歌剧《蓝色俄罗斯》和四季剧团演出的音乐剧《狮子王》。

宝塚歌剧团和四季剧团是日本演艺行业的佼佼者，与东宝公司、松竹公司并称为日本"演艺四强"。宝塚歌剧团由日本企业阪急电铁株式会社创始人小林一三于1914年创立，是阪急公司内专门负责舞台创作演出的部门。经过90多年的发展，它已经从最初由20名少女组成的巡回演出"歌唱队"，成长为今天拥有花、月、雪、星、宙5个剧组约450名演员的大型演艺团体。近年来宝塚歌剧团年平均演出大小剧目40台左右，年收入达150亿日元。四季剧团成立于1953年，至今（2009年）有56年的历史，创始人是著名戏剧导演浅利庆太先生。该团创业时成员只有13名大学生，是一个演出20世纪法国剧作家（阿努伊、季洛杜）现代戏剧作品的"新剧团"（即演出现代剧目的话剧团）。该团在演出经营上一度出现巨额赤字，濒临破产，在浅利庆太力主之下，四季剧团改组为有限公司，1967年又实行了股份制并引进现代企业制度管理剧团。此后，确立了以音乐剧为主长期公演的经营方向。今天的四季剧团已经发展为拥有700余名演员，可以上演话剧、音乐剧等多种舞台剧的大型演艺企业。2008年，剧团各剧组的演出达到3494场，接纳观众312万人次，年收入达230亿日元，营业利润高达25亿日元，纯利润也有15亿日元，在日本演艺界成为领军企业。

通过考察，可以看到无论是大型企业创办的演艺团体，还是由著名艺术家创办的大型演艺企业，宝塚歌剧团和四季剧团的演出经营有一些共同点：其一，二者都实行企业化管理、公司化经营和市场化运作；其二，二者都具有面向市场、细分市场的研发意识和原创能力；其三，二者都具有专业化、标准化、集约化、规模化的经营思路；其四，二者都注重通过延伸产业链来发展演艺产业。

在上述共同点之外，二者又有各自不同的特点：一、宝塚歌剧团注重用"明星制"吸引观众，而四季剧团注重用"品牌剧目"占领市场；二、宝塚歌剧团以"全女子演员"特别是女扮男装形成特色，而四季剧团则以演员的高演技水准保持特色；三、宝塚歌剧团有"专属编导制"为明星度身定制剧目，而四季剧团则按艺术总监浅利庆太的艺术理念推出剧目；四、宝塚歌剧团以有闲有钱的中年妇女为主要受众群体，而四季剧团以追逐现代口味的青年为主要受众群体。通过考察和分析上述两个演艺企业的成功运营，我们形成了对日本发展演艺产业的几点认识。

二、对日本发展演艺产业的几点认识

日本是高度工业化、城市化和市场化的世界经济大国，工业和国民经济生产总值仅次于美国，位居世界第二。在日本，文化产业已经成为重要的支柱产业，电影、动画、音像制品、游戏软件的销售额在世界上名列前茅，演艺产业也有很强的实力。据2003年统计，日本大约有1000多个演出团体，加盟社团法人日本剧团协议会的剧团有70个左右。日本政府不直接管理演出团体，主要是为演艺业发展提供政策环境，在人才培养、国际交流等方面提供资助，建立国立剧场为传统演艺团体和交响乐、芭蕾等演艺团体提供演出场所。事实上，日本所有的演出团体都必须面向市场面向观众，都必须在市场竞争中求生存求发展。宝塚歌剧团和四季剧团作为日本演艺产业的佼佼者，我们对其在生产方式、经营方式、管理体制、人才培养、产品营销等方面的成功之道有如下认识：

（一）发展演艺产业要注重题材选择上全球视野和本土认知的结合，这不仅有助于拓宽演艺产品的市场，而且有助于面向未来发展演艺产业。 四季剧团在这方面表现非常突出。在引进欧美已获成功的音乐剧剧目后，日本的原创音乐剧也相继获得了成功。正是由于注重题材选择上全球视野和本土认知的结合，四季剧团在东京的剧场已成为继英国伦敦西区、美国纽约百老汇之后又一个国际知名的音乐剧基地。

（二）发展演艺产业要注意演出主题理想主义与实用主义相结合，演出运营战术筹划与战略考量相呼应，演出市场经济效益与社会效益相统一。 宝塚歌剧团和四季剧团的演出，实现了艺术规律和市场规律的高度吻合。其成功之道告诉我们，面向市场并不意味着作品会走向低俗，服务大众也并不意味着艺术水准下降。事实上，两个剧团的演出市场都见证了经济效益与社会效益的双丰收。

（三）发展演艺产业要注重演出企业的特色定位、明星包装和品牌宣传。 在长期的演出运营中，宝塚歌剧团和四季剧团都形成了自己的演出特色，比如宝塚歌剧团95分钟音乐剧加55分钟歌舞秀的组台演出方式和四季剧团用本国语言演出国外成功音乐剧的方式就是如此。同时，宝塚歌剧团用"专属编导制"来包装"明星"，四季剧团用现代媒体来宣传"品牌"，也都为自己赢得了市场。

（四）发展演艺产业要有清晰的市场定位，要搞好精细化管理和人性化服务。 宝塚歌剧团和四季剧团不仅关注市场而且细分市场，市场定位准确、清晰。同时，又都注重对受众市场的精细管理，成立如"宝塚友之会"和"四季会"之类的会员组织并提供种种方便和优惠。其对观众的人性化服务甚至可以细致到为前来观看的孩童在座位上加椅垫。这有助于巩固和扩大自己的受众群体。

（五）发展演艺产业要注重生产过程的流程化、均衡化，要保持演出运营的稳定性和可持续性。 这方面特别值得提及的是宝塚歌剧团和宝塚舞台公司的有机融合。宝塚歌剧团由5个剧组轮流创作、排练并在自己拥有的两个剧场和其他剧场演出，化妆、服饰、舞美、灯光制作则由宝塚舞台公司负责。剧组的演出"轮值制"和剧目创作、制作的分工合作都体现出演艺生产过程的流程化和均衡化，保持了演出运营的稳定性和可持续性。

（六）**发展演艺产业要关注投入产出比并实施成本控制，但必要时也可为精品力作的打造加大投入**。四季剧团有专门的企划人员研究分析演出市场，制定中长期计划以避免短视行为，争取最大的演出利润。但为了打造剧目品牌，特别是对西方音乐剧名著的引进，四季剧团也不惜耗费巨资，精心打造，争取最好的演出效果。

（七）**发展演艺产业要注重产业链的延伸和开发，要通过延展产品的销售增加演艺运营的附加值**。如宝塚歌剧团的产业运营，除以剧场演出为核心外，还延伸出有线电视、音像制品、小商品、广告、餐饮等相关产业，极大地增加了演出运营的附加值。

（八）**发展演艺产业要思考灵活多样的营销策略，要寻求便捷有效的销售方式**。这方面，宝塚歌剧团的主管部门阪急电铁株式会社有专门的部门担当起剧团宣传、票务管理、会员服务、杂志发行等事宜；四季剧团员工有四分之一的是营销人员，他们特别重视利用现代媒体推销票务，从电话售票到网上售票系统的建立，不断实现着销售方式的新跨越。

（九）**发展演艺产业要把剧场定点演出和巡回演出结合起来，前者建立稳定的观众市场，后者是前者的重要补充**。无论是宝塚歌剧团还是四季剧团，除在自己拥有的固定剧场演出外，都十分重视巡回演出，都把巡回演出视为通过服务公众来拓展市场的有效手段。

（十）**发展演艺产业要重视市场的需求，同时也要着眼于未来观众的培养**。实际上，宝塚歌剧团的创始人小林一三先生为剧团确定了"纯洁、端庄、美丽"的宗旨，其创作亦围绕着"爱情、浪漫、友谊"的主题，在满足市场需求而提供华美服装、华丽布景、华彩灯光的同时，其实也在培养未来观众的审美情趣。

（十一）**发展演艺产业要有危机感和风险意识，要永不满足，不断创新**。四季剧团在其发展史上曾因两部作品演出失败而出现巨额赤字，以致剧团濒临破产。后经浅利庆太将剧团改组为有限公司并实行股份制，引进现代企业制度管理剧团，在进行体制创新的同时，进行机制创新和剧目创新，才得以不断发展壮大。

（十二）**发展演艺产业要关注演艺产品生产者的折旧机制和替补机制，要高度注重适用性人才的培养，遵循演艺人才的培养规律，因材施教，因

需施教，减少环节，降低劳动力成本。这以宝塚音乐学校和宝塚歌剧团的衔接配合最为默契。宝塚音乐学校两年制，在校生仅80人，每届招生40人，每年也毕业40人，宝塚歌剧团则每年替换40人。因此，宝塚歌剧团的演员（在剧团称"学员"）一般工作7年，7年后离团毕业（除留下极个别优秀者）。这种衔接一是保证了剧团演员的充足供应，二是建立了吐故纳新的更替机制，三是使得"学员"毕业之时仍具有"再就业"的年龄和技能条件。

三、对我国发展演艺产业的若干建议

通过对宝塚歌剧团和四季剧团全面而深入的考察，我们形成了对日本发展演艺文化产业的几点认识。在此基础上，联系我国当前深化国有文艺演出院团体制改革的现状，我们对发展我国演艺文化产业有如下建议：

（一）**文艺演出团体只有建立了现代企业制度，只有按现代企业制度来管理和运营，才能真正解放演艺生产力，才能真正解决演艺企业的"自生能力"并从而焕发出生机活力**。无论是由阪急电铁株式会社这样的大型企业兴办的宝塚歌剧团，还是按照企业模式来创办的四季剧团，都按照现代企业制度来管理剧团，这种做法使得演出院团分工明确、财务明晰，有专人分析演出市场，制定中长期演出计划，争取最大演出利润空间。我国文艺演出院团在"转企改制"的同时，要尽快确立现代企业制度，按现代企业制度管理和运营，增强在演出市场上竞争与发展的能力。

（二）**文艺演出院团只有实行规模化、集团化的运营，只有在市场竞争中不断做大做强，才能最大限度地满足市场需求并赢得市场份额，才能在产品市场的不断扩大中强化企业的研发能力、原创能力和打造精品的能力**。比如宝塚歌剧团只是阪急电铁株式会社歌剧事业部管理的一个部门，以排戏、演戏为主要任务；而相关的运营，包括剧团及剧目的宣传、票务管理营销、会员服务、杂志发行、电视广播权的企划和运营都另有相关部门负责，形成一个规模化、集团化的联动机制。又比如四季剧团所主张的"演出产业化"和"票务商业化"，也是强调以规模创效益，借市场求发展。四季剧团主张正式演员、技术人员、营销人员、后备演员各占四分之一才是一个构成合理、运营有效的剧团，才可能实现规模化、集团化运营。四季剧团就是通过这种方式来不断强化企业的研发能力、原创能力和打造精品的能力。因此，对我们一些地方在改革中推行集团化的措施，应当加以肯定。

（三）**文艺演出院团只有关注产品生产的标准化操作，只有统一排练场和剧场的操作标准，才能有效地降低生产成本并逐步形成规范的生产流程，从而使演艺产品生产的产业化成为可能。**宝塚歌剧团90余年在长期演出中逐渐形成了自己的剧目标准。尽管剧团关注世界各地流行的各种题材和故事，但都要围绕爱情、浪漫、友谊等主题，推崇纯情、公正、华美的理念，甚至男、女角色的发型都形成了固定标准。这无疑大大地加快了剧目的生产流程。四季剧团的剧目排练，在排练场就按照剧场的舞台调度、灯光设计来进行，极大地缩小了剧场和排练场的差距，在缩短生产流程的同时极大地降低了生产成本。就我国众多的文艺演出院团而言，演艺产品尽管具有各自的特性并呈现出多样性，但我们可以找到其中的规律以形成必要的标准化生产流程。这将使我们在提高生产力的同时降低生产成本。在这方面，我国的文艺演出院团还有很大差距。

（四）**文艺演出院团只有面向市场、面向受众，只有表现受众关注的事物并随着受众观赏兴趣的变化而调整，才能生产出畅销对路的演艺产品，才能在其基础上升华提高并从而实现"两个效益"。**无论是宝塚歌剧团还是四季剧团，不仅面向受众，而且细分市场。比如宝塚歌剧团以有闲有钱的中年女性作为自己主要的受众群体，用英俊潇洒的演员形象、豪华精美的服饰布景、绚丽变幻的灯光效果来投其所好；特别是宝塚歌剧团的"全女子演员"阵营，由女演员扮演的男性角色成为女性观众群体心目中的理想人物或是自己的意中人或是自己可爱的孩子，吸引观众不断前往观看并为之组成"宝塚友之会"而时时追随。又比如四季剧团是以话剧起家的演艺团体，但认识到集表演、音乐、歌舞为一体的音乐剧表演形式多样，舞台制作华丽，符合现代观众口味，于是引进在欧美市场已获巨大成功的音乐剧作品如《猫》《狮子王》《歌剧院的幽灵》等，用本国语言为广大受众演出。经过坚持不懈的努力，使音乐剧为日本主流社会所接受，也使日本成为东方文化体系吸收、接纳西方演艺文化的成功样板。四季剧团的音乐剧演出已成为继英国伦敦西区、美国纽约百老汇之后的又一国际知名的音乐剧演出市场。事实上，宝塚歌剧团和四季剧团在面向市场生产演艺产品之时，都不是满足受众浅薄的感官享受，而是通过作品形式对受众的吸引，引导受众追求真善美的人生价值和人生理想，使其产品将社会效益寓于经济效益之中，在实现经济效益的同时实现社会效益。我们可以肯定地说，市场并不必然引向低俗，实现"两个效益"才真正是市场的根本需求。

（五）**文艺演出院团只有充分认识现代演艺产品生产的诸环节，只有分工明确配合默契，才能有效组织生产、提高生产效率，才能使演艺企业成为严格意义上的现代企业。**仍以宝塚歌剧团为例，首先，阪急电铁株式会社设有专门的歌剧事业部，统一管理3个相对独立又密切相关的部门，即宝塚音乐学校、宝塚歌剧团和宝塚舞台公司。一台演艺产品的生产，是由宝塚歌剧团和宝塚舞台公司的密切合作共同完成的。宝塚舞台公司不仅管理着2个剧场，而且担负着5个剧组剧目生产中舞台美术设计与制造的任务。这种明确的分工使宝塚舞台公司可以统筹安排剧场的使用，也可以综合调配、使用舞美资源，使人尽其能、物尽其用。其次，在演艺本体生产方面，宝塚歌剧团的"专属编导制度"也是其有效组织生产、提高生产效率的重要生产方式。这种"专属编导制度"即指宝塚歌剧团所有演出剧目都由其专属的剧作家和导演创作完成，并且一部剧目的编剧和导演通常由同一人来负责。"专属编导制度"的形成在于这些由剧团专属的编导，一方面了解剧团的整体表现能力和明星们的特质，一方面也了解受众对"宝塚风格"的需求，"专属编导制度"不仅使产品畅销对路，而且使演艺生产的生产效率大大提高。第三，我们还应考虑与演艺生产相关的产业链所产生的效益，如宝塚歌剧团不仅发展与歌剧直接相关的音像制品、有线电视播放来增加收入，而且通过间接相关的餐饮、小商品服务也产生了极大效益。我国文艺演出院团在深化体制改革的同时，一定要学会有效组织生产，提高生产效率。

（六）**文艺演出院团只有注重自身特色的养成，注重演艺产品品牌的打造，才能不断增强剧目演出的感染力和吸引力，才能不断巩固并壮大自己的受众群体。**在细分受众群体、定位演出对象的基础上，宝塚歌剧团和四季剧团都十分注重自身特色的养成，注重演艺产品品牌的打造。比如宝塚歌剧团要求学员培养纯洁、端庄、美丽的自我意识，并将这种意识贯穿到演剧人物形象的塑造之中，由此把演剧打造成一个令人憧憬、感动并向往的美好境地。这便在长期的坚持中形成了宝塚歌剧团的演出特色。同时,"全女子演员"阵营所体现出的艺术特性和艺术魅力,更是宝塚歌剧团特色之所在,演员的"明星制"则是宝塚歌剧团打造产品品牌的核心要素。我国文艺演出院团要加强特色养成,改变"千团一面"的状况。

(七)文艺演出院团只有切实抓好适用人才的培养,只有关注演艺事业是青春的事业并抓好演艺生产者后备军的培养,才能实现演出的高质量,才能保持高质量演出的经久不衰。这一点充分体现在宝塚音乐学校与宝塚歌剧团的对接关系中。由宝塚歌剧团的演出特色所决定,该团是年轻、貌美、未婚的"全女子阵营"。大部分女演员在28岁以前都将从剧团"毕业"(这是演员离团的说法),如果结婚则意味着自动离团。为此,剧团需要一种机制来保证演艺生产后备军的培养和供应。宝塚音乐学校就担负这一使命。该校学制2年,共有在校生80人,每年有40人分配到宝塚歌剧团各剧组,这也就意味着剧团将同时有40人"毕业"。也因此,剧团把演员仍称为"学员","学员"入团后有7年的学习期,7年之后除留下极个别优秀者外大多"毕业",而7年间,400人编制的剧团已替换了新生力量280人。考虑到剧团演员的青春风采,学校招生限招15—18岁的少女,通过严格的入学考试,专业的培养深造,公正的选拔、淘汰制度,确保了剧团演出的高质量并使这种高质量的演出后继有人,经久不衰。针对我国目前演艺院校人才培养与演出院团人才使用供需脱节的状况,我们应该认真审视并妥善解决这一问题。

(八)文艺演出院团只有认真研究并尊重演艺生产的规律,只有妥善解决好演艺生产者的艺术生产和演艺产品的产品构成之间同一性的问题,才能实现均衡化、系统化的生产经营,才能保证演艺生产的稳定持续发展。在这个意义上,真正地认识并尊重演艺生产的规律才可能更有效地提高演艺生产力,这也是前述文艺演出院团实行规模化、集团化运作的内在要求。宝塚歌剧团5个剧组按演艺产品的生产规律交替排练、演出,一年要推出近20部原创作品。剧团平均每天演出4场,全年演出1300场左右。四季剧团也是如此,剧团拥有700多名演员,根据演出剧目的需要把全体演员配置为8—9个剧组,在自己拥有的9个剧场和其他租赁剧场同时演出,平均每年演出达到2500场左右。两个剧团之所以有如此高的生产效率,不只是培养出了有效的市场需求,更是尊重把握艺术规律,实现均衡化、系统化生产运营产生的效率。这是演艺生产稳定持续发展的重要保证。如何使艺术规律和市场规律相吻合，或者说如何认识艺术生产的市场规律，是我国文艺演出院团在运营实践中亟待解决的问题。

（九）文艺演出团体只有寻求大型企业的支持与资助，只有把自身的企业做强做大或寻求大型企业做自身的支柱，才能有效地解决资金投入的瓶颈问题，才能使企业经营的理念贯彻得更为彻底。就宝塚歌剧团和四季剧团而言，一个是大型企业阪急电铁株式会社所办的"演艺企业"，一个是自身形成规模演艺企业的四季株式会社。前者的特点在于把宝塚歌剧团的经营视为企业效益新的增长点，既重投入更重产出，把剧团视为企业的有机构成，视为企业市场拓展的必要产物。后者的特点在于实行股份制并引进现代企业制度管理剧团，通过对演出市场的分析来制定中长期计划，以自身企业经营的效益与信誉得到包括大型企业在内的经济界的支持。这一点对目前我国国有文艺演出院团的"转企改制"颇有启发。一方面，我们文艺演出院团在"转企改制"后应尽快实行现代企业制度管理，通过面向市场、面向群众不断做大做强；另一方面，我们也主张鼓励国有或非国有的大型企业收购、兼并、创办文艺演出院团，改变文艺演出院团只能由文化管理部门来办来管的观念。在当前文艺演出院团深化体制改革的进程中，如果有大型企业收购、兼并或认领文艺演出院团，将会是有益、有效的重要一步。

总之，在赴日考察演艺产业短短的5天中，考察团结合考察多次开会研讨，各位团员结合本职工作，结合我国当前文艺演出院团"转企改制"的实践，谈了许多触动自己的认识和如何学以致用的建议。这篇考察报告作为组团考察的点滴体会，希望能对我国当前不断深化的文化体制改革起到警醒和促进作用。

（本文在欧阳坚同志指导下完成）

（原载《艺术百家》2010年第1期）

第五编

教育科研的文化实践

教育"规划纲要"视野中的艺术职业教育

教育"规划纲要",即不久前面向社会各界公开征求意见的《国家中长期教育改革和发展规划纲要(2010—2020)》。这个"规划纲要",高度重视包括艺术职业教育在内的各类职业教育,强调职业教育是面向全社会、面向所有人的教育,对促进经济发展和社会进步、实现就业、改善民生、优化教育结构、体现社会公平、提升民族素质具有重要的基础性作用。应当说,"规划纲要"为我们思考艺术职业教育的现状提供了宏观的、前瞻的视野,是我们思考艺术职业教育改革与发展工作的路径与指针。

一、教育"规划纲要"的要义是"以改革促发展"

教育"规划纲要"有两个明确的指认,一是"中长期",二是"改革和发展"。作为国家中长期的教育规划,"发展"不仅是必须而且是必然的;但如何实现一个与国家经济社会发展相衔接、与人民群众接受优质教育愿望相匹配的"发展","规划纲要"强调是"以改革促发展"。

(一)努力解决两个"不适应"以全面提高国民素质

教育"规划纲要"开宗明义,申明"规划纲要"的制定是"为全面提高国民素质,促进教育事业科学发展,加快社会主义现代化进程"。我们注意到,"改革与发展"是这个"规划纲要"的核心理念。也就是说,尽管新中国成立以来特别是改革开放以来,我们中国特色的社会主义教育取得了很大的成绩,教育的发展也极大地提高了全民族的素质,推进了科技创新、文化繁荣,为经济发展、社会进步和民生改善作出了重大的贡献,但我们当前更面临着前所未有的机遇和挑战:一方面,我国经济、政治、文化、社会"四位一体"及生态文明建设全面推进，工业化、信息化、城镇化、市场化、国际化深入发展，调整经济结构、转变发展方式的要求更加迫切；而另一方面，我国教育还不适应国家经济社会的发展，不适应人民群众接受良好教育的要求。为着"全面提高国民素质"，必须正视并努力改变这两个"不适应"的状况，必须把"职业教育"和"终身教育"放到重要的议事日程上。

（二）改变两个"不适应"要正视"三大矛盾"

我们目前教育工作的两个"不适应"，具体体现在五个方面：一是教育观念相对落后，这主要是指"应试教育"难以纠正而"素质教育"推进困难；二是教育产品相对紧缺，在创新型、实用性、复合型人才紧缺的同时，又因为制造了太多缺乏适应性和开拓性的产品而形成产品滞销的局面；三是教育体制相对僵化，特别是作为教育工作命脉的人才培养体制存在着相当大的问题；四是教育结构相对失衡，乡村教育、边远及贫困地区教育发展滞后；五是教育投入相对不足，说"相对不足"不仅是对于国民经济的增长而言，也有教育本身投入布局不合理的问题。这五个具体方面可以归纳为"三大矛盾"：一是经济社会发展对高质量多样化人才需求与教育培养能力不足的矛盾；二是人民群众期盼优秀教育与教育资源相对短缺的矛盾；三是增强教育活力与体制机制约束的矛盾。当然，这也是包括艺术职业教育在内的职业教育所存在的矛盾。

（三）关于"能力不足""资源短缺"和"体制机制约束"

在市场经济条件下，上述矛盾就其本质而言体现为"供需"矛盾。何谓"能力不足"？不是一般性人才而是高质量、多样化人才的培养能力不足；何谓"资源短缺"？不是一般性日常性需求的资源而是高素质、全面发展之人格建构的资源短缺。事实上，"能力不足""资源短缺"并非我们的教育真的"无能"且"有缺"，其实质在于"活力不够"，在于维系于"应试教育"的体制机制的约束。据说，"规划纲要"在向社会征求意见之时，人民群众中反响最为强烈的是对"公平教育"和"优质教育"的期盼。"规划纲要"认为要满足这个期盼就要解决"活力不够"的问题，就要通过"改革"来解决"发展"的问题。

（四）教育改革必须确立"育人为本"的观念

上述矛盾突出呈现为"供需"矛盾，而症结在于体制机制的约束。因此，教育改革的重点在于改革体制机制，其中特别是人才培养体制的改革。"规划纲要"明确指出：人才培养体制的改革必须确立"育人为本"的观念，而这个观念得以确立的两个基本点是"促进公平"和"提高质量"。强调"育人为本"，就要树立科学的教育质量观，具体而言，一要把促进学生成长成才作为学校一切工作的出发点和落脚点；二要为每个学生提供合适的教育；三要把教育资源配置和学校工作的重点集中到强化教学环节提高教育质量上来。可以认为，第二、三两点是对第一点的重点展开，而事实上这在我们目前的学校工作中还有相当大的差距。

（五）发展职业教育的总体思路

"规划纲要"指出：发展职业教育必须坚持以服务为宗旨，以就业为导向，把提高质量作为重点。具体来说，就是推动经济发展、促进就业、改善民生并率先解决"三农"问题。那么，什么是衡量教育质量的根本标准呢？"规划纲要"强调，一是促进人的全面发展，二是适应社会发展。我曾认为，人的"全面发展"只是一种理想，是无数片面互补与累积的过程。但这里的"全面发展"，指的是要使受教育者实现"三个统一"，即文化知识学习和品德知识修养相统一，理论学习与社会实践相统一，全面发展与个性发展相统一。并且，"全面发展"还意味着受教育者应当具备"四个学会"，即学会知识技能，学会动手动脑，学会生存生活，学会做事做人。

（六）职业教育的发展模式创新

原国家教委副主任王明达同志认为，职业教育的发展目标需要通过深化体制机制等各项改革来实现，重点要关注四个方面的改革：一是改革办学模式，主要是实行政府主导、行业企业和社会力量广泛参与的多元办学体制，同时大力开展多种形式的职业培训；二是改革培养模式，主要是大力推行工学结合、校企结合、顶岗实习，完善职业学校毕业生直接升学制度，从而拓宽毕业生继续学习的通道；三是改革教学模式，主要是以社会、市场需求设置专业，以基于岗位需求的技术、技能标准开发课程编写教材，建立与生产现场贴近的教学环境；四是改革评价模式，主要以检验学生职业能力为核心，按照用人单位的标准设计评价体系。（参见《光明日报》2010年3月3日的文章）因此，师资队伍"双师制"建设和学生评价"双证书"制度都是势在必行的。

二、艺术职业教育应正确处理的十大关系

艺术职业教育，不同于素质教育视野中的艺术熏陶。艺术教育作为职业，对研习者而言是立身之本、谋生之需乃至晋升之道。在前述"规划纲要"的宏观视野中，在"规划纲要"发展职业教育的总体思路中，我认为我们当下的艺术职业教育应正确处理以下十大关系。

（一）通识教育与职业教育的关系

教育之所以成为人类社会的必需，与人类社会许多必需的事物一样，也无非是为了人类社会的生存与发展。因此教育最基本的功能，在于使每一个体一是习得融入社会的基本规则，二是习得发展个体的基本能力。前者决定着通识教育理念的形成，后者促成了职业教育的拓展。正因为每一个体既不能脱离社会而存在，同时又需要在社会存在中发展个体，因此每一个体的"成人"就意味着接受了一定程度的通识教育和职业教育。即便是现代教育意义上所说的"职业教育"，一方面总是在个体接受一定通识教育基础上才进行的，另一方面也还伴随着更高层面的通识教育来进行。由于人类社会结构日趋复杂、人类社会历史日趋厚积，通识教育不仅在历时性向度而且在共时性状态中，都明显呈现出对职业教育的挤压。其结果，是使我们许多在年龄上已经"成年"的个体，尽管已经熟悉融入社会的基本规则，却明显缺失在社会中发展个体的基本能力。我们多年来所说的教育"减负"，在谈论职业教育的语境中，我认为最重要的就是减少通识教育对职业教育的挤压。因为通识教育在很大程度上是终身教育的问题。

（二）终身教育与就业教育的关系

职业教育的目标是让每一个体获得在社会分工中的职位与能力，也可以通俗地理解为"就业教育"。曾读到一篇文章，说是一个人从接受教育

到进入社会分工涉及学业、毕业、就业、创业并最终成就事业等五个步骤。其实，就绝大部分个体的需求而言，学业和就业的关系是最直接也是最重要的。美国、英国这些发达国家，在对发展教育的战略思考中，都十分强调"就业"这个关键点。如奥巴马在2009年宣布《美国全面教育改革计划》时，就强调"为所有人提供一个完整的、有竞争力的、从摇篮到职业的教育"；同年，英国布朗政府在白皮书《新机遇：迎接未来的公平机会》中，也强调"为所有人铺平从教育到工作过渡的道路"。实际上，其共同的关注点就是教育如何保障"就业"的问题。只不过作为发达国家的战略思考，解决"就业"问题的职业教育，一是要思考"为所有人"的多样化的职业教育，二是要思考"有竞争力"的高素质的职业教育。虽然职业教育的某些方面也会贯穿终身，但在有限的就业教育时间内，似应把通识教育的某些方面划归终身教育。

（三）传承教育与创新教育的关系

一般来说，历史文明悠久、社会形态稳定、经济发展平缓的国家更注重传承教育，而传承教育又更关注个体的文化身份教育，甚至在很大程度上满足于把文化习得视为一种能力获得，把文化传承视为一种职业教育。温总理说钱学森多次对他谈到"创新型人才不足是现行教育体制的严重弊端，也是制约科技发展的瓶颈"。我认为，温家宝总理所言我国教育目前存在的两个"不适应"也与过于强调传承教育而忽略创新教育有关。钱学森认为"创新型人才不足"是现行教育体制的严重弊端，其实这一严重弊端还在更深层面上维系于我们传统的教育理念，维系于我们对"人才"的衡量尺度。我们人才培养中出现的"高分低能"现象，正在于对创新教育的忽略，在于习得既往经验之时未同时认识到"经验"的产生是彼时彼地解决问题的产物。因此，培养创新型人才的教育，是带着问题意识、引导解决问题的思路、培养解决问题能力的教育。这在我们目前的艺术职业教育中显然是做得很不够的。

（四）实验教育与实用教育的关系

说到创新教育，我们从事艺术职业教育的同志自认为还是比较重视的。因为我们都知道受教者未来从事的艺术活动从根本上来说是创造性的活动，创新精神是其追求的重要价值。但是，在我们目前的艺术职业教育中，对于受教者创新潜质的开发，更多地体现在追求"前卫精神"的"实验艺术"教育中。在这种教育中，施教者和受教者看重的是对艺术形式本体的探索，看重的是某种个人化意念的传递。换言之，作为"实验艺术"，教育的"创意"往往与实际相距甚远，其"标新立异"可能是"不结果实的花朵"。因此我觉得，艺术职业教育要适应并先行于经济社会发展，其创新能力的培养要更多地着眼于"实用艺术"的教育。相对于"实验"而言，"实用"教育更多地着眼于现实问题的针对性。著名艺术史学家贡布里希有句名言，说"人只有在解决他所需要解决的问题时才具有创造性"，这其实才是我们艺术职业教育中需要的能针对性解决问题的创造性。在当代美术活动领域，工艺美术是经济社会发展中率先的觉悟者；而其实你读任何一部美术史，其源头大多是带有实用意义的印记。普列汉诺夫说"功利先于审美"，我以为不仅是陈述了艺术发生的简明史实，更在于阐明了艺术生产与经济社会发展必然的逻辑关系。

（五）自律教育与他律教育的关系

艺术职业教育中实验教育与实用教育的一个主要差异，在于前者更多地关注艺术自身的规律，而这通常是某一艺术在其历史发展中不断传承而逐渐积淀起来的；实用教育作为后者，更多地关注某一艺术在新境遇中遭遇的新挑战，这主要关涉到新事物的艺术呈现对既成艺术表现手段的挑战，关涉到新观众的艺术趣味对既定艺术表现形态的挑战……挑战是影响艺术"自律"传承、变异、发展的"他律"。艺术职业教育之所以要辩证地看待自律教育与他律教育的关系，在于"他律"并非与"自律"毫无关联的存在。某种艺术呈现的"自律"往往被视为这一艺术的"本体"存在。但事实上，艺术"自律"的系统性和自觉性是一个社会历史过程，是这一过程中方方面面的"他律"挑战、影响、作用的结果；而我们视为艺术"本体"的存在，更是对社会历史进程中无数"具体"的不断抽象和对自身的不断增容。换言之，艺术的他律教育直接关系到艺术"自律"在新境遇中的适应性，也直接决定着新的艺术"自律"的拓展性。

（六）学理教育与技能教育的关系

中国自古视"授道"为教育的第一功能，而所授之道又以"形而上"者为重，在艺术职业教育中也莫能例外。中国传统观念中重"道"轻"器"，所以有"劳心者治人，劳力者治于人"之说。这就影响到以"劳力"为主要形态特征的职业教育，往往也比较重视"授道"的学理教育而轻忽"传业"的技能教育。一般来说，学理是学科的理性阐发和理论升华，艺术职业教育强调学理其实是为了使技能的掌握和运用更加自觉。也就是说，学理教育"所授之道"要有助于技能教育"所传之业"。职业教育，不仅具有鲜明的行业特征，而且还具有明显的技能特征。绝大部分职业教育受教者的就业身份称为"技工"，就提示了技能教育在职业教育中的基础性、根本性地位。在艺术职业教育中，"传业"如果不到位，很容易造就"光说不练"或者"说得轻巧练得糟糕"的"假把式"。

（七）课堂教育与实践教育的关系

课堂教育是学校教育的基本活动形态，尽管艺术职业教育，特别是演艺职业教育的课堂教育有学生主体性得到较大发挥的技能教育，但实践教育的重要作用仍然是不可忽略的。中国传统演艺——戏曲艺术既往的科班教育，就是格外强调实践的教育。所谓"手把手，眼对眼""口传身授，言传身带"的传授，在传授实践经验的同时，亦是习得者未来实践的演练。因此，这种传授不仅要有招有式，而且要过招拆招；不仅要手到眼到，而且要心领神会。这里所说的艺术职业教育中课堂教育与实践教育的关系，在教育理念上，是要强调习以为演、学以致用；在课程结构上，是要把演出实践视为与课堂教育同等重要甚至更为重要的课程。因为只有在实践教育中，受教者的主体性才能得到彻底的张扬，才能开始从"戏演人"到"人演戏"的漫长职业历程。

（八）共性教育与个性教育的关系

由艺术活动的创新追求和个性追求所决定，艺术职业教育在传授共性技能的同时，应当特别注意开发、培植受教者的个性特征。艺术史告诉我们，能登录史籍、传扬后世者，无不具有独特的个性特征。孔子所说"有教无类"谈的是"教育公平",是社会对于大众"普惠"意义上的"教育公平";而彻底意义上的"教育公平",我以为在于"因材施教"——在于对社会每一个体的心智开发和效能陶塑,在于"和而不同"的"万紫千红"。就艺术职业教育而言,共性教育传授基本技能而个性教育开发特殊技能,开发特殊技能的个性教育一要预留教育空间二要求索教育路径。就教育空间而言,施教者的宽容和理解至关重要;而就教育路径而言,我以为是"教学相长"的重要机遇与课题。在许多情况下,所谓"教学相长",正是受教者的问题促进了施教者水准的提升;而个性教育之所以值得重视,不仅在于这将为受教者未来的就业和立业提供更多的可能与机遇,而且在于将使施教者面对众多不同"个性"的开发、培植需求来丰厚自己的积累,开阔自己的视野。

(九) 立场教育与视野教育的关系

职业教育其实也可理解为行业教育,其立场教育无非一是职业道德二是职业技能,既往被称为"行规"和"行活"。艺术职业教育自然也不例外。"行活"是个很有意味的词,它在职业技能和谋生能力之间划上了等号。一个职业工作者能否活(生活)、活得如何与他会多少活(技能)、活掌握得如何是有直接关联的。因此,任何职业教育重视立场教育都是无可厚非的。但是,正如任何教育对受教者能力的提升一样,都是为着一要生存二要发展。中国传统演艺科班教育中"师傅领进门,修行在各人"说的也就是这个意思。在我们当下的艺术职业教育中,"领进门"恐怕不能仅仅满足于立场教育,还要为受教者未来的发展做些铺垫,这就是我们所说的视野教育。套用我们课程体系中的说法,立场教育与视野教育的关系类似于必修课与选修课的关系。从我们职业教育的现状来看,运用选修课来丰富、拓展视野教育的工作做得是很不够的。为着视野教育而开设的选修课,一要有助于巩固立场教育并促使受教者加强对其理解,二要有助于受教者个体发展的多样化需求和前瞻性追求,三要有助于立场教育在有机迁变中与众同乐与时俱进。

(十) 统编教育与特色教育的关系

统编教育指的是同一职业教育使用统一的教学大纲、教学方案、课程计划乃至教材。从某种意义上来说,统编教育的形成是对某一职业教育人才培养规律认识的深化，是在把握规律基础上提出的教育要求和规范。但是，不假思索地对统编教育照搬照套，却有可能失去办职业教育的初衷——即具体地、有针对性地解决受教者就业技能的问题，也即职业教育办学中最忌讳的"同质化"问题。就艺术职业教育，特别是演艺职业教育而言，受教者本身的生理条件如嗓音条件、腰腿柔韧条件等在其技能习得中起着至关重要的作用；而由于"一方水土养一方人"造成的生理条件差异，统编教育很难顾及"因材施教"（并且这不是个体之"材"，而可能是一个群落之"材"）。事实上，当前演艺职业教育的就业针对性如地方戏、地方特色歌舞表演等也不是统编教育可笼而统之的。正如职业教育因为职业的千差万别而呈现出千姿百态，艺术职业教育自身也会因艺术活动的异彩纷呈而各具匠心。特色教育可以认为是职业教育，特别是艺术职业教育与生俱来的品格。职业教育受教者有效的就业在许多情况下靠的就是以"特"见长、出"奇"制胜。

应当说，《国家中长期教育改革和发展规划纲要（2010—2020）》（公开征求意见稿）的出台，对于职业教育给予了高度重视。"纲要"第六章专论"职业教育"，特别提到要"形成适应发展方式转变和经济结构调整要求、体现终身教育理念、中等和高等职业教育协调发展的现代职业教育体系，满足人民群众接受职业教育的需求，满足经济社会对高素质劳动者和技能型人才的需要"。在这样的大视野中，相信我们的艺术职业教育也会有更大的机遇和更大的发展。

（原载《艺术百家》2010年第3期）

发展艺术教育需要强化职业技能

一、作为"职业教育"的艺术教育

在许多情况下,我们都把艺术教育视为一种审美教育,视这种教育的本质为培育受教者感知、捕捉、营造乃至创生"美"的能力。作为审美教育的艺术教育,在我看来属于受教者的"通识教育",艺术的"通识教育"并不关心受教者未来是否以艺术为业或用艺术谋生,它的预设前提是受教者既无衣食之忧亦无劳作之需。但事实是,绝大多数艺术教育的受教者,清醒地知道自己步入的是"作坊"而非"殿堂",他们首先需要获取的不是"通识"的高谈阔论而是"职业"的身体力行!

教育之所以成为人类社会的必需,与人类社会许多必需的事物一样,也无非是为了人类社会的生存和发展。因此教育活动最基本的功能,一是使个体习得融入社会的基本规则,二是使其在融入中习得发展个体的职业能力。前者发展的是"情商",属"通识教育"范畴;后者发展的是"智商",我认为主要属"职业教育"的范畴。我国成语有"见仁见智"一语,源自孔老夫子的"仁者乐山,智者乐水"。北宋理学家朱熹释为:"智者达于事理而周流无滞,有似于水,故乐水;仁者安于义理而厚重不迁,有似于山,而乐山。"在我看来,"通识教育"教的是"仁",是"安于义理而厚重不迁";"职业教育"育的是"智",是"达于事理而周流无滞"。也可以说,"智"是智商而"仁"是情商,我还更倾向于把"情商"称为"仁商"。

其实,在初民社会中的教育活动,为着果腹蔽体的劳动技能的传授是居于首位的。无论是最初的采摘、狩猎劳动,还是稍后跟进的耕稼、畜牧劳动,作为职业技能都是以物质产品的获取为目的,都是以培育获取物质产品的"超常能力"为路径。至今仍为我们崇尚的"奥林匹克"

精神，其"更高、更快、更强"就体现着人类童年时期培育职业技能的文化记忆。随着人类社会分工的日趋细密和人类社会组织的日趋繁复，教育活动的"职业性"也日趋细密和精致，与之相关的是教育活动的"通识性"也日趋繁复和琐屑。教育活动中"通识教育"的内涵充实与地位提升，一方面可能根植于"劳心者治人，劳力者治于人"的传统社会阶层理念，一方面也体现出"学得文武艺，不如好关系"的社会就业现实。

二、教育工作存在着两个"不适应"

在当前教育工作的反思中，我们清楚地看到存在着两个"不适应"——也就是"我国教育还不适应国家经济社会的发展，不适应人民群众接受良好教育的要求"。反思两个"不适应"，首先需正视的是我们相对落后的教育观念，学者们认为这主要体现为"应试教育"难以纠正而"素质教育"推进困难。其实，考试是考查受教者学业的必备手段。如果考试考的是受教者未来就业的能力，受教者的"应试"应当是无可非议的。现在的"应试教育"之所以颇遭非议，反映出我们为"应试"而学却非为"应用"而学的状况，反映出我们教育活动"考试"与"考用"的脱节。那么，与"考用"脱节的"考试"及其用来"应试"的教育活动为什么能够长期存在并不断延续呢？正在于这类教育活动往往借"通识教育"之名以行。

我一直认为，非广义的"教育"应该主要是"就业教育"。事实上，美、英这些发达国家在发展教育的战略思考中，都十分强调"就业"这个关键词。在世界经济滑坡的 2009 年，《美国全面教育改革计划》强调要"为所有人提供一个完整的、有竞争力的、从摇篮到职业的教育"；而英国政府《新机遇：迎接未来的公平机会》白皮书也强调"为所有人铺平从教育到工作过渡的道路"。其实，我们希望改变相对落后的教育观念，希望纠正"应试教育"并推进"素质教育"，从根本上来说是要通过教育来解决受教者的"就业素质"问题。也就是说，"素质教育"的实质在于解决受教者成功实现"就业"的素质，它包括就业的"职业"素质和"通识"素质。遗憾的是，我们的教育活动在许多情况下把"通识教育"当作"素质教育"，这当然就使得我们的教育既不能适应国家经济社会的发展，也不能适应人民群众接受良好教育的要求。

三、"素质"的定位应当考虑"职业"的必备

彻底地纠正"应试教育"并推进"素质教育"是一个复杂而繁难的系统工程，它包括从入学选拔、自主选课到通过累积学分而获得毕业资格等许多环节。就我们的论题而言，一是要强调艺术教育首先是一种职业教育，它的受教者首重的应是获得某种专业的职业技能；二是要强调艺术教育需要强化职业技能，这种职业技能有助于受教者获得某个从事艺术产品生产的职位。换言之，包括艺术教育在内的"职业教育"，它的在校教育无论是着眼于"素质"还是着眼于"应试"，都应当考虑"职业"的必备；其余"职业"的深造、"通识"的广博则主要应划归"终身教育"去完成。而事实上，我们不少艺术教育作为"职业教育"显得有些好高骛远——"职业教育"偏离学以致用却期待"通识教育"能够出奇制胜。

"职业教育"在很大程度上是职业技能传授的教育，这种教育在既往通常是由"学徒"或"坐科"的方式来完成的。自开启"学堂"新风以来，相关职业的基础技能、共性技能被纳入教程，这倒也符合"师傅领进门，修行在个人"的授受传统；而那些在经年实践中悟觉的"一招先，吃遍天"的独门绝技却可能"人消艺散"。事实是，"学堂式"艺术教育早已体系化，这其中有许多优长，但肯定也存在不足。许多基础技能、共性技能的施教者，自身也未必能在艺术产品的生产中称心如意。这在工艺品制作和艺术表演领域表现得最为充分。而那些在艺术产品生产中的登峰造极者，又往往游离于我们的艺术职业教育之外。看看那一批又一批定为"非遗"传人的民间艺人或民间工艺师，你就能明白我们的艺术职业教育在"学堂化"的进程中散失了多少不该失落的东西。

四、"因材施教"与"因才施授"

艺术的职业教育当然也不会不是一种"素质教育"，只是它不仅是一种尤重"因材施教"而且尤重"因才施授"的素质教育，是一种需对

受教者和施教者"素质"综合考量的教育。很显然,"因材施教"关注的是受教者基本素质构成及其优长所在。平心而论,这在我们的职业教育,尤其是艺术职业教育中是关注不够的。尽管我们也不乏"口传身授"的个别指点和"工作室"的亲历亲为,但"材"的特质保持与成长空间都十分有限。与之相对应,"因才施授"指的是要开掘并发挥施教者的"独门绝技"和"不二法门",一方面要在教学大纲中为其施教预留空间;另一方面也要完善"知识产权",让其免除"教会徒弟,饿死师傅"之虞。

我们的艺术职业教育有许多属"早期专业性教育",也就是说,受教者往往自低幼年龄段就开始接受严格的技能训练。及早对受教者进行职业兴趣、职业能力的认证和导引是必要的,我国职业教育一个整体的缺憾就是这方面的薄弱或缺失。艺术职业教育虽然较早对受教者的职业兴趣和职业能力进行了认证和导引,但在大多数情况下,我们尚不能对其兴趣和能力的统合性进行科学甄别;在进一步施教过程中,我们对技能训练中的心智开发也缺乏认识的到位和方法的自觉。"技能发达,头脑简单"事实上存在于许多门类的艺术职业教育中,"技能"在对受教者主体"格式化"之时对主体驾驭、活用乃至创新"格式"的能力训练明显缺失。

五、倡导"三高"以强化职业技能

那么,什么是我们所倡导的"强化职业技能"呢?首先,这个职业技能具有"高技术性",不能停留在基础性、一般化的层面。"高技术性"的职业技能是未来艺术产品生产者的"职业化"特征,"职业化"不仅意味着专门从事某些工作,更意味着能高水准地完成某项工作。第二,这个职业技能具有"高实用性",它是能有效促进艺术产品生产并提升其品质的技能。"高实用性"的职业技能是受教育者未来就业的根本保证,它不是云山雾罩的"屠龙"之术,而是鞭辟入里的"解牛"之技,这里强调的是职业技能的可操作性。第三,这个职业技能具有"高融通性",它视技能为解决艺术产品生产问题的手段而拒绝对技能本身的崇拜。庄子的寓言"庖丁解牛"告诉我们,最高的技术是"近乎道""通于道"的,职业技能的融通意味着受教者不仅能"举一反三",而且能"以一当十"。

职业教育需要格外关注职业技能的传授,这是毋庸置疑的;职业教育的"素质教育"需要率先关注职业技能的素质,这也是毋庸置疑的。艺术职业教育追求的"高素质"可能需要一个涉及诸多方面的指标体系来考量,但若不具备上述强化职业技能的"三高",就不能说具备了"高素质"。现在一提"高素质",就往往跳过"技能"直奔"创意",但艺术产品生产的"创意"显然不应是脱离"技能"的"虚功花活"。我们都同意艺术职业教育要大力培养"创新型"人才,但你能想象缺乏上述"三高"职业技能的受教者能带来怎样的"创新"吗?是未练好楷书就狂奔疾行的"草书"?是留待童心去一语道破的"皇帝的新装"?是回归本能的"绝圣弃智"?还是拈花微笑的"大彻大悟"?我以为,当我们的受教者掌握并悟觉了职业技能的"高融通性",我们就会有"变则通,通则久"的真正有价值的"创意"。

六、强化"现代学徒制度"的职业教育改革

在一所艺术高校的教学座谈中,我曾提到我们艺术教育最大的问题在于"教师会什么教什么",而不是"学生的未来需要什么教什么"。我当然知道现状之所以如此,根源在于我们的教育体制,这个体制不仅对受教者的选择性学习缺乏变通,而且将施教者的既得利益予以固化。这其实是一个彻底实行"学分制"就能够解决的问题,但我们目前显然"力不逮心"。那么我们现在能做些什么呢?

我读到曾任国家教委副主任的王明达数年前提出的主张,即发展职业教育要大力推进四个方面的改革:一是改革办学模式,主要是实行政府主导、行业企业和社会力量广泛参与的多元办学体制,同时大力发展多种形式的职业培训;二是改革培养模式,主要是大力推进工学结合、校企结合、顶岗实习,完善职业学校毕业生直接升学制度,从而拓宽毕业生继续学习的通道;三是改革教学模式,主要是根据社会、市场需求设置专业,以基于岗位需求的技术、技能标准开发课程编写教材,建立与生产现场贴近的教学环境;四是改革评价模式,主要以检验学生职业能力为核心,按照用人单位的标准设计评价体系。(文载《光明日报》2010年3月3日)。

虽然我们知道这四个方面改革的实现还有待时日，但我们知道"现代学徒制度"已在我们的艺术职业教育中扬帆起航。作为行业企业参与艺术职业教育的一种有效模式，它将有效考量受教育者的"素质构成"，也必将强化职业技能，推动"高融通性"职业技能把握及悟觉中的"创新型"人才培养。

（原载《中国文化报》2013年10月15日）

实践优先的艺术职业教育
——从两部舞剧看一所高职的育才追求

今年6月11日至16日,我随文化部党组副书记、副部长赵少华一行赴澳大利亚出席"中澳文化年"闭幕式相关活动。6月14日,闭幕式在悉尼歌剧院举行。澳大利亚联邦艺术部长克林、文化部副部长赵少华等佳宾在闭幕式上致词,盛赞两国政府高度关注的这一文化盛事。随后,由山西艺术职业学院华晋舞剧团在悉尼歌剧院歌剧厅进行了闭幕式的演出。

一、"中国文化年的高潮呈现在舞台上的是一场规模宏大、融合京剧和令人震撼舞美的舞剧,这让我们想起了歌剧大师韦伯的作品……";"悉尼歌剧院歌剧厅观众的掌声告诉我们,《粉墨春秋》为中澳文化年的成功举办锦上添花,为中国增了光!"

为纪念中澳建交40周年,根据中澳两国政府达成的共识,2010年至2011年,澳大利亚在中国举办文化年。随后,以"感受中国"为主题的"中国文化年"于2011年6月在澳大利亚拉开帷幕。一年来,近百个中国文化项目在澳大利亚各地展开,对此,澳大利亚总理吉拉德在给"中国文化年"闭幕式的贺词中写道:"通过各式各样的文化活动,澳大利亚人民得以更好地体验、理解和欣赏到中国文化的历史积淀和独特性。"由山西艺术职业学院创演的舞剧《粉墨春秋》作为"中国文化年"的压轴大戏,无疑也充分体现了"中国文化的历史积淀和独特性"。当我端坐在那如贝似帆的悉尼歌剧院歌剧厅中观赏此剧时,才知道这是我国创演的舞台剧目首次登上这座名闻遐迩的艺术殿堂。

作为本节题头的两段话是我信手的"拼贴"。前半段来自闭幕演出后的《悉尼晨锋报》,该报在提及"让我们想起了歌剧大师韦伯的作品"后,还特别指出"服装造型色彩与动感相结合，不愧是一场视觉盛宴。整场表演技巧高超，尤其是三位主演在舞蹈专业方面的技术精湛，超出你的想象。"后半段来自文化部赵少华副部长的"答记者问"，她说："文化部之所以选定舞剧《粉墨春秋》代表中国担纲'中澳文化年'闭幕式演出的重大任务，是因为这部作品是中国京剧、舞蹈、武术、杂技等有机的精彩呈现。山西艺术职业学院华晋舞剧团能在国际文化交流最前沿、最高端的舞台引领风骚，与山西文化底蕴深厚分不开，也是这些年山西省委、省政府高度重视文化发展和建设、加快文化体制改革的结果。"

其实，在包括《太阳先驱报》等报刊的评论中，也有说"喜欢《粉墨春秋》意在寻求传统与现代平衡的追求"，也有说"惊叹用音乐和舞蹈演绎出一个充满爱情、勇气和奋进交织的美丽故事"。我们当然注意到前述"三位主演在舞蹈专业方面的技术精湛"的评价，这"三位主演"是黄豆豆、王迪和任中杰，分别在剧中饰演小师弟、二师兄和大师兄。所谓《粉墨春秋》，是艺伶命运的喻说，泰斗级京剧武生盖叫天的口述史曾以此命名。喻说艺伶的命运，当然不会没有艺伶的技艺表现；而真正感动澳大利亚观众的"历史积淀"，是故事交织的"爱情、勇气和奋进"。

二、舞剧《粉墨春秋》的编剧李碧华是香港很有影响的作家。因为巧遇了黄豆豆，所以当编导邢时苗请她写一部"三个武生为骨干"的舞剧时，她"为个子矮小但身手灵巧、在戏行杀出一条血路的'美猴王'想通了：天生我材必有用，遇到挫折不要气馁，因为'机会'来时你已准备好，总有出头天……"

"中国文化年"的压轴大戏为什么是舞剧《粉墨春秋》？似乎要回到舞剧本身去寻找答案。舞剧《粉墨春秋》演述的是同门学艺的三个武生的故事。同门三武生，坐科分行后大师兄习武"长靠"，二师兄演武"短打"，小师弟虽也置身武行，却是个一打即败、一战即溃的"撇子武生"。稍通戏理的人都明白，"三个武生"的这台舞剧，玄机肯定维系于"撇子武生"。如果只是言说"长靠武生"如何魁伟、"短打武生"如何俊朗，那就不如去看几折戏曲"武戏"。舞剧《粉墨春秋》想要言说的主题是：人也好，艺也好，"置之死地而后生"是真道理也是硬道理。所谓"天将降大任于斯人也，必先苦其心志"，所谓"穷且益坚，不坠青云之志"，或者如编剧李碧华所言"走出谷底，闯出新天"，都在揭秘"死去活来"的真谛。

这样你就明白了，舞剧的"粉墨"人生"春秋"艺，言说的焦点是"撇子武生"。"撇子武生"作为剧中人物名叫"黑豆"，而饰演黑豆一角的舞者（也是领衔主演）正是在舞坛"传说"已久的黄豆豆！看舞剧《粉墨春秋》，知道底蕴在于"天生我材必有用"，但妙趣却是"你方唱罢我登场"。在一个旧式戏班的苦练、精演、情困、艺探之间，我们遍赏菊圃艳朵、梨园清香；我欣赏那一列（6人）男旦的"寸跷"表演，在故作的"妩媚"中流淌出赤子的"清纯"；我欣赏那满台须生的"抖髯"表演，在髯口的翻飞中抖落出伶人的执著；我当然也欣赏大师兄的《挑滑车》和二师兄的《杀四门》，也不觉得看一段蒲剧《挂画》的"戏中戏"有何累赘……不过，我更喜欢二师兄由"天霸拜山"点化而来的那段表演。这段作为第二幕核心舞段的"戏中戏"，一是好在"以舞化戏"，把随着"板腔体"顿挫有致的身段化成"旋律性"流畅成韵的舞语；二是好在"寓戏于舞"，把观看二师兄表演的三姨太闪回到二师兄流动的意识中，使二师兄的舞蹈"独白"自如地演化成他与三姨太的"对白"，使舞蹈的"咏叹"产生了"宣叙"的效应。

其实，用舞剧而非戏曲来步出国门传扬国粹，还在于舞蹈语言是无需翻译的"世界语"。在我看来，舞剧《粉墨春秋》中以"戏"入"舞"的段落，可谓是"出于戏"而"胜于戏"，无论是大师兄的《挑滑车》还是二师兄的《杀四门》都是如此。《挑滑车》的出彩之处在于以"长靠武生"的表演为"撇子武生"的追求做铺垫：黑豆（撇子武生）只是众多被挑"滑车"的"靰子"之一，散戏后却别出心裁地将"当车"之旗用作"扎靠"之旗，体现出他想由"武行"变"大角"的追求。与之有别，《杀四门》的出彩之处在于将"四门"具象为移动的实物，使二师兄表演的角色和他本人所处的情境构成一种强烈的反差，剧中人（戏中戏）秦怀玉的"杀四门"和戏班人二师兄的被"四门"追杀，使演戏者的人生成为正在演出的人生之戏……提及这一点，我想要强调的是：舞蹈对戏曲的提炼"出色"与否，不在于戏曲形态呈现本身，而在于那一呈现对舞剧主题升华、对舞剧情节推进以及对舞剧性格刻画的意义。也就是说，舞剧《粉墨春秋》之所以担纲"中国文化年"在悉尼歌剧院的压轴大戏，不仅在于其作为"国粹"的戏曲舞蹈语汇，更在于其通过这种语汇来进行的舞剧言说，以及来传扬的人生信念。

三、"无边无际的沙海，无穷无尽的驼铃，酸枣（这是一位普通山西少女的名字）在沙海中追寻着驼铃，又在驼铃中幻觉着沙海——因为在那儿跋涉着她的恋人……一位受感动的业余诗人禁不住当场吟哦起来：一把酸枣一把泪，一途驼铃悲情随，莫道痴心多苦果，拼将折翅比翼飞。"

在山西艺术职业学院华晋舞剧团赴澳"担纲"的宣传材料中，我注意到这是该团第二次赴澳演出舞剧。上一次是在2007年，演出的是舞剧《一把酸枣》。《一把酸枣》是一部五幕舞剧，总编导兼编剧的张继钢将其分别命名为"生日""学徒""投毒""婚宴""绝唱"。如本节题头语（这是我当时所写剧评中的一段话，载《中国舞蹈报》2007年4月20日）所说，"酸枣"作为舞剧女首席，是一位普通的山西少女。这部舞剧的主线是酸枣如何以挚爱激励小伙计刻苦学"商"，而小伙计又如何学得"商"机满腹对酸枣姑娘真情相酬。但似乎这对恋人并不为命运眷顾，如同大多数舞剧中的女首席一样，酸枣也被人暗中算计，且算计者就是她自己的养父。酸枣的养父是晋中商贾大户的管家，为算计东家的财产，暗中安排酸枣做了这个靠孤儿寡母惨淡经营的"大户"的童养媳，童养媳侍奉的小丈夫是个弱智者。这便注定了《一把酸枣》是一出人性压抑的爱情悲剧。

看张继钢创编的舞剧，最引人注目的是那些始而给人强烈视觉冲击，继而给人强烈心灵震撼的群舞。在我看来，在梳理完舞剧的故事脉络之后，张继钢用功最甚之处就是这些群舞。纵览第一幕的饥童舞、团扇舞、伞头扇歌舞，第二幕的算盘舞、读书舞，第四幕的红灯贺喜舞、盘鼓舞以及第五幕的大漠驼铃舞，我们可以看到，群舞虽然由舞剧故事的情节合理地推出，但相对于舞剧情节的叙述而言又近乎不合理地扩张——你怎么能想象，饿得东倒西歪的饥童能舞得错落有致；你怎么能想象，喜得兴高采烈的盘鼓能舞得悲愤有加；你又怎么能想象，走得坚定执著的驼队能舞得哭天抢地、撕心裂肺……但这就是张继钢，是深悟艺术最根本的法则在于对比、在于反衬、更在于逆转的张继钢!

看张继钢舞剧中的群舞,你首先会发现他的群舞都格外地庞大,大多都在20人以上。因此,他的群舞要么如团扇舞、红灯贺喜舞屡屡排开"一字长蛇阵",要么如伞头扇歌舞、算盘舞每每撒开"满天河汉星"。在这样一些舞段中,你经常能感受到一幅书法佳作谋篇布局的变化——时而密不透风,时而疏可趟马;时而寥若晨星,时而灿似晚霞。其次,你能发现张继钢的群舞都格外地单纯,且大多以局部的单纯见长。如饥童舞单纯地强化街头饥童舔碗动态中头与碗的"亲密接触",团扇舞则单纯地强化深闺女子串门动态中腰与臂的"扭捏作态";此外,算盘舞的指之拨之、红灯贺喜舞的足之摆之、盘鼓舞的臂之抡之,都一方面使"单纯"在数量的繁多上形成一种气势,另一方面又使"单纯"在肢体的变化上形成一种"错综"——在单纯中蕴藏某种"玄机",从而产生某种独特的"创意"和"意味"。

四、"看了舞剧《一把酸枣》,我有两个很深的印象:第一个我觉得这部舞剧是小题目演绎了大主题,它反映的大主题或者说大背景就是晋商;我的第二个深刻印象,是强烈地感觉到这个舞剧在创作上的创新和探索,体现了一种探索的精神,一种创新的精神,一种开拓的精神。"

早在2005年,中共中央政治局委员、中宣部部长刘云山在观看舞剧《一把酸枣》后,就说了如上一些话对创编者加以勉励。云山同志的"两个印象",一是涉及主题的开掘,二是涉及编创的探索;他甚至一口气说了三个"一种精神"。这对于山西艺术职业学院是一个充分的肯定也是一个极大的鼓舞。事实上,对于山西艺术职业学院来说,《一把酸枣》不仅仅是一部舞剧,而是一种"选择"的成功——用他们自己的话来说,叫作"机遇选择了学院""学院选择了继钢"而"继钢选择了晋商"。"选择"体现为一种"自觉",它包括自觉接续山西的文化底蕴和自觉开拓舞剧的"天下"襟怀。

张继钢在"创作心得"(山西艺术职业学院院刊《艺境》2006年总19期)中说:"长期以来我一直在想,舞蹈究竟是做给谁看的?一部舞剧到底能够演出多久?为此,我一直在努力去做,让舞剧走出去,走遍世界各地；让舞剧走下去，走进千家万户；让舞剧不断去演出，甚至比我们的生命活得更长久，使之真正成为人民大众所喜爱的艺术形式，也使我们为人民奉献最好的精神食粮。"那么被学院选择的继钢为什么要选择晋商呢？张继钢说："面对晋商我突然惊呆了！这块今天看起来并不是很发达的土地上，竟然造就出纵横欧亚九千里、驰骋商场五百年的山西商人。他们恪守着'以诚致信，以义致利'的经商理念，创造了中国乃至世界商界的奇迹与辉煌，赢得了'海内最富''汇通天下'的美誉！"什么叫"越是民族的越是世界的"？那就是开掘了民族曾有的"天下"襟怀并且坚定地接续它！

毕竟，张继钢要努力去做的是一部能"走出去""走下去"的舞剧。虽然他也强调"舞剧编导不仅仅是一个舞蹈的设计、编排者，更为重要的应该是一个舞台艺术家，让舞台上的一切都成为这个舞剧的表现手段"；但张继钢在《一把酸枣》中最见成效的突破，是"坚持限制与重复"的编舞理念。如他所说，"在舞剧的群舞编排上，我不断坚持的就是'限制'……我反对动作的堆砌，坚持简约中见精彩，限制中出风格。""我在（第）四幕'红灯贺喜舞'中强调的就是'脚'的限制……我在'脚'上做足了文章，尝试着用收腿后伸、勾摆转换等脚上细腻的变化，表现出人物自我玩味、自我欣赏和自我陶醉的心境，渲染出空虚豪华下的浮光掠影。"继钢还说："重复是最有力量的。我在（第）五幕中编排的'驼队舞'就是一个不断重复的尝试。这个长达8分钟的舞蹈只有一组动作，就是舞者双手高举巨大的铃铛、单腿后收落地身体前伸……舞蹈中，我用了不同服装颜色，用不同位置、不同方向、身负不同财宝、数量不断增多的方式重复这组动作，呈现出浩浩荡荡、无边无际、气势恢宏的驼队景象……"正是这种"限制"与"重复"，使《一把酸枣》的群舞编排产生了强烈的视觉冲击和心灵震撼！

五、"艺术职业学院努力体现职业特色，积极探索'产学研一体化'的发展道路……他们坚持使教学演出与艺术实践相结合，在保证教学质量的同时，加大科研力度以提升学院的理论水准，组织演出实践以强化学生的实践能力。"

当年观看舞剧《一把酸枣》时，我只觉得是我们的艺术职业院校创排了一部优秀舞剧。那几年间，还有浙江艺术职业学院创排了音乐剧《五姑娘》，有湖北艺术职业学院创排了舞蹈诗《家住长江边》……这说明我们艺术职业学院演艺创排热情不断高涨，创排实力不可低估。那一时期我任职于文化部艺术司，当然期盼着有更多的优秀舞台艺术作品问世，也就当然期盼着艺术职业院校发挥更大的作用。转岗文化科技司以来，因为工作职能包含"艺术教育"，对于院校的舞台艺术创作也就更为关注。事实上，北京舞蹈学院50年代的舞剧《鱼美人》、上海舞蹈学院60年代的舞剧《白毛女》、中央戏剧学院80年代的话剧《桑树坪纪事》等，不是一般意义上的"繁荣创作"，更有"推动发展"的意义。当山西艺术职业学院再度创排舞剧《粉墨春秋》并且再度"领新标优"之际，我感受到了这种创排机制的活力与能量，我也思忖着这种活力与能量对于"艺术教育"的意义。

在进一步的了解中，我读到时任山西省委宣传部门一位领导的讲话。从这个题为"让山西文化走向全国走向世界"（载《艺境》2005年总17期）的讲话中，我摘录了作为本节题头的那段话。也就是说，舞剧《一把酸枣》的创排是当时在京举办的"华夏文明看山西"文化艺术周的一个项目，在对这个文化艺术周的总结中，山西省委宣传部门认为主要是确立、突出和强化了"三个意识"：一是确立品牌意识，努力展现具有地域特色的文化亮点；二是突出精品意识，努力实现思想性、艺术性和观赏性的高度统一；三是强化产业意识，努力通过市场取得社会效益和经济效益的双丰收。正是在这样一个极具现实意义和前瞻视野的思考中，从更深层面上强调了"艺术职业学院努力体现职业特色，积极探索'产学研一体化'的发展道路"！

很显然，舞剧《粉墨春秋》是继《一把酸枣》之后在"产学研一体化"发展道路上的进一步探索。同样显而易见的是，当刘云山部长盛赞舞剧《一把酸枣》的探索精神、创新精神和开拓精神时，山西艺术职业学院的广大师生也视之为对自己发展职业教育、探索育才路径的褒扬和激励。山西艺术职业学院的舞剧《一把酸枣》参演"华夏文明看山西"文化艺术周，其实不是一颗孤立的棋子，而是当时山西省委推进文化强省建设谋篇布局中的重要一着。如其省委宣传部门的领导所言，为推进文化强省建设而举办的"华夏文明看山西"文化艺术周，本身就有着改革体制、用活机制的举措，这其中一是努力解放文化生产力，实现文化生产要素配置最优化；二是打破部门和地域的限制，实现人才整合最优化；三是围绕主题，形成规模，实现社会综合效益最优化。山西艺术职业学院正是在三个"最优化"的"文化强省建设"理念中，积极探索、坚定实践艺术职业教育的办学理念和育才追求的。

六、"职业教育有一个明显的内涵，就是教育同职业紧密联系，就是同具体的岗位、具体的事业、具体的就业方向、具体的实践应用能力紧密联系。艺术职业教育首先是就业教育，就是要培养出受社会欢迎的一流人才。"

这回该谈谈山西艺术职业学院院长李力同志了。本节题头的这段话，摘自李力的论文《〈一把酸枣〉对艺术人才培养的启示》（载《艺境》2005年总18期）。作为"文化强省建设"具体的建设者来说，李力的论文让我们知道舞剧《一把酸枣》并不仅仅是一部"被称为"一把酸枣"的舞剧"，它更是"投向探寻高等艺术职业教育人才培养模式的问路石"。在李力看来，《一把酸枣》作为"问路石"，在于它的"艺术创作和舞台实践过程打开了封闭的教室，开启了师生创造的闸门……我们的学生懂得了什么是准确，什么是生动，领悟了从建立规矩到打破规矩的奥妙，感悟到艺术的真谛……我们的教师在与优秀艺术家合作的过程中开阔了视野，重新审视教材和教学方法，激发了教学研究的热情，提升了教学水平，提高了教学能力。"

作为山西艺术职业学院的院长，李力同志不仅勇于探索而且善于总结。在他梳理的逻辑思考中，首先要明确"人才是艺术教育的最终产品"；然后还要明白"艺术作品是人才培养的载体"，"艺术实践是人才培养的出路"，"艺术市场是检验艺术职业人才的试金石"。于是，李力和他的同事们"从大文化、大教育、大市场出发，重新配置教育资源，整合优化教学结构，努力扩大艺术教育市场的份额"，在教学上突出"专业适应市场、教育适应专业、教学适应学生、学生适应社会的方针"。从"投石问路"到"以石试金"，强调"扩大艺术教育市场的份额"，的确让人眼为之一亮，心为之一震。我曾任教于艺术高校10余年，并担任过5年多的高校领导,当然知道这种提法的风险和不去提它的纠结。在此,我觉得应当充分肯定李力和他的同事们"问路"的勇气,更应充分褒扬他们"试金"的胆量。

一个令人欣喜的结局是,当舞剧《一把酸枣》入选"2005—2006国家舞台艺术精品工程十大精品剧目"时,与之同步探索的《高等艺术职业教育人才培养模式的探索与实践》(李力执笔)也荣获国家文化部第二届"创新奖"。因我那时任职于文化部艺术司,对于《一把酸枣》入选"十大精品剧目"认为是"瓜熟蒂落""水到渠成"的事。而今日重读李力同志荣获"创新奖"的"创新项目报告",才知道也是"风起帆扬""纲举目张"的手笔。李力的"报告"说:"我们强调培养目标的具体化,以突出岗位特征;强调教育过程的完整性,以突出实践特征;强调事业和产业的结合,以突出市场特征。"在这样的办学理念的指导下,山西艺术职业学院总结出"课堂教学——艺术创作——艺术实践——市场检验"的人才培养模式,为探索高等艺术职业教育模式迈出了坚实的一步!事实上,舞剧《粉墨春秋》是他们迈出的第二步,这一步同样是坚实的,同样会进一步开拓并深化办学理念。

七、"教育成效不应只是看学生是否能准确填写标准答案,更要看学生的学习能力、实践能力、创新能力……要树立全面发展观念、人才成长观念、多样化人才观念、系统培养观念、终身学习观念,形成体制开放、机制灵活、渠道互通、选择多样的人才培养体制。"

2010年7月,《国家中长期教育改革和发展规划纲要》正式颁布。7月13日召开了动员全党全社会全面实施"规划纲要"的"全国教育工作会议",胡锦涛总书记在会上发表重要讲话。"讲话"从"充分认识推进教育改革和发展的重大意义"破题,在肯定我国教育事业已经取得重大成就的同时,也指出了当前存在的主要问题,这其中就包括"学生适应社会和就业创业能力不强,创新型、实用型、复合型人才紧缺"。为此,胡锦涛总书记特别强调"要促进学生全面发展,优化知识结构,丰富社会实践,加强劳动教育,着力提高学习能力、实践能力、创新能力,提高综合素质,加快改变学生创新能力培养不足的情况。"作为本节题头的那段话,也是胡锦涛总书记在"讲话"中特别强调的。

2010年8月23日，为认真学习贯彻全国教育工作会议精神和教育规划纲要，中共中央政治局委员、国务委员刘延东同志在"教育部直属高校工作咨询委员会第二十次全体会议"上发表讲话，她指出："要抓住学习贯彻教育规划纲要的契机，开展教育观念和教学工作大讨论，进一步更新观念，拓宽思路。"围绕着人才培养，延东同志强调了"五个更加注重"，即更加注重创新性，更加注重综合性，更加注重实践性，更加注重开放性，更加注重选择性。联想到山西艺术职业学院通过《一把酸枣》和《粉墨春秋》两部舞剧创演体现出的"育才"追求，我们可以看到他们在努力践行"五个更加注重"的人才培养要求。

我们的教育现状与理想的人才培养理念存在距离是一个不争的事实。从某种意义上来说，当前需要大力发展的职业教育，正是实现"五个更加注重"的重要抓手或者说重要方面。延东同志在谈到教育改革发展的重点任务和关键环节时，首先提到的便是"以终身学习理念为引领……巩固和普及义务教育、大力发展职业教育、提高高等教育质量三大重点"。相对于另两大重点的"巩固和普及""提高"而言，职业教育的"大力发展"显然对当前推动经济发展、促进就业、改善民生有着更为重要的意义。作为面向人人、面向社会，着力培养学生职业道德、职业技能和就业创业能力的职业教育，宗旨是服务，导向是就业，人才培养模式是工学结合、校企合作、顶岗实习。在艺术职业教育领域，山西艺术职业学院确实先迈了步，探了路，举了纲，张了目！

八、"教育之所以成为人类社会的必需，与人类社会许多必需的事物一样，也无非是为了人类社会的生存与发展。因此教育最基本的功能，在于使每一个体——是习得融入社会的基本规则，二是习得发展个体的基本能力。前者决定着通识教育理念的形成，而后者促成了职业教育功能的拓展。"

任职文化部文化科技司后，我于2010年3月撰写了《艺术职业教育十大关系》一文（载《中国文化报》2010年3月17日），较为系统地思考了艺术职业教育的育才理念。"十大关系"思考的起点，在于"通识教育与职业教育的关系",本节的题头就是这一思考的基点。我在其中谈到"正因为每一个体既不能脱离社会而存在,同时又需要在社会存在中发展个体,因此每个体的'成人'就意味着接受了相当程度的通识教育和职业教育。"我还谈到"由于人类社会结构日趋复杂、人类社会历史日趋厚积,'通识教育'不仅在历时性向度而且在共时性状态中,都明显呈现出对'职业教育'的挤压。其结果,是使我们许多在年龄上已经'成年'的个体,尽管已经熟悉融入社会的基本规则,却明显缺失在社会中发展个体的基本能力。我们多年来所说的教育'减负',我认为一个重要的方面就是减轻'通识教育'对'职业教育'的挤压。因为通识教育在很大程度上属于终身教育的问题。"

学校教育,特别是作为职业教育的学校教育,其育才理念主要是让每一个体获得在社会分工中的职位与能力,也可以直白地理解为"就业教育"。美国、英国等发达国家,在对发展教育的战略思考中,都十分强调"就业"这一关键价值。如奥巴马在2009年宣布《美国全国教育改革计划》时,就强调"为所有人提供一个完整的、有竞争力的、从摇篮到职业的教育"。同年,英国布朗政府在白皮书《新机遇:迎接未来的公平机会》中,也强调"为所有人铺平教育到工作过渡的道路"。实际上,其共同的关注点就是教育如何保障"就业"的问题。在其共同关注中,一是要思考"为所有人"的多样化的职业教育,二是要思考"有竞争力"的高素质的职业教育。

有学者认为,要完善现代职业学校教育,应探索建立现代学徒制度。他们注意到,综观世界职业教育实践,凡是办出特色、水平很高的国家,政府无不承担起支持职业教育发展的清晰责任,行业企业无不积极参与职业教育的运行过程。他们也因此提出,"现代学徒制度"是行业企业参与职业教育的一种有效模式。这种模式可为行业企业节约成本、简化招聘程序,学生也可延长实训时间、积累实际经验,这是从工业化迈向知识经济进程中校企深度合作的成功模式。从某种意义上来说,"现代学徒制度"是"实践优先的职业教育"。山西艺术职业学院由两部舞剧成功创演所体现的育才追求,追求的正是"实践优先的艺术职业教育"。我们注意到,山西艺术职业学院的育才追求已落实到体制的改革,这其中最重要的便是探索"校团合一"的办学之路。正如李力同志所说,他们在这条办学之路上探索着怎样实现艺术人才零距离就业，探索着怎样将艺术教育实践转化为文化市场成果，探索着怎样建立中国特色的"现代学徒制度"。应当说，"实践优先的艺术职业教育"对山西艺术职业学院来说也是一种探索性的实践，这一探索的重要性和必要性已是无需赘言了，这一探索的前瞻性和示范性也是可以预期的。我相信这种"实践优先的艺术职业教育"会走得更实、走得更好，也走得更远！

（原载《中国文化报》2012年7月31日）

艺术学：独立学科门类的学域扩张与学理建构

2011年2月，国务院学位委员会审议批准了经过调整的《学位授予和人才培养学科目录》。这个"学科目录"的颁布顺应了我国艺术界长期的、强烈的诉求，因而理所当然地引起了艺术界持久的、热烈的反响。国务院学位委员会艺术学学科评议组召集人仲呈祥先生更是称"这是我国高等教育史、学科建设史和人才培养史上一件具有里程碑意义的大事，是21世纪中华民族伟大复兴历史进程中艺术自觉、艺术自信、艺术自强的一项重大举措。"这个"具有里程碑意义的大事"是艺术学成为"学科目录"中第13个"学科门类"。

一、艺术学成为独立的学科门类，是从"文学"这一学科门类中独立出来；促成这一"独立"的学科目录调整，是对1997年颁布的《授予博士、硕士和培养研究生的学科专业目录》的调整。这是一场历时14年之久的"独立战争"。

据我所知，14年前或更早些时候，艺术教育特别是研究生层次的高等艺术教育是比较薄弱的。这个薄弱主要体现在三个方面：

其一，普通高校除师范院校外，基本上没有高等艺术教育。师范院校的艺术教育由于定位于为中、小学培养音乐、美术师资，学科界域、学科层次都有所规限；而一些普通高校所设"艺术教研室"，基本上行使着开设美育共同课和课外活动课的职能。

其二，作为独立院校的艺术教育，其主体部分是培养艺术从业者的职业教育。这使得我们的艺术院校理所当然地把技能教育放在比学理教育更重要的位置，这也使得艺术教育在既定的"重道轻术"的教育理念中被"矮化"，特别对某些"早期专业型教育"（即在孩童时期便开始技能训练）的表演艺术更是如此。

其三，艺术教育由于艺术样式本身的多样性，各艺术样式的学理建设"存异"容易"求同"难，因而从各自不同的视角不同的需求借助文学理论、美学理论（这已属"哲学"学科门类了）的"他山之石"。这一方面体现出艺术学学理建设对于文学、美学学理的"追随性"，一方面其实还体现出艺术学各艺术样式学理之间的"排他性"。

从以上三个方面来看，在高等教育特别是研究生教育层次上，艺术学在"学科专业目录"中从属于文学，在当时不仅有其合理性而且有其针对性——针对文学学理在艺术学学理建设以及艺术学学科提升中的积极影响和实践意义。这是我们在艺术学升格为"学科门类"的今天仍应铭记的一段历史。

二、艺术学力争成为学科门类的"独立战争"，不是向统摄自己的"文学"开战，而是向"文学"与"艺术学"之间的逻辑关系开战。这场"独立战争"之所以历时弥久，在于"逻辑理性"的水到渠成，但并不意味着"学科实际"的瓜熟蒂落。

其实，早在1992年由国家技术监督局颁布的《学科分类与代码》中，就确定中国学科分类的国家标准是自然科学、农业科学、医药科学、工程与技术科学、人文与社会科学五大门类。在这个学科分类中，"艺术学"与"文学"是并列在"人文与社会科学"门类下的一级学科。实际上，如果需要一个学科门类统摄并且仅仅统摄"文学"和"艺术学"的话，将原来统摄着"艺术学"的文学改称"文艺学"也未尝不可，只是本身还涵括着"语言学"庞大学科家族的"文学"未必愿意就范。事实上，"文学"作为独立的学科门类，不仅在于其数千年来可考可研的文献积累和有知有识的学理建构，而且在于其作为社会交往工具和思维编程语码的普遍性。

相形之下，在"艺术学"的各艺术样式中，许多久远的艺术形态（特别是表演艺术形态）一部分靠"口传身授"来延续，一部分在只鳞片爪的文献记述中难以复原；而那些依托科技进步出现的新兴艺术业态，一时半会儿似乎还难以为传统人文科学的话语体系所接纳。一个显见的事实是，艺术作为学科教育的迅速扩张和高速发展，对应的是一个"浅阅读"的读图时代，是一个"娱乐至上"乃至"愚乐至上"的接受境遇。成为独立学科门类的艺术学，在赢得"独立战争"的胜利之时应清醒地认识到，实施着广袤的学域扩张并不意味着实现了伟岸的学理建构。

三、艺术学赢得"独立战争"的胜利，主要是实施着学域扩张的业绩；而艺术学学理建构的成就，至少在目前就其主导方面而言，仍然是"文学"统摄的结果。探讨艺术学学理建构的独特性，没有必要、也不可能彻底摆脱所谓的"文学思维"。

艺术界在欢呼"艺术学"升格为独立的学科门类之时，溢于言表的是自信、自尊和自豪（似乎少了些自觉和自强）。学者们似乎更乐意喋喋不休地去说艺术的发生早于文学的发生，说艺术的内涵丰于文学的内涵，甚至说《周礼·地官》便有"六艺"之说，而《汉书·艺文志》更把"艺"排在"文"之前……其实，这些说法都不是当下"艺术学"升格为学科门类的主打理由，其不容忽视的理由主要在于学科的学域扩张和学理建构。顺带说一句，"六艺"的"礼、乐、射、御、书、数"并非今天意义上的艺，对它的言说只是比照出今日之"艺"的式微；而"艺文志"作为《汉书》的史述，关注的主要是"经史子集"中"集部"的文字而非"艺术"，《汉书》《后汉书》另有"礼仪志""礼乐志"录述乐舞之类的艺术。

之所以提及这一点，是因为面对"艺术学"提升为"学科门类"，我们更需要的是超越自尊、自豪的自觉与自强。说到"自觉"，人们必然会想到"艺术学"旗号下各艺术样式的本体研究及学理建构，又必然会提及"文学"统摄时学理框架的借助和学理思维的限制。事实上，从事艺术学学理建构的学者，由"文学"步入"艺术"领域者为数可观且成就甚丰。正如对于"美学"的研究有"自上而下"（自哲学领域走出）和"自上而上"（自艺术领域步入）之分，对于"艺术学"的研究也可以有文学学理的参照和艺术本体的升华。鉴于文学学科的学理框架和话语体系以语言文字为基石，而这一基石又具有社会交往工具和思维编程语码的普遍性，我们在加强艺术学学理建构之时，没有必要、也不可能彻底摆脱所谓的"文学思维"。

四、"文学思维"是一个比拟性的词语。就文学与艺术的创作思维而言，我们通常称为"形象思维"，它以始终伴随着形象、充溢着情感、运演着联想和想象以区别于"抽象思维"。但实际上，形象塑造的材料成为思维运演的材料是"形象思维"更深层的本质特征。

严格意义上的"艺术思维"，我以为指的是艺术创作中的"形象思维"；而严格意义上的艺术思维的独特性，就在于形象塑造与思维运演材料的同质性。在艺术家艺术创作的层面上，不可能有彻底的"文学思维"，否则，艺术家就很可能也同时具备文学家的素质。比如我认为雕塑家吴为山的散文小品就写得极佳。说"文学思维"对"艺术思维"的统摄，一种情况是某些艺术样式本身就以"文学"为本，如悠久的戏剧和新兴的影视艺术，而作为戏剧之本的剧本本身也是一种文学体裁。另一种情况指的是各艺术样式的学理建构。应特别指出的是，无论哪一艺术样式，其学理建构的思维运演材料都并非那一艺术形象塑造的材料，各艺术样式学理建构的艰巨性在于对上述非同质材料的有效转换。

说到"有效转换"，就不能不深入探究、深刻洞察进行"转换"的两极：一极当然是某种艺术样式在材料运用中形成的创作规律的独特性，另一极显然是理论思维之思维材料及其语码编程的普遍性。没有前者，我们的学理建构就那一艺术样式而言无异于"隔靴搔痒"；没有后者，那一艺术样式的学理建构又难免有故意让学界"隔岸观火"之嫌。艺术学各艺术样式的学理建构需要独特性，但不是那种"内行人看门道，外行人看人行道"的独特性；如果过分强调放弃"沟通性"可能的独特性，那我们艺术学的学理建构将会如同"巴比伦塔"的建造一样"劳而无功"。

五、对于艺术学的学理建构，事关艺术家作为独立学科门类后的学科品质。艺术学各艺术样式学理建构的特质，在于其具有极高技术含量的实践性，如何将这种"实践性"上升为"实践理性"，是艺术学学理建构的核心课题。

成为"学科门类"之一的艺术学，目前下设五个一级学科，即艺术学理论、音乐与舞蹈学、戏剧与影视学、美术学、设计学。在此我想指出的是，作为学科门类的艺术学的学理建构，不仅仅是作为"一级学科"的"艺术学理论"的学理建构。固然，"艺术学理论"的建构是"艺术学"学理建构的重要组成部分，并且"艺术学理论"的建构也需要对各艺术样式"高技术含量的实践性"加以理论言说、理论概括和理论提升。但至少在目前，我们的"艺术学理论"还无法建立起一个能有效统摄各艺术样式学理建设的框架。显而易见的是，既往参照文学划分方法将艺术学划为艺术理论、艺术史和艺术批评的"三分法"，都没有触及艺术学学理建构的核心课题，或者说是一种大大游离于各艺术样式本体的学理建构。

在我看来，作为学科门类的"艺术学"，其学理建构的领域，最精练的表达就是史、论、术三个方面。并且，史和论的主体应当是"术"的演进史和创造论。作为学科门类的艺术学的学理建构，当前最为紧迫的是各艺术样式本体之"术"的学理建构，没有这个"核心课题"的解决，我们根本不可能建立起具有成熟"学科品质"的学科门类。换言之，艺术学科建设的关键任务是"以道观器"并"以技通道"。艺术学提升为独立的学科门类，只是为我们尽快完善"学科品质"拓辟了路径，而"学科品质"真正意义上且符合本体特征的建构，还需要我们进行艰辛与持久的跋涉。

六、应当注意到，艺术学近十余年的学域扩张主要是"解牛"之术而非"屠龙"之道的扩张，这是我国教育事业对职业教育高度重视和大力加强的结果。作为独立学科门类的学科建设，要重新审视和调整艺术作为职业教育的若干关系。

许多媒体在对艺术学升格为学科门类的报道中，以醒目的标题称这将是一个"影响深远的制度性变革"。我注意到一位美术学院院长的诉求，说是"今后授予艺术学学位时，我们可能对毕业论文不会那么看重，而是根据国外同行的做法，以创作报告及创作成果为测评标准。"事实上，由"京剧研究生班"成功实践而推动的"MFA"（Master of Fine Arts，艺术创作硕士）学位制度，已经推进着这一诉求的实践进程。

2010年，《国家中长期教育改革和发展规划纲要（2010—2020）》正式颁布。"纲要"高度重视包括艺术职业教育在内的各类职业教育，强调职业教育是面向全社会、面向所有人的教育，对促进经济发展和社会进步、实现就业、改善民生、优化教育结构、体现社会公平、提升民族素质具有重要的基础性作用。艺术职业教育，不同于素质教育视野中的艺术熏陶，它是研习者的立身之本和谋生之道。既然艺术学升格为学科门类是"影响深远的制度性变革"，那么我们必须更深入地去思考艺术职业教育的发展目标，更深入地去思考办学模式、培养模式、教学模式和评价模式的改革。简言之，要考虑实行政府主导、行业企业和社会力量广泛参与的多元办学体制；要考虑推行艺学结合、校团结合、顶岗实习、回炉深造的培养方式；要考虑运行与就业环境贴近的教学环境、按岗位技术需求和技能标准去开发课程编写教材；最后当然是要建立以检验职业能力为核心的评价体系。

我曾撰文谈到应正确处理艺术职业教育的十大关系，论及通识教育与职业教育、终生教育与就业教育、传承教育与创新教育、实验教育与实用教育、自律教育与他律教育、学理教育和技能教育、课堂教育与实践教育、共性教育与个性教育、立场教育与视野教育、统编教育与特色教育十个方面。提出"正确处理"其实就意味着对既往艺术职业教育教学理念乃至教学模式的调整。我以为，这也是艺术学升格为独立的学科门类后最亟待解决的学科建设重任！

（原载《中国文化报》2011年5月23日）

"两大一新"文化建设中的艺术科研

一、从 2009 年度国家社科基金艺术学项目评审谈起

国家社科基金项目评审工作是全国哲学社会科学规划领导小组最主要的工作抓手,其中艺术学项目的评审由设置在国家文化部的全国艺术科学规划领导小组负责执行。2009 年 5 月,担负领导小组办公室职责的文化科技司社科处在福州召开了国家社科基金艺术学项目年度评审工作会议,王文章副部长在会议讲话中提出评审工作一要明确使命,推进创新,促进发展繁荣;二要加强导向,服务大局,突出科研重点;三要提高质量,严格把关,打造精品力作。他还特别强调:"本年度项目应以我国文化建设与发展战略中急需解决的重大现实问题、热点难点问题和涉及文化建设现状的数据调查研究等应用对策研究为主攻方向,同时对在学科建设方面具有填补空白意义的基础理论研究、民族民间文化遗产研究等集体攻关课题以及边远贫困地区和少数民族地区特别是西部地区文化艺术研究给予倾斜"。从 2009 年度国家社会科学基金艺术学立项名单来看,年度项目的立项基本上体现出这一要求。但我们注意到,在 2009 年度国家社会科学基金艺术学所立 102 个项目中,全国文化系统只有 21 个,约占五分之一强;且文化部直属单位和地方文化厅所属单位又占一半左右。鉴于文化部设有专门的中国艺术研究院,各省(还有不少地市)文化部门又有专属的艺术研究院所,这一立项课题所占比例明显偏低的现象不能不引起我们的关注。

二、文化系统艺术研究机构课题近年来立项状况不佳

我请社科处同志就近 3 年文化系统承担国家社科基金艺术学项目情况做了大概的统计:一个是文化系统内外国家社科基金艺术学项目分布

情况（表一），另一个是文化系统承担国家社科基金艺术学项目分布情况（表二）。

表一　文化系统内外国家社科基金艺术学项目分布情况

年度 \ 单位	文化系统 文化部直属单位	文化系统 文化厅所属单位	非文化系统 高等院校	非文化系统 其他单位	合计
2007	11	10	60	2	83
2008	16	15	59	2	92
2009	11	10	75	6	102
总计	38	35	194	10	277

表二　文化系统承担国家社科基金艺术学项目学科分布情况

年度/单位		艺术基础理论	戏剧戏曲（含曲艺、木偶、皮影）	电影、电视及广播电视艺术学	音乐	舞蹈（含杂技、魔术）	美术（含艺术设计）	文化艺术管理	合计
2007	文化部直属单位	2	0	2	1	0	5	1	11
2007	文化厅所属单位	2	2	0	1	0	1	4	10
2008	文化部直属单位	1	1	1	2	0	7	4	16
2008	文化厅所属单位	6	4	0	1	2	1	1	15
2009	文化部直属单位	1	3	3	1	1	1	1	11
2009	文化厅所属单位	0	5	0	0	1	1	3	10
总计		12	15	6	6	4	16	14	73

从"表一"来看，非文化系统高等院校的立项课题占项目总量的三分之二强，而文化系统只占项目总量的三分之一弱。在"表二"中我们可以看到，文化系统立项课题的学科分布，主要在美术、戏剧戏曲、文化艺术

管理、艺术基础理论等几个学科，其中文化部直属单位除美术外，基本都不占优势。这就给我们提出了两个方面的问题：一方面是我们如何加强与非文化系统高等院校的联系，关注并有效扶持这个艺术学研究目前最具活力的方面军；另一方面是我们如何改善文化系统艺术研究机构的状况，使之重焕生机与活力。

三、"十大集成"曾是艺术研究机构长项、硬性的课题

关于上述问题的第一个方面，我以为一是要在艺术学研究方面加强与原文化部直属艺术院校主管部（省）的共建工作，二是要就我们传统艺术学研究缺失的学科（如影视艺术、设计艺术等）加强与中国传媒大学、北京电影学院、清华大学美术学院等的联系，三是要就文化艺术管理研究方面的新拓展如文化产业、文化市场、文化信息共享等方面的研究与相关高校及社科研究部门加强联系。关于第二个方面，2009年8月至11月，借相关工作之便，我与社科处的同志先后对广西、云南、贵州、四川、广东、江西、江苏等省（区）文化主管部门所属艺术研究机构进行了调研；同时，社科处也寄发了"全国文化系统艺术科研机构基本情况调查表"做问卷调查。就总体印象而言，我们文化系统艺术研究机构的状况呈现为：一、办公条件尚可但研究经费严重不足；二、研究刊物水准较高但研究队伍青黄不接；三、基础性研究成果尚可但对策性研究明显缺席。虽然各地艺术研究机构生存及发展状况有很大差异，但一个具有共性的问题是研究院所的职能定位变得模糊不清了。事实是，我们文化系统几乎所有艺术研究机构的建立及其工作展开都与"民族民间文艺"的"十大集成"相关，这部进行了30年之久的"十大集成"有6至7部是由我们各地的艺术研究机构来承担的。2009年10月，"十大集成"召开全部完成出版工作的表彰大会；而与此同时，我们艺术研究机构的这一基本职能也就终结。用我们研究机构同志们的话来说，叫做"没有了长项、硬性的研究课题"。

四、开门办院、研究转型、科技自觉与形成特色

其实，我们各地艺术研究机构的研究工作仍在进行，但大多数的研究是"集成"工作模式及其延伸。这使得我们地方艺术研究机构跻身国家艺

术学项目的课题基本上是地方戏曲的研究。在上述各省（区）艺术研究机构的调研工作中，我们看到他们还是在不断积极动脑筋、想办法来解决生存与发展问题的：一是提出了"开门办院"的构想，认为我们艺术研究院所要与高校艺术研究部门及其他关涉文化建设的部门沟通，要力争形成研究、创作、教育三位一体的格局；二是提出了"研究转型"的构想，认为我们要改变单一的"集成"工作研究模式，要面向当前的文化建设、面向群众的文化需求来进行研究，使艺术研究真正具有并实现其社会价值和效益；三是提出了"科技自觉"的构想，认为要正视科技进步对当前社会发展的推动作用，要正视当代文化建设中的科技含量，要在科技自觉的高位推动中实现文化创新；四是提出了"形成特色"的构想，认为不同地区文化建设都有需要解决的不同问题，艺术研究机构在解决地区特别对象、特殊问题时会形成自己的研究特色，而"特色"正是自己的立身之本。但是，"没有了长项、硬性的研究课题"以及随之而来的研究机构职能的弱化，成为我们文化系统艺术研究机构最为困扰、最为焦虑的问题。许多研究机构还迫切希望提出国家文化建设中的重大课题来集体攻关。

五、当前艺术研究机构建设的关键在于职能定位

看来，我们艺术研究机构当下的生存与发展的确有个重新审视与思考职能定位的问题。早在2002年，文化部就颁发了《关于加强全国艺术研究院所建设的意见》这样一个文件。其中对艺术研究机构的职能表述为："围绕文化行政部门的中心工作，为建立有中国特色社会主义文化艺术科学学科体系，开展艺术科学基础理论研究；积极参与文化艺术实践，研究文化艺术生产与管理规律、建设发展战略；收集、整理、保护、研究以及开发利用民族民间文化艺术资源，建立并完善文化艺术档案管理及信息咨询服务系统；开展对外文化艺术交流与传播，研究、借鉴世界各国优秀文化艺术成果。"文件还特别强调："各级文化行政部门要在政策规章及制度上明确并落实上述内容，指导、推动艺术研究院所努力适应上述任务与职能的要求。"在我们的调研中，注意到上述职能表述中开宗明义的"围绕文化行政部门的中心工作"就没有体现在我们绝大部分艺术研究机构的研究工作中。当然，这一方面要看文化行政部门是否对所属艺术研究机构提

出了这方面的要求，另一方面也要看我们的艺术研究机构是否能提供有价值的研究。至于职能表述的其他方面，在不同地区不同艺术研究机构中有多少不等、程度不同的存在，目前文化系统艺术研究机构较为普遍的职能是"收集、整理、保护、研究以及开发利用民族民间文化艺术资源"。

六、艺术研究机构"后集成"时期的职能拓展

不能"围绕文化行政部门的中心工作"，使得文化行政部门在行政决策、行政立法、行政监管、行政服务等方面无法感受到艺术研究机构所发挥的作用；同时，也不利于艺术研究机构强化对策性研究课题的针对性和敏锐性，不利于艺术研究机构进入"后集成"时期的职能拓展。不能通过职能拓展来焕发生机与活力，固然是我们艺术研究机构创新意识较弱的表现；但也体现出多年来"十大集成"作为"长项、硬性的研究课题"导致的思维惯性乃至研究惰性。通过调研，我们看到有的艺术研究机构在职能拓展方面做得较好，其中一个重要的原因是文化主管部门赋予其"长项、硬性"的职能稳定了军心，从而进一步走出思维惯性盘活研究惰性。赋予"长项、硬性"的职能，是文化系统艺术研究机构"后集成"时期加强自身建设的关键。无论是上级主管部门的"赋予"还是自身的"拓展"，文化系统艺术研究机构可以胜任并且应当胜任的职能有以下方面：

其一，艺术研究机构应完成文化行政部门交办的文化规划、文化政策制定、文化热点现象分析等带有研究性的文化行政工作，这应是艺术研究机构一项基本的职能，似可称为"文化行政工作的预研究"职能。事实上，有不少省、市的艺术研究机构承担了本省、市《"十一五"文化发展专项规划》的调研、论证、起草工作，在即将开展的"十二五"文化发展专项规划的制定中也应发挥作用。

其二，艺术研究机构应承担"非物质文化遗产"的摸底、申报、抢救、传承和保护性开发的职能。"非物质文化遗产"涉及的面宽事繁，但由文化行政部门所辖范围多与艺术研究机构既往所承担的"民族民间文艺集成"工作成果相关。我们注意到，不少省、市将"非遗"保护中心的职能交予艺术研究机构（如新疆、贵州、福建、广东、重庆等），既避免了设置新机构又延续了艺术研究院所既往"长项、硬性"的课题，产生了很

好的效果。

其三，艺术研究机构应负责艺术档案收集、建档、管理及咨询服务工作。艺术档案管理与服务工作的重要性是不言而喻的，但许多省、市在这方面的工作却是做得远远不够，机构的职能化、人员的专业化、档案的系统化都存在明显的不足。尽管也有省、市单独设立机构来做艺术档案管理与服务工作，但往往显示出管理、服务与研究、应用的脱节。在这方面，内蒙古自治区"两块牌子（艺术研究所和艺术档案馆）一套人马"的做法体现出档案建设和艺术科研的双重效益，也体现出两项工作的互相促进、相得益彰。

其四，艺术研究机构可以合并一定时期专为进行艺术创作而设置的剧目工作室、创作室等机构（有的艺术研究机构本身就是自上述机构转型而来），使艺术实践与理论研究紧密结合，共同提高。也就是说，我们的艺术研究机构既往多以"集成"为长项、硬性课题，研究对象多指向历史，而在当下的拓展中也应充分重视现状的研究，也应更多地关注艺术创作的未来指向。

其五，条件具备的艺术研究机构，还可以与普通大学就艺术学研究生教育进行联合办学，一可以将研究成果进行文化传习，二可以为社会也为自身培养专门人才，还可以通过"教学相长"促进研究深化。事实上，有不少教学单位已经用我们研究机构的退休人员在"发挥余热"。

其六，艺术研究机构还可以承担一些艺术学研究课题申报的组织工作，这不仅有助于增强研究机构的管理意识，而且有助于促进研究课题贴近当前文化产品和文化服务的前沿意识。

七、艺术学课题立项要引导并支撑职能拓展

毕竟，艺术研究机构的职能拓展还是要以艺术科研项目为导向的。"项目化生存"是目前许多大学学者的基本生存状况，当然更是我们专门的研究部门要正视并努力争取的现实。由文化系统艺术研究机构课题立项状况不佳引发的调研，使我们注意到这些机构在"后集成"时期因"长项、硬性"课题的缺失而陷入的困境，而我们的课题指南和课题立项工作却未能在引导和支撑艺术研究机构的职能拓展中发挥积极的作用。国家哲

学社会科学基金艺术学项目的评审工作交由文化部来负责组织，为使艺术科研有效地服务和促进文化建设，艺术学课题立项工作至少应当在两个方面创新思路：一是就研究理念而言，要在基础性研究中加强对策性研究，要在反思性研究中加强前瞻性研究，要在学理性研究中加强技艺性研究，要在业态性研究中加强区域性研究；二是就研究对象而言，要把既往专注于以艺术之史、论、法的研究拓展到艺术技艺传承、艺术产业链接、艺术市场营销以及艺术生产新要素、艺术服务新手段和艺术传播新媒介的研究。就后者而言，是说我们要在文化产业、文化市场、文化科技、公共文化服务和非物质文化保护的"新语境"中来拓展"艺术学"的项目研究。文化部文化科技司的主要工作是通过科学研究来发挥支撑和提升文化建设的作用，而这个研究分为社会科学和自然科学两个方面。作为我们当前工作的抓手，前者是"哲学社会科学艺术学项目"，后者是"国家文化科技提升计划"。我们前述关于艺术学项目立项创新思路的第二个方面（即就"艺术对象"而言），大多涉及艺术的管理科学和艺术的自然科学。而研究自然科学在文化建设中的作用（我们多直呼为"文化科技"），其实也是我们艺术研究机构职能拓展的一个重要方面。事实上，我们对艺术学项目的创新思路，得到了文化产业、文化市场、信息共享工程、非物质文化遗产保护等相关部门认同和扶持的意向，这就促使我们一要把社科基金艺术学项目做大拓宽，二要把文化科技提升计划抓准夯实，三要让科研课题立项在艺术研究机构职能拓展中发挥积极的支撑和引领作用——我们要通过课题来凝聚和锻炼队伍，也要依靠队伍来刷新和创优课题。我们的艺术研究机构要通过自己的职能拓展来证明，即便不再有"长项、硬性"的课题，我们也会显示出"长项、硬性"的能力。

（原载《民族艺术研究》2010 年第 1 期）

大数据时代的艺术学对策研究

2011年2月，国务院学位委员会审议批准了经过调整的《学位授予和人才培养学科目录》。这个"学科目录"的颁布顺应了我国艺术学界长期的、强烈的诉求，"艺术学"由一级学科升格为"学科目录"中的第13个学科门类。当时我曾撰文，认为"艺术学"的升格主要不是学理建构的效应而是学域扩张的影响。我曾指出：对于艺术学的学理建构，事关学科门类独立后的学科品质。艺术学各艺术样式学理建构的特质，在于其具有极高艺术含量的实践性。如何将这种"实践性"上升为"实践理性"，是艺术学学理构建的核心课题。（见《中国文化报》2011年5月23日）两年过去了，我总觉得艺术学学理建构似乎还缺点什么，而这个所"缺"之"点"不只是在"实践性"上升为"实践理性"方面显得薄弱，而且在"学理性"转化为"学理对策"方面显得极度疲软。

一、必须正视艺术学研究的"短板"现象

对一个事物水准高低的总体评价，不在其"高围"而在其"短板"。尽管多年来艺术学学理建构成就斐然，但它在"对策研究"方面存在着明显的不足。

1. 对策研究的"短板"在于"问题意识"的薄弱

我们所说的艺术学"对策研究"不是艺术学"研究对策"。我在有些学术机构做这一讲座时，主持人往往会说成"艺术学研究对策"。或许在其潜意识中感觉到艺术学研究的某种不足，认为需要在"对策"上加以考量。其实，我们所说的"对策研究"，是对既往"应用研究"或"现状研究"的一种更具针对性、更讲有效性的表述。相比较而言，"应用研究"

过于把重心放在基础研究上，强调的是基础研究的"应用"；而"现状研究"则过于把重心放在现状的描述上，不强调提出"问题"并进而提出"对策"。很显然，我们较少提"对策研究"，本身就意味着针对性"问题意识"的薄弱，也意味着有效性"价值关怀"的缺失。

这可能意味着，我们基础研究与对策研究的关联性出现了某种"断裂"。基础研究是普遍性的学理研究，对策研究是特殊性的学识研究；前者是后者的累积与升华，后者是前者的推演与修正。基础研究与对策研究关联性的断裂，可能主要在于基础研究研究程序的"内在化"。也就是说，基础研究过于沉迷于纯粹的学理研究，不关心"对策"因而也难以在对策研究中获取新的"学识"。基础研究与对策研究的关联，是普遍性与特殊性的关联，这个"关联"的断裂，在于我们淡忘了"普遍性寓于特殊性中"这一哲学命题。基础研究的学理，是对既往众多"特殊性"的分析与归纳，是艺术学研究的存量；对策研究的学识，是在新的"特殊性"面前将既往的"普遍性"加以推演与修正，是艺术学研究的增量。我们当前亟需的，是不断通过增量的"特殊性"学识去构建存量的"普遍性"学理。

基础研究与对策研究关联性的断裂，虽然矛盾的主要方面在于对策研究的明显不足，但对策研究的"短板"使基础研究不可避免地呈现出"板短"。基础研究的"书斋化"与对策研究的"急就章"是这一"断裂"必然给双方带来的后果。事实上，当基础研究沉湎于"本本"之时，也同时是对策研究失语于"现象"之际，一方面，是基础研究的"书斋化"隔绝了"源头活水"；另一方面，是对策研究的"急就章"呈现为"水上漂萍"。这需要我们同时加强基础研究的"对策"指向和对策研究的"基础"意识。就艺术学对策研究的"问题"意识和"基础"意识而言，我以为近年来《中国艺术报》给予了极大的关注并取得了显著的成就。仅今年以来，就有陈友军《青春偶像剧的"人"与"城"》（1月2日）、颜榴《叩问国家美术馆》（1月14日）、杨瑞庆《期盼戏曲新流派脱颖而出》（1月18日）、乔燕冰《能否诗意地栖居在自己的屋檐下》（2月4日）、赵勇《从摇滚到民谣："批判现实的音乐轨迹"》（2月4日）、周思明《对当前相声的思考和谏言》（2月25日）、慕羽《中国音乐剧发展要树立"多变目标"》（3月4日）、刘厚生《建设社会主义文化强国，戏曲怎么办？》（4月17日）、乔燕冰《中国舞者，为何难以走出生存魔咒？》（4月17日）、汪人元《优秀戏曲唱腔的"新"与"高"》（5月15日）、贾方舟《写实主义在当代的可能性》（5月29日）、刘星《中国民族管弦乐队之思》（6月17日）、章旭清和付少武《西方"艺术终结论"对中国艺术发展的现代隐喻》（6月19日）等多篇佳作问世。可以认为，关注对策研究不仅强化了《中国艺术报》对艺术学研究的针对性和有效性，而且极大地提升着该报的影响力和美誉度。

2. "问题意识"是时代的声音并指向"价值关怀"

北京大学教授何怀宏出了一部"思辩集粹"的文集，书名就叫《问题意识》。书的"代序"是何怀宏在北京大学的一次演讲，题为"问学之路"。讲演中，他杜撰了一副对联来区别"学术"与"学问"，联曰："学术是大家的，学术乃天下之公器，有规有界；学问是个人的，学问乃自我之心得，无端无涯。"他为这副对联做的"横批"叫"有学乃大"。这里的"学术"，即我们前述基础研究的"学理"；这里的"学问"，也就是我们所说对策研究的"学识"。学术、学问关注的是过程，而学理、学识强调的是结果。在我看来，"学识"不仅是"学问"追求的产物，而且也是"学问"价值的支撑。因此我认为，"学问"从"无端无涯"来说是"自我之心得"，但从"有用有效"来说也应是"天下之公器"。

在何怀宏看来，"学术"首先是"学述"，即孔子自言"述而不作"的"述"。"述而不作"作为学术，意在"以述代作"。当然，要述得周全、述成系统、述出新意也并非易事。现在的基础研究，当然不会"述而不作"，其"有规有界"的方式是"先述后作"，也即冯友兰所言先"照着说"再"接着说"。如果对策研究缺失，这种"接着说"恐怕只会是"照着说"的逻辑推演，而非基于对策研究成果之"看着说"的自觉修正。与"学术"不同，"学问"的本质在于"问学"，也就是学由"问"起、学解"问"惑、学释"问"疑。我们说"学问"既是"自我之心得"，也应是"天下之公器"，在于对策研究强调的"问题意识"是时代的声音，应对"问题意识"所指向的"价值关怀"是大众的情怀。

何怀宏指出"学问"有"知识性的问"和"思想性的问"之分，前者如孔子的"子入太庙，每事问"，后者如苏格拉底对知识"果真如此？"的诘问。我把这两种"问"视为"求知之问"与"求真之问"。其实，我倒愿意视这两"问"为我们做对策研究的两个步骤，即先"求知"再"求真"。只是在求知、求真之后，我们还要"求策"——求有针对性、讲时效性的"应对"之策，这个"求策"就是我们应对"问题意识"所指向的"价值关怀"。鉴于对所求之策的"价值关怀"还会有"价值"评估与考量，我们对策研究的"问题意识"一不要"可怜夜半虚前席，不问苍生问鬼神"，二不要"躲进小楼成一统，管他冬夏与春秋"。"问题意识"是时代的也是社会的。

二、必须关注大数据时代的思维转变

当我们正视艺术学研究的"短板"现象和"问题意识"薄弱之时，我们发现不断产生"问题"的时代自身也是我们亟待关注的"问题"。无论是解决时代的"问题"，还是应对"问题"的时代，我们都必须关注"大数据时代"的思维转变。

1. "大数据"将改变我们理解社会的方法

牛津大学网络学院互联网研究所教授维克托·舍恩伯格著有《大数据》一书，认为"大数据"会改变人们的行为方式、思维方法乃至价值观念。"大数据"又称为"海量数据"，指的是所涉及的资料量规模巨大到无法通过目前主流软件工具，在合理时间内达到撷取、管理、处理并整理成我们决策时实现更积极目的的资讯。"大数据"由于数量巨大，且来源庞杂、非结构性强，它通常用"概率"说话而并不给出"精确"的判断。就对策研究而言，无疑要求我们日益增强数据的分析能力，有效实现对未来的预测能力。

关于"大数据"的特征，业界解读的关键词是"4V"，即 Volume（容量）、Variety（种类）、Velocity（速度）和 Value（价值）。Volume 指的是巨大的数据量和数据完整性，Variety 指的是在海量、繁杂的数据间发现其内在关联，Velocity 指的是更快地满足实时性需求，而 Value 指的是获得洞察力和价值。"4V"中最重要的是 Value，这是"大数据"应用的最终意义。正如学者们所说："大数据"时代是人工智能、机器学习和数据挖掘等技术迅速发展所驱动的一个历史进程。这个进程要求我们将信号转化为数据，将数据分析为信息，将信息提炼为知识，以知识促成决策和行动。

鉴于"大数据"时代的"4V"特征，舍恩伯格认为它将为信息分析带来三个转变：一是信息分析"更多"，我们将面对全体数据而非随机样本；二是信息分析"更杂"，它要求我们在扩大数据规模时要学会拥抱"混乱"；三是信息分析"更相关"，这需要我们善于找出原本毫无关系的数据间的"关联性"。其中第三个转变，也即对信息分析"更相关"的认识至关重要。如舍恩伯格所言："有了大数据后，人们会认识到：其实很多追因溯果的行为都是白费力气，都是没有根据的幻想，会让思维走进死胡同。如果转而把注意力放在寻找关联性上，即使不能找到事物发生的原因，也能发现促使事物发生的现象和趋势，而这就足够了。"

2. 对策研究需要放弃"因果"寻找"关联"

放弃"因果"寻找"关联"，是学者们应对"大数据"时代信息分析的重要主张，是这一时代最应强化的思维转变。我曾读到钱旭红院士关于"思维之变"的演讲，主题谈的是由经典力学促成的"经典思维"向量子力学影响的"量子思维"的转变。为什么要强调"思维之变"，一个重要的动因在于我们需要预测把控未来，而关注理解过去并不能胜任这一任务。在钱旭红看来，"经典的世界及其思维强调机械、肯定、精确、定域、因果、被动、计划；而量子境界及其思维带来的是差异、可能、不准、离域、飘忽、互动、变幻。"用我的话来说，"经典思维"是基于知识的思维，在对"过去"的关注理解中强调着"因果律"；而"量子思维"是探求未知的思维，在对"未来"的预测把控中强调着"关联性"。寻找"关联性"，如舍恩伯格所说"即使不能找到事物发生的原因，也能发现促使事物发生的现象和趋势，这就足够了"。这也是我们"对策研究"的主张。

思维是人的思维，是在人的认识世界和改造世界的活动中发达起来的。认识世界是关注理解过去，改造世界则需要预测把控未来。马克思曾从两个不同的视角来定义"人"：在论及人的"类本质"时，他说"人是全部世界史的产物"；但他更认为"就其现实性而言"，"人是一切社会关系的总和"。很显然，人的"类本质"指向的是因果关系，而人的"现实性"强调的则是相关关系。在"全部世界史"的因果关系和"一切社会关系"的相关关系之间，我们的基础研究指向前者而对策研究强调后者。对策研究成为我们研究工作的"短板",其实并非仅仅发生在艺术学研究领域,但我们显然不能因为"彼此彼此"而"安然于现状"。

"大数据"时代诞生了数据科学家,他们当然知道追求事物的起因是人类的天性,知道人们视"寻找原因"为终极思维。但他们坚信,在大数据时代追求因果的过程往往是无果,通过关联性而不是因果关系来认识世界,才能有助于我们更好地了解世界。这是因为,我们认识、了解的世界是现实的世界,而这个"现实世界"的真相,要从"一切社会关系"而非"全部世界史"中来探求。在这个意义上,扁平地看世界是为了能更透彻地看到"相关性",看到更多在传统思维中原本被忽略的复杂关系。当舍恩伯格告诉我们,认识了解世界"只需知道是什么,而不需知道为什么"之时,其实是说真实的、准确的"是什么"要透彻地去分析种种相关、潜相关,或貌似不相关的"相关性"。这正是对策研究的思维取向。

三、必须探索艺术学对策研究的"求策"能力

如前所述,艺术学对策研究要从"问题意识"导入,要以"价值关怀"应对,这个研究的过程是求知、求真、求策的一脉相承。

1. 对策研究要反思"历史—美学"的方法

艺术学研究,曾经有过"新方法"的探索与选择。探索"新方法",本意是使研究具有新视角并呈现新气象。但因为在整体研究格局上,我们切割成艺术史、艺术原理和艺术批评三块,同时又纠结于基础理论研究和应用研究之间,使得"新方法"的抉择在艺术学研究中给人一种为方法而方法的印象,给人一种在变着法子阐述既往而非寻求路径预测未来的印象。其实,我们既往"历史—美学"的方法已经从历史的因果律和美学的相关性架构起研究理念的坐标,只是我觉得要将这个坐标深化到发生学的"认知建构"和格式塔的"整体把握"中去。因为"认知建构"是指向未来的"因果追溯",而"整体把握"是提出对策的"相关检索"。

有了这个认识,我们的对策研究先要明了艺术学研究的本质是"情感与形式"的相关性研究,而要使这种相关性研究具有针对性并实现有效性,就要树立以"艺术创作"为内核的研究理念。正如"艺术创作"不能

脱离对社会生活的艺术把握，不能走向艺术语言自我运演的"内在化"；"艺术学研究"也不能脱离对艺术创作的学识建构，不能走向普遍学理循环论证的"内在化"。"情感与形式"的相关性研究，重点是艺术创作中情感与形式在相互关联中"双向建构"过程的实现。这个"双向建构"的过程既是犬牙交错、足履异码的过程，也是相互匹配、相互激扬的过程，如何使前一过程的矛盾状态转换到后一过程的和谐存在，是我们艺术学对策研究的核心理念。

"情感与形式"的相关性研究是充满异数、充满变量的研究。在许多情况下，由这些异数、变量而造成的研究的复杂性，会由研究的核心层波泛到相关层乃至外围层。在我看来，以"艺术创作"为内核的核心层，核心是创作思维，包括思维的材料、逻辑、意象衍生和形象物化等。相关层主要是创作语境，包括创作者的言说语境和大众的接受语境，包括语境的历史"给定"和未来"生成"，包括语境的"局域"读解和"互联"共谋。而所谓"外围层"，是那些看似"不相关"、点击"无链接"但可能在更深层面上影响、制约相关层乃至核心层的种种要素。在大数据时代反思"历史—美学"的方法，一要拓展二要深化，在拓展和深化"相关性"中预测把控未来。

2. 对策研究的角度选择、协同应对和集成创新

对策研究的拓展和深化"相关性"，先要确立自己的视角。大数据时代使人们获得了视野，但不能定位视角的视野有可能让我们身陷沼泽且四顾茫然。定位视角就是我们所说的"角度选择"，在数据处理时叫"关键词"或"主题词"的确认。从某种意义上来说，"问题意识"的产生、构成及其未来的预测和把握，都深深维系于"角度"。角度窄了会把问题看得偏狭，角度阔了会把问题看得稀松，角度的俯视会把问题看得轻巧，角度的仰视又会把问题看得繁缛……更重要的还在于角度的切入点，虽然不能不受"个人之心得"的影响，但切入点一定要有"天下之公器"的胸襟。对策研究作为特殊性的学识研究，角度选择是切入点也是关键点。想起罗丹所说的"世界上不是缺少美而是缺少发现"，应该指的是缺少"发现的角度"，因为没有"发现的角度"，也不会有我们的"问题意识"。

如果说"关键词"定位着数据处理时的"角度选择"，接下来的工作是通过"相关链接"来思考"协同应对"。相对于基础理论研究而言，我们之所以不提"应用研究"而主张说"对策研究"，就在于当下"问题意识"的应对，往往不可能从既往基础研究的普遍学理中找到现成的对策。大数据时代之所以格外强调放弃"因果"寻找"关联"，一是在于"关联"本身就可能蕴藏着"因果"，二是在于"关联"才可能为对策提供更为丰厚的举措。事实上，就对策研究的进行而言，"相关链接"一点也不比"角度选择"来得轻松。"相关链接"要求我们开阔眼界、开放思维、开拓疆域，不必纠结于是否超出了个人的认知水准和应对能力，因为我们本来就是跨界结盟、协同应对并在此基础上实现"集成创新"。

"集成创新"现在主要应用于科技进步的自主创新，与原始创新、引进消化吸收再创新"三位一体"。其实，孔老夫子应对先贤高论的"述而不作"就被称为"集大成者"，他其实也就是"集大成创新"者。回望我们数千年文明史，其实交替着"集成创新"和"继承创新"，后者往往体现为文脉的延续而前者往往意味着文珍的搜集。在我看来，继承创新讲的是"通中求变"而集成创新讲的是"变中求通"，我们先贤更看重的是"变则通，通则久"。

"集成创新"是大数据时代进行对策研究最应强化的意识和能力。在角度选择、协同应对之后，"集成创新"通过要素的集成和模型的建构提出"价值关怀"来化解"问题意识"。实现"集成创新"，我们一要有大视野，实现要素的充分占有；二要有厚积淀，实现要素的精当撷取；三要有强逻辑，实现要素的有机整合；四要有高站位，实现要素的结晶升华。为此，我们的研究者需要培养、强化四种意识：一是自主意识，即集成要素及其模型建构要服从主体解决对策的研究需要；二是跨界意识，包括开放集成要素的空间跨界和主体建模的思维跨界；三是协同意识，即善于围绕应对"问题"来借助外脑，集思广益以谋篇布局；四是前瞻意识，就是通过应对"问题"、提出"价值"来预测把控未来，也通过对策研究特殊性的学识建构去使基础研究的普遍性学理得到丰富与发展。

（原载《中国艺术报》2013年7月10日）

从文化产品看文化建设的系统构成

文化建设与文化发展,就其最根本、最实质、最核心的意义来说,涉及的是文化产品及其相关的文化范畴。以文化产品为核心物关联到的文化范畴,有许多是需要我们认真对待、认真思考并认真把握的。因此,结合学习胡锦涛总书记《在十七届中央政治局第二十二次集体学习时的讲话》和李长春同志《正确认识和处理文化建设发展中的若干重大关系,努力探索中国特色社会主义文化发展道路》的专论,我们对文化产品及其相关范畴有了如下思考。

一、文化产品与文化需求

文化产品是文化需求,或者说应当是文化需求的产物,这是毋庸置疑的。我们知道,文化需求是人的一种生存需求,是人的生活质量达到一定高度并追求更高幸福指数的一种需求。按照马斯洛的"需求层次"学说,人的需求层次自低而高的排列是生理需求、归属和爱的需求、尊重的需求以及自我实现的需求。文化需求是在满足生理、安全需求之后的需求,它分别体现在归属与爱的需求、尊重的需求、自我实现的需求等不同层次上。在中国经济社会又好又快的发展进程中,人们的文化需求已经显得越来越迫切也越来越强烈。思考人民群众的文化需求,我们注意到有三个提法:一是人民群众基本的文化需求,二是人民群众"三多"(即"多样化、多层次、多方面")的文化需求,三是人民群众增长的文化需求。其实,"三多"也可以简括为"多样"的文化需求。我们通常认为,人民群众的基本文化需求,是我们文化建设中必须加以保障的人民群众的基本文化权益。这是毫无疑义的。但其实,如何理解"基本文化需求"从而保障"基本文化权益",是需要我们认真加以思考的。我们知道,由于经济社会发展本身的区域差异、城乡差异和阶层差异，所谓"基本文化需求"就不是一个统一的需求。要满足存在种种差异的社会文化需求，我们的基本文化需求本身就呈现为多样化、多层次、多方面的文化需求。我以为，强调提供基本文化需求从而保障基本文化权益，其实意在强调文化需求供给与消费的公平性，是为了避免总是只有极少一部分人在评头品足"阳春白雪"，而更大的一部分人却在翘首以盼"下里巴人"。胡锦涛总书记在讲话中强调"加快构建公共文化服务体系"，其实就在于强调实现文化需求的"公平性"。我们还知道，人民群众的文化需求，从来就不是一个可以在静止状态中去评估的对象。不仅物质生活水平的高涨会推动其文化需求品味的提升，其文化需求实践的进步也会促进这一品味的攀升。也就是说，"多样性"需求是基本需求的共时性呈现；而"增长性"需求是基本需求的历时性递增。关注人民群众的文化需求，实质在于保障其需求的"公平性"和"优质性"。胡锦涛总书记强调"加强对文化产品创作生产的引导"，强调"坚决抵制庸俗、低俗、媚俗之风"，就是强调要保障人民群众文化需求的"优质性"。可以说，"公平性"与"优质性"是我们思考人民群众文化需求的两个重要支点。

二、文化产品与文化生产

文化生产是精神产品的生产，其生产的特点不仅在于它是"复杂劳动"，更在于它是"创意劳动"，它的复杂性主要体现为创意性。思考文化生产，也可以像思考物质产品的生产那样，去思考生产力诸要素和思考影响着生产力的生产关系。但在我看来，当下对于文化生产的思考，最重要的莫过于一个终极性问题和一个现实性问题。在经济社会，任何生产都应是一种"创价"生产，文化生产作为精神产品的生产，其"创价"生产首要的、主要的、重要的取向是"文化创意"的生产。正是在这个意义上，我们才说"创新不仅是文化生产的动力而且是其存在的理由"，我们才说"要始终把社会效益放在首位并努力实现'两个效益'的有机统一"，我们才认识到要加大知识产权保护的力度从而使文化生产的"创价"得以实现。可以说，"文化创意"的生产就是文化生产的终极性课题。这一生产的出发点和目的地都是人民群众的社会实践，"三贴近"则是我们实现有效的文化创意生产的必由之径。与之相对应，文化生产的现实性课题是"文科融合"（也即"文化与科技融合"）。胡锦涛总书记在谈到当前我国文化建设面临的有利条件和严峻挑战时，强调"特别要看到，当今世界，文化产业日益成为经济发展新的增长点，日益成为国民经济的支柱产业"；而在论及"加快发展文化产业"时，胡锦涛总书记又特别强调"要推进文化与科技融合，提高文化企业装备水平和科技含量，培育新的文化业态"。事实上，我们只有"提高文化企业的装备水平和科技含量"，才能使文化产业真正成为"国民经济的支柱产业"。也就是说，只有关注"现实性课题"，才能有效实现"终极性课题"的当代使命。在我看来，"文科融合"关涉的是文化生产的生产力发展，而"文化创意"关涉的是文化生产的核心价值追求。追求文化核心价值与发展文化生产力是文化生产的两个着力点。

三、文化产品与文化产业

文化产业是工业化生产理念在文化生产中的体现，它以"同型批量"的产品生产为特征。这是工业化、都市化、信息化进程中文化生产的必要应对和必然抉择。我一直认为，"文化产业"观念的确立及其实践的迅进，是我们文化建设中最有意义也最有价值的文化创新。胡锦涛总书记把"加快发展文化产业"列入当前和今后一个时期要重点抓好的四项工作之一，在于认为这是"社会主义市场经济条件下满足人民群众多样化、多层次、多方面精神文化需求的必然选择，也是加快经济发展方式转变的重要抓手"。也就是说，正是"文化产业"观念的确立及其实践的迅进，把文化与经济更紧密地联系起来了。在很长一个时期内，我们的文化生产囿于传统文化业态的生产理念，拒绝这种具有"同型批量"生产特征的文化生产。因为人们认为这种生产方式有悖于文化生产作为精神产品生产的原创性、独创性、优创性本质。其实，只要仔细想过新兴文化业态产生和生产的道理，就可以发现由大工业生产理念支撑着的"文化产业"，是文化生产对当代物质生产先进生产力的借鉴和应用，而这种生产方式在应用于文化生产时，不仅不排斥"文化创意"的生产，反倒是强化着"文化创意"的生产。它为精神产品的原创、独创和优创寻求更广大的文化市场并满足更长期的文化需求。比如电影业当年作为新兴文化业态出现后，就一直坚持着高科技含量和工业化生产的理念，在实现着由无声而有声、由无彩而有彩、直到进入"3D"影像并广泛运用"动漫"技术时，并没有削弱这门艺术的"文化创意"，反倒是使其"文化创意"因其"视觉冲击力"和"放映便捷性"得到了最有力的传达和最有效的传播。而随着电视时代的来临，随着激光照排技术的出现，随着数字声像的驾到，"文化产业"不仅是新兴文化业态生产理念的必然，而且也必然对传统文化业态产生巨大的冲击和深刻的影响。文化产业要保证其产品的广受众和长时效，就必须更加强化"文化创意"的原创性、独创性和优创性。为此，它要组成创意团队，要进行创意试验，要调节创意反馈，它要把既往"我眼中的世界"变成"世界中的我"。事实上，文化产业作为新兴文化业态的生产理念，具有鲜明的时代性和大众性，时代的高新技术为这种生产理念的实现提供了"可能"，而大众的"增长"需求则为这种生产理念的实现提供了"可以"。最近，刘云山同志在全国文化体制改革工作会议的讲话中又提出"积极推进文化发展方式转变，努力实现文化又好又快发展"，正是这一生产理念有力推进。

四、文化产品与文化产权

文化产权应属知识产权的范畴，是由知识产权引申出的理念。在以文化产品为核心物的相关范畴中，文化产权是在文化产业意识得以确立、文化市场体系开始构建中才可能萌生的理念。中国的文化，历来为载道之物、宣德之物、言志之物、抒怀之物；因此，如同"学术乃天下之公器"一样，文化也历来被视为"天下之公器"。虽然文化产品凝结着生产者巨大的智慧和劳动，但极少生产者是抱着获利乃至牟利的愿望来从事文化生产的，也就更谈不上将文化产品作为"私产"而斤斤计较其"产权"。不过，即便在这种文化生产的观念中，文化产品作为商品，或者说具有商品属性，也是一个不争的事实。其实，文化产品的生产者，为自己智慧和劳动的付出获取报酬，不仅是合理的而且是有益的。既往将稿酬唤作"润笔"，就说明"为文取酬"也是文化生产的一种动力。当下提出"文化产权"的问题，关键有两点：其一，在许多文化生产中，创造者与经营者所获得的报酬与其所付出的"劳动量"不对等,强调"文化产权"是要规限经营者的暴利而保护创造者的权益;其二,文化生产,特别是新兴文化业态的生产,不仅需要"劳动"的投入而且需要"资本"的投入,不仅需要营销市场而且需要信贷市场,而没有"文化产权",就无法去评估"文化产值",更无法启动文化生产的信贷市场。不过话说回来,在文化市场体系的建构中,"资产评估体系"的建构仍然是难点,特别是文化产品的内容评估是如此——"软实力"难以折算为"硬资产",这使得文化产业的"投融资体系"不仅操作难而且风险大。十七届五中全会提出"推动文化产业成为国民经济支柱性产业",一个关键的环节肯定是文化市场主体培育与文化市场体系建构的互动,而文化市场体系中"投融资体系"及其所依托的"资产评估体系"(似也应包括文化产品的"预期产值评估")的建构更是关键中的关键。也因此,"文化产权"就不能不进入我们讨论文化产品时的相关范畴。关注"文化产权",不仅会关注产权评估而且会关注产权维护,产权维护的"维权"意识对于发展文化生产、壮大文化产业是不可或缺的。在我看来,对于真正有助于提升国家"软实力"的文化生产,国家应设立相应的项目资金,通过预期产值评估来给予支持,甚至可以通过产权赎买来予以促进。文化产权,是文化产业向"成为国民经济支柱性产业"发展中必然遭遇的课题,这一课题不易求解但必须努力求解。如果我们在文化产权价值评估与维护方面取得实质性进展,我们的文化产业将有更阔大的发展空间,我们的文化市场也将有更强劲的发展活力。

五、文化产品与文化业态

文化业态是文化生产的行业状态。文化业态的共时性状态,其实是文化生产的历时性建构。我们注意到,以高科技为引擎、以产业化为路径的文化生产,催生了一批新兴文化业态,也因此我们把既往文化产品的生产称为传统文化业态。在传统文化业态中,演艺业、出版业、广电业呈鼎足之势。当然,这只是从部门管理视角的极其粗疏的分类。与出版业、广电业相比,演艺业是最古老,或者说是最传统的文化业态,也因此,它似乎是远离高科技支撑、产业化运行的文化业态。事实上也正是如此,出版业、广电业在文化与科技融合、促使业态转型和创生新兴业态方面步态更大且目光更远。以出版业为例，在激光照排取代活字印刷这一具有划时代意义的革命后，电子出版、数字出版又在实现对纸质出版生产理念的大跨度超越。广电业更是不必多说，诸多"3D"技术、数字技术、高清技术、互动技术等等，简直在驱赶着我们的文化消费更新换代。以至于有人用"铁打的文化内容流水的科技手段"来形容新兴文化业态的更新速度。新兴文化业态的出现及其不断更新，如前所述，科技手段只提供"可能"，社会需求才是内在动力，才提供"可以"。在此境遇中反思我们的演艺业态，特别是历时悠久的舞台演艺业态，一个令人必须警觉的现象是：业态的产业化程度不高却还呈现出明显的产能过剩。我们当然不认为这个相对过剩的产能是落后的产能，但我们事实上的确不能不思考舞台演艺业态的当代建设问题，我们既要思考这一业态生产力的发展，更要思考其生产关系的变革。稍加观察，我们可以看到演艺业态目前至少包括舞台演艺、影视演艺和实景演艺三大领域。用文化与科技融合的理念来审视，可以说影视演艺在一定时期本身就是科技进步推动的新兴文化业态，科技是这一业态的载体。实景演艺是在旅游业大发展中演艺与旅游融合的产物，相对于舞台演艺而言，它的演艺技能较低但科技含量较高，科技是实景演艺的支撑。事实上，当代舞台演艺作为最传统的演艺形态，不能总是"两耳不闻新科技，一心只传老把式"，它必须正视新兴文化业态的时代需求，以及它们出现后所改变的业态格局。在我们看来，面对新兴文化业态的"新兴"，包括舞台演艺在内的传统文化业态至少在三个方面应当有所作为：一是借鉴新兴业态的生产手段，这主要是高科技手段的集成创新，包括光效、音效、LED视屏和机械装置的舞台"景效"等。不要以所谓"维护本体"来"拒绝创新"，因为艺术发展的历史证明，"本体"是由历史进程中无数个"具体"不断建构起来的。二是借用新兴业态的生产方式，这主要是分工专业化、生产流水化、运营连锁化等等。三是借助新兴业态的生产平台。因为不断更新的电视业、网络业、手机业等文化传播业已经把我们带入到电视屏、电脑屏、手机屏的"三屏时代"，我们具有很强传承力的传统业态必须认识到，只有借助新兴业态的传播力，才能强化自身当下的生存力并实现其传承力。

六、文化产品与文化生态

　　文化生态指的是文化产品生产、流通、消费的环境，也指文化生存、生长、生辉的境遇。在这里，"生态"虽不是指与经济、政治、文化、社会"四位一体"建设同行的"生态文明建设"，但作为这一概念的借用，也确实有催生之态、适生之态、养生之态和焕生之态的意味。一般意义上的生态文明建设，聚焦点在于人与自然的和谐——和谐共存、和谐共生并和谐共荣。谈文化生态，意在努力构建有利于、有助于、有效于文化发展与繁荣的环境。由于这个"环境"是社会环境而非自然环境，具有很大的"人为性"，因此需要政策、法规、体制、机制来构建。其实，关于文化生态的构成，我们从路线、方针、原则、策略上都有过许多表述，比如"二为"方向、"双百"方针、"三贴近"原则、"主旋律多样化"的倡导等等。而作为一种社会环境的建构，需要建构起与上述主张相一致、可操作、能保障的社会机制——包括法规层面、舆论层面、项目层面的种种机制。那么，为了实现党的十七大提出的"文化大发展大繁荣"的目标，我们需要建构什么样的"文化生态"呢？当然，这首先是有利于"科学发展"的文化生态。不久前才举行的十七届五中全会，强调"坚持发展是硬道理的本质要求，就是坚持科学发展，更加注重以人为本，更加注重全面协调可持续发展，更加注重统筹兼顾，更加注重保障和改善民主，促进社会公平正义。"这"四个更加注重"显然也是我们当下文化生态建构的本质要求。其次，我们文化生态的建构要有适合文化大发展大繁荣的理念和机制。在我看来，一是要有适合文化健康生长的机制，要有适合的土壤、养分和光照；二是要有适合文化多样共生的机制，而文化的多样共生本身就呈现为良好的文化生态；三是要有适合文化包容增长的机制，要注意文化增长中的"共享性"与"互惠性"；四是要有适合文化持续发展的机制，要以创新来赓续传统，以繁荣来丰厚传统，以传播来弘扬传统。第三，我们要认识到文化生态的建构是"四位一体"建设中的建构，文化生态与经济生态、政治生态、社会生态是密不可分的，在许多方面甚至是"共体而生"的。而其实，文化生态的建构既不可避免地会受到经济生态、政治生态、社会生态的影响，也必然地会反作用于经济、政治、社会诸生态。事实上，我们所置身的当下文化发展的最好境遇，既与改革开放以来长时期文化建设和文化积累的良好境遇分不开，也与当前加快转变经济发展方式的深刻变革分不开。十七届五中全会强调"文化是一个民族的精神和灵魂，是国家发展和民族振兴的强大力量"，这不仅使我们文化生态建构有了更高的立足点，也将使我们通过文化生态建构来发挥其对于经济、政治、社会生态建构的影响力。

七、文化产品与文化资源

从文化产品的视角来审视文化资源，其焦点在于通过对资源的有机开发、综合利用和集成创新来丰富产品种类，提升产品品质。现在有不少省、区提出要把文化资源大省、区变成文化建设强省、区，其着眼点也正在于利用丰厚文化资源创造优质文化产品并提供优质文化服务。组织文化产品的生产，能否有力地调动资源，能否合理地利用资源，必然关系到产品的品质及其效益的实现。因此，有力地调动资源与合理地利用资源，是我们组织文化产品生产的重要步骤甚至可以说是先决条件。对于文化生产而言，从大的方面来看无非是审视物的资源和人的资源。其中人的资源主要是文化人才资源，它包括从事文化产品生产和组织这一生产的人才，从产销一体化和供需一致性的要求来说也应包括文化产品营销和文化市场拓展的人才。关于物的资源，我们认为主要包括产品生产的材料资源和生产产品的工具资源，前者更多地关涉到产品的内涵而后者更多地关涉到产品的构成。我们既往在论及"文化资源"时，较多地关注"物的资源"而轻忽"人的资源"，较多地关注历史积淀的文化资源而轻忽文化生成的当代"力量"——特别是"工具"的力量。我们总是忽略"批判的武器"，因而也更谈不上"武器的批判"。举例来说，在传承久远的舞台演艺（特别是话剧艺术）和方兴未艾的影视演艺之间，一直有个"文化养人，广电用人"的说法，这其实是我们文化产品生产在经济社会发展转型期的必然现象。一方面，它体现出影视演艺"不求所有，但求所用"的人才资源观；另一方面，它也要求我们舞台演艺尽快改变"只求所有，难求所用"的人事制度观。我们的文艺演出院团深化体制机制改革，一个很重要的原因就是建立新的文化产品生产的人才资源观。其实，舞台演艺与影视演艺的差别和差距，正在于对"工具"的力量的借助。而我们的舞台演艺至今仍以所谓的"艺术本体"抵抗着"科技力量"。关于"物的资源"，我们文化产品生产首先着眼的当然是材料资源，这主要是人类数千年的历史文明和文化积淀。需要说明的是，人类的历史文明和文化积淀，其实是彼时彼地人类的文化创造；在今天的文化产品生产中之所以要关注并撷用这类资源，不仅在于这类文化资源积淀着人类的生存智慧和生命灵性，而且在于今人的文化需求不能没有文明的延续和文化的认同。费孝通先生强调的"文化自觉"，既是强调文化发展进程中的自觉赓续，也是强调文化传承进程中的自觉转型。这就是说，我们关注和撷用文化资源，目的是为了当代的文化建设和当代人的文化需求，对于我国"非遗"的"生产性保护"而非"保护性生产"也说明了这一点。因为这是我们历史文化资源真正富有生命力并焕发生命力的要义所在。但是，关于文化产品生产的工具资源或者说是"工具力量"，其实是在全球化视野中当代文化产品生产不可回避的课题。也就是说，文化产品生产不能不关注工具的进步，这不仅会关系到文化产品的生产效率，更会关系到文化产品的样式更新乃至形态转型。我们既要通过对资源的有机开发、综合利用和集成创新来丰富产品种类，提升产品品质；也要通过对资源的创意衍生、装备改善和产权保护来提高生产效率，扩展生产效益。这其实才是我们关注资源、撷用资源并从而让历史文化资源获得时代文化精神的有效路径。

八、文化产品与文化创意

在论及文化产品的生产之时，我们曾指出文化生产的终极性问题是"文化创意"的生产。也正是在这个意义上，有的学者乃至有的国家把文化产业称为"创意产业"。这其实说明，没有文化创意就没有真正意义上的文化产业。如果说，"产业文化"是指从产业中培育起的文化精神，那"文化产业"则是从文化中滋长出的产业力量。文化产业也好，创意产业也罢，在我看来，文化产业的文化生产和扩大再生产，本质上就是文化创意的生产和扩大再生产。没有"文化创意"的文化产业是不可思议的。关于文化创意，我们会想起物质产品生产中的一个理念，叫做"人无我有，人有我优，人优我特"。物质产品的生产尚且如此，文化产品作为精神产品的生产，显然应有更高的"创意"含量也应有更高的"创意"追求。但毋庸讳言的是，我们当下许多自称为"文化产业"的文化生产，缺少文化创意或者说缺少有质量的文化创意，因而被人视为"产业利润高，文化含量低"。这种状况的存在当然有许多原因：比如过于关注文化产品的物质形态而忽略其精神内涵，比如过低估计人民群众的精神需求水平而一味"忽悠"，还比如创意团队揽活过多而造成其能力透支……大量山水实景演出由"印象"重复走向"印象"模糊就是一例，被人民群众尖锐批评的"先造谣后造庙"式的"文化创意"也是一例。以至于不少所谓的"文化创意"给人民群众的印象就如同那支不胫而走的歌，即"不要迷恋哥，哥只是个传说"。那么我们需要什么样的"文化创意"来充实我们的文化产品并支撑我们的文化产业呢？我想起毛泽东关于"人的正确思想是从哪里来的"的那段至理名言，也就是说，我们需要的文化创意不是"天上掉下来的"，也不是"自己头脑里固有的"，"人无我有，人有我优，人优我特"的文化创意只能来自人民群众社会实践的感悟、凝结和升华。"三贴近"不仅是我们生产优秀文艺作品，也是我们生产优质文化创意的必由之径。我一直认为，文化产业作为文化产品的批量化、规范化、集约化生产，在文化创意方面应该有几个基本的要求：首先当然是文化创意的创造性。在经贸市场化、传播网络化推动的全球化进程中，我们的文化创意有了更宽阔的视域和更前瞻的目光。我们当下物质产品的生产已经有了由"中国制造"向"中国创造"迈进的紧迫感，"文化创意"作为文化产业的灵魂和文化产品的内核，更应该加速完成由"仿创"向"原创"的转型。其次是文化创意的创价性。所谓"创价性"是指对文化创意的价值追求，这当然主要是对"精神创价"的追求。面对西方发达国家将自己的价值观念作为"普世价值"而强势推行，我们文化创意的创价性要把我们"核心价值"的守望作为第一要义。第三是文化创意的创业性。这里的文化创意不同于一般的文化创新，作为文化产业的灵魂和文化产品的内核，文化创意的"创业性"要求指的是它有助于催生新兴文化业态也有助于既有文化业态的规模发展，从而使文化产业在经济发展方式转型中发挥重要作用，也从而让人民群众有更多参与文化产品生产的创业机会。

九、文化产品与文化科技

文化科技指的是文化与科技融合的问题。文化科技事关世界文化发展的新趋势，事关文化产业未来发展的方向，事关综合国力竞争中文化发展和文化传播的主动权。正因为如此，李长春同志才格外强调"正确认识文化与科技的关系，把运用高新技术作为推动文化建设、提高文化创新能力和传播能力的新引擎"。推进文化与科技融合，当前的总体要求是密切关注与跟踪科技发展的前沿，加大传统行业的技术改造力度，努力提高文化产品和服务的科技含量和附加值，积极运用数字化和网络化技术，发展传输便捷、覆盖广泛的新业态。当前，信息技术及产业的发展已成为当代文化产业变革的主要驱动力，一些信息产业高度发达的国家和地区，已经逐步形成包括网络服务产业、数字游戏产业、电脑动画产业、移动内容产业、数字影音应用产业等为主的数字内容产业群，这些以网络、数字技术为核心支撑的新兴文化产业，已成为当前最具潜力也最具前景的文化产业。或许可以说，正是这些高新科技推动的新兴文化业态，会在未来的综合国力竞争中，成为最具竞争力和影响力的文化力量。具体到我们当下的文化建设中，一是需要依靠科技进步改造传统文化产业，还要依靠其大力发展文化创意、数字出版、动漫游戏等新兴文化产业，拓展文化发展的新业态、新领域。二是需要依靠科技进步提升各类文化内容和艺术样式的表现力，要推动相关文化艺术领域装备制造技术和服务技术的发展，使我们的民族文化资源优势，转变为文化产业的生产资料优势和文化服务的产品供给优势。三是需要依靠科技进步，特别是依靠数字技术、网络技术发展的最新成果，加快构建覆盖广泛、技术先进的文化传播体系和创新体系，切实增强文化传播力和文化感染力。四是需要依靠科技进步，全面推进我们文化生产力的解放和发展，使之与文化体制机制改革的不断深化一起，促进文化产业对加快经济发展方式转变的贡献。

十、文化产品与文化工程

在战争年代形成的军事话语体系中，常用"战役"来喻示文化建设；在实现以经济工作为中心的战略转型后，文化建设以"工程"来比拟似乎也成为一种常态。文化工程，不仅是民心工程也是民生工程，它是提高人民群众生活质量和幸福指数的惠民工程。文化工程不能搞"形象工程"但却要格外重视"工程形象"。文化工程，最初主要是指以文化设施建设为主体的"硬件"工程，后来也逐渐扩展到文化产品、文化产业、文化业态等"软件"生产的工程。可以说，各级党委和政府众多"文化工程"的实施，已成为我们当前文化建设的重要抓手和重要景观；并且，文化工程"软硬"兼施、双管齐下，已经改变了最初文化建设中"硬件"很硬、"软件"较软的状况。在我看来，文化工程"工程形象"的本质在于它是"惠民工程"，是提高人民群众生活质量和幸福指数的工程。为此，文化工程的实施应考虑以下要求：一、文化工程应是文化建设的基础性工程。比如由中央政府启动的"全国文化信息共享工程"就是这样一个基础性工程，它是信息时代文化内容传输的"道路"工程，是实现人民群众基本文化权益的"保障"工程。二、文化工程应是文化建设的系统性工程。文化工程的系统性，既包括文化建设系统内部的文化结构，也包括"四位一体"建设中的文化环境。近年来文化产业的系统推进和全面振兴，就体现出文化工程建设的系统性思考。三、文化工程应是文化建设的示范性工程。在这方面，连续两个五年不间断实施的"国家舞台艺术精品工程"是一典范。作为文化"软件"的建设，"精品工程"的示范性不仅体现为我们打造、积累了一批舞台艺术精品，而且体现为通过"硬举措"提升"软实力"的实现路径。四、文化工程应是文化建设的标志性工程。我们注意到，许多地方的重大文化设施如博物馆、大剧院、图书馆及综合性的文化中心建设，已成为地方的标志性建筑。文化设施成为标志，标志着我们对文化建设的重视，标志着我们对人民群众文化需求的关注，更标志着我们这个时代的文化追求和文化风范。五、文化工程应是文化建设的引领性工程。比如"国家文化科技提升计划"在我国当代文化建设中就发挥着引领性的作用。按照中央领导关于文化建设的讲话精神，这一工程应尽快命名为"国家文化与科技融合重大项目促进工程"并加以实施。这将是引领我们文化建设步入世界前沿并跻身世界高端的重要举措。

十一、文化产品与文化品牌

文化品牌，质而言之叫以"品"立"牌"，而这个"品"应是思想品质、艺术品格和观赏品味的有机统一。文化产品的生产，不仅要去适应人民群众的文化需求，而且要去引领人民群众的文化需求。适应也好，引领也罢，人民群众的文化需求打造着文化产品的品牌形象，也强化着文化产品的品牌意识。也就是说，文化产品的品牌形象主要靠的是"口碑"而非"奖杯"，打造文化品牌必须重视人民群众的文化需求，也必须重视对人民群众文化需求的积极引领。在我看来，文化产品的生产需要追求品牌形象也需要树立品牌意识，但这种对于文化品牌的追求拒绝"炒作"和"作秀"。的确，在"泛漫化"的文化热浪涌过之后，人民群众的文化需求有了抵制"三俗"的自觉，这说明我们的文化建设需要再度张扬起"诗以言志""文以载道"的"以文化人"的品格。古人论文评艺常有"品鉴"之说，这是比今日"鉴宝"还要审慎严谨的事情。经过"品鉴"的审视和"品味"的咀嚼，能把我们统称的"精品"品出神品、妙品、逸品等诸多品极来。当然，我们今日的文化建设是为人民群众提供高品位高格调的文化产品，这种文化产品能否发挥"引导社会、教育人民、推动发展"的功能，最终还要由人民群众来检验评价。那么，就我们从事文化生产的文化工作者而言，应该怎样去创造"文化品牌"呢？创造"文化品牌"作为文化产品生产的一个目标，首先应该追求较高的文化境界。在我看来，文化境界是人生境界的文化呈现，传达出人生的理想、信念、憧憬和追求。虽然在市场经济条件下的文化产品不可避免地带有"商品"的属性，但我们更应强调这种"商品"特有的精神属性。我们说文化产品要把社会效益放在首位，就是说要让文化产品在社会的精神文明建设中发挥积极作用，就是要通过文化境界的追求来提升整个社会的人生境界。其次，创造"文化品牌"还应追求较深的文化意味。我们常说"文化建设重在积累"，其实任何时代的文化建设都是在积累基础上的建设。对于文化意味的追求，主要是传承历史文化精神和守望民族文化经典，是通过此举来坚持我们的文化身份并开启我们的文化自觉。第三，追求较浓的文化情趣也是创造"文化品牌"的应有之义。文化产品满足的是人的精神需求，这其中包括陶冶情操、抚慰情感、涤荡情怀、洋溢情思，而文化之"以文化人"的作用，是在以情动人、以趣娱人的潜移默化中实现的。创造"文化品牌"是我们文化产品生产的不移的追求。

十二、文化产品与文化市场

　　胡锦涛总书记的重要讲话指出："要繁荣城乡文化市场，培育各类文化产品市场和要素市场，完善现代流通体制，加强文化市场监管，加快培育大众性文化消费市场，构建统一开放竞争有序的现代文化市场体系。"文化市场关涉产品市场和要素市场、消费市场和流通市场，关涉市场服务和市场监管、市场主体和市场体系……就推动文化生产力的解放和发展而言，当前要特别关注文化市场主体的培育和文化市场体系的构建。文化市场体系的构建包括"建立文化资产评估体系、文化产权交易体系，发展以版权交易为核心的各类文化资产交易市场，以及文化经纪代理、评估鉴定、风险投资、保险、担保、拍卖等中介服务机构"等，以上李长春同志的这段重要讲话指明了文化市场体系构建中的要点和难点。由于许多文化产品的价值难以准确评估，因而使得文化产权交易、文化风险投资、文化经营担保等市场体系构建还有待观念的突破和机制的转型。事实上，没有文化资产评估、文化产权交易、文化风险投资和文化经营担保的文化市场体系，我们的文化市场主体很难加以培育，无论是存量主体的重塑还是增量主体的孕生都是如此。培育文化市场主体，我们当前尤为关注存量主体的重塑。正如李长春同志所强调的："对国有经营性文化单位……核心是紧紧抓住转企改制这个中心环节，重塑文化市场主体，推动国有经营性文化单位从行政附属物转变为自主经营、自我发展、自我创新、依法运营的文化产品生产经营者。"在我看来，市场主体的培育和市场体系的构建将是一个互相推动、双向建构的过程，国有经营性文化单位的"转企改制"，将是我们盘活存量、使存量在兼并重组中扩张，从而成为"文化市场的主导力量和文化产业的战略投资者"的重要举措。与之相关，我认为我们还要特别关注"时间性市场"向"空间性市场"的观念转换。所谓"市场"，基本的内涵是可"市"之"场"，也即可以进行商品交换的空间。但我们一些传统业态，特别是舞台演艺业态的经营理念，主要是通过"办节"或参与"过节"来办市场，这种"时间性市场"不仅导致了市场的间歇性，还因为我们传统的"过节"理念使得市场有"场"无"市"。树立"空间性市场"理念的重要性，不仅是市场体系构建的本质要求也是市场主体培育的内在取向。相对于"办节"的"时间性市场"而言，"空间性市场"的特点是"办街"——纽约的百老汇、伦敦的西区都是这样的舞台演艺市场。"办街"作为"空间性市场"的培育，不仅消除了"办节"造成的间歇性缺憾，而且有利于市场主体的规模化、集约化经营。事实上，市场主体的培育（包括其发展进程中的兼并重组），也应强化"空间性"理念，继美国"好莱坞"、印度"宝莱坞"之后，我国江苏无锡正在培育的"华莱坞"就说明了这一理念的重要性。

十三、文化产品与文化服务

对于满足广大人民群众的文化需求而言，文化建设最主要的工作有两大方面，即提供让人民群众满意的文化产品和文化服务。而所谓文化服务，其实又是让人民群众享受或消费文化产品的过程。我们社会主义市场经济条件下的文化服务，就总体趋向而言可分为经营性文化服务和公益性文化服务，与西方一些国家的赢利性和非赢利性服务相似。对于经营性文化服务，我们通常直呼为"文化经营"，因此，"文化服务"主要指的就是公益性文化服务。胡锦涛总书记在谈到当前和今后一个时期要重点抓好的几项工作时，特别强调要"加快构建公共文化服务体系"。他强调指出："建立健全公共文化服务体系是人民群众基本文化权益的重要保障。要按照体现公益性、基本性、均等性、便利性要求……推进重点文化惠民工程，加强公共文化基础设施建设。"也就是说，公益性文化服务是面向全体社会公众的，是关系到人民群众基本文化权益的，它需要一个"文化服务体系"来支撑来保障。关于公共文化服务体系建设的"四性"（公益、基本、均等、便利）要求，李长春同志的文章有具体阐释，其中指出公共文化服务的"公益性"是免费或收费很少的服务，是以政府为主导，以公共财政为支撑的。结合文化产品的功能来看文化服务，我以为偏重于文化娱乐的服务应是有偿的，以文化欣赏为主的服务可以是补偿的，而偏重于文化教育的服务应是无偿（确切说是公共财政"代偿"）的。昆曲"进校园"由政府"埋单"，在于它是认知历史文化的文化教育；而在文化娱乐方面发挥重要作用的"二人转"，则无需"公益"去保障。对于公益性文化服务，服务的"均等性"或曰"均等化"是一个极其重要的要求，因为舍此就谈不上"公共文化服务"，而"文化服务体系"的建立健全也正是为着"均等"的实现。在公共文化服务体系的建设中，基础设施的建设和已建设施的开放是两个重要的方面，前者为"本"而后者为"用"，目的则在于通过保障人民群众的文化权益而表现文化"引导社会、教育人民、推动发展"的功能。

十四、文化产品与文化交流

从某种意义上来说，没有文化交流就没有文化产品的效益，因为"交流"的前提是"流通"，而文化产品的流通过程就是产品效益的实现过程。在当下的文化语境中，"文化交流"又特指不同文化之间的流通，这种不同文化之间的流通是"交融"和"交锋"并存的交流。从历史来看，"多元一体"的中华民族文化就是在不断"交锋"又不断"交融"的交流中生长和发展的；这种既"交锋"又"交融"的交流，其实就是文化生长的活力和文化发展的动力所在。在文化交流中，一种文化对于另一种文化而言是一种"可以攻玉"的"他山之石"，也是一种可以益智的"天方夜谭"。为此，在文化交流中不断生长和发展的中华民族文化，形成了"和而不同"的文化共处与共荣的理念。在我看来，文化交流是文化建设的一条重要路径，这条路径不仅在于展示自身更在于强健自身。在我国深化改革扩大开放的当代文化建设中，国家文化形象的建设，特别是对外文化交流中的国家形象建设已成为当务之急。面对西方发达国家的传播手段，我们有了加强国际传播能力建设的紧迫感；而面对长期强势的"西方中心主义"张扬的普世价值，所谓"中国元素，世界表述"，如何准确塑造我们的国家形象也是令我们颇感焦虑的事情。胡锦涛总书记强调"文化是民族凝聚力和创造力的重要源泉"，我们文化交流就是要让这个"源泉"更加充沛更加涌流，我们在中国文化的"走出去"中融入世界，我们也在融入世界中传递中国文化的核心价值——传递我们人文关怀、人我共荣、人天

（自然）和谐的核心价值。有鉴于此，我们的文化交流需要有一种自觉，这种自觉包括自信、自主、自强和自卫。所谓"自卫"涉及的是文化安全的问题，而文化安全的实质是国家文化特质的保持和延续的问题。文化安全的问题是一个国家能独立自主地选择政治制度和意识形态，能够通过反渗透、反入侵和反控制来保护本国人民的核心价值、行为方式与文化利益。也就是说，我们对于文化安全的考虑是基于开放的文化交流境遇中的考虑，作为一种文化保护和防御的举措。我们提倡的是积极防御，重点防御、联手防御和预警防御，也即开放、交流境遇中的积极防御，反渗透、反入侵、反控制中的重点防御，与经济、政治、社会建设相配合的联手防御，以及在全球化进程加速推进中的预警防御。有了这种考虑，我们的文化交流才能做得更活更好。

十五、文化产品与文化功能

文化功能是文化在满足人们需求时产生的作用。从某种意义上来说，是需求选择着产品的功能，而功能决定着产品的形态。比如在我们以"演艺业"为主体的诸多文化业态中，"游艺业"和"工艺业"在现时代得到了迅速攀升。"动漫游业态"（动画、漫画、游戏）作为当代"游艺业"的主体，一方面是高新技术的支撑，一方面也是文化功能的调整。在我们既往"认识、教育、审美"三合一的文化功能中，"娱乐"或者说是"游戏"功能得到特别的关注，这其实反映出人们物质生活水准提升后的本能心理追求。"娱乐"或者说是"游戏"，其实是必要的也是重要的文化功能：一者中国自古便有"乐者乐也""戏者嬉也"的主张，即便是主张"文以载道"也需要"寓教于乐"；二者文化审美功能中本身也包含着从"滑稽"到"崇高"的诸多层级，"游戏"心态也有着"游心纵欲"和"游目澄怀"的不同层次；三者"娱乐至上"和"游戏人生"毕竟只是部分人群在个别时期产生的特殊文化需求。正因为如此，胡锦涛总书记才要求"最大限度发挥文化引导社会、教育人民、推动发展的功能"，要求"推出更多深受群众喜爱、思想性艺术性观赏性相统一的精品力作"。的确，思想性艺术性观赏性"三性统一"，取代了我们既往政治标准艺术标准的"两个标准"。这新增加的"观赏性"有两种说法：一种基于文化需求,说是"领导重思想性、专家重艺术性、群众重观赏性";另一种基于文化生产,说是"思想精深艺术精湛制作精良"才有"精品力作"。也就是说,观赏性从文化需求来说与人民群众需求的文化娱乐功能有更深的关联,从文化生产来说则与高新科技推动的文化优质服务有更多的关联——高清观赏、虚拟观赏、互动观赏已成为人民群众日益增长的观赏需求。在论及文化功能的娱乐、观赏等无形的精神需求之时,我们还应重视文化产品被人民群众日益认同甚至是追捧的有形的物质需求功能,比如在物质生产与精神生产结合部且既往更主要属于物质生产的"工艺业"回归为文化业态就是如此。"工艺业"成为当下重要的文化业态,基础在于绘画、书法等文化产品既可观赏又可珍藏的特性,而其当下的升温又显然受到盛世珍藏热的感染。我以为,当下讨论文化功能,一是既要关注其无形的"文心"功能,又要关注其有形的"文物"功能;二是既要关注其引导"民心"的功能,又要关注其丰富"民生"的功能。这样,我们文化建设的领域才会越来越大,我们文化建设的影响也才会越来越大。

十六、文化产品与文化评价

文化评价可以在文化建设和文化发展的许多方面、许多层面甚至许多界面上来进行。它可以有总体的评价也可以有局部的评价;就局部的评价而言,可以有文化产品的评价也可以有文化服务的评价;就文化服务的评价而言,又可以有公平服务的评价和优质服务的评价……我们这里要思考的主要是对文化产品的评价。对任何事物进行评价,都需要有一定的标准,当"标准"只能定性而无法定量时,那其实只能是赖以参照的"坐标"。我们当下评价文化产品的坐标,一是着眼于产品的构成,二是着眼于产品的效益。如胡锦涛总书记在谈到"加强对文化产品创作生产的引导"时说:要"推出更多深受群众喜爱、思想性艺术性观赏性相统一的精品力作",要"始终把社会效益放在首位,坚决抵制庸俗、低俗、媚俗之风,努力实现社会效益和经济效益的有机统一"。一个"三性统一",一个"两效统一",就是我们综合评价文化产品的评价"坐标"。但其实,"三性""两效"中,除"经济效益"可以量化外,其余评价要素都有一定的

"模糊度"——正是这种"模糊度"导致了文化批评的"见仁见智",也正因此而使文化批评和文化评奖有时让人觉得"可疑"起来。事实上,优质文化产品的生产,还没有一个可以量化的"标准",而是靠一种"坐标"来倡导和引导。比如我们提出要关注文化产品的经济效益时,我们就说不要只生产"贡品""奖品",而要注意其"商品"属性;又比如我们知道文化精品的创作生产不仅是一个"过程",而且是一种"选拔",有的地方就对创作生产排出新品、优品和精品的序列。这个序列其实是把"文化精品"作为文化生产应当树立的一种理念和应当追求的一种境界,它排出的序列一要"推陈出新"创"新品",二要"汰次择优"创"优品",三才能"去芜取精"创"精品"。胡锦涛总书记说:"人民群众是文化产品的创造者和享有者,文化精品来源于人民群众,服务于人民群众,最终应该由人民群众来评判。"人民群众作为文化产品的创造者,是指他们的社会实践构成文化产品的表现对象;而人民群众作为文化产品的享有者,是指他们的文化需求应成为文化产品的价值取向。胡锦涛总书记所说的"最终应该由人民群众来评判",指的是"文化精品"需要通过时间来检验,它与一时的发行量、出票率、收视率和点击率无关。在这里,"人民群众"作为一个集合概念,是人、空间和时间的"集合",文化精品"由人民群众来评判"说明它是"异地共享、异时共存"的文化产品。也有为我们的文化建设和文化发展进行着殚精竭虑思考的智者,他们认为我们的社会需要逐渐培养与建立权威的、强有力的思想、学术、艺术评价体系;认为这个评价体系的权威性靠的是参与者的道德良心、学术良心和艺术良心,靠的是评价者对于历史、祖国人民乃至全人类的责任感与独立思考。这就是说,虽然"文化精品"最终应该由人民群众来评判,但人民群众可以有也应该有他们的代言人,这便是那些"对于历史、祖国人民乃至全人类"有责任感和独立思考的评价者,这些评价者将使我们的"文化精品"最大限度发挥引导社会、教育人民、推动发展的功能……至此我们也可以说,文化评价应当把文化产品是否具有"引导社会、教育人民、推动发展"的功能作为一个重要"坐标"。只有这样,我们才有可能创作生产出"最终应该由人民群众来评判"的文化精品;也只有这样,我们由文化产品引发的种种思考才有了最实质的意义。

十七、文化产品与文化良知

文化产品是精神产品，对生产者的精神品质则必然有相当的要求。自费孝通先生于20世纪末提出"文化自觉"后，文化界均认为这是在全球化进程中文化建设者应具备的一种认知。我曾经认真想过，为什么我们需要这样一种"加强对文化转型的自主能力"的"文化自觉"，是因为我们需要传承一种"文化良知"。这种文化良知，在屈原那里是"亦余心之所善兮，虽九死其犹未悔"（《离骚》）；在司马迁那里是"常思奋不顾身，以殉国家之急"（《报任安书》）；在杜甫那里是"穷年忧黎元，叹息肠内热。取笑同学翁，浩歌弥激烈"（《自京赴奉先县咏怀五百字》）；在范仲淹那里是"先天下之忧而忧，后天下之乐而乐"（《岳阳楼记》）；在文天祥那里是"生无以救国难，死犹为厉鬼以击贼"（《'指南录'后序》）；在袁宏道那里是"胸中有勃然不可磨灭之气，英雄失路托足无门之悲"（《徐文长传》）；在顾炎武那里则是"士而不先言耻，则为无本之人；非好古而多闻，则为空虚之学；以无本之人而讲空虚之学，吾见其日从事于圣人而去之弥远也"（《与友人论学书》）……论及文化良知，之所以引上述先贤之语，是说明"为文"与"为人"的内在关联，是说明"文化经典"与"文化大师"的内在关联。胡锦涛总书记在谈到"加强对文化产品创作生产的引导"之时，特别强调"要引导广大文化工作者和文化单位自觉践行社会主义核心价值体系，坚持社会主义先进文化前进方向"，我理解也就是要我们的文化工作者开启自己的文化良知。套用既往"干革命事先做革命人"一语，当下尤为需要提倡"做文化事先做文化人"。抵制"三俗"之风之所以为当前文化建设所必需，正在于许多打着"文化牌"的"文化事"恰恰显示出做事人的"没文化"。是的，我们不少文化人也抱怨现在难出"经典"少见"大师"，我以为与其对体制机制"说三道四"，莫如"三省吾身"，开启良知并张扬良知！

十八、文化产品与文化信仰

文化产品是作用于精神的东西，而作用于精神的东西最怕的是没有信仰。对于"信仰"，我们的《辞海》解释为："对某种宗教，或对某种主义极度信服和尊重，并以之为行动准则。"的确，"信仰"一词原本是具有比较浓郁的宗教色彩；但我确信的是，"信仰"其实是作为灵长类动物的人固有的生命灵性和精神追求。20世纪初蔡元培先生倡导"以美育代宗教"，就在于让"信仰"走出蒙昧回归智性；一个时期一部分人步入虚无的"无信仰"，其实也可以理解为是信仰了"无信仰"。在我们由"以经济建设为中心"步入"四位一体"协调发展后，文化建设在我们的信仰重建中发挥着重要的作用。那句"金钱不是万能的，没有金钱是万万不能的"流行语，正在越来越大的范围内被一种社会共识所替代，这就是"文化不是万能的，没有文化是万万不能的"！的确，文化产业在当今世界日益成为经济发展新的增长点，日益成为国民经济的支柱产业。这说明文化既是凝聚人心的精神纽带又直接关系民生幸福。当文化同时担当起民族凝聚力和创造力的重要源泉、综合国力竞争的重要因素和经济社会发展的重要支撑之时，对于我们通过文化建设来重建精神信仰，或者说直接就叫"以文化代宗教"来说，是一个重要的机遇也是一个必要的抉择。其实我们说"文化自觉"也好，说"文化良知"也好，还有常能听到的"文化坚守"或"文化守望"，都不能没有文化信仰。胡锦涛总书记说"国家富强、民族振兴、人民生活幸福安康，需要强大的经济力量，也需要强大的文化力量。"我理解，文化力量强大与否，其中一个重要的参照肯定是文化信仰的力量。从文化信仰的层面上来谈文化产品，既是对文化产品功能的较高要求，也是对文化工作者素质的较高要求。胡锦涛总书记谈到"加强对文化产品创作生产的引导"之时，一方面要求"最大限度发挥文化引导社会、教育人民、推动发展的功能"，一方面又要求"引导广大文化工作者和文化单位自觉践行社会主义核心价值体系"。我们深知，"妙手著文章"的目的是"铁肩担道义"，确立文化信仰并追求文化理想是文化人"以文化人"的先决条件。我们"四位一体"中的文化建设要想"有位"，就要"有为"，而没有"文化信仰"，就谈不上"有为"，更谈不上"有位"。

（原载《艺术百家》2010年第5—6期）

第六编

科技驱动的文化创新

全球化进程中的文化科技自觉

谈论全球化进程中的文化科技自觉，是因为强化"科技自觉"对于当下的文化建设有十分重要的意义。文化界中人都知道，费孝通先生率先提出"文化自觉"，指出其要义是"各美其美，美人之美，美美与共，天下大同"。我觉得他是强调文化建设一要有自觉的文化坚守，二要有自觉的文化宽容。什么是我们所要谈论的"文化科技自觉"呢？一者这是文化建设的动力作用，二者这是文化创新的前沿课题，三者这是文化转型的时代支撑。

一、"全球化进程"就其根本而言是科技进步的产物

所谓"全球化"，是指人的社会交往和社会关系的世界化。马克思曾说"人是全部世界史的产物"；又说"就其现实性而言，人是一切社会关系的总和"。那么处于"全球化"进程中的"人"，将可以、也可能是"世界化"的社会关系的总和。其实，当下我们常说的"经济一体化、政治多极化、文化多样化"等等，都是在"全球化"进程中并且在"全球化"视野中才可能觉察乃至洞悉的社会景观。也就是说，当代世界的"全球化"进程并不意味着必然走向"一体化"格局。即便是所谓的"经济一体化"，其实也并不能掩盖不同利益集团所追求各自利益最大化而产生的冲突与对抗，"共赢"的本质是"互利"，是逐利各方找到的妥协点与均衡点。

推动"全球化"进程的，从面上看起来是经济活动的作用，但就其根本而言，是科技进步使然。"全球化"作为人的社会关系和社会交往的"世界化"，其实是在互联网建立后才真正确立的，这种"世界化"程度的提升也是互联网不断创新、发展的产物。从某种意义上来说，人的"网络

化生存"就是"全球化进程"的当下写照。因此,正视"全球化进程"就意味着必须正视科技进步对人类社会进步的推动作用和深刻影响。事实上,如果把文化视为"人类在社会历史实践中所创造的物质财富和精神财富的总和",那么科技进步是人类在当下社会实践中最重要的"文化创造";而如果按联合国教科文组织界定的"文化是一种生活方式和生存方式",那么人类当下的生存和生活方式显然具有极高的科技含量甚至有由科技来主导的趋势。

二、深刻认识科技进步对当前文化建设的动力作用

科学技术是人类文化的重要组成部分,作为一种独特的文化构型也被称为"科技文化"。科技文化作为总体文化中一种独特的构型,对总体文化的发展与繁荣具有重要的推动和促进作用。人类社会发展的历史已经证明了这一点,而当下人类社会的发展也时刻证实着这一点,因此人们形象地将科技进步喻为文化发展与繁荣的"引擎"。事实上,科技进步不仅是文化发展与繁荣的"引擎",也是人类社会方方面面进步与发展的推动力和提升力。正是在这个意义上,小平同志才格外强调"科学技术是第一生产力"。我们当前文化发展与繁荣作为国家"软实力"的建设,绝不可忽略这个"第一生产力"根本的、巨大的作用。提升"软实力"需要硬举措,这其中就包含着文化建设中的科技自觉。

强调文化建设中的科技自觉,不能不特别关注当代科学技术发展中呈现的一些重要特点:这首先是科技发展呈加速度前行,科技成果革故鼎新加速,科技知识推陈出新加速,与之相应呈现出科技竞争日趋激烈;其次是科技发展呈一体化趋势,在科技进步高度分化又高度交织两种发展取向并存中,历史上由不同路径发展起来的科学和技术之间,呈现出科学技术化、技术科学化的一体化趋势;第三是科技成果转化为商品的周期越来越短,新技术、新产品老化速度加快,为科技成果持有者提供知识产权保护已成为重要的国际规则……

在关注当代科技发展特点的同时,我们要深刻认识科技进步对文化建设的动力作用,这主要有三个方面:一是科学技术的每一个进步都将以知识形态丰富人类的知识宝库,都将不同程度地提高人类的认识水准和理性

程度；二是科学技术的每一个成果都将用来改善人类生活，其中大多数成果被广泛地应用于改进人类精神文化生活，成为人类享受和充实精神文化生活的工具和手段；三是科学技术的每一个发明都提高着人类认识自然和改造自然的能力，科学知识的普及、科学思想的传播、科学精神的弘扬、科技成果的应用和推广，都会对文化建设产生积极的影响。

三、强化文化科技自觉必须提高运用文化科技的能力

认识科技进步对文化建设的动力作用，是为了强化文化科技自觉。我们注意到，现代科技进步不仅创造着巨大的物质财富，而且促进与之相适应的文化理念和文化模式的形成。我们注意到，当下文化建设中的科技影响力在扩展，文化变革中的科技作用力在增强；文化总是通过人的文明程度体现出来的，而当代科技进步则往往成为人的文明程度的时代标高。强化文化科技自觉，要知道科技的本质在于创新，创造新知识、新技术并开辟新道路、新领域，从而将人类认识自然、改造自然的能力提高到新水平。因此，文化科技自觉意味着在文化建设中要有自觉的创新追求，这种创新追求又主要在于运用知识创新和科技进步的成果，为文化建设注入新的内容，建构新的平台，创造新的形式……事实上，当下大众文化的勃兴、文化产业的崛起、文化业态的新变，都体现出文化科技的动力作用和文化创新的科技追求。

强化文化科技自觉，在当前要特别关注文化产业的崛起和大众文化的勃兴。事实上，文化产业作为一种新兴的产业形态，本身就是文化与科技相结合的产物，本身就体现为科技进步对文化建设的动力作用。科技进步对于文化产业的动力作用，一在于开拓了其发展空间，二在于增强了其发展后劲，三在于优化了其结构形态，四在于提升了其竞争能力。同样，大众文化的勃兴也是与科技进步的时代特征——"网络化生存"分不开的。互联网作为信息科技的前沿技术，已成为目前最为大众化的文化传播手段。这一科技进步通过"人机界面"设计的"傻瓜化"，为大众文化的勃兴创造了技术条件；同时，这一科技进步也缩短了时间的利用单位，通过改变人的行为方式催生了"快餐文化"，"快餐文化"作为现代技术理性的产物已成为大众文化的"现代内涵"。

国家文化部党组副书记、副部长欧阳坚同志要求文化部门的管理干部进一步提高运用科学技术的能力，提出："一要增强推动文化与科技融合的自觉性和主动性，加快构建有利于科技与文化融合的体制机制；二要积极运用电子技术、网络技术、信息技术、数字技术，加快对传统文化产生的改造，推动与演艺、影视、动漫、游戏等相关领域的融合，用先进的生产手段和表现形式，增强文化产品的感染力和影响力；三要大力发展网络文化、电子票务、手机文化、数字节目制作、4D电影、三维动画等业态，拓展增强文化产品的消费方式和传播能力。"

四、文化科技自觉要自觉服务于国家文化建设大局

人们常形容"文化是一条源远流长的河"，这是强调任何时代的文化建设都是一个历史的瞬间；其实，"文化还是一片种繁类多的林"，因为任何时代的文化建设都是一个整体的局部。我们当前的文化建设面临着极为复杂的形势：一者国际上不稳定、不确定、不安全因素显著增多，二者世界范围内各种思想文化交流、交融、交锋日益频繁，三者国内社会意识多元、多样、多变特征日益明显，四者互联网传播的大众化、媒体化、数字化趋势更加凸显。有鉴于此，文化科技自觉必须按科学发展观的要求树立和落实科学的文化发展理念，必须自觉服务于国家文化建设的大局。

综览当前复杂形势下的文化建设大局，我们的文化建设首先要强调以人为本，以维护人民基本文化权益和惠及全民为目标，把公共文化服务体系的建设视为重中之重。其次，我们的文化建设还要大力解放和发展文化生产力，推动文化体制改革取得新的实质性进展，积极培育自主经营、富有活力的合格市场主体。第三，我们的文化建设要抓住当前经济结构战略调整的机遇，实现具有绿色环保特征的文化产业的快速发展，运用市场机制来实现文化产品的社会效益。第四，我们的文化建设要通过加强核心价值体系的建设来增强国家"软实力"，在提高整体国民道德素质和凝聚力的同时，塑造国家的文化形象并扩大其影响力。

通过自觉服务于国家文化建设大局来审视文化科技自觉，我们还必须对"文化安全"问题保持足够的警觉。学者们认为，国家"文化安全"，说到底，是一个国家文化特质保持和延续的问题。它包括一个国家能够独

立自主地选择政治制度和意识形态，能够通过反渗透、反入侵和反控制来保护本国人民的核心价值、行为方式和文化利益。这是因为，一个国家的文化特质不仅积淀了其全部历史的文化创造和文明传承，而且蕴含着它不断成长、持续发展的文化基因。但是，当下以"网络化生存"为特征的全球化进程，由于美国在网络技术上的优势和网络空间中占80%以上的英语文化环境，使这一进程更像是一种美国文化的"全球化"，更像是具有强势科技的美国文化的"文化殖民"或曰"信息殖民"。如果忽略"文化安全"，我们就谈不上"文化自觉"，因为这意味着放弃"文化坚守"。失去"文化自觉"当然也不是我们要提倡的"文化科技自觉"。

作为有力推动全球化进程的互联网技术，其作为一种新的文化形态主要是依靠其在传播过程中的文化张力，依靠其在现实世界中的扩散范围来实现的。在这一全球化进程的文化语境中，无中心、反体系、多样化、个性化的后现代性正在瓦解以等级结构和统一规范为特征的政治模式和价值体系，由此而产生的"信仰危机"也成为了一个全球性的问题。因此，当我们通过互联网技术共同创造和分享全人类的文化成果之时，当我们在多元民族文化交锋和交流中重建文化价值体系之时，当我们利用现代高科技和先进适用的科学技术来提升文化的内在凝聚力和外在影响力之时，我们一定要有"文化安全"的意识，一定要警觉在强势科技文化冲击下可能出现的"文化殖民"或"信息殖民"，一定要通过我们自身文化"软实力"的建设体现出强化着"文化自觉"的文化科技自觉。

五、新兴城市的文化科技自觉与国家文化科技提升计划

为推动我国社会主义文化的大发展和大繁荣，掀起文化建设的新高潮，许多文化工作者已认识到要强化文化科技自觉。首先，他们认为要运用现代科技手段提升公共文化服务能力，在推动公共文化设施建设、文化传承和传播体系构建、非物质文化遗产保护与古籍保护、文化市场监管体系构建中发挥科技的支撑作用和提升作用。其次，他们认为要推进现代科技与文艺创作、生产相结合，提升文艺作品的表现力并进而扩大其影响力。第三，他们认为要推动现代科技与文化产业相交融，运用现代科技手段使民族文化资源优势转变为文化产业优势，创新文化生产方式并催生新

的文化业态。第四，他们还认为要明晰文化科技工作的目标，调整文化科技领域的学科布局，促进系统内外的科技资源整合，积极吸引掌握核心或关键技术的科技人才投身文化建设。

关于文化建设中文化科技的自觉，我们认为在经济发达、特别是高科技引领经济建设的城市——比如深圳，体现得较为全面也较为充分。为此，我们拟与深圳市有关部门合作，以"新兴城市文化建设中的科技自觉"为课题来展开调研。我们注意到，作为我国改革开放的前沿阵地，深圳成为我国信息化建设的排头兵。深圳并非文化资源大市，但作为高新技术密集的新兴城市，其以信息技术为代表的高新技术在国内居领先地位。这为传统文化产业的改造与升级，为计算机设计、动漫游戏、数字内容等新兴文化产业的发展，为公共文化服务体系的建设提供了技术支撑。深圳的"文化立市"，将通过文化科技自觉来实现"弯道超车"，后来居上！通过"新兴城市文化建设中的科技自觉"这一课题的调研，第一，我们想较全面地了解在文化建设的哪些方面已体现出科技的支撑、提升和引领作用；第二，我们想了解有哪些具有较高科技含量的文化建设项目可以通过进一步孵化、培育来推动内地及西部地区的文化建设；第三，我们想通过较为全面的了解，解决文化科技管理工作中科技与文化怎样结合、文化科技工作如何分类等问题，因为文化建设中的科技自觉不能没有文化科技管理的自觉。

作为相应管理部门的文化部文化科技司，根据中央领导的讲话精神，根据《国家"十一五"时期文化发展规划纲要》的相关规划，策划了"国家文化科技提升计划"，建议国家财政给予支持，以便从七个方面开展具体工作：它包括面向公共文化服务设施的技术创新，面向农村和小城镇基层文化服务的技术创新，文化生态保护与开发的技术创新，促进新型文化产业发展的科技方法，提升艺术创作及产品效果的科技方法，提升艺术教育效果的科技方法，提升文化对外影响力的科技方法等。打算以申请课题和委托课题资助的方式来实施。根据学者们的研究，在当代信息科技、能源科技、材料科技、空间科技、生物科技、海洋科技、纳米科技诸领域中，信息技术与文化建设的关系最为密切。现代信息技术为文化产品的品质提升提供了空间和条件，以信息技术为代表的高新技术在文化产品中的先导作用十分突出。学者们还认为，建立在现代信息技术基础上的信息文化产业，是高新科学技术与高新文化业态的高度统一。信息文化产业作为高新文化意味着文化本体形态的根本性变革，而推动文化本体形态的转型升级也正是文化科技自觉的重要使命。这也使得信息技术在国内居领先地位的深圳更具有运用文化科技的优势，也更具有运用文化科技的自觉。对于深圳将由文化科技的自觉推动文化建设的全面自觉，从而创造高科技含量的"新兴文化"的城市形象，我们坚信不疑！对于文化科技将在文化建设的更多方面发挥动力、支撑、提升和引领作用，从而使我们的文化建设真正走向世界前沿，我们同样坚信不疑！

（原载《中国文化报》2009年8月14日）

科技进步引领下的文化创新

"创新"在任何时代都是一个极富魅力也极具亮色的字眼。而"创新"在现时代——在我们号召构建"创新型国家"和"学习型社会"的现时代,需要有一种宏观视野和一种超越精神。因为我认为,我们现时代谈论的"创新",主要不在于比自身的既往提供了何种"新意",而在于它能否立足时代前沿、跻身价值高端去拓辟"新地",或至少在领略"新风"之际捕捉"新机"。

一、现时代的"文化创新"应成为"大国崛起的文化准备"

我们现时代的"文化创新",是在被称为"中国当代文化发展的最好时期"中进行的,一方面,政治、经济、文化、社会"四位一体"的建设赋予文化创新以崇高的使命;另一方面,社会主义文化大发展、大繁荣和新高潮"两大一新"的呼唤又赋予文化创新以强劲的动力。这个使命和动力要求我们的"文化创新"成为"大国崛起的文化准备"。李洪峰同志在中共中央党校做了一个题为"大国崛起的文化准备"的讲演。其中谈到大国崛起的文化条件之时,认为有四个方面尤为值得重视,即:一是强化国家意识、坚守文化传统是大国崛起的必要前提;二是增强文化感召力是提高国家战略影响力的重要手段;三是培养开放的民族心态是大国崛起的必要条件;四是坚持思想引领和制度创新是促成大国崛起的深层原因。(参见《文汇报》2009年12月26日"每周演讲")"大国崛起"需要"文化准备",是说一个大国要成为强国,需要具有与其物质文明高度发达相适应的"软实力"。成为"软实力"的"文化准备",对内要有凝聚力和崇高的价值取向,对外要有感召力和伟岸的精神魅力。在这样一个目标引领下的"文化创新",无疑需要一个大视野,需要一个大跨越，更需要一个新动力。换言之，我们现时代的"文化创新"本身也需要"两大一新"。

二、科技进步引领立足时代前沿、跻身价值高端的文化创新

为着实现"大国崛起的文化准备"，我们当下的文化建设不能不以发达国家发达的"文化力"为参照。发达国家之所以发达，一个重要的因素，更确切地说一个重要的前提是科技的进步与发达。发达的科技在发达国家不仅推动着经济建设而且推动着与之相适应的文化建设，而事实上，发达国家之所以产生并且重视发达的科技，本身就有着与之相适应的文化土壤。温家宝总理在中科院建院60周年的讲话中，高呼"让科技引领中国可持续发展"，提出"把建设创新型国家作为战略目标，把可持续发展作为战略方向，把争夺经济科技制高点作为战略重点，逐步使战略性新兴产业成为经济社会发展的主导力量"。实际上，温总理是有鉴于中国近代以来四次与世界新科技革命失之交臂，才在战略目标、战略方向、战略重点等战略思考中，明确提出"把争夺经济科技制高点作为战略重点"，并进一步提出"使战略性新兴产业成为经济社会发展的主导力量"。为此，我国制定了汽车、钢铁、纺织、船舶、石化、有色金属、装备制造、电子信息等10大产业的振兴规划。而随着国务院《文化产业振兴规划》的出台，"文化产业"成为第11个"战略性新兴产业"。温总理要求的战略性新兴产业，"必须掌握关键核心技术，具有市场需求前景，具备资源能耗低、带动系数大、就业机会多、综合效益好的特征"，而我国当下亟待振兴的文化产业，就明显具备了上述特征。

三、"文化产业"意识的确立是当前文化发展理念最重要的创新

尽管"文化产业"的理念已经引入并申说了许多年，但相对于我们既往的文化发展理念而言，它仍然是我们文化发展的新理念，是我们文化发展理念的最大创新。"文化产业"作为文化发展理念的最大创新，在不久前发生并且至今尚未走出困境的全球性经济危机中寻求到机遇。文化因经

济危机时期大众生活追求的"口红效应"而具有了市场需求,这使得文化产业在全球性经济滑坡的趋势中"逆势上扬",也使得我国从理念到实践都起步不久的文化产业有可能在全球文化产业发展的激烈竞争中实现"弯道超车"。文化产业作为"战略性新兴产业"的一个方面,不仅是我国经济结构调整、发展方式转变的需要,也是我国当代文化建设解决"四个不相适应"状况的需要。也就是说,党的十七大之所以提要推动文化大发展大繁荣和掀起文化新高潮,是因为我们的文化建设与人民群众日益增长的精神文化需求不相适应,与日趋完善的社会主义市场经济体制不相适应,与现代科学技术迅猛发展及广泛应用不相适应,与我国对外开放不断扩大的新形势不相适应。

分析上述"四个不相适应",我们注意到,满足人民群众日益增长的精神文化需求和适应我国对外开放不断扩大的新形势,是我们文化建设不断调节的目标;而适应日趋完善的社会主义市场经济体制和适应现代科技的迅猛发展及广泛运用,是我们文化建设必须正视的路径。就路径而言,市场经济体制的确立更多体现为环境的改善,而现代科技进步的影响则更多体现为系统的动力。从"文化创新"谈到"文化产业",是因为我们相信任何有意义、有价值的创新都不是"为创新而创新"的行为。英国艺术史学家贡布里希在谈到"艺术创造"时说"人只有在解决他所要解决的问题时才具有创造性",我们当下文化建设需要解决的最大问题就是"四个不相适应"的问题。国务院出台《文化产业振兴规划》,说明促进并发展"文化产业"是解决当下文化建设中所存在问题的重要路径,"文化产业"意识的引入、确立和项目的实施、推展也就成为我们当前文化发展理念最重要的创新。

四、"文化创新"一要关注体制改革,二要关注科技进步

温总理之所以高呼"让科技引领中国可持续发展",是基于国际金融危机对中国的机遇和挑战。他说:"只有加快体制创新和科技创新,我们才能从根本上克服国际金融危机的不利影响。因此,在经济积极向好的趋势得以巩固的时候,应该而且必须开始考虑长远的事情。长远的事情是什么?我认为最重要的是科技和教育。"作为国家文化部的文化科技司(其

职能其实是"教育科技司"），也必须考虑文化建设方面"长远的事情"，在这一考虑之中的"文化创新"，最需要关注的便是文化体制创新和文化科技创新。

文化科技创新与文化体制创新关涉的其实就是文化生产力与文化生产关系的问题。我们之所以认为"文化产业意识的确立是当前文化发展理念最重要的创新"，正是因为当下我国文化产业的快速发展凸显出文化体制的创新和文化科技的创新，是科技作为"第一生产力"建构起与之相适应的文化生产关系。在文化产业的建设，或者说在文化建设产业化的进程中，处处都能看到科技进步的作用，看到科技进步对文化建设的支撑、提升和引领作用。在我近一年来对文化科技工作的调研和思考中，注意到深圳这样的新兴城市文化建设中的科技含量比较高，或者说在许多方面是依靠科技进步推动文化建设实现文化创新。最近注意到上海文化建设中最引人注目的文化创新也体现为体制创新与科技创新。也就是说，科技进步引领下的文化创新在我国沿海经济发达地区已取得率先突破和发展。现代科技进步引领下的文化创新，有原创性创新、集成性创新和工程性创新之分，就政府文化行政部门管理的"局部文化"而言，以集成性创新构成文化科技创新的主流。文化科技的集成性创新正在文化产业的促进、文化市场的监管、公共文化服务设施的建设（属"文化权益的保障"）、文化遗产的保护、文化产品的外销等诸多方面全面推进。

五、"演艺科技创新"是文化创新应特别关注的重要领域

既往的文化科技主要应用于舞台演艺，因而多特指演艺科技。演艺科技除舞台机械、灯光、音响之外，既往还涉及民族乐器的科技改造、演艺训练（如形体、嗓音）的科技观照等。当下的演艺科技创新，其实并不只是创新形态而且更是创新业态。比如由科技进步引领的"网络化生存"，就不仅是全球化进程的重要表征，而且也将创造出新的演艺业态。演艺形态的科技进步，可以说在电影艺术中体现得最为充分。事实上，电影作为新的演艺业态，当年的出现本身就是科技进步的产物——电影的从无声到有声，从黑白到彩色，从平面到立体……每一次文化创新都由科技进步所推动。电影的科技创新，是科技进步引领文化创新的典型范例，因为我们注意

到技术革命的发生也变革着我们对视像构成方式乃至故事构成方式的理解。

自20世纪以来,我国演艺文化创新有四次较大规模地借鉴并吸纳国外的演艺文化:第一次是20世纪初对话剧这一演艺样式的吸纳,这是一次比新文化运动还早的"新演剧"运动,是一批立志做中国"易卜生"的新文化运动先驱者推动的。第二次是20世纪30—40年代,新文化运动的先驱者们不失时机地把握了科技进步催生的新演艺样式——电影,使这种"新演艺业态"在当时中国社会启蒙与救亡的双重变奏中发挥了重要的作用。第三次是20世纪50—60年,新中国的新文化建设在演艺文化中的作为,一是改造旧戏曲等传统演艺,二是引进歌剧、交响乐、芭蕾等西洋"贵族艺术",后者在新文化的建设中似乎发挥着更为重要的作用。第四次是20世纪80—90年代并且一直延续至今,主要体现为对发达国家音乐剧艺术的关注。

审视上述四次借鉴和吸纳,我们注意到几乎每一次的关注对象,都体现出科技进步对演艺文化的影响。相对于传统戏曲的表现理念而言,话剧也引入了照明和置景方面的科技理念;电影艺术自不必说,它本身即是科技成果创新的文化业态;音乐剧作为当下新演剧形态的制作理念,鲜明地体现出高科技含量和产业化运作的特征。在某种意义上我们或许可以说,"文化产业"从意识的确立到项目的实施,都是与科技进步分不开的。音乐剧作为一种新演剧理念能迅速打开并赢得市场,与其说是适应、满足市场需求,毋宁说是刺激、引领市场需求。在当下,我们演剧理念的创新不能不关注科技进步,而"产业化"运作其实是"高科技"含量的必然取向。有趣的是,我国演艺行业高科技含量与产业化运作的理念,率先在与山水旅游紧密结合的"印象××"中得到推展,率先在旅游大视野中拓辟了演艺新景观。

六、"教育先行"是文化创新应当关注的"长远的事情"

我总在想,为什么我们谈论文化创新或者具体些说是演艺文化创新的时候,更多的是考虑"本体"或"自律"的东西,而这些东西在建构人文精神之时似乎又格外与推动当代社会迅猛发展的科技理性相抵牾。事实上,我们主要的文化形态及决定这种文化形态的文化心态是由几千年的农耕文明所陶塑的,工业革命及后工业革命在率先推动西方社会前行之时,已使其文化心态完成了由手工技艺、田园情趣向机械力量、都市时尚的过渡。换言之,科技理性已由冷峻转化为温馨,"网络化生存"加速了人的社会化进程,电子符号已浸透着浓厚的情感信息。在某种意义上说,文化的"自律"是由社会方方面面的"他律"综合作用的结果,而文化"本体"是对无数历史"具体"的不断抽象不断增容。

温总理在考虑我国经济社会"长远的事情"之时,认为最重要的是科技与教育。我们要实现科技进步引领下的文化创新,不仅有个率先推动科技进步的问题,而且有个文化创新能否响应、追随科技创新的问题。这后一个问题涉及文化建设深层次观念的问题,是需要通过"教育先行"从人才培养方面去从根本上解决的问题。温总理去年9月在视察北京第35中学时,指出我国教育目前存在着两个不适应:一是不适应经济社会发展的要求,二是不适应国家对人才培养的要求。"不适应"说明有脱节,而脱节的原因是我们过于强调教育的"自律"而忽略经济社会发展的"他律"。也就是说,我们的教育过于看重既往经验的传承,对于适应并解决经济社会发展中的问题还缺乏足够的自觉,这个"自觉"是关注、适应"他律"从而扩展、增容"自律"的自觉。

实际上,面对全球性经济衰退,一些发达国家率先而为的就是重新强调教育的战略地位。美国总统奥巴马在2009年3月宣布《美国全面教育改革计划》时提出,要教育孩子们勇敢面对挑战并使之具备参与全球竞争的能力,强调为所有人提供一个完整的、有竞争力的、从摇篮到职业的教育。英国布朗政府去年在白皮书《新机遇:迎接未来的公平机会》中指出,必须现在就采取行动投资儿童的未来,用教育、技能和终身学习应对挑战,强调为所有人铺平从教育到工作过渡的道路。在我国,教育历来被视为文化传承的重要手段,这也是教育最古老的功能;钱学森之所以强调"创新型人才不足是现行教育体制的严重弊端,也是制约科技发展的瓶颈",我以为正在于要拓展甚至是改变教育的功能,使其成为文化创新的重要动力。

七、我们要适应经济社会发展的要求进行文化创新

结合我国文化建设存在的四个"不相适应"和教育工作存在的两个"不适应",需要特别让我们警醒的是必须正视"经济社会"这个"他律"

对文化、对教育"自律"的新要求和新期待。而毋庸讳言的是，当下的这个"经济社会"正是由高科技推动并且又具有高科技含量的"经济社会"。文化创新也好，教育适应也罢，都不能不正视当代经济社会由科技进步推动并且以科技进步为特征的事实。为此，我曾在上海戏剧学院和北京舞蹈学院中层干部培训中谈到，演艺教育要适应并且先行于经济社会，一个重要的调整是将对"实验艺术"的关注转移一些到"实用艺术"上来。在美术界，工艺美术是经济社会发展中率先的悟觉者，而其实你读任何一部美术史，其源头都是留存在实用品上的印记。马克思主义的艺术理论家普列汉诺夫说"功利先于审美"，我以为不仅是在陈述一个简单的史实，更在于阐明文化与经济社会发展的逻辑关系。

强调当代演艺教育由"实验艺术"向"实用艺术"的转移，其实本身就是一种艺术创造理念和一种艺术生产技能的归璞返真。在"实验艺术"和"实用艺术"之间，前者更重视艺术方法"自律性"的探索而后者更重视在解决为对象服务的问题中探索方法，方法来自满足对象的需求而呈现出"他律性"；前者更重视艺术家个人的体验而后者更重视艺术家对大众生存状态、生活感受的体验，其体验来自大众的感受而更具有"社会性"。由此，我想到前一段我们演艺文化生产中涉及的艺术规律与市场规律的问题，其实所谓"艺术规律"就是艺术家深为洞悉并身陷其中的演艺方法的"自律性"，而"市场规律"是由经济社会改变并构成经济社会主体的大众对演艺产品的"他律性"需求。

这就对我们包括演艺文化在内的文化创新提出了一个值得思索的问题：我们的文化创新主要是追求"自律性"的完美自足，还是适应"他律性"的扩展增容。其实，科技进步引领下的文化创新在这里已经不是某种具体的科技进步要冲击既有的文化形态，而是科技进步改变着经济社会并陶塑了一个全新社会的文化心态。适应经济社会发展的需求，是科技进步引领下的文化创新的大目标；我们之所以说"文化产业"意识的确立是当下最重要的文化创新，在于我们把实现文化权益的公平性放在比实现文化享受的奢华性更为重要的位置。可以预言，科技进步不仅将引领我们的文化创新，而且将推动文化发展理念在更高的层面进行新建构。

（原载《中国文化报》2010年2月22日）

文化科技自觉引领下的高端文化创新

今年4月，中共中央政治局常委李长春同志在全国宣传部长座谈会上，做了题为"以改革创新精神推动社会主义文化大发展大繁荣，努力探索中国特色社会主义文化发展道路"的重要讲话。讲话论述了探索中国特色社会主义文化发展道路要正确认识和处理的10个方面的关系，其中第9个是要正确认识发展文化与运用科技的关系，提出"把运用高新科技作为推动文化建设、提高文化创新能力和传播能力的新引擎"。通过对长春同志重要讲话的学习，我认为在我们当前的文化改革和发展中，要通过文化科技自觉引领高端文化创新。

一、文化改革与发展以文化创新为必要条件

我们当前的文化改革与发展，是在当前中国文化建设的最好时期中进行的，一方面，政治、经济、文化、社会"四位一体"的建设赋予文化创新以崇高使命；另一方面，社会主义文化大发展、大繁荣和新高潮"两大一新"的呼唤又赋予文化创新以强劲的动力。但是，文化要跟上"四位一体"的步伐，要实现"两大一新"的追求，必须全方位、深层次、高效能地进行文化创新。如长春同志所说"科技进步与体制机制创新一样，是加快文化发展的强大动力"；为此，他要求"大力推进观念创新、体制创新、机制创新、内容创新、形式创新、传播手段创新、业态创新、科技创新……拓展文化发展的新领域"。事实上，在经济全球化和政治多极化的时代背景中，我们的文化改革与发展不能不正视"文化转型"的课题，同时也不能不思考"文化选择"的课题。长春同志的讲话提醒我们：促进文化创新的动力在于改革，提高文化创新的能力在于科技。前者的体制创新与后者的科技创新作为当前文化改革与发展的关键，在于前者能积极地推动

文化转型，后者能高效地实现文化选择。

二、立足"大国崛起的文化准备"实现高端文化创新

据有关专家的国情分析，我国经济社会发展已从基本生存阶段走向全面发展阶段，具体表现为从传统农耕社会走向现代城市社会，从外向粗放型增长走向内需集约型增长，从低收入国家走向上中等收入国家，同时也从贫弱型国家走向大国责任型国家。作为大国责任型国家，专家们认为至少要担负起全球经济平衡责任，"绿色经济"发展责任，科技创新引领责任和世界安全维护责任等。在这一国情境遇中，我们当前的文化改革与发展无疑也应担当起"大国崛起"的文化准备。关于"大国崛起的文化准备"，李洪峰同志就这一课题在中共中央党校做了一个讲演，其中谈到大国崛起的文化条件之时，强调了四个方面，即：一是强化国家意识、坚守文化传统是大国崛起的必要前提；二是增强文化感召力是提高国家战略影响力的重要手段；三是培养开放的民族心态是大国崛起的必要条件；四是坚持思想引领和制度创新是促成大国崛起的深层原因。（参见《文汇报》2009年12月26日"每周演讲"）着眼于大国崛起的"文化准备"，意味着我们文化改革与发展要着眼于高端文化创新，要着眼于建立与物质文明高度发达相适应的提升文化"软实力"的文化创新。这种"文化准备"还意味着我们通过文化改革与发展而实现的"文化转型"，对内要有凝聚力和崇高的价值取向，对外要有感召力和伟岸的精神魅力。

三、高端文化创新要关注发达国家的文化优势

文化创新，多方面、多层次、多样化地出现在文化建设领域中。谈高端文化创新，不在于比我们既往的文化建设提供了何种"新意"，而在于它能否立足时代前沿、跻身价值高端去领略新风、捕捉新机、拓辟新地。这是因为，文化改革与发展的基点是我们既往的文化现状，而参照则是发达国家的文化优势。我们注意到，发达国家之所以发达，一个重要的因素，更确切地说一个重要的前提是科技的进步与发达。发达的科技在发达

国家不仅推动着经济建设而且推动着与之相适应的文化建设，而事实上，发达国家由发达科技促成的文化优势，本身就有着与之相适应的文化土壤。与我国数千年传承、积淀的文化优势相比，发达国家的文化优势主要体现为文化传播力而非文化传承力的优势，体现为科技进步而非伦理维系的优势，体现为创意文化而非知识文化的优势。长春同志在思考中国特色社会主义文化发展道路之时，注意到"在信息技术高度发达的当今时代，谁的传播手段先进，谁的传播能力强，谁的思想文化和价值观念就能更广泛地流传，谁的文化产品就能更有力地影响世界。"很显然，文化改革与发展要胜任"大国崛起的文化准备"，不能不考虑立足信息技术时代的文化创新，不能不考虑着眼于先进传播能力的文化创新。这便是我们强调的高端文化创新。

四、加强文化科技自觉实现自主的文化转型

关注高端文化创新，将使我们文化改革与发展的效能得到大大提升，将使我们的文化转型更具前瞻性也更具影响力。我们已经指出，文化改革与发展必须也必然要正视文化选择与文化转型，而在这方面我们必须首先正视费孝通先生早在十多年前关于"文化自觉"理念的警醒。虽然费先生以"各美其美，美人之美，美美与共，天下大同"来概括"文化自觉"的历程，但他明确指出："文化自觉只是指生活在一定文化中的人对其文化有'自知之明'。明白它的来历，形成的过程，所具的特色和它发展的趋向，不带任何'文化回归'的意思，不是要'复旧'，同时也不主张'全盘西化'或'全盘他化'。'自知之明'是为了加强对文化转型的自主能力，取得决定适应新环境、新时代文化选择的自主地位。"（参见《北京大学学报——哲学社会科学版》1997年第3期）其实，费先生"各美其美"讲的是文化认同的自觉，"美人之美"讲的是文化宽容的自觉，"美美与共"讲的是文化交流的自觉，而"天下大同"讲的是文化和谐的自觉。我们在讲"文化自觉"之时之所以强调"文化科技自觉"，正是基于对我们文化现状的自知之明，是我们对当今发达国家"文化优势"进行比照后的自我警醒。因为正如长春同志所说："数字技术、网络技术的迅猛发展和广泛运用，极大地增强了文化的创造力和传播力，催生了一系列新兴文化

业态……我们必须充分认识科技进步对文化发展的重要作用,敏锐把握世界文化发展的新趋势,紧紧抓住信息化深入发展的历史机遇,加快文化与科技的融合,努力掌握文化发展与文化传播的主动权。"

五、解放和发展文化生产力尤为需要文化科技自觉

我们当前的文化改革与发展,就其根本而言仍然是要解放和发展文化生产力。在这方面,新兴文化业态的催生需要"文化科技自觉",传统文化业态的再生也需要、甚至是更需要"文化科技自觉"。在传统文化业态中,舞台演艺是相当重要的一个方面。在文化生产力的解放和发展中,我们的科技创新较为关注新兴文化业态的催生,而传统文化业态的再生较多依托于体制创新。温家宝总理去年在中科院建院60周年的讲话中,谈到"只有加快体制创新和科技创新,我们才能从根本上克服国际金融危机的不利影响"。其实,我们包括舞台演艺在内的传统文化业态要走出经济市场化和全球化转型产生的困境,也必须同时加快体制创新和科技创新。面对传统文化业态,文化体制创新和文化科技创新关涉的其实是文化生产关系和文化生产力的问题。我们大力推动文化体制创新,对于文化生产力的解放是有积极意义的,但这更多的是基于文化生产力三要素中劳动力的考虑。其实,在当代科技进步支撑、提升乃至引领文化改革和发展的进程中,对传统文化业态文化生产力中的生产资料和生产对象也要全面关注。包括舞台演艺在内的传统文化业态必须通过"文化科技自觉"改造并创新生产资料(比如提高舞台设施的科技含量),从而能更有效地把握生产对象并生产出具有时代特征并满足时代需求的文化产品。此外,在文化改革与发展的整体视野中,新兴文化业态也应以自己的科技优势(特别是传播优势)对传达文化业态"拉兄弟一把",而这无疑也需要树立起"文化科技自觉"的意识。

六、让科技之光助力人文之光走向更大辉煌

《人民日报》最近开辟了一个"谁是当代文化的敌人"的"新论",有一位很有影响的学者论及了"技术之光,取代不了人文之光"。其实,

他的表述还比较精当，比如指出了"技术之光的意义在于存持人文之光"，但标题（也可能是编者所拟）却容易引发读者对"技术之光"的抵触。事实上，我国演艺文化自20世纪以来四次大规模的借鉴并吸纳国外演艺文化，都不同程度地体现出对"技术之光"的追随。这四次借鉴和吸纳，第一次是20世纪初对话剧这一演艺样式的吸纳，这是一次比新文化运动还早的"新演剧"运动，是由一批立志做中国"易卜生"的新文化运动先驱者推动的。第二次是20世纪30—40年代，当时的新文化工作者不失时机地把握了科技进步催生的新演艺业态——电影，使其在当时中国社会启蒙与救亡的双重变奏中发挥了重要作用。第三次是20世纪50—60年代，新中国文化建设在演艺文化中的作为，一是改造传统戏曲等本土演艺，二是引进歌剧、交响乐、芭蕾等西洋"贵族艺术"，后者在新中国演艺文化建设中甚至发挥了陶冶格调提升品位的作用。第四次是20世纪80—90年代并一直延续至今，主要体现为对发达国家音乐剧艺术的关注。审视上述四次借鉴与吸纳，其实都潜含着科技进步对演艺文化发展和转型的影响。相对于传统戏曲的表现理念而言，话剧作为"新演剧"包含着舞台美术的科技进步；电影艺术自不必说，它本身就是科技创新而催生的新兴文化业态；音乐剧作为当下新演剧形态的制作理念，则鲜明地体现出高科技含量和产业化运作的特征。在讨论"文化科技自觉引领下的高端文化创新"时之所以对此稍稍回顾，旨在说明科技进步是人文进步的重要动力并将融入未来的人文进步，我们完全应当让人文之光搭乘科技之光走向更大辉煌。

（原载《中国文化报》2010年6月7日）

科技强文助力文化强国建设

努力建设社会主义文化强国，是党的十七届六中全会在《决定》中提出的战略目标。作为文化大发展大繁荣的战略目标，建设社会主义文化强国是与我国国家现代化进程紧密关联的一个过程。为此，《决定》不仅提出了建设社会主义文化强国的总体目标，而且提出了到2020年文化改革发展的奋斗目标。无论是向"总体目标"挺进还是将"奋斗目标"落实，"科技强文"都是一个重要举措和强劲动力。所谓"科技强文"，指的是我们文化建设中文化与科技的融合创新与融合发展，指的是充分发挥并有效实施科技进步在我国当代文化建设中的驱动作用、支撑作用和提升作用。

一、自我国进入改革开放的新时期以来，从小平同志到江泽民、胡锦涛总书记，都一以贯之地强调"科学技术是第一生产力"。胡锦涛总书记更是明确指出："只有把科学技术摆在国家发展的战略地位，才能赢得发展的战略主动权。"

生产力决定生产关系，生产力发展的内驱力及前瞻性体现出生产关系乃至社会制度的先进性水准，这是马克思主义的基本原理。在我国进入改革开放的新时期以来，在强调"发展是硬道理"的同时强调"科学技术是第一生产力"，我以为是极具前瞻视野并且极具现实意义的。所谓"第一生产力"，可以理解为各生产领域具体生产力的原初驱动力，是生产力不断发展的革命性因素，也是生产力不断攀升的先进性标志。文化建设，在某种意义上也可以理解为文化产品的生产和提供文化产品的服务，前者可视为一种特殊的制造业而后者属于服务业，二者都有包含着生产者、生产工具和生产对象（材料）的"生产力"。对于这种具有特殊意义的"文化生产力"，是否也会遭遇、也需正视"科学技术"这个"第一生产力"呢？答案自然是肯定的。文化产品的生产是精神产品的生产，或者说是通过精神品质来提高产品附加值的生产，这是毋庸置疑的。但精神产品的一个重要品质，就是它要对受众的精神境界和社会的意识形态产生影响，而"产生影响"的先决条件是实现"有效传播"。实现有效传播，一方面与传播手段相关联，另一方面也与产品形态相关联，甚至也会关联到产品形态中传递出的价值取向。精神产品的价值取向，可能关系到科技进步对社会伦理的冲击与调节，它与"第一生产力"的关系是较为间接、较为曲折的关系；对于实现有效传播的另两个方面传播手段和产品形态，"科学技术"这个"第一生产力"显然正发挥着越来越重要的作用。

二、胡锦涛总书记指出："在世界新科技革命推动下……科技发展从来没有像今天这样深刻地影响着社会生产生活的方方面面，从来没有像今天这样深刻地影响着人们的思想观念和生活方式，从来没有像今天这样深刻地影响着国家和民族的前途命运。"

2008年12月15日，胡锦涛总书记在"纪念中国科协成立50周年"大会上发表了重要讲话，上述内容便是这个重要讲话的一个重要方面。在这段讲话中我们可以看到，科技发展对于国家和民族前途命运的影响是需要我们予以高度重视的现实。因为我们正置身于一个全球化进程中的"国家公关时代"，这个时代的"国家形象"或者说"国家文化形象"建构，并不以是否文明古国、是否文化资源大国论短长。那么，在这个"国家公关时代"，我们所需要建设的"文化强国"的短板是什么呢？很显然既包括传统文化的现代转型，也包括现代文化的业态创新。正如胡锦涛总书记所说，科技发展对当今世界的深刻影响，是从我们社会生产生活的方方面面，到我们的思想观念和生活方式。面对这种因科技发展而深刻影响并迅速改变着的当今世界，文化建设怎么可能胶柱鼓瑟、守株待兔、画地为牢、刻舟求剑呢？应对科技发展对当今世界的深刻影响和迅速改变，我们文化建设最好的办法就是提高文化产品和文化服务的科技含量，就是通过文化与科技的融合，不断拓展并衍生出时代新兴的价值观念、行为方式、活动领域和产业业态。可以说，置身现代信息社会中文化建设的一个重要特征，就是一方面以科技创新支撑文化创意，一方面以文化创意引导科技创新。正如李长春同志所说："数字技术、网络技术的迅猛发展和广泛应用，极大地增强了文化的创造力和传播力，催生了一系列新兴文化业态和新的表现形式……这是文化产业中最具活力和潜力的部分，反映了文化产业未来发展的方向。"事实上，这也是我们当代文化建设中最具活力和潜力的部分，代表着文化生产力的前瞻视野和强劲动力。

三、我们注意到，《决定》在论及文化改革发展的"动力"或"引擎"时，主要提到了两个方面：一是要加快推进文化体制改革，为文化繁荣发展提供强大动力；二是强调科技创新是文化发展的重要引擎，要深入实施科技带动战略。

作为我们当下文化改革发展的两个"动力"，体制改革是解放生产关系，是为社会主义市场经济体制下进行文化建设而盘活存量，是为传统业态的产品生产观念及生产方式松绑；科技创新则是发展生产力，是为加入WTO之后势必放开的国内文化市场催生增量，是为新兴业态的产品生产样式及生产领域开道。我们注意到，《决定》是在"推动文化产业成为国民经济支柱性产业"的论述中来强调"推进文化科技创新"的，而推动文化产业的跨越式发展，既是满足人民群众多样化精神文化需求的重要途径，又是转变经济发展方式从而形成新的经济增长点的重要支撑。实际上，推动文化产业成为国民经济支柱性产业的实质，就在于推动文化与科技的一体化，而这是当今世界发达国家文化建设的显著特征。发达国家把这种在国民经济发展和增长中发挥重要作用的文化产业视为"创意经济"，这种明显带有文化建设意味并且是带有新文化建设取向"文化创意经济"，通常发生在知识经济高度发达的阶段。它以文化创意为核心，以知识产权保护为通道，通过现代科技手段物化文化创意，形成高文化附加值和高技术含量的产品和服务，在提升国民经济竞争力的同时提高国民生活的幸福指数。

四、作为新的经济发展方式，也作为新的文化建设理念的"文化科技一体化"，要义是文化与科技的融合创新与融合发展。这种融合创新与融合发展将分别为文化产业、科技产业注入新的活力，建构新的实力。

有学者在研究科学世界图景和科学思维方式的变革后指出：在迄今为止的三次科学革命中，第一次产生了实体实在论和实体思维，第二次形成了场能实在论和能量思维,第三次则带来了信息系统复杂综合的世界图景和信息思维。20世纪影响卓著的科学哲学大师波普尔奠定了第三次科学革命的哲学基础,这就是他将信息从现实世界中分离出来,使之成为与物质、意识并列的世界构成的第三要素,也即学界通常所说的"世界3"。当今世界,"世界3"的重要作用已为现代社会的"网络化生存"所证实。这个我们似然称之为"虚拟世界"的图景,常常在现实世界中发散出"超现实力量",一直被视为润物无声的如水的文化,居然也会如火一般去燎原造势。"软实力"的文化在信息时代比实体实在论、场能实在论更有实力,这是我们当代文化建设不得不正视的现实。然而,文化与科技的融合创新与融合发展,远不如"牛奶兑水"般的水乳交融来得浅显、简易,作为大跨度的领域跨越和大差异的异质思维,学者们从学理上认为二者的融合要高度关注融合对象的异质性与丰富性,关注融合过程的层级性与复杂性,更要关注融合目标的前沿性与高端性。也就是说,文化与科技的融合创新与融合发展,目标是文化建设领域的前沿发展和高端创新。

五、"文化科技一体化"是当代发达国家发展文化的一个显著特征,也因此这些国家的学者大多倾向于把科技看成是一种文化因素,特别是将其视为文化发展中的驱动因素。哈贝马斯通过描述现代文化生产的工业化趋势,更认为科技是发生在当代社会前沿和高端的文化现象。

在大文化观的视野中,科技作为人类认识自然、改造自然的知识体系,也被视为广义文化的一种形态。但通过对这种特定文化形态之作用的审视,我们的文化学者也不得不承认,人类文化发展史在某种程度上也可视为科技对文化产生影响,从而助力文化发展的历史。这种状况在文化发展由渐变而突变的时期表现得尤为突出。综合学者们的看法,科技对文化发展的影响,一是改变了文化的体验方式,二是扩大了文化的消费需求,三是丰富了文化的生产要素,四是提升了文化的构成品质,五是激活了文化的原始创新,六是催生了文化的新兴业态,七是增强了文化的传播能力,八是改善了文化的储存效果……这仅仅是择其硕者而言。平心而论,当代文化建设应由衷感激科技进步对文化发展的影响,与其纠结于科技理性会否损伤人文精神,莫如思索人文精神如何借助科技理性的翅膀飞得更好更高更远。一方面,科技使文化以前所未有的规模和效率进入生活,扩大了文化的覆盖面并增强了其渗透力,使得当前的文化研究相对于产品构成而言更注重传播效应的研究,比如对高新技术支撑的公共文化服务体系的传播效应研究,对影响"网络文化生态"新生代的新兴文化业态的传播效应研究,以及融入广义文化行业的高科技文化衍生产品的传播效应研究;另一方面,我们还需要极大地关注"文化科技一体化"进程中用户角色的重大转变,这便是"用户创造内容"(User-Generated-Content,UGC)现象的发生。作为数字化、网络化两大信息革命的重要成果,"用户创造内容"及"在线社群"(Online Community)的成员互动,可能将深度改变我们既往文化创造的理念,我们将为这种蕴含能动创造的文化体验去进行文化创造。这也许是比较完全意义上的"大众化"或"民主化"文化创造进程。

六、在文化强国建设中实施科技带动战略,就要敏锐把握世界文化发展的新趋势,紧紧抓住信息化迅速而深入发展的历史机遇,认真学习和充分吸收国际先进科技成果,有效利用全球科技资源,为建设国家文化创新体系贡献智慧和力量。

今年7月,科学技术部、文化部部际工作会商第一次会议在京举行。科学技术部部长万钢和文化部部长蔡武共同签订了工作会商议定书。这个工作会商机制旨在深入贯彻党的十七大精神,积极探索文化与科技融合发展的体制机制,逐步完善融合发展的政策保障,有效集成融合发展的优势资源,全面构建融合发展的创新体系,扎实推进融合发展的专项行动……会议提出了11项相应的具体举措,其中包括联合研究、制定并发布《国家科技与文化融合联合行动计划(2011—2015)》,联合认定"科技与文化融合示范基地";在国家科技计划中优生启动"文化资源数字化关键技术及应用示范""文艺演出网络化协同服务及应用示范"等重大项目;支持数字技术、信息技术、网络技术在公共文化服务和新型文化产业领域中的集成应用,并优先在国家科技与文化联合行动中安排相关项目;在国家软科学研究计划中设立科技与文化融合的研究方向并给予重点支持等等。我们欣喜地看到,《决定》不仅从理论上阐明了"推进文化科技创新"的重大意义，而且从实践上确定了具体举措，其中"依托国家高新技术园区、国家可持续发展实验区等建立国家级文化和科技融合示范基地，把重大文化科技项目纳入国家相关科技发展规划和计划"，就是对我们工作思路的重大支撑和全力推进！在学习贯彻十七届六中全会精神的热潮中，我们也在进一步思考与谋划文化与科技融合发展的战略重点。它包括建立健全以企业为主体、市场为导向、产学研相结合的文化创新体系；包括研究掌握一批推动文化发展、文化传播的核心技术、关键技术、共性技术和前沿技术；包括不断推进原始创新、集成创新和引进消化吸收再创新，提升传统文化业态并发展新兴文化业态；包括全面运用现代科技提升公共文化服务能力，支撑文化市场监管能力，增强文化遗产保护及传承能力，改善文化产品的创造和传播能力……当代文化建设的实践已经充分表明，凡是能够融入科技元素、借助科技力量推动的文化样式，就会得到迅速发展并产生巨大效应，进而形成产业规模并占据市场要津。这足以证明，作为文化发展重要引擎的科技创新，已经成为当代文化建设不可或缺的重要方面并成为当代前沿文化和高端文化本身。

（原载《光明日报》2010年2月28日）

文化与科技融合的创新驱动

一、自我国进入改革开放的新时期以来，从小平同志到江泽民、胡锦涛、习近平总书记，都一以贯之地强调"科学技术是第一生产力"。习近平总书记在中共中央政治局第九次集体学习时更是强调："科学技术越来越成为推动经济社会发展的主要力量，创新驱动是大势所趋。"

生产力决定生产关系，生产力发展的内驱力及前瞻性体现出生产关系乃至社会制度的先进性水准，这是马克思主义的基本原理。在我国进入改革开放的新时期以来，在强调"发展是硬道理"的同时强调"科学技术是第一生产力"，我以为是极具前瞻视野并且极具现实意义的。所谓"第一生产力"，可以理解为各生产领域具体生产力的原初驱动力，是生产力不断攀升的先进性标志。文化建设，其主体部分是文化产品的生产和提供文化产品的服务，前者可视为一种特殊的制造业而后者属于服务业，二者都有包含着生产者、生产工具和生产对象（材料）的"生产力"。对于这种具有特殊意义的"文化生产力"，是否也会遭遇、也需正视"科学技术"这个"第一生产力"呢？答案是肯定的。文化产品的生产是精神产品的生产，或者说是通过精神品质来提高产品附加值的生产，这是毋庸置疑的。但精神产品的一个重要品质，就是要对受众的精神境界和社会的意识形态产生影响，而"产生影响"的先决条件是实现"有效传播"。实现有效传播，一方面与传播手段相关联，另一方面也与产品形态相关联，甚至也会关联到产品形态中传递的价值取向。精神产品的价值取向，可能关系到科技进步对社会伦理的冲击与调节，它与"第一生产力"之间是较为间接、曲折的关系；而对于实现"有效传播"的传播手段和产品形态，"科学技术"这个"第一生产力"正产生着越来越重要的影响。

二、习近平总书记强调："实施创新驱动发展战略决定着中华民族的前途命运。全党全社会都要充分认识科技创新的巨大作用，敏锐把握世界科技创新发展趋势，紧紧抓住和用好新一轮科技革命和产业变革的机遇，把创新驱动发展作为面向未来的一项重大战略实施好。"

国庆前夕，中共中央政治局以"实施创新驱动发展战略"为题举行第九次集体学习。在参观中关村国家自主创新示范区展示中心，并听取中关村管委会负责人关于中关村创新发展情况的汇报后，习近平总书记主持集体学习并发表了重要讲话。他指出："新一轮科技革命和产业变革正在孕育兴起，一些重要科学问题和关键核心技术已经呈现出革命性突破的前兆，带动了关键技术交叉融合、群体跃进，变革突破的能量正在不断积累。即将出现的新一轮科技革命和产业变革与我国加快转变经济发展方式形成历史性交汇，为我们实施创新驱动发展战略提供了难得的重大机遇。"从讲话中可以看到，总书记高度关注这个"历史性交汇"形成的"重大战略"。抓住重大机遇并实施重大战略，是因为我们正置身一个全球化进程中的"国家公关时代"。这个时代的"国家形象"或者说"国家文化形象"建构，并不以是否文明古国、是否文化资源大国论短长。党的十七届六中全会《决定》提出建设社会主义文化强国，我们建设"文化强国"的短板是什么呢？很显然既包括传统文化的现代转型，也包括现代文化的业态创新。科技发展对当今世界的深刻影响，是从我们社会生产生活的方方面面，到我们的思想观念和生活方式。面对这种因科技发展而深刻影响并迅速改变着的当今世界，文化建设怎么可能胶柱鼓瑟、守株待兔、画地为牢、刻舟求剑呢？应对科技发展对当今世界的深刻影响和迅速改变，我们文化建设最重要的就是提高文化产品和文化服务的科技含量，就是通过文化科技融合，不断拓展并衍生出时代新兴的价值观念、行为方式、活动领域和产业业态。

三、文化与科技融合作为时尚话题并非理论时髦。正如党的十七届六中全会《决定》所说："科技创新是文化发展的引擎。要发挥文化和科技相互促进作用，深入实施科技带动战略，增强自主创新能力。"

自 20 世纪 80 年代起，欧美发达国家就开始了文化与科技融合发展的讨论。迄今为止所出现的"知识经济""文化产业""数字地球""互联网生存"等等新概念，都是文化与科技融合发展的产物。一些信息产业高度发达的国家或地区，已经逐步形成包括网络服务产业、数字游戏产业、电脑动画产业、移动内容产业、数字影音应用产业等为主的数字内容产业群，为文化产业发展注入了新的动力。去年5月，中宣部、科技部在深圳召开文化与科技融合座谈会，时任中央政治局委员、中宣部部长的刘云山同志出席会议并发表重要讲话，强调"推进文化与科技融合是中央做出的重大部署，是贯彻党的十七届六中全会精神的主要举措，要主动适应当代科技发展新趋势，加快高新技术的研发应用，提升我国文化发展的科技含量。"他还强调："文化与科技紧密相关，科学技术的每一次重大进步，都会给文化的发展带来革命性变化……抓住科技发展进步的难得机遇，加快推进文化与科技融合，是实施创新型国家战略的应有之义，是建设社会主义文化强国的必然要求，有利于转变文化发展方式，促进文化又好又快发展，有利于丰富文化样式业态，满足人们多样化文化需求，有利于掌握文化发展的主动权，提升中华文化影响力。"从云山同志所说三个"有利于"可以看到文化与科技融合对于文化改革发展的重大意义。

四、不可否认，当代中国事实上已跨入文化与科技融合发展的新时代，我们正通过自主技术创新来突破文化创新的科技瓶颈，正通过自主集成创新来推动文化与科技的无缝链接和高度融合，也正通过自主产品创新来创造文化品牌并强化文化产权。

所谓文化与科技融合，本质上是高新科技向文化领域的选择性切入。也就是说，当传统意义上的文化领域对科技发展的形态颠覆和伦理建构还心存狐疑之时，科技发展主要以增量创生而非存量转型的方式创造着"新文化"。在现代技术日益深入我们的生产生活并成为主导的时代，文化意义的创造往往产生于它的技术表达方式的创造。在这里，没有对技术表达方式的全面洞悉和深刻理解，就不会有当代意义上的文化创造。有的发达国家把由高新科技驱动、支撑的文化产业称为"文化创意经济"，意指它通常发生在知识经济高度发达的阶段。它以文化创意为核心，以知识产权保护为通道，通过现代科技手段物化文化创意，形成高文化附加值和高文化含金量的产品和服务，在提升国民经济竞争力的同时提高国民生活的幸福指数。高新科技向文化领域的选择性切入，本质上是为着开辟并建立一种"商业模式"，这种商业模式刺激着大众的文化消费从而实现着产业的效益。在这里，新的技术手段能更有效地传达文化创意的理念与内涵，能让大众更便捷地接受文化产品，从而拉动并扩大文化消费，实现文化需求与文化产业的良性循环。

五、"文化与科技融合是一项创新性的重大课题……要着眼于拓展文化与科技融合的广度深度，更加注重运用高新技术改造传统文化产业，培育新的文化业态，增强文化产品的表现力、吸引力和感染力，努力把科技进步的最新成果贯穿文化事业文化产业发展的各个方面。"

这是刘云山同志在去年5月"文化与科技融合座谈会"上的一段重要讲话。我们注意到，科技创新对于文化发展的强力驱动，至少体现为以下几个方面：一是体现为文化业态的提升力。在这里一方面是驱动传统文化业态升级换代，另一方面更孕育催生着新的文化业态，并且，新的文化业态一俟出现，就迅速地强化着规模化、集约化、专业化水平。二是体现为文化产业的支撑力。"文化产业"观念的确立及其振兴举措，是我们新时期文化发展理念最重要的创新之一。这一观念的确立意味着文化生产方式的重大变革，而支撑起这一重大变革的生产力要素首先是科技创新。三是体现为文化服务的便捷力。这是文化服务满足人民群众需求的一个重要指标，是保障人民群众文化权益的一个坚实举措。四是体现为文化观念的传播力。文化产品作为精神产品，必然追求观念的价值与效能。比照发达国家的文化优势，它们主要体现为文化传播力而非传承力的优势，体现为创意能力而非知识谱系的优势，体现为科技驱动而非伦理维系的优势。五是体现为文化体制的变革力。科技进步在提升文化产品内在品质的同时，必然要求文化生产者能力素质的提升；由此而带来的生产流程和生产方式的转变，才会真正挑战既有的文化体制，才会聚集文化体制的变革力。六是体现为文化安全的保障力。当下的"全球化进程"明显聚焦于"网络化生存"，而某些发达国家在网络科技上的先发优势，使这种"全球化"更像是一种强势文化的"文化殖民"。为此，我们要通过科技进步来强化文安全的保障力，要有积极防御、重点防御、联手防御、预警防御的理念和手段。

六、作为新的经济发展方式，也作为新的文化建设理念，文化与科技融合的意义在于融合创新和协同发展。当代发达国家视其为"文化科技一体化"。"文化科技一体化"是当代发达国家发展文化的一个显著特征，这些国家的学者也大多倾向于把科技看成一种文化因素，特别是视其为文化发展中的驱动因素。

在大文化观的视野中，科技作为人类认识自然、改造自然的知识体系，也被视为广义文化的一种形态。但通过对这种特定文化形态之作用的审视，我们的文化学者也不得不承认，人类文化发展史在某种程度上也可视为科技对文化产生影响，从而助力文化发展的历史。这些状况在文化发展由渐变而突变的时期表现得尤为突出。综合学者们的看法，科技进步对于文化发展的影响，一是改变了文化的体验方式，二是扩大了文化的消费需求，三是丰富了文化的生产要素，四是提升了文化的构成品质，五是激活了文化的原始创新，六是催生了文化的新兴业态，七是增强了文化的传播能力，八是改善了文化的储存效果……这仅仅是择其硕者而言。我们注意到，"文化科技一体化"的呈现，一方面是科技使文化以前所未有的规模和效率进入生活，扩大了文化的覆盖面并增强了其渗透力，使得当前的文化研究相对于产品构成而言更注重传播效应的研究。比如对高新技术支撑的公共服务体系的传播效应研究，对影响"网络文化生态"新生代的新兴文化业态的传播效应研究，以及融入广义文化行业的科技衍生产品的传播效应研究；另一方面是"文化科技一体化"进程中用户角色的重大转变，这便是"用户创造内容"（Use-Generated-Content，UGC）现象的发生。作为数字化、网络化两大信息革命的主要成果，"用户创造内容"及"在线社群"（Online Community）的成员互动，可能将深度改变我们既往文化创造理念，我们将为这种蕴含能动创造的文化体验去进行文化创造。这将呈现为文化创造的大众化、民主化进程。

七、"文化与科技融合"在某种意义上就是文化与科技的交互影响。从人类文明发展史来看,在特定的历史时段内,科技对文化的影响主要呈现为创新驱动的正影响,而文化对科技的影响往往是信念坚守的负影响。

我曾在一次研讨会上调侃说,乔布斯让我们联想到人类文化进程中"苹果"的意味。当亚当、夏娃偷吃苹果时,那苹果既是禁果,又是智慧之果,它使人类萌生了羞耻之心和善恶之念,这是文化的"苹果";当牛顿被树上坠落的苹果砸中,由此而发现了无处不在的"万有引力",使得人类由此而努力发展自己来利用或抵御这种力量,这是科技的"苹果";当乔布斯用啃去一口的"苹果"作为自己事业的标识,宣示了"技术集成"和"模式创新"对于文化发展的强力驱动,这是文化科技的"苹果"。由"三个苹果"的随机联想,我们可以看到科技在本质上是物理的,是对自然本身的规律求索和法则突破;而文化在本质上是伦理的,是对人类社会的利益协调和道德规范。在人类社会的发展进程中,科技学理的发现往往都对既有的文化伦理形成冲撞乃至致命打击,都体现为物理的法则突破摧毁了伦理的信念引领——哥白尼的"日心说"是如此,达尔文的"进化论"是如此,弗洛伊德的"情意综"还是如此。从哥白尼到弗洛伊德,我们可以看到科学发现在对人类认识"去中心""去天赋"乃至"去理性"的同时,发达着人类的智慧并创生着人类新文化。

八、广义的文化,是人类创造的一切物质文明与精神文明的总和,它理所当然地包含着"科技"。但传统中国是一个"伦理至上"的国度,我们曾经领先世界科技的"四大发明",为什么只是"研发"的领先而未能实现"应用"的制胜,根源恐怕就在于"伦理文化"对"物理科技"的功能限制和价值导引。

传统中国是一个"伦理至上"的国度。孔子说"人者仁也"是如此,老子说"道法自然"也是如此,差别只在于"有意为之"还是"顺其自然"。正因为尊崇"伦理至上",我们才屡屡申说"文"(文化)是"载道"之物，而"技"（技术）是"通道"之物，才视"载道"为大任而看"通道"为小技。"儒道互补"作为传统中国文化的一个重要体征，可能是两汉时期"独尊儒术"与"崇尚黄老"中和的结果。其实在先秦之际，"百家争鸣"中的两大显学是孔学和墨学。孔讲人伦之理而求善索美，墨讲物性之理而追真逐利。墨家推崇的是有较高科技含量的文化。中华文明的"五千年不间断"，这其中也不间断地"尊孔抑墨"，也难免轻忽被称为"科技"的那种文化。仔细想想儒家"和而不同"的道理，其实不仅包含"多样化"理念而且包含"等级制"指向，所以既不讲墨家的"兼相爱"，也不讲与之相关的"交相利"。当代中国文化与科技融合发展的"深水区"，大多面对"传统技艺"，这其中既关涉"手工崇拜"，也关涉"伦理坚守"，还会明显呈现出"伦理文化"对"物理科技"的功能限制和价值导引。

九、"伦理文化"对"物理科技"的功能限制和价值导引，在我国还特别明显地呈现在传统演艺文化对自身本体的认知和坚守中，演艺文化的科技支撑与本体开拓成为一个不应小觑的时代课题。

演艺文化是以人的艺术表演为核心物的文化形态，这是人类文明进程中最久远也最本体的艺术文化。自西方工业革命以来，科技进步事实上已不断对传统演艺文化产生重大影响，这主要体现在两个方面，即演艺传媒的进步和演艺装备的改善。传统演艺主要就是剧场演艺或者说是舞台演艺。演艺传媒进步对于传统演艺的影响，并非指新兴传媒为传统演艺提供了传播平台，而是指它创造了演艺新业态，这包括已蔚然成风的影视演艺和正脱颖而出的网络演艺。在当下舞台演艺（似也包括场馆演艺）、影视网络演艺和实景演艺鼎足而立的状态中，应当说舞台演艺仍然是演艺文化的本体和主体，因为影视网络演艺虽然获得了表演时空的自由但仍然要以表演者为主体，而实景演艺虽然淡化着表演者的演技但仍然强调其本体是"表演"。相对于传统的舞台演艺而言，影视网络演艺通过"蒙太奇"重构着演艺产品的构成逻辑，而实景演艺则通过"日常化"解构着演艺产品的本体技艺，不过二者也由于传媒的进步和装备的改善着手并已然建立起自身的演艺理念。这一方面体现出科技理性对人文精神历史图式的改变，一方面也体现出演艺文化在科技支撑中的本体拓展。因此，舞台演艺遭遇高新科技是它的历史命运也是它的时代幸运。在高新科技对舞台演艺的异向切入中，机械舞台要求拓展新的行动设计，数控灯具要求拓展新的造型理念，LED视屏更是要求拓展新的演剧意识……对于切入舞台演艺的科技装备是视为"支撑"还是视为"搅和"，对于既定的演艺本体是"守望"还是"展望"，是事关传统舞台演艺"生存还是毁灭"的时代抉择，也是必须迎接的挑战！

十、其实，即便在我们这个极为珍视文化传统并重视文化传承的国度，也有"人惟旧，器惟新"这样的训示。文化建设中文化产品的升级换代和文化服务的趋美近善，都与"器"的改造和应用分不开，都体现出改造和应用中的科技含量，都体现出文化建设中的科技自觉。

"文化与科技融合"的呼声日涨，是因为我们的文化发展要具有前瞻性和高层位的文化创新，而这首先就需要有文化建设中的科技自觉。强调文化建设中的科技自觉，首先，应当正视我们文化建设的当代境遇，正视科技的进步和进步的科技正在改变着我们的世界、我们的生活和我们自己这一现实。只有正视这种改变中的人的生活和人的世界的文化需求，我们才能进行有效的文化建设。其次，强调文化建设的科技自觉，是要加速科技成果在文化建设中的转化和应用，是要发挥科技手段在文化建设中的支撑和提升作用。只有这样，我们的文化建设才能在满足当代世界的需求中提高科技含量，才能在科技手段的支撑和提升中不断创新我们的文化形态和文化业态。第三，强调文化建设的科技自觉，是我们文化建设服务于"学习型社会"和"创新型社会"建设的必然要求。我们当下的文化创新，是建设"创新型国家"的有机构成；同时，我们倡导的"学习型社会"建设，则意味着我们的文化创新是指向未来"新文化"建设的。没有科技自觉的文化建设显然无法实现这一目标。从人类发展的大文化观来看，科技进步不仅是文化发展的动力，也是文化存在的进步形态；科技进步既推动着文化创新，更促进"新文化"的孕育诞生！

（原载《中国艺术报》2014年1月27日）

第七编

创造活力的文化追求

科学发展观统领下的文化发展道路探索

为贯彻落实中央关于加快经济发展方式转变的重大战略部署，中共中央政治局常委李长春同志在4月上旬举行的全国宣传部长座谈会上作了重要讲话。这个题为"以改革创新精神推动社会主义文化大发展大繁荣，努力探索中国特色社会主义文化发展道路"的讲话，论及了探索中国特色社会主义文化发展道路需正确处理的十个方面重要关系（以下简称"十大关系"），这是科学发展观统领下对文化发展道路的洞察和探索，对我们推动文化大发展大繁荣、开创文化建设新局面具有十分重要的指导作用。

一、推动文化发展是论述"十大关系"的重要前提

科学发展观强调"发展"是第一要务。长春同志的重要讲话从题目中就点明了是"推动文化发展、探索文化发展道路"的问题。作为论述"十大关系"的重要前提，首先，中央关于加快经济发展方式转变的重大战略部署是这个重要讲话要致力贯彻落实的精神。讲话开篇就提到，胡锦涛总书记在今年2月省部级主要领导干部专题研讨班上，深刻阐述了加快经济发展方式转变的重要性和紧迫性，其中谈到了发展文化产业有利于优化经济结构和产业结构，有利于推动居民消费结构升级，有利于扩大就业和创业。我们说"推动文化发展"是论述"十大关系"的重要前提，而更为重要的前提是我们在中央关于加快经济发展方式转变的重大战略部署中来"推动文化发展"。

其次，在"十大关系"特别谈到要正确处理文化与经济的关系，要不断提高文化产业对加快经济发展方式转变的贡献。既往我们较多地强调经济基础对于包括文化在内的上层建筑的决定作用，在论及文化反作用于经济基础时也多从意识形态属性上来认识。讲话认为："文化在为经济发展

提供强大精神动力的同时，文化的经济功能明显增长……在转变经济发展方式过程中，文化产业具有优结构、扩消费、增就业、促跨越、可持续的独特优势和突出特点，具有特殊的重要作用。"我曾认为，"文化产业"理念的确立及其实施是我们当代文化建设中最重要的"文化创新"之一。如果没有这十来年"文化产业"的迅速发展和持续推进，我们的文化很难在当前转变经济发展方式的过程中发挥"特殊的重要作用"。

第三，"十大关系"的主旨便是围绕着"文化发展"来进行。既然是要推动文化发展，那么就不能不特别关注文化发展的"动力"所在。在谈到正确处理改革与发展的关系时，就特别强调以"改革创新"为推动文化发展的强大动力。因为要推动文化大发展就要进一步解放和发展文化生产力，就要先行破解文化发展难题转变文化发展方式。还在谈到正确认识发展文化与运用科技的关系时，则强调"把运用高新科技作为推动文化建设、提高文化创新能力和传播能力的新引擎"，而"新引擎"正是对文化发展"新动力"的形象比喻。此外，在谈到正确处理促进繁荣与加强管理的关系时，其"寓管理于服务之中"的主张，也是强调要把"管理"当成文化健康发展的"动力"。而在谈到正确处理发挥政府作用与调动全社会力量参与文化建设的关系时，在谈到正确处理充分调动现有文化工作者积极性与培养造就大批文化领域创新型、复合型、外向型、科技型人才的关系时，都特别强调要形成两方面的"合力"以成为推动文化发展的强大动力。

二、"十大关系"的论述始终贯穿"以人为本"

"以人为本"是科学发展观的核心，也是长春同志论述"十大关系"的贯穿主线。"十大关系"首先谈到的就是要"正确认识人民群众基本文化需求与多样化多层次多方面文化需求的关系"，强调要"最大限度满足人民群众日益增长的精神文化需求"，并进一步强调这是"文化建设的根本任务"。"以人为本"，在这里指的是以"人民群众的文化需求"为本。"人民群众"作为一个集合概念，其文化需求在共时态视野中，体现为多样化多层次多方面的"三多"需求；而在历时态的审视中，人民群众的文化需求在总体上呈现为"增长"需求——这个"增长"既包括"量"的选择性增长也包括"质"的品位性增长。在对人民群众文化需求的分析中，这里特别关注与"三多"需求相对应的"基本需求"，因为这是社会主义制度下人民群众必须得到保障的"基本文化权益"。其实，"基本需求"作为人民群众的"基本文化权益"，还体现为绝大多数人的文化需求，所以必须通过公益性、均等性、基本性、便利性加以保证。但与此同时，对人民群众个性化文化消费、多样化文化需求也要加以关注；因为文化消费和文化需求的个性化与多样化，其实也是文化需求日益"增长"的一种显著特征，满足这种"增长"，就需要我们创新文化生产理念，要发挥"文化市场"资源配置和引导生产的作用。也就是说，文化消费、文化市场、文化商品等理念的确立，本身也是在社会主义市场经济条件下，实现"以人为本"的文化发展的一种必然。

其次，"十大关系"对"以人为本"的强调，还在于为推动文化发展"提供有力人才保障"。这便是"正确处理充分调动现有文化工作者积极性与培养造就大批文化领域创新型、复合型、外向型、科技型人才的关系"。如果说，满足人民群众的文化需求是从"文化建设的根本任务"来强调"以人为本"，这里强调的"以人为本"则是基于"人才资源是第一资源"的观念。发挥各类文化人才的积极性、主动性和创造性，我们才能实现满足人民群众文化需求的"文化发展"。实际上，在这一对关系的强调中，明确指出了人不仅是文化消费的主体更是文化创造的主体，而当代社会创造性的文化发展和发展着的文化创造，需要创新型、复合型、外向型和科技型人才，这就需要创新人才培养方式，拓展人才培养领域，建立和完善优秀人才健康成长和脱颖而出的体制机制……以文化人才的各展所长来满足人民群众的各取所需。

第三，在"十大关系"的其他论述中，也明显看到贯穿着"以人为本"的观念。比如在谈到正确处理"两种属性""两个效益"的关系时，就特别强调"群众是文化消费的主体，是文化产品的最终评判者，也是文化企业的衣食父母，群众的评价是文化创新的强大动力"；强调"要坚持把群众喜欢不喜欢、满意不满意、接受不接受、认可不认可作为评价作品的最终标准……"又比如在谈到正确处理弘扬主旋律与提倡多样化的关系时，则谈到"这两个方面相辅相成，不可或缺，都统一于贴近实际、贴近生活、贴近群众的具体实践中。"还比如在谈到正确处理文化与经济的关系时，格外关注文化产业"有利于扩大居民消费，推动居民消费结构升级"，关注文化产业"有利于解决更多的人就业特别是能够有效缓解大学生就业难的问题，有利于带动起他领域、其他产业的创新发展，实现更多的人就业"。这样的论述把"以人为本"的文化发展道路推向了更深的层面。

三、"十大关系"体现出"统筹兼顾"发展文化的道路

首先，科学发展观主张的科学发展，基本要求是全面协调可持续，根本方法是"统筹兼顾"。纵览"十大关系"的论述，无论是思维方法还是工作要求，都能看到"统筹兼顾"这一根本方法的运用。这说明，探索中国特色社会主义文化发展道路，不仅要以改革创新精神来推动，而且要努力实现"全面协调可持续"的发展。在前三个关系的论述中，分别论及的是文化需求的满足、文化产品的效益和文化生产的实践。这三个关系的论述不仅各自体现出"统筹兼顾"的根本方法，三个关系之间也体现出"统筹兼顾"的内在关联。在论及文化需求的满足时，强调的是要兼顾基本文化需求与多样化多层次多方面文化需求，要兼顾抓公益性文化事业和经营性文化产业；在论及文化产品的效益时，强调的是要统一起文化产品的意识形态属性和商品属性，要统一起文化产品的社会效益和经济效益；在论及文化生产的实践时，强调的是弘扬主旋律和提倡多样化都不可或缺，强调的是二者都要统一在"三贴近"的具体实践中，强调弘扬主旋律也要讲艺术性观赏性而提倡多样化也要讲格调讲品味。这三方面的关系本身又形成"统筹兼顾"的内在关联，体现出文化发展的"全面协调可持续"。

其次，"统筹兼顾"的方法也是论及发挥政府作用与调动全社会力量参与文化建设的关系，以民族文化为主体与吸引外来有益文化形成对外开放的文化市场格局的关系，充分调动现有文化工作者积极性与培养造就大批文化领域创新型、复合型、外向型、科技型人才的关系的根本方法。相对于前三个方面的关系而言，这三个方面是探索文化发展道路思考的深化。在这种"统筹兼顾"的思考中，一是"既充分发挥政府主导作用，又充分调动社会各方面积极性主动性创造性，努力形成多元投入、协力发展的新格局"；二是"必须统筹国际国内两个市场，利用两种资源……努力

形成以民族文化为主体，吸收外来有益文化的文化市场格局；同时积极推动文化走出去，不断扩大中华文化的国际影响力和竞争力"；三是一方面要充分发挥老文化工作者在深化文化体制改革、兴起社会主义文化建设新高潮中的积极性、主动性、创造性，一方面又要努力造就一大批创新型、复合型、外向型、科技型人才，构建一支门类齐全、结构合理、梯次分明、素质优良的文化工作者队伍。之所以说这是思考的深化，是因为这里涉及文化发展的多元投入、国际影响和人才保障等全面、协调、可持续的深层次问题。

第三，如前所述，"十大关系"中有一些思考是对文化发展动力的思考，而这些思考综合起来看，也体现出"统筹兼顾"的根本方法。比如正确处理改革与发展的关系、正确处理促进繁荣和加强管理的关系、正确认识发展文化与运用科技的关系这三方面，就是把文化发展的过去、现在、未来进行"统筹兼顾"的思考。改革与发展的关系，实际上是着眼于既往的体制机制和某些观念而言的，所谓"破解文化发展难题，转变文化发展方式"，都意味着对既往那些不适应当下发展的东西进行改革创新。促进繁荣和加强管理的关系，主要着眼于当下，所谓"创新管理观念，强化服务意识"，意味着寓管理于服务之中，寓健康、繁荣于管理之中，避免"一抓就死，一放就乱"。发展文化与运用科技的关系，是站在世界文化发展的前沿，也可以说是着眼于未来文化发展的思考，因为"数字技术、网络技术的迅猛发展和广泛运用，极大地增强了文化的创造力和传播力，催生了一系列新兴文化业态。这些新兴业态，是文化产业中最具活力和潜力的部分，代表文化发展的未来和方向。"在这里，着眼于未来的思考也是面向世界的思考，因为"在信息技术高度发展的当今时代，谁的传播手段先进、传播能力强大，谁的思想文化和价值观念就能更广泛地流传，谁的文化产品就能更有力地影响世界。"这段话是对我们的文化发展的一个较高期待，是希望我们的文化发展在"全面协调可持续"的进行中，能对我国综合国力的提高尽职尽力，能不断扩大中华文化的国际影响力。

作为对于中央关于加快经济发展方式转变这一重大战略部署的贯彻落实，长春同志的重要讲话特别强调了文化建设在经济社会发展中的重要地位和作用，特别强调了发展文化产业对于调整经济结构、加快经济发展方式转变的重要性和紧迫性。我们相信，只要我们按照胡锦涛同志为总书记的党中央的决策部署，继续探索中国特色社会主义文化发展道路，正确认识和处理长春同志深刻阐明的十个方面的重要关系，我们就能够理清文化发展思路，谋定文化发展战略，明确文化发展重点，优化文化发展布局，实现社会主义文化的大发展大繁荣！

（原载《艺术百家》2010 年第 4 期）

文化强国建设的创新驱动与转型发展

一、今年7月23日，胡锦涛总书记在省部级主要领导干部专题研讨班开班式上发表重要讲话。强调"一定要坚持党的十一届三中全会以来的路线方针，坚持把改革创新精神贯彻到治国理政各个环节，更加自觉、更加坚定地推进改革开放……"

作为一名文化工作者，我注意到胡锦涛总书记的重要讲话再次强调了"文化强国建设"。他说："建设社会主义文化强国，是我们党把握时代和形势发展变化、积极回应各族人民精神文化需求作出的重大战略决策。"他在重申中国特色社会主义文化发展道路的"二为"方向、"双百"方针和"三贴近"原则后，强调"树立高度的文化自觉和文化自信，推动社会主义精神文明和物质文明全面发展，建设面向现代化、面向世界、面向未来的，民族的科学的大众的社会主义文化。"

对此，不少媒体以"树立高度的文化自觉和文化自信"为题发表评论员文章，认为"文化自觉体现了一个民族对文化的本质及其在社会进步中的地位和功能的深刻认识，对文化发展规律的正确把握，及其对发展文化的历史责任的主动担当。"（见《广州日报》2012年8月11日）认为"文化自信是一个国家、一个民族、一个政党对自身文化价值的充分肯定，对自身文化生命力的坚定信念……文化自信强调对社会传统文化的尊重和扬弃、对社会主义先进文化的坚守和创新、对外国文化的包容和借鉴。"（见《新华日报》2012年8月3日）具体而言，对中华文化传承充满自信，一要深刻认识中华文化是中华民族生生不息、团结奋进的不竭动力，加强中华优秀文化传统教育；二要全面认识祖国传统文化，取其精华、去其糟粕，使之与当代社会相适应，与现代文明相协调。

在对胡锦涛总书记重要讲话的深入学习中，我认为就具体工作层面而言，有两组关键词特别值得我们重视：一组是"解放思想，改革开放，凝聚力量，攻坚克难"；另一组是"把握机遇，应对挑战，创新驱动，转型发展"。前一组是"沿着中国特色社会主义道路前进"的工作总动员，后一组是"加快转变经济发展方式"的工作总要求。正如胡锦涛总书记所说："以经济建设为中心是兴国之要，发展仍是解决我国所有问题的关键。"事实上，经济建设作为兴国之要，它所需要解决的问题也大多是我们当下文化建设应当正视的问题；并且，经济建设为解决问题抉择的"创新驱动"和"转型发展"，也正是我们文化强国建设中应当关注的必要抉择。

二、党的十七届六中全会《决定》提出"坚持中国特色社会主义文化发展道路，努力建设社会主义文化强国"，指出"文化强国建设"是要"不断开创全民族文化创造力持续迸发、社会文化更加丰富多彩、人民基本文化权益得到更好保障、人民思想道德素质和科学文化素质全面提高的新局面"。

中共中央政治局常委李长春同志就党的十七届六中全会《决定》向全会所作的"说明"指出："《决定》没有提出建成社会主义文化强国的具体时间表，而是强调全党全国要共同努力，为把我国建设成为社会主义文化强国打下基础。"对于提出建设社会主义文化强国的战略思考，李长春同志指出："我国是文明古国，是文化资源大国，但还算不上文化强国，迫切需要加快建设与我国深厚文化底蕴和丰富文化资源相匹配、与中国特色社会主义事业总体布局相适应、与建设富强民主文明和谐的社会主义现代化国家的目标相承接的社会主义文化强国。"

与底蕴和资源"相匹配"，与总体布局"相适应"，与现代化目标"相承接"，说明没有"具体时间表"的文化强国建设是有着"明确路线图"的。除了列为本节标题的"总体目标"，在《决定》中还明确了到2020年文化改革发展的"奋斗目标"：它包括公民素质明显提高，精品力作不断涌现，实现公共文化服务均等化，文化产业成为国民经济支柱性产业，文化管理体制和文化产品生产经营机制充满活力且富有效率，推动中国文化走向世界的文化开放格局进一步完善，等等。

实际上，《决定》之所以以"深化文化体制改革，推动社会主义文化大发展大繁荣"为题，一方面是深刻认识到"文化在综合国力竞争中的地位和作用更加凸显，维护国家文化安全任务更加艰巨，增强国家文化软实力、中国文化国际影响力要求更加迫切"；另一方面也是敏锐感受到"我国文化发展同经济社会发展和人民日益增长的精神文化需求还不完全适应"，有不少突出矛盾和问题必须抓紧解决。要解决"不完全适应"的矛盾和问题，《决定》指出要"准确把握我国经济社会发展新要求，准确把握当今时代文化发展新趋势，准确把握各族人民精神文化生活新期待"；还指出要"以科学发展观为主题，以建设社会主义核心价值体系为根本任务，以满足人民精神文化需求为出发点和落脚点，以改革创新为动力……"也就是说，我国当前文化发展存在的"不完全适应"的矛盾和问题，是因为从经济社会发展到人民精神文化生活出现了新要求、新趋势、新期待，我们解决矛盾和问题的工作主题是"科学发展"，工作动力是"改革创新"。

三、很显然，没有文化的改革创新，就不会有文化的繁荣发展，就谈不上文化强国的建设。早在 2008 年，李长春同志就在《求是》发表署名文章，强调"按照科学发展观的要求树立和落实新的文化发展理念"。

文化的繁荣发展，需要文化的改革创新驱动，而文化的改革创新或者就说是"文化创新"首先是文化发展理念的创新。在《求是》2008 年第 22 期的署名文章中，李长春同志谈及了自党的十六大以来文化发展理念的创新，它们包括对文化地位和作用、文化发展方向、文化发展目的、文化发展动力、文化发展思路、文化发展格局、文化发展战略、文化发展领导力量和依靠力量等八个方面。作为新的文化发展理念中的"文化发展动力"，李长春同志指出"要坚持改革创新和科技进步，破除制约文化发展的体制性障碍，不断解放和发展文化生产力"。想想我们文化建设今年上半年的两件大事，一件是文化与科技融合发展的全面推动，一件是文艺演出院团体制改革的基本完成，两件大事都是在切实解决"文化发展动力"的问题。

在上述文章中，李长春同志还特别强调："改革创新和科技进步是文化发展的根本动力。必须在推进文化体制机制创新的同时，大力推进各方面的创新。"李长春同志在文章中提到了五个方面：一是"要加快建立以文化企业为主体、市场为导向、产学研相结合的文化创新体系……以企业为纽带推动文化在与市场、科技和产业的结合中不断创新";二是"要适应人民群众文化需求的新特点和审美情趣的新变化,不断推进文化内容形式的创新,推动不同艺术门类和文化活动的相互融合";三是"要运用现代科技手段开发利用民族文化资源,改造传统文化产业,催生新的文化业态,大力发展文化创意、文化博览、动漫游戏、数字传输等新兴产业";四是"要实施重大文化工程,调动各方面力量,整合优势资源,集聚各领域最新创作理念和创作方法,以项目为平台带动文化创新";五是"要鼓励探索与市场接轨的商业模式,建立以市场为导向的内容集成、加工、制作、传播的生产机制,打造有自主知识产权、有市场影响的文化品牌,满足群众的现实文化需求,引导和开发群众的潜在文化需求"。

我之所以较为完整地引述李长春同志的重要论述,是因为这段早在五年前就特别强调的"文化创新"理念,并没有被传统意义上的文化界所深刻领会,而我们今天又切切实实地感受到了它的实践意义并开始享受它的实践成果。我们到底需要怎样的"繁荣发展"和"改革创新",我以为是基于李长春同志在另一篇署名文章中论述的"五个迫切需要",即"加快经济发展方式转变的迫切需要,加快文化自身发展、增强自身活力、满足人民群众日益增长的精神文化需求的迫切需要,适应我国深化各领域改革、完善社会主义市场经济体制的迫切需要,顺应现代信息科技迅猛发展和广泛应用新趋势、抢占文化发展制高点的迫切需要,适应对外开放不断扩大新形势、提高中华文化国际影响力和竞争力的迫切需要"。(见《求是》2010年第12期)如果没有这样的全局视野和战略高度,我们怎会有深入的"改革创新"和强盛的"繁荣发展"?

四、"抢占文化发展制高点"也好,"提高中华文化国际影响力和竞争力"也好,说明对我们文化"改革创新"的一个重要评价参照是当今世界"文化列强"的文化软实力,说明我们迫切需要的是能实现"转型发展"的"改革创新"。

加快转变经济发展方式,是我国当前经济发展的工作主线。为此,胡锦涛总书记在今年"7·23重要讲话"中强调要"扎扎实实抓好实施创新驱动发展战略、推进经济结构战略性调整、推动城乡发展一体化、全面提高开放型经济水平等战略任务的贯彻落实"。面对这一关系我国发展全局的战略抉择，我们当今的文化建设不仅需要"创新驱动"而且需要"转型发展"。文化的"转型发展"，不仅仅是强调文化产业对促进经济增长和经济发展方式转变应当作出的贡献，还需要在促进文化产业成为国民经济支柱性产业的进程中实现传统文化的现代转型。

诺贝尔经济学奖获得者斯蒂格利茨曾预言：美国的新技术革命和中国的城镇化，是21世纪带动世界经济发展的"两大引擎"。在我们探索中国特色社会主义文化发展道路的进程中，被视为"动力"或者说是"引擎"的重要工作也有两项：一是文化体制的改革，二是高新技术的运用。正如李长春同志在2010年《求是》发表的署名文章所说："科技进步与体制机制创新一样，是加快文化发展的强大动力。要充分认识科技进步对文化发展的重要作用，敏锐把握世界文化发展的新趋势，紧紧抓住信息化深入发展的历史机遇，加快文化与科技的融合，努力掌握文化发展和文化传播的主动权。"

可以说，加快文化与科技的融合以掌握文化发展和传播的主动权，是敏锐把握到了带动世界经济发展的一大"引擎"，即美国的新技术革命；而我们同样视为"引擎"的文化体制改革，应明确"体制改革"的要义在"转型发展"。这个转型发展并不仅仅在于文化生产单位由"事业"转成了"企业"，也不仅仅在于新技术催生了新兴文化业态和新潮表现形式，更在于我们要敏锐把握我国的城镇化进程。中国的城镇化作为带动世界经济发展的另一大"引擎"，一方面对人民群众日益增长的精神文化需求有了更明确的"创新驱动"指向，一方面也对我们数千年农耕文明奠基的文化伦理与文化形态有了更迫切的"转型发展"要求。

五、在国家行政学院2012年秋季开学典礼暨省部级领导干部和市长"推进城镇化建设"专题研讨班开班式上，国务委员马凯同志作了题为"转变城市发展方式，提高城市发展质量，走出一条中国特色城镇化道路"的重要讲话，这个讲话促使我们思考转变方式、提高质量的"文化发展"的课题。

党的十七届六中全会《决定》在提出建设社会主义文化强国的总体要求时，特别提到这个"文化强国建设"要"以满足人民精神文化需求为出发点和立脚点"。我们的人民、我们的国家正在进行怎样的发展和发生怎样的转变，人民的文化需求、国家的文化形象正在出现怎样的增长和进行怎样的提升，不能不影响着我们的文化发展理念和发展方式。对此，我们所需要的"文化自觉"是调适文化发展理念和发展方式的自觉，我们所需要的"文化自信"是满足人民增长的文化需求和塑造国家现代的文化形象的自信，我们文化强国建设的创新驱动和转型发展要密切关注我国城镇化建设的发展进程。

马凯同志指出："世界各国的发展经验表明，现代化是依托工业化、城镇化由传统农业社会向现代社会转变的过程，城镇化与工业化、现代化相伴而行、相互促进……顺应人类社会发展规律，积极稳妥推进城镇化，对于继续顺利推进我国现代化建设、加快建成全面小康社会，具有至关重要的作用。"在进一步的阐述中，马凯同志谈到我国当前经济发展中需着力解决的问题——比如保持经济持续较快发展、推动经济结构调整升级、解决"三农"问题从而促进城乡协调发展等等，都与"城镇化"积极稳妥地推进紧密关联。如马凯同志所说："内需是我国经济发展的根本动力，而扩大内需的最大潜力在于城镇化。"

我们"以满足人民精神文化需求为出发点和立脚点"的当代文化建设，无疑也应视"文化内需"为文化发展的根本动力。我们"创新驱动"的原动力是"文化内需"，我们"转型发展"的始发力还是"文化内需"。既然经济发展扩大内需的最大潜力在城镇化，那么城镇化进程也必然具有文化发展扩大内需的最大潜力。扩大文化内需，就要满足人民群众日益增长的精神文化需求，就要适应人民群众文化需求的新特点和审美情趣的新变化，就要集聚各领域最新的创作理念和创作方法，就要打造有自主知识产权、有市场影响的文化品牌。但事实上，在我们不少文化产品生产领域，扩大文化内需的方式不是"以需定产"而是"以产促销"，是生产者会什么就销什么而非消费者需什么就产什么。尽管文化产品的生产也是"术业有专攻""传承有谱系"，但我们肯定不应以胶柱鼓瑟、守株待兔、刻舟求剑、闭门造车的态度来对待文化产品的生产，不应让活态文化的创造如历史文物般定格于某一瞬间；我们不应在沉湎前人创造的辉煌历史遗迹之时，忘却他们焕发的辉煌创造活力。

六、我们当下的文化建设，是为把我国建设成社会主义文化强国打下基础。这个基础，对内是不断满足并拉动"文化内需"的平台，这应是一个具有强大吸引力和凝聚力的平台；对外是不断交流与交锋"文化列强"的平台，在这个平台上我们应大力提高自己的影响力和竞争力。

如前所述，我们当下满足并拉动"文化内需"的文化建设，首先是要关注我国的城镇化进程。马凯同志指出："当前和今后一段时期，推进我国城镇化发展的主要任务是，使城镇化发展水平与工业化、现代化相适应，着力转变城镇化发展方式和提高城镇化质量，促进城镇化布局和形态得到优化，城镇可持续发展能力明显增强，城镇化健康发展的体制机制得到完善，以城镇化健康有序发展推动小康社会建设。"作为我国经济发展扩大内需最大潜力之所在，"城镇化"不仅为拉动"文化内需"创造着发展机遇，我国"城镇化"进程的重点任务也启迪着我们文化建设的"转型发展"。

比如说，推进城镇化必须加强产业支撑，要改造提升传统产业，培育壮大新兴产业，特别是要发展吸纳就业能力强、集约程度高的现代城镇产业的体系。这其实也是我们文化建设"转型发展"的重要任务。也可以说，文化在为经济发展提供强大精神动力的同时，其经济功能也在明显增强，文化产业所具有的优结构、扩消费、增就业、促跨越、可持续的发展优势，使其在经济增长和经济发展方式转变进程中发挥着越来越大的作用。又比如说，推进城镇化要优化布局和形态，要根据资源环境承载能力、发展基础和潜力，着力构建"两横三纵"为主体的城市化战略格局；

还要按照统筹规划、合理布局、完善功能、以大带小的原则,以大城市为依托,以中心城市为重点,形成辐射作用大的城市群。我们文化建设的"转型发展",在当下似乎还缺少这样的战略眼光和统筹胆略。

所谓"两横三纵"为主体的城市化战略格局,指的是以陆桥通道、沿长江通道为两条横轴,以沿海、京哈京广、包昆通道为三条纵轴,以国家优化开发和重点开发的城市化地区为重要支撑,以轴线上其他城市化地区为重要组成部分的城市化格局。在马凯同志的讲话中,还提到要"优化提升环渤海、长三角、珠三角三个特大城市群,逐步形成长江中游、成渝、中原等国家重点开发区域的新城市群,形成带动全国经济发展的增长极,增强对内对外辐射能力。"在文化部艺术司工作期间,我曾思考文艺演出院团的优化布局问题,也曾在《人民日报》(2006年4月13日)撰文,指出新中国历史地形成了北京、上海、沈阳和武汉等四个演艺中心。我们当下的文艺院团体制改革,主体部分是以省会城市为单位组成转企改制的省级"演艺集团",而许多城市作为文化城标的剧场剧院跨省区组成了松散的"剧院联盟",也有文化企业和其他大型企业通过"院线制"实现跨省区剧场资源整合。在此我想特别强调的是,文化建设的"转型发展"必须关注"两横三纵"为主体的城市化战略格局,必须关注将得到优化提升的三个特大城市群和国家将重点开发的新城市群。我们的文化建设要在这一"城镇化"进程中改变既往依赖低成本资源进行数量扩张的粗放经营模式,文化建设的"转型发展"应当参照我国的城市化战略格局,实现规模效应、集聚效应和节约、集约利用资源效应。

七、从我国的城镇化进程看文化强国建设的转型发展,其实也将会涉及文化产品观念、内容、体裁、题材、形式、手段等具体层面上的转型发展。对此,党的十七届六中全会《决定》要求我们"把创新精神贯彻文化创作生产全过程……增强文化产品时代感和吸引力"。

《决定》指出:"创作生产更多无愧于历史、无愧于时代、无愧于人民的优秀作品,是文化繁荣发展的重要标志。"也就是说,文化的繁荣发展,一个重要的标志是优秀作品的充分涌流。为此,《决定》认为要"立足发展先进文化、建设和谐文化，激发文化创作生产活力，提高文化产品质量，发挥文化引领风尚、教育人民、服务社会、推动发展的作用。"什么样的文化产品才能引领风尚、教育人民、服务社会和推动发展，一个基本的条件是有时代感和吸引力，还有一个重要的导向是"以人民为中心"。对于我们这样一个正在由传统农业社会向现代化社会转型的文明古国，对于这样一个正在努力建设社会主义文化强国的文化资源大国，我们的文化建设必须"两手抓"。这个"两手抓"指的是一手抓文化传承，一手抓文化发展。

《决定》要求"把创新精神贯穿文化创作生产全过程"，这就意味着文化创作生产全过程都需要"创新驱动"。这个"全过程"包括观念创新、体制创新、机制创新、内容创新、形式创新、传播手段创新、业态创新、科技创新等等。从"创新驱动"的视角来看我们所说的"两手抓"，我以为"文化传承"这一手要抓的是"继承创新"，"文化发展"这一手则要抓"集成创新"。其实，文化不仅是人类创造性活动的产物，也是支配人类创造性活动的行为模式。中华民族数千年由农耕文明陶塑的文化品格，因其漫长的积淀和缓慢的变迁而铸就了"继承创新"的文化发展理念。虽然我们也在社会大变革的时代申说除旧布新、革故鼎新和推陈出新，但我们由"厚德载物"和"自强不息"构成的文化精神更多地推崇"继承创新"。从方法论上来说，我们认为没有充分的继承就难以有有效的创新；从目的论上来说，我们则认为创新的价值在于实现着继承。

但是我们的文化建设正面对着"转型发展"的迫切需要，我们需要"继承创新"更需要"集成创新"。实际上，文化建设的"集成创新"并不排斥对传统文化要素的撷取，但它往往以更广阔的视野和胸怀"拿来"有益的"他山之石"；并且，"集成创新"更强调文化建设者的主体性和主体的开放性，它的主导理念便是引领风尚、教育人民、服务社会和推动发展。鲁迅先生在《我怎么做起小说来》中写道："所写的事迹，大抵有一点见过或听到过的缘由，但决不全用这事实，只是采取一端，加以改造，或生发开去，到足以几乎完全发表我的意思为止。人物的模特儿也一样，没有专用过一个人，往往嘴在浙江，脸在北京，衣服在山西，是一个拼凑起来的角色。"这种文学作品的创作理念，就是我们所说"集成创新"的一个案例，创新的目的当然是文中所说的"发表我（主体）的意思"。

八、"集成创新"是科技创新的一个重要理念。在当下的文化建设中，文化与科技融合正成为提高文化创新能力和传播能力的新引擎，而"深入实施科技带动战略，增强自主创新能力"是党的十七届六中全会《决定》提出的一个重大战略举措。

在今年 7 月召开的全国科技创新大会上，胡锦涛总书记再次指出："加快转变经济发展方式是我国经济社会领域的一场深刻变革，必须贯穿经济社会发展全过程和各领域，提高发展的全面性、协调性、可持续性，坚持在发展中促转变、在转变中谋发展，实现经济社会又好又快发展。实现这个目标，必须依靠科技创新。"人类发展史告诉我们，人类文明的进步是伴随着科技的进步而不断演进发展的。技术的每一次革命性突破，在推动产业发生革命性变化的同时，也推动着社会及其文化形态的深刻变革。科技进步在推动文化创作力、传播力和影响力大幅提升之时，还直接导致文化产品形态的重大变化并深度影响文化发展的创新理念。

今年 5 月在深圳文博会期间召开的文化和科技融合座谈会上，科技部党组书记、副部长王志刚在发言中指出："综观全球文化发展态势，主要特征表现为：一是文化产业已成为发达国家重要的支柱性产业，其产值占 GDP 比重普遍高于 10%；二是科技与文化融合态势凸显，科技已交融渗透到文化产品创作、生产、传播、消费的各个层面和关键环节，成为文化产业发展的重要支撑和引擎；三是文化产业国际化竞争趋势日益明显，发达国家凭借优越的经济和技术实力，使其文化产品在全球形成了强大的竞争优势。"他还指出，要改变我国文化科技在全球文化竞争格局中相对滞后的状况，一项重要的工作是"加强文化领域科技集成创新与模式创新，推进文化与科技相互融合，促进传统文化业态的调整和优化，推动新兴文化业态的培育和发展。"在这里，"集成创新"作为与"继承创新"共同助力文化腾飞的另一翼，对于我们文化建设的"转型发展"具有特别重要的意义。

科技进步强调的是自主创新，自主创新包含原始创新、集成创新和引进消化吸收再创新三种创新模式。所谓"集成创新"，是指利用各种信息技术、管理技术与设备工具，对各个创新要素和创新内容进行选择、集成和优化，形成优势互补、有机整合的动态创新过程。在这里，"集成创新"是格外遵从创新主体意愿的创新，其目的是有效集成各种要素，在主动寻求最佳匹配要素的优化组合中产生更有针对性、更有影响力的集成效应。从文化建设的创造性成果来看，我们对"集成创新"应当并不陌生：内省文化传统，我们自诩为"龙的传人"之龙，用闻一多的话来说，是"接受了兽类的四脚，马的头，鬣的尾，鹿的角，狗的爪，鱼的鳞和须"的"大蛇"，龙是我们祖先"集成创新"的文化形象。外鉴"他山之石"，近有日本动漫形象"铁臂阿童木"，形象与内涵都"集成"自美国文化的"超人"（力量）和"米老鼠"（智慧）；远有美国动漫电影《功夫熊猫》，让人看到西方价值观怎样在中国文化元素的"集成"中得到传播，也让人发出"中国有功夫有熊猫但没有'功夫熊猫'"的疑虑。这其中的意味当然是指我们创新能力，特别是"集成创新"理念的不足。强调"集成创新"作为文化建设创新驱动的重要一翼，是因为"集成创新"才更加有助于将"转型发展"落到实处。作为科技创新理念的平移，文化的"集成创新"一是要有自主意识，创新要素与内容的选择服从创新主体解决文化发展问题的需要；二是要有跨界意识，要开放创新要素与内容的选择空间，以实现主体选择的最优化；三是要有协同意识，要通过创新团队的有机整合实现创新主体的系统升级；四是要有前瞻意识，不仅要以"改革创新"满足群众的现实文化需求，而且要以"开拓创新"开发群众的潜在文化需求。可以认为，我们当下的文化建设应强化"创新驱动"与"转型发展"，还应强化"集成创新"以实现"转型发展"。

（原载《中国文化报》2010年9月18日）

新文化时代的文化强市建设

一、新的文化发展理念与"新文化时代"

党的十八大《报告》有专节论述了文化建设,题为"扎实推进社会主义文化强国建设"。建设文化强国,《报告》一方面通过必须坚持的方向、方针和原则来指明发展的道路,一方面也通过必然实施的深化、发扬和开创举措来强调建设的"关键"——这个"关键"就是"增强全民族文化创造活力"。为了抓住抓实这个"关键",《报告》明确提出要"发挥文化引领风尚、教育人民、服务社会、推动发展的作用"。《报告》论述文化建设专节中的四个部分,即加强社会主义核心价值体系建设、全面提高公民道德素质、丰富人民精神文化生活、增强文化整体实力和竞争力,正是"文化作用"四个关键词的具体展开。

建设社会主义文化强国,是党的十七届六中全会《决定》提出的目标。《决定》把"社会主义文化强国"的建设视为"中华民族共有精神家园"的建设,着眼于"两个推动"和"一个开创":即推动"先进文化"深入人心和"两个文明"全面发展,通过"两个推动"进而不断开创"全民族文化创造活力持续迸发、社会文化生活更加丰富多彩、人民基本文化权益得到更好保障、人民思想道德素质和科学文化素质全面提高的新局面"。这个"新局面"作为我们文化建设的愿景,是通过中华民族共有精神家园的建设来为人类文明进步作出更大贡献。

正是在"中华民族共有精神家园"建设的认识基础上,我们才屡屡申说"文化是民族的血脉,是人民的精神家园"。需要特别强调的是,这个"血脉"和"精神家园",是前述通过"两个推动"实现"一个开创"的"新局面"。为了不断开创这样一个"新局面",自党的十六大以来我们就"按照科学发展观的要求树立和落实新的文化发展理念"。我们文化发展理念的创新,包括文化地位和作用、文化发展方向、文化发展目的、文化发展动力、文化发展思路、文化发展格局、文化发展战略、文化发展领导力量和依靠力量八个方面。这些新的文化发展理念的全面树立和逐步落实,为我们的文化发展带来一种新气象和一个新境界,因而有学者认为我们正步入一个"新文化时代"。

二、"文化经济"与"文化科技"的互动共建

这个"新文化时代"是一个不同于呼唤"德先生""赛先生"的五四新文化运动的时代。这是一个告别"运动文化"而进入常态文化运动的时代,这是一个真正的"群众运动"(或者说"群众选择")而非"运动群众"的时代。有学者认为这个"新文化时代"就其功能和结构而言,是一个"文化经济"与"文化科技"互动共建的时代。经济是基础而文化是上层建筑及其意识形态,所谓"文化经济"时代,笔者理解是"经济对文化的决定作用"大大胜出"文化对经济的反作用"的时代。同理,科技是第一生产力而文化则积淀为某种生产关系和规制形态,所谓"文化科技"时代,笔者理解是"生产力将突破规制形态、重构生产关系"的时代。

这样我们就不难理解,作为"新的文化发展理念"中的"文化发展动力",为什么集中表述为"要坚持改革创新和科技进步,破除制约文化发展的体制性障碍,不断解放和发展文化生产力"。这个表述见于李长春同志发表于2008年的署名文章,文章说:"改革创新和科技进步是文化发展的根本动力。必须在推进文化体制机制创新的同时,大力推进各方面的创新。"这个"各方面"在文章中强调了五方面:一是要加快建立以文化企业为主体、市场为导向、产学研相结合的文化创新体系……以企业为纽带推动文化在与市场、科技和产业的结合中不断创新;二是要适应人民群众文化需求的新特点和审美情趣的新变化,不断推进文化内容形式的创新,推动不同艺术门类和文化活动的相互融合;三是要运用现代科技手段开发利用民族文化资源,改造传统文化产业,催生新的文化业态,大力发展文化创意、文化博览、动漫游戏、数字传输的新兴产业;四是要实施重大文化工程,调集各方面力量,整合优势资源,改造传统文化产业,集聚各领域最新创作理念和创作方法,以项目为平台带动文化创新;五是要鼓励探

索与市场接轨的商业模式，建立以市场为导向的内容集成、加工、制作、传播的生产机制，打造有自主知识产权、有市场影响的文化品牌，满足群众的现实文化需求，引导和开发群众的潜在文化需求。

我们之所以较为完整地引述李长春同志的这一论述，是因为上述需要大力推进的五方面的创新，正是我们步入"新文化时代"需要着力抓住抓实的建设举措；同时，这五方面的创新也构成了"新文化时代"的本体特征，即"文化经济"与"文化科技"互动共建的时代特征。正视这个"新文化时代"的本体特征，不是不重视文化的意识形态属性，而是要正确把握我们文化的意识形态属性。"文化经济"与"文化科技"互动共建的特征，一是让我们回到马克思主义的基本原理，充分认识到经济基础的"第一性"及其对文化这一意识形态的决定作用；二是让我们立足社会主义初级阶段的发展定位，借助科技"第一生产力"来解放和发展文化生产力，是文化建设由"大"变"强"的关键举措；三是让我们理解"不争论""空谈误国"的发展策略，求真务实地滋润民生、团聚民气、激发民力，实现"中国梦"。

三、"新文化时代"需要"文化强市建设"的自觉

在这样一个"新文化时代"来讨论"文化强市建设"，是一个既有针对性又有前瞻性的话题。事实上，关于"文化强省建设"的自励也要落实为"文化强市建设"的自觉。在人类发展史上，城市是迥异于乡村的社会形态。在我们这个"以农为本"的国度，城市更可视为乡村社会的集聚、扩张、建构和提升。相对于乡村社会而言，城市有着更为庞大的人口流动和更为复杂的人际关系，也因此生成着更为复杂的社会结构和更为包容的人文精神。城市精神就其本质而言，是流动中的融通和包容中的凝聚。在任何时代，城市都是起一种主导作用、向导作用和领导作用的社会形态。之所以能发挥上述作用，在于它的诉求汇聚和价值凝聚过程，这一过程其实也是"城市化"的本质。在笔者看来，城市文化在其本质上是淡化并漠视地域特征的。某些城市在一定时期呈现的地域性特征，其实也是整合了更多"小地域"而形成的"大区域"特征，并且它还在更大的区域流动、融通、包容和凝聚中被"去地域化"。这是由城市的文化功能，也是由城

市的发展驱动所决定的，这就是城市的宏大发展目标为什么总会加上"国际化"的定语。

建设文化强市，与许多地方提出"建设文化强省"一样，是认为自己既有的文化资源够"大"而不够"强"。有些地方文化资源既不够"大"且在短时期内也够不着"强"，则提出"建设文化名省"的口号。党的十七届六中全会《决定》提出"建设文化强国"，是基于这样一种考虑，即：我国是文明古国，是文化资源大国，但还算不上文化强国。迫切需要加快建设与我国深厚文化底蕴和丰富文化资源相匹配、与中国特色社会主义事业总体布局相适应、与建设富强民主文明和谐的社会主义现代化国家的目标相承接的社会主义文化强国。（李长春同志语）这其实意味着，我们的文化建设在上述三大方面目前还是不相匹配、不相适应和不相承接的，特别是后两个方面，事关中国特色社会主义事业总体布局和社会主义现代化国家建设目标，尤为需要引起我们的重视。

在笔者看来，"建设文化强国"需要高度重视文化在"强国"建设中发挥怎样的作用并实现怎样的效用。为了实现上述"相匹配""相适应"和"相承接"，我们文化建设的由"大"而"强"，不仅需要"创新驱动"而且需要"转型发展"。文化建设的"转型发展"，不仅仅是强调文化产业对促进经济增长和经济发展方式转变应当作出的贡献，还需要在促进文化产业成为国民经济支柱性产业的进程中实现传统文化的现代转型。笔者以为，这其实是我们在"新文化时代"建设"文化强市"一项带有根本性的任务。综览当今世界的"强国"，一是强在经济，二是强在科技（与之相关也需强在军事）。当今世界的"文化列强"，也主要是强在"文化经济"和"文化科技"。这说明我们建设"文化强市"必须把握"新文化时代"的文化消费需求和文化发展动力，必须有"文化经济"与"文化科技"互动共建的自觉。

四、聚焦"城镇化"是发展文化经济的"文化先觉"

诺贝尔经济学奖获得者斯蒂格利茨曾预言：美国的新技术革命和中国的城镇化，是21世纪带动世界经济发展的"两大引擎"。支撑"新文化时代"的文化经济与文化科技，就其根本而言其实就是"文化经济"（文化科技力量的驱动在更深层面上也维系于文化经济），而在中国当下的发展中就在于聚焦"城镇化"。马凯同志曾指出："世界各国的发展经验表明，现代化是依托工业化、城镇化由传统农业社会向现代社会转变的过程……当前和今后一段时期，推进我国城镇化发展的主要任务是使城镇化发展水平与工业化、现代化相适应，着力转变城镇化发展方式和提高城镇化质量，促进城镇化布局和形态得到优化，城镇可持续发展能力明显增强，城镇化健康发展的体制机制得到完善，以城镇化健康有序发展推动小康社会建设。"请注意，我国到2020年的发展目标是全面建成小康社会，"文化强市"建设的一个切实目标和必经阶段是实现"文化小康"。

马凯同志指出："内需是我国经济发展的根本动力，而扩大内需的最大潜力在于城镇化。"我们"以满足人民精神文化需求为出发点和立脚点"的当代文化建设，无疑也应视"文化内需"为文化发展的根本动力。事实上，"城镇化"不仅是经济发展扩大内需的最大潜力之所在，也必然具有文化发展扩大内需的最大潜力。扩大文化内需，就要满足人民群众日益增长的精神文化需求，就要适应人民群众文化需求的新特点和审美情趣的新变化，就要集聚各领域最新的创作理念和创作方法，就要打造有自主知识产权、有市场影响的文化品牌。我们一直讲"文化自觉"，还有文化人强调要有"文化先觉"，上述"扩大文化内需"所应致力的四个"就要"，笔者以为就体现出当前文化建设的"文化先觉"。这也说明"文化先觉"不是文化智者先天、先验的某种觉察或觉悟，而是对现实的深度审察以及在此基础上对趋势的高度感悟。

美国学者弗吉尼亚·波斯特莱尔撰写了《美学的经济》一书，副标题是"美国社会变迁的32个微型观察"。书中引用一位艺术设计学家的话，指出"我们生来——从生物本性而言——就是视觉的、触觉的生物"。波斯特莱尔认为这是世纪之交的一句精辟论述，因为它同时肯定了人的生物特征和美学的力量。他指出，感官与说话、推理能力一样，都是我们的本能，而且它对说话和推理能力会产生至关重要的影响。这本书认为，21世纪是美学经济的时代，而新美学经济时代的显著标志是多元风格的共存。其实，我们也正是在这一基点上来理解"新文化时代"并把握其"文化经济"的实质的。我们"按照科学发展观的要求树立和落实新的文化发展理念"，不也正是要求"以人为本"吗？在文化建设中不也正是要同时肯定人的生物特征和文化的力量吗？

五、文化建设的"以人为本"重在"还文于民"

在谈到文化建设时，我们都特别强调其"以文化人"的功能。就此笔者曾发表过一个看法，认为"以文化人"先要"以人为本"。所谓"以文化人"，化自《易·贲》的"观乎人文，以化成天下"。实际上是说，要了解人所创造的文化，就要去了解人所创造的整个世界，这就是马克思所说的"人的本质力量的对象化"。在马克思看来，"人的本质力量"体现为一种自由的、有意识的活动，"本质力量的对象化"则呈现为这种活动改造的世界和创造的现实。所谓"以人为本"，在此意味着要不断增强和提升"人的本质力量"及其"对象化"的水准，而这也正是"以文化人"的目标之所在。前些时读到余秋雨的《何谓文化》，他认为，我们今天理解中国文化太注重文化的部门职能、外在方式、积累层面、作品组成、片断享用，而不重视文化的全民性质、精神价值、引导作用、人格构成、集体积淀。这种观点很中肯。如果我们的文化建设不把上述"不重视"加以重视起来，文化强国、文化强市建设就难免南辕北辙。

在党的十七届六中全会召开之际，《人民日报》发表署名任仲平的文章《文化强国的"中国道路"》。文章认为我们正在进行的"文化强国"建设，有两个"长期以来"的文化惯性需要调适。文章指出："长期以来，各级政府主要靠行政指令来实现对文化企事业的管理，而不是群众需求和市场导向，带有浓厚的计划色彩"；还指出："长期以来，人们有一种根深蒂固的看法，认为文化事关意识形态安全，担心文化进入市场后，会改变社会主义文化的性质"。这两个"长期以来"其实是基于一种理念，也即后一个"担心"决定了前一个"指令"。文章认为要改变，或者说要终结这两个"长期以来"，就要"让文化走向市场"，因为"让文化走向市场，就是把创造的权利、评价的权利、选择的权利交给人民……就是让实践的检验、群众的检验作为文化发展的标准"，并且指出"这正是社会主义文化最本质的要求"。

这其实意味着，"新文化时代"凸显的"文化经济"特征及其对科技、产业、消费、市场、贸易等概念的申说，可以高度概括为"还文于民"。

"还文于民"就是前文所说"把创造的权利、评价的权利、选择的权利交给人民"。那么,这个"还文于民"由谁还、怎样还呢?其实是我们文化学者和文化管理者需要"树立和落实新的文化发展理念"。我们正步入的"新文化时代",的确是一个"文化经济"的时代,它还十分明显地呈现为"文化感官诉求"的时代。这是因为,对于大多数人来说,"文化"是他们通过感官进行沟通的方式。他们之所以关注、谈论并且还生产"文化",是因为他们需要那些用于愉悦视觉、触觉、情感本能的"文化"。或许是无处不在的感官诉求正变得越来越个性化、俗常化和混搭化,有些文化人认为当前文化存在不少"泛漫化"的乱象。

六、文化建设的"民生取向"与"集成创新"

文化泛漫化是一个显而易见的事实。但所谓的"文化泛漫化",体现的是文化向非文化领域的全方面渗透,体现的是非狭义文化行为对"文化"的自我标榜,体现的是"新文化时代"倾注在"文化经济"特征中的"民生取向"。或许关注"民生取向"的文化在当下是一种含"文"量不高的文化,但在某种意义上,笔者倒倾向于视泛漫化的文化为文化多样化的一个有机构成,也倾向于视其为文化转型期的一个必要过渡。这种文化,在文化人看来可能不那么"文化",但因其深度维系"民生",成为大众需求文化的一个"进阶",也成为文化需求大众的一条"通道"。笔者甚至还认为,这是我们倡导"三贴近"、实践"走转改"需要关注的一个重要方面。

回到"新文化时代"的"文化强市"建设,笔者想再谈谈应对"文化泛漫化"现象的一点思考。既然是文化多样化的一个有机构成和文化转型期的一个必要过渡,我们对此要树立积极的、长期的、持续的进行文化建设的理念。首先我们还是应当把保障人民群众基本文化权益放在文化建设的首位。作为基本文化权益,要看到人民群众的文化需求往往是其民生需求的一个重要补充,不必因其关涉民生需求而低估其精神追求。其次,我们应当发挥人民群众文化创造的积极性。不应视群众性的文化活动为"泛漫化"的文化,要引导人民群众在文化创造中自我表现、自我教育、自我服务。第三,我们应当坚持以人民为中心的创作导向。文化建设要做到"问心无愧",就要无愧于历史、无愧于时代、无愧于人民。在这里,核心是

"无愧于人民",是为人民提供更好更多的精神食粮,是把关涉"民生取向"的文化建设成真正的"灵魂工程"。这里的一个重要前提是,我们文化人要把那类"我是谁"的哲人忧思转移到"我为谁"的大众情怀上来。

最后,还想谈谈"新文化时代"中"文化强市"建设的方法论。我们正在步入的"新文化时代",从科技对人类社会的高速驱动和深度锲入来说又是一个"大数据时代"。"大数据时代"使人们的信息感知、捕捉、分析变得更海量、更繁杂、更相关,这使得我们包括文化建设在内的各方面建设都需有一个强大的主体力量,这个主体力量在"集成创新"的方法论中得以呈现。我们既往较多申说的"继承创新",类似于对主体"格式化"后再驱动其"建模",这在信息源较为单一且社会发展较为平缓的时期是切实有效的;但在信息多元汇聚、冲撞激荡、交融变量的时代,"格式化"的主体难以应对甚至难免茫然。纵览中国文化数千年史迹,其实也体现为"继承创新"与"集成创新"的交替进行,而后者更体现为一个全新、全盛变化时代的到来。在这方面,孔子是第一个"集大成者"。

"集成创新"是科技自主创新的一种重要方法,它对主体的要求并非"格式化"后再去"建模",而是主体听从"问题"这一时代声音的召唤,在解决"问题"的实践中逐步"建模"。可以说,我们当下步入"新文化时代""大数据时代""城镇化"进程的文化建设,尤为需要强化"集成创新"的理念,这需要强化四种意识:一是要有自主意识,创新要素与内容的选择服从创新主体解决文化发展问题的需要;二是要有跨界意识,要全面开放创新要素与内容的选择空间,以实现主体选择的最优化;三是要有协同意识,要善于集中智慧、凝聚力量、开放建构、有机整合;四是要有前瞻意识,即不仅要满足群众的现实文化需求,而且要开发其潜在文化需求。如果说,"文化经济"与"文化科技"的互动共建构成"新文化时代"重要的时代特征,那么"民生取向"与"集成创新"就是这个时代文化工作者的"用武"(确切说是"用文")之地。文化人其实不必讳言"文化经济"。在刚刚举办的第九届深圳文博会中,笔者注意到早些年"文化搭台,经济唱戏"的说法已经为"贸易扬帆,文化远航"所取代,而这正是"新文化时代"的一个重要取向。

(原载《艺术百家》2013年第4期)

实现中国梦需要增强创造活力

一、中国梦的"两个维度"和"五个意味"

关于中国梦已有很多很多的阐述。刘云山同志指出：中国梦成为当今中国高昂的旋律，成为中国走向未来的鲜明指引。他还指出：实现中国梦实际上就是新一届中央领导集体对全体人民的庄严承诺，是我们党和国家未来发展的政治宣言，"中国梦进一步揭示了中华民族的前途命运和当代中国的发展走向，升华了我们党的执政理念，为坚持和发展中国特色社会主义注入了新的内涵，对团结动员全体人民开辟党和国家事业新境界，具有重大而深远的意义。"

习近平总书记是在参观《复兴之路》展览时，第一次鲜明提出实现中华民族复兴"中国梦"的，此后又有过多次表述。总书记认为中国梦是一种形象的、群众易于接受的表述，他对中国梦的总体表述有两个维度：一是历史的维度，申说"这个梦想凝聚了几代中国人的夙愿，体现了中华民族和中国人民的整体利益，是每一个中华儿女的共同期盼"；二是世界的维度，强调"我们要实现的中国梦，不仅造福于中国人民，而且造福于各国人民"。

2013年12月30日，中共中央政治局就"提高国家文化软实力研究"进行第十二次集体学习。习近平总书记在主持学习时强调："中国梦的宣传与阐释，要与当代中国价值观念紧密结合起来。中国梦意味着中国人民和中华民族的价值体认和价值追求，意味着全面建成小康社会、实现中华民族伟大复兴，意味着每一个人都能在为中国梦的奋斗中实现自己的梦想，意味着中华民族团结奋斗的最大公约数，意味着中华民族为人类和平与发展作出更大贡献的真诚意愿。"

为了把中国梦的"五个意味"落到实处，总书记在主持学习中还强调："要使中华民族最基本的文化基因与当代文化相适应、与现代社会相协调……把跨越时空、超越国度、富有永恒魅力、具有当代价值的文化精神弘扬起来，把继承传统优秀文化又弘扬时代精神、立足本国又面向世界的当代中国文化创新成果传播出去。"

今年2月24日，在中共中央政治局就"培育和弘扬社会主义核心价值观、弘扬中华传统美德"进行的第十三次集体学习中，总书记再次强调"要认真汲取中华优秀传统文化的思想精华和道德精髓，大力弘扬以爱国主义为核心的民族精神和以改革创新为核心的时代精神……要处理好继承和创造性发展的关系，重点做好创造性转化和创新性发展。"这是因为，中华民族创造了源远流长的中华文化，而所谓"源远流长"不仅在于"悟觉早"而且在于"可持续"。中华文化的"可持续"一在"自强不息"二在"厚德载物"，这是中华文化作为既往"强势文明"的基本特征。

二、当代历史条件下的"强势文明"

党的十七届六中全会提出建设社会主义文化强国，本质上是在当代历史条件下使这种曾有的"强势文明"创造出"新的辉煌"。那么，什么是当代历史条件下的"强势文明"？我们当然不能不审视美国。被称为美国最睿智的政治家和最具远见卓识的战略家布热津斯基，在其《战略远见：美国与全球权力危机》一书中委婉暗示了什么是"强势文明"。书中在描述"衰落中的西方"和"美国梦的消逝"之后，认为"可预见的未来（例如未来20年）仍将在很大程度上由美国来塑造"；前提是美国能充分利用六个方面"尚存的实力"。

所谓"尚存的实力"，其实是美国自认为曾经创造了"强势文明"并能持续拥有它的根本原因。它包括总体经济实力、创新潜力、人口活力、民众响应能力、地理基础和民主吸引力。在这里，我觉得最值得我们关注的是"创新潜力"。布热津斯基的"创新潜力"指的是美国创业文化和优秀的高等教育机构为它带来的非凡的技术创新能力，他认为这是美国经济成就及其实力构成的重要因素。他依据上海交大对全球优秀大学的排名，自豪于"名列前十位的大学中有八所是美国大学，前二十名的大学有十七所美国大学"。

布热津斯基的"战略远见"当然不能不论及中国。虽然他看到的基本现实是"中国尚未做好在世界上扮演美国的全部角色的准备,再过几十年也不会",但他仍有较为深入的分析,认为中国"有令人敬畏的帝国历史以及慎重而耐心的战略传统,这两点对它极其成功的几千年悠久历史至关重要。因此,中国慎重地接受现有的国际体系,尽管它并不认为流行的等级体系恒久不变……中国谋求增大影响力,渴望国际上的尊重,并且仍然对自己的'百年耻辱'怀恨在心,但它对未来越来越感到自信。"

三、关键是增强全民族文化创造活力

党的十七届六中全会《决定》指出要"坚持中国特色社会主义道路,努力建设社会主义文化强国",党的十八大《报告》进一步要求"扎实推进社会主义文化强国建设"。从"中国梦"的视角来解读"社会主义文化强国建设",可以将其理解为"中国文化的伟大复兴",也即习近平总书记在全国宣传思想工作会议上提出的"创造中华文化新的辉煌"。建设社会主义文化强国,十八大《报告》特别强调了两个要点:一是"必须走中国特色社会主义文化发展道路",二是"关键是增强全民族文化创造活力"。就后者而言,《报告》要求"让一切文化创造源泉充分涌流,让全民族文化创造活力持续迸发"。

学习、领会党的十八大《报告》,我对"增强全民族创造活力"这一"关键"有六点认识:一是必须深入贯彻落实科学发展观,自觉把推动文化大发展大繁荣作为文化建设的第一要务;二是必须坚持中国特色社会主义道路,建设中华民族共有精神家园;三是必须以更大的政治勇气和智慧,坚决破除一切妨碍科学发展的思想观念和体制机制弊端;四是必须坚持发展是硬道理的战略思想,要把推动发展的立足点转到提高质量和效益上来;五是必须维护最广大人民的根本利益,推动社会主义和谐社会建设;六是必须坚持社会主义先进文化前进方向,发挥文化引领风尚、教育人民、服务社会、推动发展的作用。

实际上,十八大《报告》论述文化建设专节中的四个部分,正是发挥文化作用四个关键词的具体展开:引领风尚,旨在加强社会主义核心价值体系建设;教育人民,旨在全面提高公民道德素质;服务社会,旨在丰富

人民精神文化生活；推动发展，旨在增强文化整体实力和竞争力。总览这四个部分，可以看到我们"文化强国建设"的核心意蕴是"文化强民"，在根本上体现为精神价值的追求和集体人格的建构。在文化强国建设的体用关系中，"以人为本"是体而"以文化人"是用，"以文化人"不仅在于促进人的全面发展而且在于引导人格的不断攀升。

论及"增强全民族文化创造活力"，党的十七届六中全会《决定》指出要"准确把握我国经济社会发展新要求，准确把握当今时代文化发展新趋势，准确把握各族人民精神文化生活新期待"；还指出要"以科学发展观为主题，以建设社会主义核心价值体系为根本任务，以满足人民精神文化需求为出发点和落脚点，以改革创新为动力……"很显然，没有文化的改革创新，就不会有文化的繁荣发展，就谈不上文化强国建设。

四、改革创新和科技进步是根本动力

《求是》2008年第22期发表了李长春同志的署名文章，强调"改革创新和科技进步是文化发展的根本动力。必须在推进文化体制机制创新的同时，大力推进各方面的创新"。文章特别强调了五个方面的创新："一是要加快建立以文化企业为主体、市场为导向、产学研相结合的文化创新体系……；二是要不断推进文化内容形式的创新，推动不同艺术门类和文化活动的相互融合……；三是要运用现代科技手段开发利用民族文化资源，改造传统文化产业，催生新的文化业态……；四是要整合优势文化资源，集聚各领域最新创作理念和创作方法，以项目为平台带动文化创新……；五是要鼓励探索与市场接轨的商业模式，建立以市场为导向的内容集成、加工、制作、传播的生产机制……。"

我们的文化建设之所以要大力推进各方面的创新，就文化自身发展而言，是增强自身活力、满足人民群众日益增长的文化需求的迫切需要；就经济发展方式转型而言，是适应各领域改革深化、完善社会主义市场经济体制的迫切需要。此外，还有两个最为重要的方面：一是顺应现代信息科技迅猛发展和广泛应用新趋势，抢占文化发展制高点的迫切需要；二是适应对外开放不断扩大新形势，提高中华文化国际影响力和竞争力的迫切需要。

布热津斯基在论及"美国与全球权力危机"时，强调"美国若想成功实现自我进步，就必须重塑社会文化的重心，即美国人如何定义自己的理想和'国家梦'的道德成分。"为此他自我设问：一、物质利益的获取是否大大脱离了便利、舒适和自我满足这些对美好生活的终极定义？二、耐心而坚持不懈地进行国内改革，能否把美国变成一个建立在充满效率、活力和创新力基础上，在文化、学术和精神上更进步的智慧型社会？他认为"美国更加有必要避免退缩到一种无知和闭关自守的心态，或者沉溺于自以为是的文化享乐主义之中。"

我们说"增强全民族文化创造活力"，无论是"抢占文化发展制高点"，还是"提高中华文化国际影响力和竞争力"，都说明我们"文化强国建设"的一个重要评价参照是当今世界"文化列强"的软实力。前述已占尽"文化软实力"先机、一直握有"定义权"的美国都自省要"重塑社会文化的重心"，要"建立更进步的智慧型社会"；我国作为最大的发展中国家，其紧迫感更是可想而知。因此，我们要实现包括中华文化复兴在内的"中国梦"，必须要顽强奋斗、艰苦奋斗、不懈奋斗！

五、"城镇化"进程中文化创新的特质

诺贝尔经济学奖获得者斯蒂格利茨曾预言：美国的新技术革命和中国的城镇化，是21世纪带动世界经济发展的两大"引擎"。我们应当清醒地看到：这两大"引擎"其实不在一个层面上，前者是创造力的驱动而后者只是需求力的拉动。不过，"城镇化"作为需求力的拉动对于我们当下的文化建设却是极其重要的。因为世界各国的发展经验表明，现代化是依托工业化、城镇化由传统农业社会向现代社会转变的过程。我国目前经济发展的最大潜力在于"城镇化"，"城镇化"也是我们扩大文化内需、发展文化的最大潜力之所在。

在人类发展史上，城市是迥异于乡村的社会形态。在我们这个"以农为本"的国度，城市更可视为乡村社会的集聚、扩张、建构和提升。相对于乡村社会而言，城市有着更为庞大的人口流动和更为复杂的人际关系，也因此生成更为复杂的社会结构和更为包容的人文精神。城市精神就其本质而言，是流动中的融通和包容中的凝聚。在我看来，城市文化在其本质

上是淡化并漠视地域特征的。某些城市在一定时期呈现的地域性特征，其实也是整合了更多"小地域"而形成的"大区域"特征，并且它还将在更大的区域流动、融通、包容和凝聚中被"去地域化"。

指出城市文化乃至城市精神的本质特征，在于关注"城镇化"进程中文化创新的特质。对于我们这样一个正由传统农业社会向现代社会转型的文明古国，对于这样一个正在努力建设社会主义文化强国的资源大国，我们文化建设要一手抓文化传承，一手抓文化发展。这也是一个重要的"两手抓"观念。从增强创造活力的视角来看这个"两手抓"，我以为"文化传承"这一手要抓的是"继承创新"，"文化发展"这一手则要抓"集成创新"。

六、文化的"转型发展"与"集成创新"

其实，文化不仅是人类创造性活动的产物，也是支配人类创造性活动的行为模式。中华民族数千年由农耕文明陶塑的文化品格，因其漫长的积淀和缓慢的变迁而铸就了"继承创新"的文化发展理念。虽然我们也在社会大变革的时代申说除旧布新、革故鼎新和推陈出新，但我们遵循"没有充分继承就难以有效创新"的方法论，认同"创新的价值在于更好实现着继承"的目的论。

"城镇化"进程使我们的文化强国建设不得不考虑"转型发展"，在这一进程中我们相对于"继承创新"而言更需要"集成创新"。我们既往较多申说的"继承创新"，类似于对创新主体"格式化"后再驱动其"建模"，这在信息源较为单一且社会发展较为平缓的时期是切实有效的。但在信息多元汇聚、冲撞激荡、交融变量的时代，"格式化"的主体难以应对甚至难免茫然。纵览中华文化千年文脉，其实也体现为"继承创新"与"集成创新"的交替进行，前者讲的是"通中求变"而后者讲的是"变中求通"。在这方面，孔老夫子因对先贤高论的"述而不作"而成为第一位"集大成者"。

"集成创新"在当下是科技进步自主创新的一个重要理念，它与原始创新、引进消化吸收再创新共同构成科技进步的三种创新模式。所谓"集成创新"，在此是指利用各种信息技术、管理技术和设备工具，对各个创新要素和创新内容进行选择、集成和优化，形成优势互补、有机整合的动态创新过程。也就是说，"集成创新"是格外遵从创新主体意愿的创新，其目的是有效集成各种要素，在主动寻求最佳匹配要素的优化组合中产生更有针对性、更有影响力的集成效应。

从文化建设的创造性成果来看，我们对"集成创新"应当并不陌生。内省文化传统，我们自诩为"龙的传人"之龙，用闻一多的话来说，是"接受了兽类的四脚，马的头，鬣的尾，鹿的角，狗的爪，鱼的鳞和须"的"大蛇"，"龙"是我们祖先"集成创新"的产物。外鉴"他山之石"，先有日本动漫形象"铁臂阿童木"，形象与内涵都集成自美国文化的"超人"（力量）和"米老鼠"（智慧）；后有美国动漫电影《功夫熊猫》，在中国文化元素的集成中传递出西方价值观念，这也让人发出"中国有功夫有熊猫但没有《功夫熊猫》"的感喟。

七、培养、强化"集成创新"意识

"集成创新"是我们这个时代值得特别关注的创新理念。它对主体的要求并非"格式化"后再去"建模"，而是主体听从"问题"这一"时代声音"的召唤，在解决"问题"的实践中逐步"建模"。实现"集成创新"，我们需要培养、强化四种意识：一是自主意识，即集成要素及其模型建构要服从主体创新的需要；二是跨界意识，包括开放集成要素的空间跨界和主体建模的思维跨界；三是协同意识，即善于围绕应对"问题"来借助外脑，集思广益以谋篇布局；四是前瞻意识，就是通过应对"问题"，创新"价值"来预测把控未来。

在我看来，实现中国梦需要增强创造活力，一是需要增强全民族创造活力，二是需要增强"集成创新"的创造活力，前者是"体量"的问题而后者是"质量"的问题。布热津斯基谈论"战略远见"时正视着"美国梦的消逝"，但他借德国总理默克尔之口说许多人希望投身"美国梦"，因为默克尔认同"每个人通过个人努力取得成功和实现人生理想的机会"；不过布热津斯基认为"美国梦"的实质是"把理想主义和物质主义这两大激励人类进步的精神结合到一起"。与之有别，"中国梦"作为整体的"中华民族伟大复兴"之梦，一端深深植根于历史自豪感，一端也受"百年耻辱"的强烈驱使。

为此我想引述习近平总书记在全国宣传思想工作会上的一段讲话作结语。总书记说："对世界形势发展变化，对世界上出现的新事物新情况，对各国出现的新思想新观点新知识，我们要加强宣传报道，以利于积极借鉴人类文明创造的有益成果……着力打造融通中外的新概念新范畴新表述，讲好中国故事，传播好中国声音。"我们坚信：中华民族创造了源远流长的中华文化，中华民族也一定能够创造出中华文化新的辉煌。

（原载《中国艺术报》2013年9月13日）

第八编

国家形象的文化担当

深圳观念：朝气蓬勃的文化记忆

2010年，在纪念深圳经济特区建立30周年的系列活动中，"深圳十大观念"的评选格外引人注目。对于这次评选，广东省委常委、深圳市委书记王荣同志动情地说："每一个观念的产生，都有着难忘的故事；每一个观念的入选，都是对深圳建设者的礼赞；每一个观念的定格，都铸造了这座城市的品格；每一个观念的传承，都带有全体市民的共同记忆……"在我看来，"深圳观念"是朝气蓬勃的文化记忆，是现阶段文化建设需要传扬的文化精神！

一、所谓"深圳观念"，是以"标语口号"的形式高度凝炼并广为传扬的"深圳价值"。《人民日报》在发布评选结果时，曾以"编后语"的方式称其为"时代精神的高度浓缩"和"改革历程的生动注脚"。

党的十七届六中全会审议通过的《决定》，强调"推进社会主义核心价值体系建设，巩固全党全国各族人民团结奋斗的共同思想基础"。为了形成统一指导思想、共同理想信念、强大精神力量和基本道德规范，许多城市都结合自身的历史文化积淀和现阶段的发展实际提出具有凝聚力和引导力的"城市精神"。从某种意义上来说，"深圳观念"凝炼的也是一种"城市精神"，不过它所倚重的不是历史文化积淀而是当代发展实践；并且正如包括"敢为天下先"在内的"深圳观念"所示，"深圳观念"作为一种"城市精神"的提出再一次领跑在先！《人民日报》的"编后语"由此评价道："作为改革开放排头兵的深圳，30年特区史上诞生的一批新理念新口号，不独属于深圳……它勾连着走向开放的全体中国人的共同记忆，也可以积淀为我们继续迈步未来的独特财富。"

与许多城市高度抽象的"城市精神"不同,"深圳十大观念"的每一条都维系着一个鲜活、生动的故事,并且都是在深圳经济特区30年发展中有血有肉、有声有色的故事。也就是说,"深圳观念"作为"深圳价值",其实源自"经济实践"。如深圳市委常委、宣传部部长王京生同志所说:"在体制突破中,'深圳观念'是前进中的冲锋号;在建设道路上,'深圳观念'是特区经验的浓缩和升华;在文明模式的转换中,'深圳观念'是城市再生的灵魂,是市民德性的对话。"现在都在讲"文化软实力",有学者认为"软实力"就是"讲故事的能力",特别是讲好正义、诚信、勤勉、宽厚的"中国故事"的能力。在我看来,"把故事讲好"当然是"软实力"形"软"意"实"的实现路径;但如何用实践写好我们当下的故事,却是"软实力"绵里藏针、外柔内刚的本质要求。"深圳观念"所魂系的"深圳故事",是深圳人不断破解难题、开创新风的故事,也是他们不断改造对象世界、提升主体境界的故事!

二、"深圳观念"凝炼和传扬的不是一般的城市观念,它是一个具有特殊使命的"经济特区"的价值追求,它是在"杀出一条血路"的奋斗史中凝炼的市民共识。

有什么比亲力亲为的实践更能令人追忆和认同?又有什么比共苦同甘的实践更能令人昂扬和激奋?"深圳观念"的凝炼和传扬,在今天是作为一种重要的文化举措来践行的。换言之,我们今天视为文化建设的这一举措,其实是深圳"经济特区"特殊使命和特殊实践的产物。在那些孕育"深圳观念"的"深圳故事"中,可以看到市民共识中深切感恩中国改革开放总设计师小平同志的高瞻远瞩、深谋远虑;也可以看到市民共识中铭记着习仲勋、任仲夷、吴南生、梁湘、袁庚等中小设计师的拓荒开路、攻关夺隘。王京生同志高度概括说:"深圳观念"是深圳发展进程中拼经济、拼管理、拼文化三个发展阶段的风向标和见证物,它们在镌刻城市精神发展轨迹的同时也涵盖了城市文明的价值取向。

把"深圳观念"还原到具体的"深圳故事",我们可以从更深入的层面上来理解"文化自觉"。十七届六中全会《决定》提出要"培养高度的文化自觉和文化自信",说明我们在许多时候许多层面还存在"文化不自觉"。什么是"文化不自觉",我认为主要体现为"文化惯性"的流连和因循。我们需要的"文化自觉"是"以科学发展为主题,以建设社会主义核心价值体系为根本任务,以满足人民精神文化需求为出发点和落脚点,以改革创新为动力……"可以看到,我们所需要的"文化自觉"其实是"经济自觉"的路径延伸和境界升华。常有文化工作者对一个时期普遍存在的"文化搭台,经济唱戏"不以为然,他们的"不以为然"之处主要在于借助文化的"办节办会"来实现经济的"招商引资"。其实,"搭台"和"唱戏"只是一种"比喻",而任何"比喻"都是有缺陷的。"深圳观念"的评选作为"文化唱戏"的体现,已经见证了经济与文化在互动过程中的双向建构。而我所想说的是,我们要有与新的经济实践相适应的文化精神,要为经济的持续发展创新精神引领和伦理支撑;并且,这种文化建设往往不是"文化"自身的循环,它意味着要投身"以经济建设为中心"的社会大循环。一如"深圳观念"之所为!

三、"深圳观念"是一种直面经济实践和社会实践、挑战和完善规制形态的观念。它所揭示的精神历程,是从"踏平坎坷成大道"的艰辛走向"培育尊严护热土"的温馨。

只要粗粗浏览一下"深圳十大观念",你就能提取出一些"主题词"或者说"核心理念",比如实干、创新、尚义、崇文、开放、包容、敢为先、不怕输等等。透过上述"核心理念",我也试图归纳"深圳观念"在集成意义上的特质:无论是"时间就是金钱,效率就是生命",还是"改革创新是深圳的根、深圳的魂",也无论是"深圳,与世界没有距离",还是"来了,就是深圳人",其特质就是敢为先、能为先、善为先和誉为先。这里的"誉为先"集成着"鼓励创新"和"宽容失败"。王京生同志说得好:"深圳观念"原本是深圳创业者和建设者的"深圳梦",这是以无数普通人的追求为基础的"闯荡梦",这是深圳市民的人生态度,也是深圳发展的支撑力量。

说到"为先",我们不能不想到老子"不敢为天下先"的处世原则,不能不想到老子视为人生"三宝"的"一慈二俭三不为先"。老子认为"不敢为天下先,故能成器长",颇有"以其不争,故天下莫能与之争"之风。很显然，这种建立在"小国寡民"政治理想中的处世原则，无法面对我们别无选择的全球化进程与世界性格局。"深圳观念"中的"敢为天下先"是观念的特质，是我们民族"自强不息"精神的大力张扬。"为先"可能并不意味着成功，但"不为先"则肯定没有成功。事实上，深圳创业者的"闯荡梦"和建设者的"深圳梦"，本身就是"为先"的念想与实践。没有"敢为先"这种积极的人生态度，就没有"闯荡"的深圳人，更没有深圳的"创世纪"！

四、敢为先、能为先、善为先并且誉为先作为"深圳观念"的特质，动力在于它是党中央战略新思想的集中表达。王京生同志称之为"国家立场的深圳表达"。

深圳是一个被设计出来的城市，如《春天的故事》形象地唱出"有一位老人在中国的南海边画了一个圈"。这个"圈"，画的是一种历史使命，"即以特殊的政策、体制和地缘经济为载体，展示我国改革开放和现代化建设的生机、活力与梦想"（王京生语）。深圳的"被设计"，意味着我们党主动把握中国发展的历史进程，"摸着石头过河"在深圳的发展中意味着"闯入雷区探路"。并且，1992年当这位老人再度来到所画之"圈"时，用他浓重的四川方言深切地嘱托"你们要搞快一点"！去年，在苏联解体20年的日子里，中国再一次为国际社会所关注，只是舆论对有关中国的悲观预测越来越淡漠，中国在严峻的国际环境中走出了一条适合本国国情的发展道路。有学者据此指出：只有坚持改革开放，我们才能不断进步，才能破解发展中的难题。坚持改革开放，既是一种执政理念，也是中国面向未来的一种生存方式。从深圳的"被设计"到"深圳观念"的被凝炼，恰恰也都证明了这一点。

所谓"国家立场的深圳表达"，就是担负起我国改革开放"试验田"和"窗口"的特殊使命。这个特殊使命，一方面是从计划经济的束缚中"杀出一条血路"，创造了为世人所称道的发展成就；一方面则是培育了一批适应改革开放的先进观念，振奋着广大市民的精神斗志。这使我联想到现阶段文化建设中"国家立场的文化表达"，联想到任仲平所著《文化强国的"中国道路"》（见《人民日报》2011年10月15日）。任文写道：

"在我国经济社会发展进入新的历史阶段的背景下，我们应以什么样的视角认识文化，以什么样的态度对待文化，以什么样的思路推动文化发展繁荣，以什么样的道路建设社会主义文化强国？"答案则是"深圳观念"中作为"深圳的根、深圳的魂"的"改革创新"，是任文所说"一切妨碍文化发展的思想观念都要坚决冲破，一切束缚文化发展的做法和规定都要坚决改革，一切影响文化发展的体制弊端都要坚决革除"。

五、可以说，没有党的十一届三中全会以来的"思想解放运动"，就不会有今天的"深圳观念"。学者们认为"思想解放运动"是"五四新文化运动"之后的又一次"新启蒙运动"，我认为"深圳观念"也具有"新启蒙"的意义。

透过孕育"深圳观念"的"深圳故事"，可以看到"敢为先"的特质中有"杀出一条血路"的勇猛与悲壮。那条需要奋力"杀出"的"血路"，是当时国家建设向市场经济观念的重大转型；就深圳而言，是以中央控制型的地方局部改革模式来启动"市场经济"助推"经济建设"。事实上，列为"深圳观念"首条的"时间就是金钱，效率就是生命"，就成为"杀出一条血路"的典型诠释。1984年初，小平同志在视察深圳蛇口工业区时注意到这个口号，但他从国家发展的战略高度强调："我们建立经济特区，实行开放政策，有个指导思想更明确，就是不能收，而是放。"经济学家于光远为强调向市场经济观念的重大转型，生动地说"只有向钱看，才能向前看"。

思想解放运动的"新启蒙"，实际上是让大众从某种宗教般的迷狂中"回归常识"，学者们借用韦伯的概念叫"脱魔"（或近似音译的"祛魅"——disenchantment）。这意味着"回归"并"重建"常识是"深圳观念"的一个重要品格。其实，我们的文化建设也有个"回归常识"的问题，比如正确理解文化的双重属性的问题。前述任仲平《文化强国的"中国道路"》就指出："长期以来，各级政府主要靠行政指令来实现对文化企事业的管理，而不是群众需求和市场导向，带有浓厚的计划色彩"；"长期以来，人们有一种根深蒂固的看法，认为文化事关意识形态安全，担心文化进入市场后，会改变社会主义文化的性质……"但任文给出的答案是：

"让文化走向市场，就是把创造的权利、评价的权利、选择的权利交给广大人民……文化走向市场，就是让实践的检验、群众的检验作为文化发展的标准"，这正是"社会主义文化最本质的要求"。这也正是从"长期以来"的偏见"回归常识"。

六、"深圳观念"的"回归"及"重建"常识，是回到当下的生产、生活实践，是回到一种"杀出一条血路"的实践。当时在通过讨论"真理标准"以反对教条主义后，正需要用这样的"实践"来巩固和扩大战果。

"深圳观念"是通过"杀出一条血路"来重建的常识，这说明那些常识的重建并不寻常。"不寻常"的根由在于"祛魅"的不易。最初的"深圳观念"（比如"时间就是金钱，效率就是生命"和"空谈误国，实干兴邦"）大多有"风波"相伴：有引进外资开放特区的"租界风波"，有投身特区献身创业的"淘金风波"……这使得我们在最初的"深圳观念"中仍能捕捉到挑战的姿态和松绑的诉求。王京生同志深入分析了"深圳观念"所折射出的价值坐标系，认为这个坐标一是以人的知识理性为基础，二是以人的创造性为宗旨，三是以人的勇气和血性为支撑；认为这三个方面共同铸就了深圳文化"智慧型、创新型、力量型"的"三型"内质。

"深圳观念"是以经济实践来声援"真理标准"的讨论，所谓深圳文化的"三型"，内质其实也正是深圳发展实践的特质。关于地域文化的精神特征，人们通常关注自然地理对民性民风的影响，如北宋理学家张载所言："郑卫之音，自古以为邪淫之乐，何也？盖郑卫之地滨大河，沙地土不厚……其地平下，其间人自然意气柔弱怠惰；其土足以生，古所谓'息土之民不才'者此也。若四夷则据高山溪谷，故其气刚劲，此四夷常胜中国者此也。"张载的以"地理"道"民风"，其实是有感于北宋时期"四夷"对中原骚扰这一现实的，并且他的叙述也包含着一种对"力量型"文化的呼唤。"深圳观念"所体现的"力量型"文化的特征，非因"据高山"而"气刚劲"，它来自那"敢闯荡"的"深圳梦"，这是我们今日建设自强、自信的"力量型"文化的社会实践基础。

七、我国是文明古国、文化资源大国，我们珍惜我们的文化记忆并常常以此为自豪。的确有人驻足于我们文化的博大精深，认为"没有文化记忆的民族是悲哀的民族"，但我们也应看到"走不出文化记忆的民族可能带来民族的悲哀"。

说到文化记忆，我们当然有足够的资本。放眼环宇，"五千年不间断"世所罕见；悉心内省，有"自强不息"与"厚德载物"双轮驱动。"深圳观念"是深圳市民共享共有的文化记忆，与我们"五千年不间断"的中华文明相比，这个文化记忆虽然浅近却不失博大，虽然菲薄却不失伟力。党的十七届六中全会提出了"建设社会主义文化强国"的目标，哈佛大学终身教授、北京大学高等人文研究院院长杜维明先生在接受《人民论坛》记者约访时，建议将"文化强国"改成"文化大国"来谈。一者，他认为"博大精深、大气磅礴"这一种"大"的观念比起强国观念来，更符合当前中国面向世界的思路；二者，他认为用"大"而不是用"强"来体现这种包容的文明，更符合我们中国的儒家传统和精神。杜维明先生的这两个"更符合"，在于强调要掌握"长期塑造我们中华民族成为今天这个样子"的文化记忆；而我们"文化强国"所追求的，是开创"全民族文化创造活力持续迸发、社会文化生活更加丰富多彩、人民基本文化权益得到更好保障、人民思想道德素质和科学文化素质全面提高"的新局面。

早些年在一篇文章中读到一个看法，说是看十年的中国看深圳，看百年的中国看上海，看千年的中国看北京，看万年的中国则要看地处关中的西安。很显然，这是一个事关"文化记忆"的看法。我从这个看法中得到的启迪是：一方面，我们文化建设的重心在不断地东移与南迁，就其根本而言是在融入一种世界性的格局和全球化的进程；另一方面，中国的文化形象也由重"文化记忆"向重"文化想象"转化，我们要"博物馆文化"，更要"试验田文化"。应当承认，我们不可能脱离"文化记忆"来从事并评价我们的文化实践——上海"十里洋场"初起之时被称为"冒险家的乐园"，而深圳"十里渔村"发轫之际则被誉为"开拓者的热土"。的确，"文化记忆"是历史留给一方水土的文化植被，缺少历史的"文化记忆"并不意味着是"文化沙漠"（比如在致力发展经济的相当一段时间内，深圳就被认为是类似于香港的"文化沙漠"），而既可能是一块亟待开发的"文化处女地",也极可能是一块地力肥沃的"新文化热土"。伟人毛泽东在谈到我国社会主义建设时曾说"一张白纸,没有负担",我们或许不必把"文化记忆"视为"负担",但我们至少是没有因循的惯性也没有依赖的惰性。

八、深圳作为迅速崛起的移民城市,缺少历史悠久的城市文化记忆,但并不缺少个体多元的文化记忆。"深圳观念"其实透露出建设城市文明共同体的信息,它正通过运行轨迹的调节来吸纳多元个体的"原子性"。

就其内容构成而言,"深圳观念"是深圳30年改革发展的文化记忆;而就其文化功能而言,"深圳观念"显然是为着建立一种认同机制。在一个迅速崛起的移民城市里,的确会有建立认同机制的紧迫感。但事实上,经历30余年改革开放的当代中国,在对既往观念形态"祛魅"的同时,对于认同机制也有着深深的期待。曾在《社会观察》2011年第9期上读到该刊对学者张旭东的访谈,题为《重归总体性思考,重建中国认同》。"访谈"中张旭东说:"在建立中国认同上有许多误区。比如有人把老祖宗找出来,要复古,要做新儒家;在流俗的层面上则是收收古董,搞搞国学热……中国人在近现代吃了那么多苦头,不能白费力气,必须把新的民族性阐发出来。"这种"新的民族性"意味着"新人"的塑造,而"新人"的塑造不能脱离一定的物质基础、体制归属和意识趋向。30余年的改革开放,30余年的发展繁荣,"深圳观念"似乎在证明那种"认同机制"其实就是我们自己的"实践履迹"。

《南风窗》记者石勇撰文《从文化再造到政治认同》(载该刊2011年第22期),认为"党的十七届六中全会把'文化'作为一个极具战略性的命题进行研究和部署,昭示着党在文化问题上的一次深刻破题,即以文化认同召唤国家认同和政治认同……在一个意识形态被'祛魅',经济发展也无法完全解决执政认同的时代,'文化'成为最具号召力的旗帜——对内成为强化政治认同与共识的来源,对外则代表具有强大'软实力'的国家形象。"反顾30余年来的改革开放和经济发展,我们的确看到经济发展给我们带来的巨变,从而使之成为政治认同和共识的重要来源;同时,我们也认识到体现出"执政能力"的经济发展，在政治认同和共识中仍然缺乏价值上的吸引力。在这一视角中来看"深圳观念"，它的重要意义在于将经济发展中体现的"执政能力"，提升为"文化价值"并从而凝聚"政治认同与共识"。可以说，"深圳观念"的凝炼与传扬，开拓性地实践着"以文化认同召唤国家认同和政治认同"的路径。

九、"让城市因热爱读书而受人尊重"和"实现市民文化权利"，是直接指向文化建设的两个观念。这两个观念考量着市民的文化趣味和城市的文化品格，也考量着市民的文化诉求与政府的文化责任。

我在《深圳十大观念》这部大书中（深圳报业集团出版社2011年版），已经注意到上述两个观念都是由王京生同志在深圳发展的"拼文化"进程中率先提出的。早在2002年，距全国人大刚刚批准中国政府签署的联合国《经济、社会及文化权利国际公约》之际，时任市文化局局长的王京生就在全国率先提出了"实现市民文化权利是文化发展根本目的"的理念，并付诸政府主导的"深圳读书月"等文化实践；而在2005年，当"深圳读书月"举办到第六届之时，已担任市委宣传部部长的王京生又在全国率先提出了"让城市因热爱读书而受人尊重"，开始和所有的深圳市民共同缔造着一座城市的人文尊严。王京生同志是我遇到的具有深邃思想和强烈使命的文化官员，同样作为这座移民城市的新移民，他曾经写下了一段深蕴哲理的文字："人们都说，移民是在寻找外面的精彩世界……我说，真正的移民是在寻找自己，看自己有怎样的大脑，怎样的身躯，怎样的力量。"

王京生同志曾经在一篇《移民文化的断想》中提到了"深圳观念"中因容量所限而未纳入的观念，比如"这里的握手比较有力，这里的微笑比较持久"，"这里看重人的智慧、尊严和爱的力量"以及"让我的爱像阳光一样包围着你，同时给爱光辉灿烂的自由"等等。正是面对着那些鲜活、生动的实践，王京生同志总结出深圳"移民文化"的特征：一是"追求卓越"的创造性，二是注重实践、轻蔑清谈的风气，三是价值追求的多元化，四是平等的原则及由此而形成的秩序，五是宽容精神和社会角色的不断变化。事实上，这些"移民文化"的特征基本上都体现在"深圳观念"

中。深圳坚信：文化岂止是历史积淀下来的符号，文化更应当是当下普通人的生活方式；由普通市民日常生活织就的城市风景，终究要以它的文化创造能力、全民创意能力与格局宏大的人文追求而赢得尊重！

十、不久前，深圳市委常委会讨论通过了《关于深入实施文化立市战略建设文化强市的决定》，提出了六个"更强"的"强市"目标，"深圳观念"将在"文化强市"建设中发挥重要作用。

深圳"文化强市"建设的"六强"，指的是城市精神凝聚力更强、文艺精品创造力更强、公共文化服务能力更强、文化产业竞争力更强、改革创新引领力更强和国际文化影响力更强。为此，该市从七个方面明确了具体举措，其中以"深圳观念"熔铸"文化强市"的灵魂放在了首位。在我看来，这些举措中有两项是深圳"文化强市"建设中最具特色的"双轮"驱动：一是建立国家级文化与科技融合示范基地，使深圳成为重要的文化创意产业创新中心和应用研发高地；二是大力实施劳务工文化服务工程和关爱工程，创建国家公共文化服务体系示范区。这个"双轮"驱动，作为深圳"率先而为"且"最具特色"的文化建设，体现出追踪世界高端文化创新与实现城市民众文化权利的高度统一，体现出新兴城市文化建设的"跨越式发展"和"先导性创新"。或许正因为这种出色的"率先而为"，在去年和今年的国家社科基金重大项目招标中，深圳大学先后将"文化与科技融合创新的内在机理与战略路径研究"和"农民工文化需求与城市公共文化服务体系建设研究"夺入囊中。

最近一个时期，王京生同志先后著文《"深圳十大观念"与社会主义核心价值体系建设》《关于深圳文化发展战略思想的几点思考》并再度发出建立"深圳学派"的吁求。自1999年深圳在全国率先实施"文化立市"战略，至今已有十几个年头了。在呼求建立"深圳学派"之时，王京生同志在转述余秋雨先生的看法时，坚信"深圳文化是中国文化处于转型期的地域性亮点，能够避免内地文化发展所出现的粘滞状态，并能创出新兴学派充满活力的成长机制"。应该说，建立"深圳学派"不是一个梦想，但即便是梦想，也是那无数已经成为现实的"深圳梦"。很显然，"深圳学派"的建立不仅仅是学人们在书斋里的作为，大约也无需以既往关于"学派"的理念来规限。王京生同志在论及深圳文化战略思想的建构时,强调以文化权利的历史展开来实现社会主义公民文化为主体的中国现代文化形态,强调从文化主权角度锻造中国文化的政治意识并建构人类文明秩序的普遍性价值。循着这种文化建设的战略思维,我们似已能见到"深圳学派"在母腹中的躁动,而"深圳观念"将为它催生。

(原载《中国文化报》2010年5月8日)

深圳学派：面向未来的文化吁求

学派，就其形态而言，是学术精神、学术方法和学术团队的三位一体。深圳学派，当然是指以深圳的建设实践和成长历程为学术案例、学理依据乃至学科构成的学派。我们现阶段文化建设之所以需要壮硕"深圳学派"，不仅在于它体现出面向未来的文化吁求，而且在于它践行着敢闯敢试的实践理性。

一、"深圳学派"的命题，碰撞于王京生同志与余秋雨先生关于深圳文化发展的谈话中，时间是 1996 年。2010 年纪念深圳特区建立 30 周年之际，这一命题再次浮出水面。

其实，在这一命题提出的当年，王京生同志自己都认为"似乎是奢侈得令人无法消化的精神大餐"。因为当时的深圳，是一个"文化底蕴尚薄的城市"，是一个"浮躁的趋利心理还左右着新市民价值取向和行为的城市"。但其实在这时，王京生同志已明确了深圳文化发展的实践取向，即引导新市民改变"浮躁的趋利心理"，使这个"文化底蕴尚薄的城市具备与那些厚重的文化底蕴的城市对话的资格与能力"。

作为对这一命题的思考，余秋雨先生认为"深圳学派"有可能"在那古老文化的神州大树上抽出一条新枝"。余秋雨先生从三个方面谈到"深圳学派"产生的可能性：首先是"人和"，即"人际关系的平等和单纯"，这有助于学派发展所需要的民主讨论氛围；其次是"天时"，即"中国文化处于转型期的亮点"，这有助于形成新兴学派充满活力的成长机制；第三才是"地利"，即贯通内陆与海外的文化"桥头堡"，这有助于学派思想的集散与传播。在当今我们所处的信息化时代和媒介化社会来看，上述三个方面最重要的是"天时"，而这个"天时"的本质，用王京生同志的话来说，是"深圳作为我国最早的经济特区，是改革开放的'试验田'和'窗口'，是中国特色社会主义的开路先锋"。正因此，深圳才"能够避免内地文化发展所出现的粘滞状态，创造新兴学派充满活力的成长机制"。

而对"深圳学派"命题的提出，王京生同志之所以觉得似乎有些"奢侈"，在于他认为"深圳文化发展"在当时应当做一些"基本"的事情：一是对文化的认真亲近与重视，使文化的讨论首先热起来；二是对文化人的见解给出更多的时间来倾听；三是不以功利为目的的文化设施的兴建；四是用政府之手构建崭新的文化理念和趋向繁荣的规划；五是（他认为是"最重要的"）各类文化人才的集聚。由此可以看出，王京生同志是一位务实的文化学者，他能敏锐地觉察到思想观念抵达的实践路径。在后来的深圳文化建设中，我们还看到这些思路怎样转化为具体的规划、举措而得以实施。

二、尽管"似乎有些奢侈"，王京生同志仍然觉得这一命题的提出，"体现出深圳文化发展到一定阶段要求自我认识、自我激励的学术自觉"。它是深圳面向未来的文化吁求。

毫无疑问，深圳能得到改革开放"试验田"和"窗口"的"天时"，的确与其所处的"地利"分不开。但讨论一个以地域命名的学派，"深圳学派"似乎又并不关涉"地利"，即它并非具有厚重历史积淀的"文化沃壤"，它甚至在迅速的经济崛起中遭遇被指为"文化荒漠"的不屑。那时的王京生就充满自信地指出，"不能苛责我们的城市，尽管它今天仍然是经济的深圳。想一想它的起飞历史，任何文化人也会觉得心平气和，但这并不意味着我们将低估深圳的文化价值和它未来的文化气象。"

王京生同志对于"深圳学派"的自信，在于他看到了这是一个脚踏实地的"面向未来的文化吁求"。同时，深圳的文化发展也很需要这样一个"文化吁求"来"自我激励"。王京生同志认为，从彼时深圳文化运作的态势和潜能中，能看到未来形成"深圳学派"的某些"萌芽"：其一，从深圳市政府对文化投入之急迫的、热烈的心情来看，政府已经成为把深圳文化推向未来之主导的、持久的力量；其二，在深圳这个投资主体越来越多元化的经济体系中，社会力量办文化正释放出越来越强大的能量；其三，深圳的文化人正逐步摆脱既往单纯的文化情结和单向的文化尺度，而其他行业的"非文化人"因为对文化问题的热衷正成为拓展文化视域的"新文化人";其四,深圳文化建设正从观念层面的吁求而步入创新文化产品的实践,这种面向未来的创新实践必然预留出文化理论的阐释空间。

深圳文化建设通过10余年的实践,文化的地位已经发生了巨大的变化。用王京生同志的话来说:"这种变化首先还不在于大批文化设施的兴建、各类文化活动的开展与文化消费市场的繁荣,而在于整个城市的文化植被和文化态度的改变,在于城市发展思路经历着由'经济的深圳'向'文化的深圳'的转换。"从"经济的深圳"向"文化的深圳"的转换,在于深圳已经有了较为成熟的城市文化发展理念和发展战略。特别是"两城一都一基地"(图书馆之城、钢琴之城、设计之都、动漫基地)目标的确定,王京生同志认为:"既是出于对自身文化发展基础的自信,也是对这一文化未来发展的某种期许,以及对城市个性的文化定位。"

三、定位城市的文化个性,是深圳文化发展战略思考的"文化自觉"。深圳作为经济特区的实践探索,是"国家立场"的"深圳表达",那么在"深圳表达"中呈现的文化个性,必然在更深层面上维系着"国家立场"。

可以认为,"深圳学派"作为面向未来的文化吁求,是文化建设上"国家立场"的"深圳表达"。这首先体现在深圳文化发展战略的思想基点上。王京生同志认为,"深圳文化发展战略思想的建构,就是要让'文化权利'和'文化主权'两个概念成为理论建构的基石。一方面,要从文化权利的历史展开来实现城市的文化转型,创造性地实现以社会主义公民文化为主体的中国现代文化形态,构筑最广泛的中国战略文化的人民性基础;另一方面,要从文化主权角度锻造中国文化政治意识,创建出建构人类文明秩序的普遍性价值理念。"从"实现以社会主义公民文化为主体的中国现代文化形态"到"建构人类文化秩序的普遍性价值理念",不仅是体现"国家立场"的"深圳表达",而且是具有"全球视野"的"国家立场"。

全球视野、国家立场、深圳表达,本身也可视为"深圳学派"的一个学术定位。深圳文化发展战略的思想支点或理论基石,之所以定位于"公民文化权利"和"国家文化主权",在于深圳的文化建设如经济建设一样,也担负着"试验田"和"窗口"的历史重任。对此，王京生同志说过一段具有高度使命感和责任心的话，他说："从纵向上说，深圳的文化探索承接着中华民族文化选择的探索，走在中国特色社会主义文化发展道路的前沿，不断开拓文化强国战略的城市实践途径；从横向上说，深圳是多元文化相互交融的舞台，深圳的文化探索直接而鲜明地反映出我国当代文化选择的核心课题，兆示出我国文化发展道路的前行动向。"为此，王京生同志认为应大力倡导创新型、智慧型和力量型的城市主流文化建设。

深圳文化发展战略中的"三型"（创新型、智慧型、力量型）文化建设，不仅有其特定的含义而且有其特定的指向。所谓"三型"文化的创新、智慧和力量，可以视为是一种既"仁"且"智"又"勇"的文化。在这里，"智慧型"强调的是崇尚知识和弘扬大道，以及对文化人才的大力培育和高度重视；"力量型"强调的是文化发展的血性和进取性，以及自强不息的比拼力。这"二型"倡导的便是"智"与"勇"。那么，"创新型"又怎么意味着"仁"呢？因为在王京生同志看来，"深圳倡导的'创新型'文化，与张岱年先生主张的'综合创新'论在本质上是一致的。"作为对中国文化重建或曰复兴的探索主张，张岱年先生提出了"文化综合创新"的理念，认为应超越文化建设的单向度选择和单极立场，坚持文化模式的可拆解性和文化要素的可选择性，提倡"优选法"的文化选择，把"综合"与"创新"的统一视为文化建设的驱动力。请注意，深圳倡导的"创新型"文化，是"综合创新"而非"继承创新"。其实，在科技进步的自主创新模式中，"集成创新"就是高度吻合于"综合创新"的理念。这种创新理念更强调创新主体的主观能动性，更强调创新价值满足并提升社会的、时代的文化需求，这便是深圳"三型"文化之"仁"的指向。

四、将"综合创新"放在深圳"三型"文化建设之首，当然是基于对深圳文化定位的历史反思；不过我认为其中更重要的，是深圳不相信曾经的"文化不毛之地""文化边缘之域"就不能实现文化的跨越发展并创造文化的时代奇迹。

王京生同志当然认识到深圳文化发展的"学术软肋"，比如"深圳的学术文化尚处于自身的认识和积累之中，学术研究更多是内敛性而非开放性的，学术研究平台也尚未搭建好"；比如"深圳缺少文化人才的庇护所也缺乏大师级的学术人才，深圳社会还普遍缺乏冷静的学术研究心态和风气"等等。因此，王京生认为，"只有充分发挥深圳在华南地区毗邻港澳的地理区位优势和文化地缘优势，以更大的文化开放度和包容度，促进深圳高等教育和学术文化机构的发展，将深圳的学术研究风气提升上一个新的平台，深圳学术文化才能取得新的突破性进展。"请注意，当许多学人以"文化边缘之域"来漠视深圳之时，王京生同志申说的是"文化地域优势"。当改革开放的中国选择深圳之时，王京生同志早已从文化发展的历史进程中看到了文化的"流动性本质"，看到了深圳大规模、多源头、广欲求移民的流动性文化活力，看到了多元文化基因在共同文化梦想感召下的"综合创新"能量。

在王京生看来，只有30年发展历程的当代深圳的确曾经是名副其实的"文化边缘之域"，但改革开放的新的观念文化却首先在这里找到了立足和生长的机会；又由于它没有地域传统文化对移民文化的固有抵抗性，使得它如饥似渴地吮吸着来自四面八方的管理文化、制度文化、企业文化、社区文化、消费文化等，从而迅速地建构着自身的文化风格。这段话看来是解释深圳文化迅速发展并自主建构的根源，但却从更深层面上阐发了古老文明焕发青春的奥秘，如王京生同志所言："在中国绝大多数城市我们都可以发现类似的现象，即真正的大市民们并不是固有文化的承袭者，他们绝大多数都欣赏并接纳着流动的文化，学习着崭新的文化观念和文化表达，从而驱动着城市的活跃和进步。"我注意到这其中"大市民"（不同于既往的"小市民"）对城市文化创新的驱动能量，注意到正是文化流动中的交锋与交融焕发出文化的青春活力。

在传统的"文化形态论"者看来，深圳文化也无非就是"移民文化"，而由于深圳"移民"的多源头和广欲求，既便有"文化"也是斑驳杂陈和散漫无章。但王京生不这么看，他认为"如果一种发展战略极大地带动了文化的流动并增强了文化的活力，那么这种战略是符合文化生长的特性及其内在需要的。"据此，王京生同志认为深圳的文化发展战略一要树立崭新的文化资源观，二要增强文化流动的经济推力，三要培育文化的创新能力。所谓"崭新的文化资源观"即对一个地域的文化开发而言，文化资源绝不仅仅是地域性的；全球化时代的文化生产，必然使文化人才、文化遗产、文化符号在更大的文化空间中予以配置，地区的文化资源不再决定于存量的厚重而更受到增量扩张的影响，城市的文化建设尤其如此。所谓"文化流动的经济推力"，即在城市发展步入文化竞争阶段之际，必须凭借其经济发展阶段的实力积累，要发挥财富的推动作用，使文化要素的流动与配置更有利也更有效。而所谓"文化的创新能力"，在深圳的文化发展战略目标中，至少包括文化的价值创新能力、制度创新能力、科技创新能力、适应时代变化的创新能力等。这里对文化创新能力的强调不是一般意义上的，如王京生同志所说："那种僵死的文化观念、过时的文化想象、落后的文化制度，对今天的文化生活已经越来越丧失了其引导作用……在一个变动不居的时代，文化应当以其创新能力驱动文化的超常规发展，给这个时代带来更多的人文光辉。"

五、在我看来，"深圳学派"作为面向未来的文化吁求，其实也正大踏步实践在深圳的文化建设中，也正通过深圳的文化实践在梳理自己的学术主张并凝聚自己的核心理念。这主要体现在深圳观念与深圳学派、全民阅读与深圳学派、文博会展与深圳学派、设计之都与深圳学派、文化科技与深圳学派、集成创新与深圳学派等六个方面。

1. 深圳观念与深圳学派

2010年，在深圳经济特区成立30周年活动中，由网民倡导发起，有关主管部门组织开展了"深圳十大观念"的评选活动。对于深圳最有影响力的"十大观念"，《人民日报》评价说："它勾连着走向开放的全体中国人的共同记忆，也可以积淀为我们继续迈步未来的独特财富。"广东省委常委、深圳市委书记王荣同志则指出："每一个观念的产生，都有着难忘的故事；每一个观念的入选，都是对深圳建设者的礼赞；每一个观念的定格，都铸造了这座城市的品格；每一个观念的传承，都带有全体市民的共同记忆。"笔者也曾撰文赞誉"深圳观念"，认为它是朝气蓬勃的文化记忆，是我们文化建设需要传扬的文化精神。

王京生同志认为，"深圳'十大观念'内涵丰富，从纵的方面涵盖了深圳的精神发展史，从横的方面涵盖了深圳的文化价值观……这种价值观，说到底是彰显了'以人为本'的本质要求。从实现人的经济权利、政治权利到实现人的文化权利，从强调工具理性到强调价值理性，从崇尚物质消费到崇尚创新、智慧和力量，从抓经济建设到倡导人文精神，这都是'以人为本'的观念，是'以人为本'的文化，是深圳'十大观念'所具有的价值底蕴。"也就是说，"深圳观念"是深圳价值的历时性呈现，在其历时性呈现中，也熔铸了共时性的价值底蕴——既是文化记忆也是文化品格的价值底蕴。这无疑是"深圳学派"学术研究的对象，也是它学理构成的品质。因为如王京生所言，"在体制突破中，'深圳观念'是前进中的冲锋号；在建设道路中，'深圳观念'是特区经验的浓缩和升华；在文明模式的转换中，'深圳观念'是城市再生的灵魂，是市民德性的对话。"

2. 全民阅读与深圳学派

关于"全民阅读"，在这里指的是自 2000 年 11 月开始举办的"深圳读书月"活动。王京生同志曾谈到："举办'深圳读书月'是我们关于城市文化发展战略理论思考的实践形式，而'读书月'在纵深方向的推广和扩张更加丰富和完善了我们对城市文化发展战略的理论认识。"一个"读书月"竟然实践着一座城市的文化发展战略，这是我起初不曾想到的。虽然也知道举办"深圳读书月"的目的在于"通过城市对阅读的推崇，增加城市的文化内涵并从而提升城市的精神品质"，在于"不仅仅把读书看成是事业成功的手段，更要把阅读提升到一个城市的价值层面，来塑造这个城市的精神品格"，但这个"文化实践"的目标能够实现吗？

一方面，"深圳读书月"作为文化发展战略的实践形式，是在实现市民文化权利的高度上来认识的。鉴于阅读是市民文化生活中最为普遍也是最为持久的文化需求，举办"深圳读书月"当然也就成为实现市民文化权利一种最有效的途径、载体和方式。另一方面，"深圳读书月"结合市民的读书兴趣来实现其文化权利，加强战术层面上的"针对性"：针对青少年儿童，有"中小学生现场作文大赛""少儿换书大会""读书、成长与未来知识大赛"；针对外来工，有"打工文学论坛""读书成才报告会"等活动；针对基层，有"学习在社区"系列主题活动；针对文化程度较高的市民群体，则有"深圳读书论坛"等。而在我看来，深圳的另一文化品牌"深圳市民大讲堂"，也是"公民阅读"的重要构成并且是带有引领式的阅读取向。强调通过"公民阅读"来提升城市品质，基于对这座以移民作为构成主体的城市的认识。这也是"深圳学派"力主夯实的基石。王京生同志说得好:"深圳不仅为全国提供着经济发展模式,还创造了一种文化模式和生活方式。其中体现得更多的,也许是这座年轻的移民城市有别于其他城市的核心价值观念,以及深圳人不无独特的价值评判准则。"

3. 文博会展与深圳学派

"深圳学派"主张"文化是流动的"。从深圳的文化建设来看,一个体现为"自发的流动",也即"人是文化的载体",深圳的移民文化就是一种多元碰撞、集成创新的"流动的文化";另一个则体现为"自觉的流动",这便是"深圳文博会"从无到有、从有到优的举办。"深圳文博会"全称是"中国(深圳)国际文化产业博览交易会",首届举办于2004年。自2006年举办第二届后改为每年一届,每届都有新"创意"且每届都有新"交易"。办会伊始,据说颇有人心存疑虑,不算"文化沙漠"也是"文化边城"的深圳有何"文化"拿来"博览"?但创办者的理念是,深圳以"文化博览"办会,是要变"资源依赖"为"市场依托",同时又以"市场交易"来改变文化发展观念,来为深圳的新兴文化业态正名,来为中国的文化产品走出国门搭桥。

一个不容忽略的事实是,随着"深圳文博会"的持续举办和不断创新,深圳的文化产业迅猛发展。到2009年的第五届"文博会"之时,其产业增加值就达到530多亿元,占全市GDP的6.5%左右。另一个不容忽略的事实是,"深圳文博会"是"博览"与"交易"双支点的会展,仅在2007年的第三届"文博会"上,来自境外的订单和采购就接近40亿元,是我国同年文化产品进出口总额的40%。事实上,文化博览、文化贸易、文化信贷、文化科技等推动文化大发展、大繁荣的理念和实践在"文博会"摩肩接踵地推出,使"深圳文博会"本身就成为深圳的一大文化景观。不过我更看重的,是"深圳文博会"作为自觉"流动的文化",必将给深圳的文化建设提供更丰富的滋养和更广阔的空间,使深圳文化建设的前景无可限量,也使"深圳学派"建构的前程无比辉煌。

4. 设计之都与深圳学派

2008年12月7日,联合国教科文组织全球创意城市网络认定深圳为"设计之都"。这是全球创意城市网络的第16名会员,也是我国首个获此殊荣的城市。作为联合国教科文组织于 2004 年推出的一个项目,被列入"全球创意城市网络",意味着对该城市在国际化中保持和发扬自身特色的工作表示承认。深圳"设计之都"这一荣誉称号的授予者认为:"深圳在设计产业方面拥有巩固的地位,其鲜活的平面设计和工业设计部门,快速发展的数字内容和在线互动设计,以及采用先进的技术和环保方案的包装设计,均享有特别的声誉。"深圳还把设计当作战略工具,指导城市转型,同时与社会文化相关领域尊重经济发展机会的平衡……

学者们认为,"设计之都"称号是对深圳长期坚持自主创新战略、发展文化创意产业的最佳褒奖;而深圳提出对这一称号的申请,源自深圳自主创新战略和以创新推动城市发展的理念。深圳作为"设计之都",不仅是"名至实归",更在于以"名"拓"实"——也即强化它的思潮汇聚、思维碰撞、思想创新、思路拓展。在"设计之都"的定位与追求中,深圳认同"三流城市生产产品,一流城市生产创意"的理念,这使得"创意"的生产成为深圳葆有先锋性、占据制高点的价值取向和文化内涵。"创意"的生产作为价值取向和文化内涵,不是沉湎于文化的积淀而是求索于文化的创生——关注"创生的文化"而非"积淀的文化"是"深圳学派"的重要特质。

5. 文化科技与深圳学派

深圳可能现在还缺少"文化大师",但我们却不能忽略"文化大班"(Boss)在深圳文化建设中的重要作用,不能忽略由"大班"们率领的"大队"在全国"大众"中产生的重大影响。可能大众不知道"大班"姓什名谁,但却耳闻目睹、亲身体验过他们的文化产品。他们的文化产品是真正的"大手笔",是立足世界前沿、叫板国际高端的"大手笔"。我们所知率先出手的"大手笔"是华强,更有腾讯、雅图、环球数码、雅易、A8音乐集团、嘉兰图、网域、劲嘉、一立、康达富、华视传媒打起了文化跨越式发展的"组合拳"。

是的,这些推动文化跨越式发展的"文化大班"大多是文化科技企业,而文化科技融合的企业在 2009 年就达 6500 家之多,占到深圳文化企业的 70%。这充分说明,深圳的文化建设体现出文化与科技融合的高度自觉。我们注意到,深圳文化企业的名列前茅者,其共同特征在于,既是深入到文化核心层的创意企业,也是运用高科技手段的高科技企业。这些企业通过文化与科技的深度融合，构成了深圳文化建设的一个基本特色。这是因为，深圳市场经济发育早，具有发展文化的雄厚经济基础和市场环境；同时，深圳的高科技产业也是起步早、立意高、实力雄厚，包容创新的文化生态和科技驱动的文化创新理念在此一拍即合、再拍出彩、三拍喷薄！深圳文化与科技融合的发展模式，是深圳文化发展的一个重要路径和基本特色，也将是"深圳学派"构建的一大亮点！

6. 集成创新与深圳学派

我们都记得深圳大力倡导的"创新型"文化，是张岱年先生曾经提到的"文化综合创新"范式。张岱年先生彼时可能并不熟悉"集成创新"的理念，但他所主张的超越文化发展的单向度选择和单极立场，坚持文化模式的可拆解性和文化要素的可选择性，正高度默契于科技进步中的"集成创新"模式。所谓"集成创新"，就科技进步而言，是指利用各种信息技术、管理技术与设备工具，对各个创新要素和创新内容进行选择、集成和优化，形成优化互补、有机整合的动态创新过程。也就是说，"集成创新"是格外遵从创新主体意愿的创新，其目的是有效集成各种要素，在主动寻求最佳匹配要素的优化组合中产生更有针对性、更有影响力的集成效应。

深圳文化的性质，用王京生同志的话来说，也是一种"正在兴起的、已在融合的移民文化"。他说："移民文化的特质是融合的，是动态的，是碰撞的，只有在这些基础上，文化的整合才能逐步完成。"他还在这个基础上分析了深圳作为"移民文化"的社会特征，包括：追求卓越的创造性，注重实行、轻蔑清谈的风气，价值追求的多元化，平等的原则及由此而形成的秩序，宽容精神和社会角色的不断变化。这里的"创新"，当然不会是"继承创新"，如同条条小溪，汇入江河只有"集成"后的融贯；如同盘盘沙拉，搅拌之后不再见番茄、黄瓜、火腿、马铃薯的原味。作为深圳"创新型"文化的"集成创新"，在其实践过程中一是会体现自主意识，创新要素与内容的选择服从创新主体解决文化发展问题的需要；二是会体现跨界意识，会开放创新要素与内容的选择空间，以实现主体选择的最优化；三是会体现协同意识，会通过创新团队的有机整合实现创新主体的系统升级；四是会体现前瞻意识，不仅会以"改革创新"满足群众的现实文化需求，而且会以"开拓创新"开发群众的潜在文化需求。我总以为,"集成创新"不仅是深圳文化发展的重要方法,可能也会是"深圳学派"建构的重要理念。

六、结　语

谈"深圳学派",王京生同志肯定是个绕不开的话题。说他绕不开,不仅仅是因为他长期担任深圳文化主管部门、宣传思想主管部门的领导,更在于他对深圳文化建设的思想主张和实践推动。在他的文集《真理是朴素的》一书中,余秋雨的《序》写道:"从京生的文笔间可以看出,当时他们的文化勇气主要表现在行动上,留给纸页的记述大多短而又短,简而又简……但仅此已可表明,一种新的文化已在他们手中创造,只不过创造出来的是生态文化,比原先人们理解的文化开阔得多,生动得多。"

我对深圳文化的关注,是在2009年由文化部艺术司转岗文化科技司任职之后。虽然在艺术司工作期间不至于因深圳的舞台艺术创作不甚突出而认为深圳是"文化边城",但也确实没有认识到它在中国当代文化建设中的先锋性和影响力。当我从文化科技的视角切入,看到深圳文化建设的崭新品质和盛大成就之时,才深深认识到深圳文化建设的"试验性"具有开创性和示范性的双重意味,才认识到在长期文化工作中积习已深的我,不能不转变我们的文化发展理念,创新我们的文化思维方式。

在读到王京生同志发表在《中国文化报》的许多深思熟虑的宏论后,比如《关于阅读与城市发展战略的若干思考》(2009年10月28日)、《有多少观念激励我们前行》(2011年12月19日、26日)、《从百家争鸣到深圳学派》(2012年3月8日)、《从"文化选择"到"文化强国"》(2012年4月17日)、《文化是流动的》(2012年5月15日)、《中华民族的伟大复兴就是中华文化的复兴》(2012年7月5日、10日)、《学派的天空》(2012年8月21日)等等,我才看到王京生同志早已从深圳文化建设的实践中梳理出文化发展的真知灼见,我也看到其中对于构建"深圳学派"的思想资源和文化吁求。我切身体会到,我们现阶段文化建设需要关注"深圳学派",因为它不仅是深圳文化建设的已然奇迹,更是面向未来的文化吁求!

(原载《艺术百家》2013年第1期)

中国的和平发展与亚洲的文化共荣

一、不久前，中国政府发表白皮书回应世界对中国的关注。白皮书高度概括了中国的和平发展道路，也深度阐发了中国和平发展的世界意义，申言"既通过维护世界和平发展自己，又通过自身发展维护世界和平"。

"亚洲文化论坛——10+3主题会议"的主议题，是亚洲的文化艺术多样性与和谐发展。这个主议题包含着文化艺术存在的一个基本事实和一个良好愿望。文化艺术的多样性，一方面来自人类社会历史发展的过程，一方面也基于人类社会面向未来的诉求。也就是说，文化艺术的多样性不仅是一个已然的事实，而且也会是一个必然的趋向。于是，多样性的文化如何共存、共生以及共荣，就成为每一种文化都不得不正视和深思的时代课题，成为经济一体化、政治多极化时代背景中的文化抉择。当然，我们也可把"文化艺术多样性与和谐发展"这个主议题视为中国文化学者乃至中国政府的一个主张，这个主张的要义不是强调"已然存在的合理性"，而是为"未来合理性的存在"寻求共识。不久前，中国政府发表白皮书《中国的和平发展》。这个白皮书回顾了中国和平发展道路的开辟，提出了中国和平发展的总体目标，陈述了中国和平发展的对外方针政策，强调了中国和平发展是历史的必然选择，还申说了中国和平发展的世界意义。对于国际社会而言，对白皮书最关心的可能是"对外方针政策"与"世界意义"，而"世界意义"其实又是对"方针政策"的深度诠释。我们注意到，中国的和平发展以不争的事实打破了"国强必霸"的大国崛起传统模式，坚定地、持续地走着"既通过维护世界和平发展自己，又通过自身发展维护世界和平"的道路。

二、中国和平发展的文化理念，主旨是"尊重世界多样性，共同促进人类文明繁荣"。面对多元文化催生的多元价值观和人权观，中国政府"大力提倡不同文明间的对话和交流，消除意识形态偏见和隔阂"。

白皮书在陈述"中国和平发展的对外方针政策"时，开宗明义提出"推动建设和谐世界"。中国倡导并致力于同世界各国一道推动的，是建设持久和平、共同繁荣的和谐世界。为此，中国政府从政治、经济、文化、安全、环保五个方面陈述了自己的主张，其中文化上的主张是"尊重世界多样性，共同促进人类文明繁荣进步，大力提倡不同文明间对话和交流，消除意识形态偏见和隔阂"。我们注意到，这个文化主张的本质是"多样性文化的对话与交流"。文化的对话与交流，不是消除特性和差异，而是消除偏见和隔阂；不是唯我独尊、妄自尊大，而是潜心向善、躬身睦邻。在与世界各国的文化交往中，中国政府一方面秉持积极有为的国际责任观，一方面奉行睦邻友好的地区合作观。"亚洲文化论坛"的举办，便是睦邻友好的地区合作的重要举措。事实上，文化的地区合作不会不关涉政治、经济、安全、环保诸方面。世界上没有哪个国家像中国那样拥有如此众多的邻国，因此也没有哪个国家像中国那样尊重邻国的历史文化和现实发展。中国政府一再申说不谋求地区霸权和势力范围，也一再强调通过谈判对话和友好协商解决包括领土和海洋权益争端在内的各种矛盾与问题。我们的文化交往也会在这一理念中寻求互补、增进互信、扩大共识、实现共荣。

三、中华文明有两个最显著的特征：一是因生生不息而源远流长，二是因源源不断而兼收并蓄。中华文明是多元一体、自洽共荣的文明，还是"以己推人""以人度人"的文明。

中华文明是亚洲文明最重要的组成部分，它和印度文明是亚洲历史文明两个最重要的策源地，它又和韩日文明构成当代亚洲文明重要的先遣队。由于中国在亚洲相对居中的地理位置和相对复杂的生存环境，中华文明注定要成为一种注重交往、包容差异、讲究实际、强调传承的文明。历史上有佛陀西来，有鉴真东渡，有昭君出塞，有文成入藏；近现代更有仁人志士求真索理于俄罗斯，勤工俭学于法兰西，习法通变于东瀛国，借石攻玉于美利坚……作为一个统一的多民族国家，中华文明具有独特的延续性、包容性和开放性。也可以说，中华文明的包容来自于它的开放，而正是这个开放中的包容才使得它生生不息、源源不断。就文明的形态特征而言，中华文明有两个互为因果的特征：一方面，它的源远流长使它善于兼收并蓄；另一方面，又是它的兼收并蓄使它更加源远流长。正是在这个意义上，我们说中华文明是多元一体、自洽共荣的文明，也是辩证取舍、系统整合的文明。中华文明的这一本体特征，使它由衷地主张和谐发展并认同多元发展，也使它通过"以己推人"的"本文化中心"理念实现着"以人度人"的"文化相对主义"的主张。

四、在世界文化格局中，亚洲各国文明间的共同性远远高于差异性。民为本、和为贵、兼相爱、交相利、执其中、顺其势、固其本、通其变……是我们对话的气场和交流的平台。

尽管我们包容差异、主张多元，但其实在世界文化格局中，亚洲各国文明间的共同性远远高于差异性。在许多世界史的研究者看来，欧美因其工业革命率先发生，是较早具备现代性的文明；非洲、澳洲以及拉丁美洲，是部族文明遭遇殖民文化的混合物。亚洲文明的共同性在于，在遭遇西方列强之前，它有着独立发展、长久发展、和谐发展的古典文明。这种文明创造过人类历史的诸多辉煌：从宗教到哲学，从道德到伦理，从文学到戏剧，从建筑到音乐……无不如是！它不为发达的强势文明所屈服，也从不歧视相对弱势的发展中的文明。亚洲文明是尊重人的尊严、保障人的权益的文明。在亚洲各国文明的共同性中，其实都不乏民为本、和为贵、兼相爱、交相利、执其中、顺其势、固其本、通其变……之类的主张，而这些是我们对话的气场和交流和平台。文明是人类的创造物，确切地说，是人类适应生存、谋求发展的历史沉积物，是特定时期、特定群体的生存必需和发展轨迹。我们说亚洲各国文明的共同性远远高于差异性，正在于我们不仅曾经面对着相近的历史情境，而且当下也面临着类似的时代课题。对于生存与发展的时代课题，我们可能有不同的解题思路，可能进入不同的解题阶段，但我们需要回答的时代课题是一致的——那就是让我们的人民更幸福、生活更美好！这是举办"论坛"根本的意义所在。

五、各国文明的独特性和各国文明间的差异性，源自各国文化的历史积淀，也在当下发展道路的选择中呈现出时代张力。文化多元和文明多样性既构成了当今世界的基本特征，也是人类社会演变发展的重要动力。

正视各国文明的独特性和各国文明间的差异性，是我们开展对话与交流的必要前提。但显而易见的是，对话与交流的目的在于对"独特性"的真正理解和对"差异性"的有效沟通。文化的多元是历史的产物，为既往相对封闭与隔绝的历史所陶塑。这种封闭与隔绝的历史导致了不同文明间的隔阂、误解甚至偏见。对于我们已身临其境的全球化时代，虽然看起来由经济生活所驱动，但科技力量正使它成为日常生活最真切的感受。人的"网络化生存"作为当代人类的基本生存状态，使得"差异的文明"在计算机"统一的编程"中运演，正在降临的"云计算"更为这种"编程"的运演推波助澜。置身"统一编程"境遇中的"差异文明"，一方面为"差异比较"中出现的文明新质所诱引，一方面也为"原汁"文明出现的"比较差异"而纠结。中国古代哲人庄周曾讲述一个"混沌开窍"的寓言，"无窍"（无眼、耳、鼻、口等感觉器官）的"混沌"原本也自足自在且自娱自乐地生活着，但他的两位大神友人见"人皆有七窍"，为混沌的幸福考虑将其"日凿一窍"，结果是被"开窍"的混沌"七日而死"。其实，我们遭遇的"全球化时代"并不意味着强势文明"可以"或"应当"一统天下，在趋利避害的"经济一体化"背后，有着同样避害趋利的"政治多极化"。"政治多极化"其实并非历史文明陶塑的意识形态偏见，而是对借用"经济一体化"主宰、盘剥世界的某些强势文明的抵御与博弈。"文化多样化"作为"政治多极化"的一翼，必然在当下发展道路的选择中呈现出时代张力，也必然构成人类社会演变发展的重要动力。

六、亚洲各国文明间的对话和交流，不仅是当前多样性文化和谐发展的需要，而且是构筑全人类文化和睦共荣的根基。多样性文化来自文化独特性的多样，文化的自主选择与相互调适是文化发展的重要原则。

中国已故学者费孝通先生于1997年首次提出"文化自觉"的理念，此后15年间这一理念一直成为我国文化建设与文化发展的中心话题。所谓"文化自觉"，是对置身现代境遇的历史文明的一种建设理念，它的一个重要主张是历史文明面对现代转型时的"文化自主"，也即所谓的"各美其美，美人之美，美美与共，天下大同"。请注意，文化的"天下大同"是"美美与共"的"大同"，其实就是我们所说的"文化共荣"。但是，"文化自主"不是"文化自守"，不是"抱残守缺"，而是在"各美其美"中扬长避短，在"美人之美"中取长补短。于是，"文化自觉"的文化建设理念还暗含着另一个重要主张，这便是费孝通先生提到过的"文化调适"。文化的建设与发展既然包含着形态的建构和道路的选择，就不可能没有"调适"。因为任何一种文明的历史建构，在接踵而至的历史进程中都比照出正面、负面与中性的价值差异，都体现出有继承、有扬弃、有革故鼎新、有推陈出新的"文化自觉"！事实上，"文化自觉"并不以文化本身特别是不以文化传统本身为"自足"，它关涉到一种文明在时代境遇中的生机与活力，关涉到由这种文明所维系的人民的幸福意愿与发展意向。最后，我想以《中国的和平发展》白皮书中的一段话来结束，即"中国基于自己几千年历史文化传统，基于对经济全球化本质的认识，对21世纪国际关系和国际安全格局变化的认识，对人类共同利益和共同价值的认识，郑重选择和平发展、合作共赢作为实现国家现代化、参与国际事务和处理国际关系的基本路径。"可以延伸的是，这三个基本认识、一个基本路径也将促进亚洲的文化共荣！

（原载《光明日报》2011年10年19日）

中国地缘文化的时代担当

一、中国地缘文化与周边外交战略目标

大概没有哪一个国家与如此众多的国家接壤，但这就是中国地缘文化的现实。其实这也是中国地缘文化由来已久的历史。这个历史与现实一方面说明了中国地缘的幅员辽阔，一方面也凸显出地缘文化的构成复杂。地缘文化，是文化质相有别、利害攸关的地带，也是文化双向流动、交锋交融的地带。中国幅员辽阔、构成复杂的地缘文化，不仅呈现出"区段地缘"的多样性，而且呈现出"地缘发展"的层级性。正如我国东西部发展的地域差异一样，与之相关的地缘文化也存在着发展的"层级"差异。也就是说，关注地缘文化的"多样性"只是关注一个不言自明的事实，我们需要从"多样性"的差异中来寻求"和谐发展"的路径。

因此，谈文化的多样性，谈地缘文化的差异性，谈地缘文化差异的对抗性或对话性，要有一个"搁置差异、共谋发展"的前瞻视野。10月下旬，我国"周边外交工作座谈会"在北京召开，这个座谈会确立了我国周边外交的战略目标和基本方针。概而言之，战略目标是"服从和服务于实现'两个一百年'奋斗目标，实现中华民族伟大复兴，全面发展同周边国家的关系，巩固睦邻友好，深化互利合作，维护和用好我国发展的重要战略机遇期，维护国家主权、安全、发展利益，努力使周边同我国政治关系更加友好、经济纽带更加牢固、安全合作更加深化、人文联系更加紧密"。基本方针则是"坚持与邻为善、以邻为伴，坚持睦邻、安邻、富邻，突出体现亲、诚、惠、容的理念"。

二、周边国家关系的全面发展与和谐发展

座谈会所提出的"全面发展同周边国家的关系",是我们地缘文化的时代课题。所谓"全面发展",强调了"政治关系更加友好、经济纽带更加牢固、安全合作更加深化、人文联系更加紧密"的"四位一体"。也就是说,我们谈"亚洲文化艺术多样化与和谐发展",不能孤立地来谈,因为这个"和谐发展"只能是"全面发展"。离开了友好的政治关系、牢固的经济纽带和深化的安全合作,"人文联系"不可能谈得上"紧密";地缘文化中的交流凸显的只会是"交锋"而非"交融",文化多样性的"求同存异"只会是"望梅止渴""画饼充饥"。

地缘文化的正视与应对,历来是一个敏感与审慎的问题。文化的差异性以及由此构成的多样性,如果没有地缘接触大抵是相安无事的;即便偶尔有所碰撞,也无妨进行"我行我素""各行其是"的对话。许多文化学者都注意到我国文化传统中"和"理念的价值,也都认同既"和"且"谐"的"和谐社会"构建。而事实上,一国的"和谐社会"构建,固然不能不正视调节社会的阶层分化及其利益固化;但"和谐地缘"其实才是和谐社会构建更为重要的方面。这其间与我国"地缘文化"紧密关联的"边疆民族"(这往往是在地域、人口都体量较大的少数民族),其文化能否真正实现"多元一体"也关涉到"中华文化"能否既"和"且"谐"。

三、地缘文化和谐发展中的"命运共同体"意识

"和""谐"二字的本字,都是左右结构的形声字。二字的左部都以"龠"为形,右部则分别用"禾""皆"来示音。二字左部的"龠"是一种类似"笙"的乐器,《说文》释为"乐之竹管三孔,以和众声也"。从《说文》中,我们还可以看到"和"被释为"调也","谐"则被释为"乐和谐也"。也就是说,"和"固然以"不同"为前提,但"和"的实现却在于对"不同"加以"调节","和谐"的状态本质上是"调和"的结果。《论语·子路》云"君子和而不同,小人同而不和",说明我们文化传统以

"和而不同"为理想，追求"和睦相处"而不"盲从苟同"，因为"同而不和"的结果是"同则不继"。对"和而不同"的文化理想加以审视，可以看到它其实是我们数千年"多元一体"中华文化的历史事实。中华文化之所以具有"自强不息"的内驱力和"厚德载物"的包容性，正在于这种内驱力和包容性能促进"全面发展"与"和谐发展"。

作为中国地缘文化的时代课题，"全面发展同周边国家的关系"的指向在于实现"和谐发展"。对于实现"和谐发展"，"周边外交工作座谈会"在"基本方针"中突出"亲、诚、惠、容"的理念。从习近平总书记在座谈会的重要讲话中，我们认识到"亲"就是"坚持睦邻友好，守望相助，讲平等，重感情……使周边国家对我们更友善、更亲近、更认同、更支持"；"诚"就是"诚心诚意对待周边国家，争取更多朋友和伙伴"；"惠"就是"本着互惠互利的原则同周边国家开展合作，编织更紧密的共同利益网络"；"容"就是"倡导包容思想，强调亚太之大容得下大家共同发展，以更加开放的胸襟和更加积极的态度促进地区合作"。为此，总书记要求我国的周边外交工作"广交朋友，广结善缘"，要求"把中国梦同周边各国人民过上美好生活的愿望、同地区发展前景对接起来，让命运共同体意识在周边国家落地生根"。我们文化"软实力"在此要大大借助外交的"暖实力"。

四、审视"地缘文化"要超越"还原论"思维路径

"全面发展同周边国家的关系"并且"让命运共同体意识在周边国家落地生根"，说明我们的地缘文化建设应具有"整体论"文化思维。作为一种认识论，"整体论"是人们在反思"还原论"局限时探索的思维新路径。作为由笛卡尔倡导的近现代科学的基本方法，"还原论"的基本理念在于"作为存在的事物是可分析还原的"。也就是说，笛卡尔认为人们可通过分析或抽象将认识对象拆分为更基础的部分，由此使认识进入对象的更深层次以了解其结构和属性；然后再从那些"更基础的部分"出发，通过综合推演形成对整体的世界、运动的世界的认识。质言之，"还原论"是一种表征主义的认识论，它作为人们认识的"科学方法"，是由本质主义的外在存在论和构成性的实体实在论来共同支撑的。我们既往基于"地

缘文化"所作的亚洲各国文明的分析,之所以会得出"共同性"远远高于"差异性"的认识并以此为"和谐发展"的基础,正在于这种"还原论"的思维路径。

的确,在世界史的研究者看来,欧美因其工业革命率先发生,是较早具备现代性的文明;非洲、澳洲以及拉丁美洲,主要是部族文明遭遇殖民地文化的混合物。亚洲文明——特别是东亚、东南亚及南亚文明的共同性在于,在遭遇西方列强之前,它有着独立发展、长久发展、和谐发展的古典文明。这种文明创造过人类历史的诸多辉煌,它不为发达的强势文明所屈服,也从不歧视相对弱势的发展中的文明。在亚洲各国文明的共同性中,其实都不乏民为本、和为贵、兼相爱、交相利、执其中、顺其势、固其本、通其变之类的主张,这些都是我国地缘文化赖以对话的气场和交流的平台。不过,这些"共同性"只具有"对话气场"和"交流平台"的可能性,我们之所以要重新审视"周边外交"或者说是审视"中国地缘文化",就在于这种"可能性"并不必然能成为"现实性"。对此,我们需要树立"整体论"文化思维。

五、"四个着力"与"整体论"文化思维

人们在反思"还原论"思维路径时认识到:对世界构成性实体的探究并不能替代对世界错综格局、复杂过程的真实理解,对外部世界某些部分、某些层次的理解也不可能完全拼接成世界整体的正确图像。"整体论"文化思维作为理解、把握"整体性"的认识论,意味着一要从本质主义的外在存在论走向现象论的参与存在论,二要从构成性的实体实在论走向生成性的关系实在论,三要从表征主义认识论走向基于内在关系论的认识论。很显然,因为参与性、生成性、关系性成为人们审视对象世界的有机方面,"整体论"文化思维才提升我们审视"中国地缘文化"战略思维的水准。如同习近平总书记所说:"思考周边问题、开展周边外交要有立体、多元、跨越时空的视角……要从战略高度分析和处理问题,提高驾驭全局、统筹谋划、操作实施能力,全面推进周边外交。"总书记强调了"四个着力",即要着力维护周边和平稳定大局,要着力深化互利共赢格局,要着力推进区域安全合作,要着力巩固和扩大我国同周边国家关系长远发

展的社会和民意基础。

可以说，习近平总书记所说的"四个着力"，正是中国地缘文化时代担当的具体展开。中国地缘文化及其所关涉的周边外交，是亚洲文化艺术多样性与和谐发展最重要的课题。早在 2011 年，中国政府就发表了《中国的和平发展》白皮书，回应世界对中国的关注。白皮书高度概括了中国的和平发展道路，也深度阐发了中国和平发展的世界意义，申言"既通过维护世界和平发展自己，又通过自身发展维护世界和平"。我们在这个"和平发展"理念中的文化主张，是"尊重世界多样性，共同促进人类文明繁荣进步，大力提倡不同文明间对话和交流，消除意识形态偏见与隔阂"。我们注意到，这个文化主张的本质是"多样性文化的对话与交流"。文化对话与文化交流，不是消除特性和差异，而是消除偏见和隔阂；不是唯我独尊、妄自尊大，而是潜心向善、躬身睦邻。

六、"四点愿景"促进亚洲文化的繁荣和发展

我们强调中国地缘文化的时代担当，不仅在于它是亚洲历史文明最重要的策源地，而且在于它是当代亚洲文明最重要的前行者。由于中国在亚洲相对居中的地理位置和相对错综的地缘关系，中华文明注定要成为一种注重交流、包容差异、讲究实际、强调传衍的文明。宋以前有佛陀西来，有鉴真东渡，有昭君出塞，有文成入藏；近现代以来更有仁人志士求真索理于俄罗斯，勤工俭学于法兰西，习法通变于东瀛国，借石攻玉于美利坚……事实上，中国之所尚"中"，并非以"中心"自居，而是以"中和"自励。中华文化的"和为贵"，贵的是"中和"与"兼和"。"兼和"者，强调的是"包容"；"中和"者，强调的是"厚德"。"厚德"之为"中"，体现为我们文化传统中"过犹不及"的认知模式与"而不"的行为模式，如《乐记》所载季札观乐时所言："……直而不倨，曲而不屈，迩而不逼，远而不携，迁而不淫，复而不厌，哀而不愁，乐而不荒，用而不匮，广而不宣，施而不费，取而不贪，处而不底，行而不流，五声和，八风平，节有度，守有序，盛德之所同也。"

我们既往谈文化的多样性，谈"求同"多而谈"存异"少，谈"包容"多而谈"交融"少，谈"兼和"多而谈"中和"少。事实上，我们

思考中国地缘文化的时代担当，要更多地关注后者并对之深思长考。在"周边外交工作座谈会"之前，习近平总书记于10月7日在亚太经合组织工商领导人峰会上发表了题为"深化改革开放，共创美好亚太"的演讲。他谈到中国"希望同亚太伙伴们携手同心，共同创建引领世界、惠及各方、造福子孙的美好亚太"，谈到他愿与亚太经合组织领导人共同分享的四点愿景：即谋求共同发展、坚持改革开放、推动创新发展、寻求联动发展。这使我们联想起总书记更早些时候（8月19日）在全国宣传思想工作会上的一段重要讲话，他说："对世界形势发展变化，对世界上出现的新事物新情况，对各国出现的新思想新观点新知识，我们要加强宣传报道，以利于积极借鉴人类文明创造的有益成果……着力打造融通中外的新概念新范畴新表述，讲好中国故事，传播好中国声音。"可以认为，"中国地缘文化的时代担当"作为"亚洲文化艺术多样性与和谐发展"的重要课题，需要认真理解并贯彻习近平总书记上述一系列重要讲话精神，需要充分认识到中国是"基于自己几千年历史文化传统，基于对经济全球化本质的认识，对21世纪国际关系和国际安全格局变化的认识，郑重选择和平发展、合作共赢作为实现国家现代化、参与国际事务和处理国际关系的基本路径。"（见《中国的和平发展》白皮书）而现在我们更进一步强调周边外交工作中的"睦邻、安邻、富邻"，这无疑也是中国和平发展的重要举措，是中国地缘文化促进亚洲文化繁荣和发展的时代担当！

（原载《中国艺术报》2013年11月11日）

国家文化形象建构的自觉、自信和自强

胡锦涛总书记在七一重要讲话中强调："我们要继续大力推动社会主义文化大发展大繁荣，坚定不移发展社会主义先进文化。"可以认为，发展社会主义先进文化，是我们国家文化形象建构的前进方向；推动社会主义文化大发展大繁荣，是我们国家文化形象建构的时代重任。

一、"国家文化形象"是"国家形象"的重要构成，是国家对内形成向心力和凝聚力、对外产生亲和力和感召力的"软实力"。"国家文化形象"理念的提出，体现出国家层面上的"文化自觉"。

谈国家文化形象，不能不谈国家形象。"国家形象"是国内外民众对一个国家在世界格局中的总体形象认知和印象评价。在这个认知和评价中，经济状况和政治主张是首要的；而作为政治主张延伸的两翼，军事实力和文化软实力也会引起高度的关注。对于中国在改革开放新时期以来的和平发展，世界格局中的中国国家形象多在"中国威胁论""中国崩溃论""中国责任论"中起伏消长。这种对于中国国家形象"他塑"（即"被塑造"）的局面，其实是西方某些发达国家难以摆脱（也有不愿摆脱）"本文化中心主义"的立场。但我们注意到，无论是威胁论、崩溃论还是责任论，主要是对中国经济快速增长的认知和评价；即便是比较客观些的"中国道路"的审视，似乎也缺失"国家文化形象"的重要作用。也就是说，在我国当今国家形象的建构中，国家文化形象的建构应当摆上重要的议事日程了。

早在20世纪伊始，梁启超便在1901年所著《中国史序论》中，将中华民族的历史演进分为三个阶段，谓之为"中国之中国""亚洲之中国"和"世界之中国"。所谓"世界之中国"是指近代以来，中国被迫打开国门、遭遇列强的阶段。一场"鸦片战争",不仅掠地索款,而且将中国国民形象糟践成"东亚病夫";一伙"八国联军",不仅蚕食鲸吞,而且将中国国家形象喻说为"一盘散沙"。正所谓"弱国无外交",彼时积贫积弱的中国似乎也无"形象"。有学者认为,21世纪以来,中国进入"国家形象"的觉醒期。这不仅意味着有了对"国家形象"的要求,而且意味着要思考"国家形象"的品质。在"国家形象"品质的思考中,"国家文化形象"的理念被提出,这体现出国家层面上的"文化自觉"。

二、建构国家文化形象,是我们国家摆脱贫困、实现温饱、迈向小康征途上的文化抉择,也是人类进入全球化时代、进入"国家公关时代"的文化召唤。建构国家文化形象的"文化自觉",要关注"文化调适"的时代课题。

建构国家文化形象,虽说是国家形象建构的重要构成,但一般说来是国家形象初步确立后的文化支撑或文化调适,是国家综合国力快速增长中的文化抉择。关于国家形象的基本定位,胡锦涛总书记七一重要讲话指出:"我们已经取得了举世瞩目的伟大成就,但我国仍处于并将长期处于社会主义初级阶段的基本国情没有变,人民日益增长的物质文化需要同落后的社会生产之间的矛盾这一社会主要矛盾没有变,我国是世界上最大的发展中国家的国际地位没有变。"总书记关于我国"国际地位"的表述,明确了我们建构国家形象及其文化形象的基本定位。事实上,国家文化形象的建构不仅仅是文化自身的事情,它更应服从于国家形象的总体塑造,它需要"在中国特色社会主义伟大实践中进行文化创造"。

如前所述,国家形象及其文化形象作为国家软实力,对内要形成向心力和凝聚力,对外则要产生亲和力和感召力。也就是说,国家形象特别是国家文化形象的建设,更应从其文化功能上去考虑。费孝通先生早就看到,"经济上的休戚相关和政治上的各行其是、文化上的各美其美,在人类进入全球化进程中会形成一个大矛盾。这给我们带来一个不能不面对的问题,即文化自觉与文化调适的问题。"无疑,国家文化形象首先要对本国民众具有向心力和凝聚力,但在全球化进程中的"国家公关时代","越是民族的越是世界的"这一说法只是"文化相对主义"的绝对主张。作为对"本文化中心主义"的反拨,"文化相对主义"反对以某一文化标准来衡量另一文化实践,这当然有其合理性;但置身"国家公关时代"的国家文化形象建构,应注意到费孝通先生提及的"文化调适"的时代课题。通过"文化调适"对他国民众产生亲和力和感召力,是我们"文化自觉"的时代课题。

三、我们血液里流淌的是五千年不间断的中华文明。中华文明充满着"厚德载物"的生存大智慧和"自强不息"的发展硬道理,这是我们建构国家文化形象的"文化自信"。

应当说,在人类文明的历史进程中,中国曾有着辉煌的形象。至今我们在世界民族之林仍引以为豪的,是我们五千年不间断的中华文明。五千年不间断,在"源远流长"中奔涌的是"活水清波",在"博大精深"中崭露的是"仁心义胆"。五千年不间断,这本身就是人类文明史的奇迹,本身就是我们国家文化形象的底蕴。的确,许多文明古国在人类文明的历史进程中衰败了,许多古国文明也在人类文明的现代场景中出局了。那么,是什么铸就了中华文明"五千年不间断"的生命机理呢?那就是我们"厚德载物"的生存大智慧和"自强不息"的发展硬道理。这是我们当下建构国家文化形象的文化自信,我们自信能在弘扬中华优秀传统文化的基础上创造出中华文化新的辉煌。

在一个全球化进程中的"国家公关时代",我们可以把"自强不息"理解为我们民族持续进发的文化创造活力,而"厚德载物"则是我们提高中华文化国际影响力的"公关"基石。前者体现为"主体能动性"而后者体现为"本体包容性"。可以认为,"自强不息"是中华民族永不止息的民族精神,甚至可以说已深深沉淀于"集体无意识"的民族记忆之中。从某种意义上来说,毛泽东在中国革命胜利前夕对全党提出的"两个务必"的警醒,就具有"自强不息"的内涵。胡锦涛总书记曾率领中央领导集体重温西柏坡精神,也在于铭记"两个务必"高扬"自强不息"。事实上,"自强不息"作为中国国家形象的内质已是世所公认,再加上我们又以"厚德载物"的常态应对国际交往,我们一定能建构一个在国际格局中具有亲和力和感召力的国家形象。

四、建构国家文化形象是在改革开放中的文化实践，我们一方面要弘扬中华优秀传统文化，一方面要学习人类社会创造的一切科学的新思想新知识。我们的"文化自信"在于化"文明的冲突"为"文明的共荣"。

建构国家文化形象，是我国过去30多年来快速发展的"水到渠成"。胡锦涛总书记七一重要讲话指出："我国过去30多年的快速发展靠的是改革开放，我国未来发展也必须坚定不移依靠改革开放……只有改革开放才能发展中国、发展社会主义、发展马克思主义。"中国是世界上最大的发展中国家，但这是一个开辟了中国特色社会主义道路、形成了中国特色社会主义理论体系、确立了中国特色社会主义制度的"发展中国家"，是一个更加注重保障和改善民生、促进社会公平正义的"发展中国家"。我们自信能够创造中华文化新的辉煌，不仅是因为我们曾经创造了源远流长、博大精深的中华文化，而且是因为我们善于学习人类社会创造的一切科学的新思想新知识。

关于国家形象的研究，西方学者在经历"国家声望""国家软实力"的分析后，被塞缪尔·亨廷顿在其著作《文明的冲突与世界秩序的重建》中以全新的眼光来审视。由于地域和历史的原因，文明的差异是一个普遍的存在。实际上，差异的文明并不必然构成文明的冲突，因为某一文明特质的形成本身就包含着文化理解、文化包容、文化调适与文化和解的机理。如亨廷顿著作的论题所示，所谓"文明的冲突"关系到的是"世界秩序的重建"，这显然是针对"发展中国家"的"和平发展"而言的。也就是说，制造了"话语体系"乃至"普世价值"的强势文明，在向发展中的弱势文明施加影响乃至强加干涉时，遭遇到弱势文明为生存和发展选择的坚守和抵御。作为"五千年不间断"的中华文明，本身是一种经历过不同文明碰撞、交融与和解的"多元一体"的文明，本身是一种具有开放、包容与吸纳气象的文明，我们能够通过国家文化形象的建构实现全球化进程中"文明的共荣"。

五、建构国家文化形象要有自强意识，而"文化自强"的实质在于贯彻"人民至上"的理念。建构"人民至上"的国家文化形象，是这一形象实现民族向心力和凝聚力的保证。

虽然国家文化形象要在世界格局中被认知和评价，但首先应是得到本国民众的认同和守望。在谈到我国面向未来的文化建设时，胡锦涛总书记七一重要讲话始终贯穿着"人民至上"的理念，具体而言有这样五个方面：一是让人民共享文化发展成果，使人民基本文化权益得到更好保障；二是着眼于提高民族素质和塑造高尚人格，使人民思想道德素质和科学文化素质全面提高；三是在全体人民中大力弘扬以爱国主义为核心的民族精神和以改革开放为核心的时代精神，增强民族自尊心、自信心、自豪感；四是用社会主义荣辱观引领社会风尚，在全社会形成积极向上的精神追求和健康文明的生活方式；五是建设中华民族共有精神家园，开创全民族文化创造活力持续迸发的新局面。显而易见，文化建设的这五个方面将使我们建构起一个既符合中国国情又体现人类普遍价值取向的国家文化形象。

国家文化形象建构贯穿"人民至上"的理念，说明这个建构的着眼点不是"文化大师"而是"文化大众"。确有一些学者认为，一个国家文化形象的建构，不能缺席"文化大师"；但事实上，一个国家民众的文化素质、人生格调、生活方式、精神追求比大师们关于国家形象的言说更为本质。还有，文化大师之所以是文化大师，不仅在于他是一个国家历史文化精神的传道者，更在于他是一个国家文化大众的代言人，他要采集"国民精神所发的火光"来擎举"引导国民精神的前途的灯光"。

六、建构国家文化形象是在世界格局中的文化实践，是一个"自塑"和"他塑"互动的过程。我们不仅要突破"跨文化传播"的瓶颈，而且要矫正西方"本文化中心主义"的镜像。这是我们"文化自强"的应有之义。

国家形象及其文化形象的建构，是一个学理性的课题更是一个实践性的课题。也就是说，当我国自21世纪进入"国家形象"的觉醒期之时，关于"国家形象"的学理研究已被西方学者关注多年了。约瑟夫·奈认为国家形象是"软实力"的重要方面，他认为"传统观念认为那些拥有最强大军事力量的国家将夺得优势。但在信息时代，真正的赢家是那些最会讲故事的国家。"这个"讲故事"讲的就是"国家形象"。作为赢家，体现的是"国际事务中通过吸引力而不是通过强制来实现所期望的目标和结果的能力"。也就是说，国家形象及其文化形象并不仅仅由一个国家的客观现状来决定，它还包括这个国家的意愿和诉求，而后者就涉及"跨文化传播"的能力。

实际上，不仅一个国家的意愿、诉求与这个国家的客观现状有差距，一个国家自身的国家想象与国际社会对它的想象也有差距。如果说，前一个差距是理想的国家形象与现实的国家形象的差距，后者则关涉"跨文化传播"能力和"本文化中心主义"偏见的问题。在我国国家形象诉求的表达中，我们较多地注意到"跨文化传播"能力的技术层面；但真正的症结发生在观念层面，即西方那个"本文化中心主义"以其"话语体系"和"普世价值"构建的形象评价体系。面对这个形象评价体系，我们的文化形象建构也曾出现过某些焦虑，文学上那个"诺奖"情结和得不到"诺奖"的纠结就是一例。既然我们认识到国家文化形象的建构也是一个"自塑"与"他塑"互动的过程，我们就要深入思考"跨文化传播"的问题，特别是这个传播中作为形象评价体系的观念偏差及恶意误读。重要的是，国家文化形象建构终究是国家诉求的表达，终究要落实到国家现状的提高。有这个方面的自觉、自信和自强，我们才会在有效的"跨文化传播"中建构起真实的"国家文化形象"。这是我们在世界格局中产生亲和力与影响力的基石。

（原载《中国文化报》2011 年 9 月 12 日）

第九编

凝神聚思的文化愿景

说"俗"道"雅"谈"文化"

俗，与其说是一种文化现象，莫如说是一种文化养成或文化习惯。最初的"俗"，根源于人的生存本能，体现出人对自然的生存选择与适应。当人的生存选择与适应"习惯成自然"时，我们就有了"俗"。"积习成俗"便是对"俗"之成因最原初的表述。

"积习"而"成俗"，说明"俗"是特定时空中特定人群的"集体无意识"，是无需言明的默契也是无需理析的律令。随着人类社会组织日趋复杂且日趋精密，乡民社会的默契需要规范并敞亮为"乡约"，于是"约定俗成"成为"俗"的自觉构建。这种体现出乡民社会"民风世情"的俗，也往往成为"法"的适用基础。中国古人所说"王道无非人情"讲的就是这个意思。

俗，在一定语境中其实是人们维系人际关系的纽带，也是人们维护社会秩序的准绳。因此，"约定俗成"之"俗"往往又具有道德"约法"的指向，在我们这个格外看重"名正言顺"的国度尤其如此。《荀子·正名》曰："名无固宜，约之以命，约定俗成谓之宜，异于约则谓之不宜。"这句话让我们联想到"命名"这个词。对一个事物的指称以及进而的评判"合适"与否，可以"约之以命"，也即可以以"约"代"命"。这种以"乡约"替以"天命"的方式，体现出荀子"人定胜天"的理念。

无论是"积习成俗"还是"约定俗成"，都说明"俗"是一定乡民社会的内在秉性和价值取向。当外乡人试图与之交往或融入之时，"入乡随俗"就成为一个必要的沟通方式。"入乡随俗"是为着交往和融入的需要去附随某种文化养成；不过随着交往的深入，也有可能变"附随"为"追随"，通过"文化认同"而实现"身份归属"。但是就一般情形而言，"入乡随俗"并不意味着放弃原有的文化身份，"随俗"作为"入乡"的权宜之举，是为着缩短距离感与释放亲和力。

但是,"积习"也好"约定"也好,"俗"的"群体性"呈现总有其"局限性"。"十里不同风,百里不同俗"说的是空间局限,"时过境迁,物是人非"说的是时间局限。固然,局限性决定了"俗"的特殊性,众多的特殊性又构成了"俗"的多样性并呈现出文化的丰富性;但显而易见的是,适宜某一乡民社会的"俗",对其余乡民社会可能"不宜";某一乡民社会彼时之"俗",也可能在时过境迁后变得"不宜"……"俗"的空间"界域"与时间"代沟"在交流之时既可能交融也可能交锋。

我国作为五千年不间断的文明古国,作为多民族一体化的文化大国,其最重要的构成特征就是在发展中丰富,同时又在丰富中发展。在这个过程中,发展的动因是每一个体的"自强不息",丰富的成因则是个体之间的"厚德载物",前者意味着"奋发"而后者意味着"包容"。也因此,"和而不同"成为众多个体保持个体特质又顾及和谐相处的"公约"。"公约"可视为更大空域和更长时段的"约定",成为众多个体超越一己"俗"念、求取"公约"的共同理想。这个"共同话题"因超越局限性、特殊性之"俗"而被称为"雅",如《荀子·荣辱》所言:"越人安越,楚人安楚,君子安雅。"

"雅"的原义为"鸦",通借为"夏"时指中夏地区的语言,后因这种语言作为官方语言而有了正统、规范的意思,也使"附庸风雅"成为一种价值取向。"附庸"的本义是中国古时附属于大国的小国,用《礼记·王制》的话来说,叫作"(国)不能五十里者,不合于天子,附于诸侯曰附庸。"郑玄注曰:"小城曰附庸。附庸者,以国事附于大国,未能以其名通也。"因之,"庸俗"的义蕴最初当是指"小城"的"习俗",这在大国面前是登不上"大雅之堂"的。"附庸风雅"中的"附庸",转义为"依傍"。看看《诗经》,就知"风""雅"不仅有别,而且简直就是"天壤之别"。"风雅"一词作为"互文"的侧重其实在"雅"。孔子删"诗",目的是为使其可以"兴、观、群、怨",而这都和"民风国俗"相关。"兴"是"兴灭继绝","观"是"观风整俗","群"是"群从众随","怨"则是"怨别慕同"。

相对于"俗"与"俗"之间的文化差异而言,"雅"实际上有着文化整合的意味,经过整合并得到提升的文化会得到"雅正"的评价。《后汉书·舆服志》载:"汉兴,文学既缺,时亦草创,承秦之制。后稍改定,参稽六经，近于雅正"。这段话很有意思。"汉承秦制"的文学草创，只有在"参稽六经"之后，才能"近于雅正"。这说明，"雅"不仅存在于"文化整合"之中，而且体现为整合后"文化范式"的确立，即以"雅"为"正"。既然"以雅为正"，文化的认同和传习就有了明确的价值追求：善于修饰的文辞称为"雅驯"，充满智慧的话语称为"雅言"，博大包容的胸怀称为"雅量"……相形之下，雅、俗之间就有了高下之别、庄谐之别乃至文野之别。"俗"的意涵也就渐生"陋意"，渐趋"庸境"。

对于浅陋之俗和平庸之俗，有"诡世媚俗"和"超凡脱俗"两种不同的取向。从人们称道"脱俗"和贬抑"媚俗"来看，那"俗"已经不是什么好东西了。"媚"的本意是"美好的神态"，与其组词的"妩"指的是"美好的姿态"。但"媚"字一旦用作动词，却变成令人厌恶的神态——诡媚。《论语·八佾》有"与其媚于奥，宁媚于灶"之句，虽然正解是"奥有常尊而非祭主，灶虽卑贱而当时用事"，喻"有结于君，不如阿附权臣也"。但我宁愿直接取其词义，"奥"是堂奥，是君子所趋"大雅之堂"；"灶"是厨灶，乃君子所远"庖厨之地"。尽管"媚灶"颇类"媚俗"会为人不齿，但"媚奥"的"诡世"也往往遭人白眼，古人甚至把"邀宠"的巫蛊邪术称为"媚道"。所以，追求真性情高品位的文人雅士就选择了"超凡脱俗"。

"超凡脱俗"者历朝历代都不乏其人，群分类聚而形成一定气候的当属"魏晋名士"。魏晋名士自命清高，崇尚清谈，拒绝随波逐流；他们的逆风俗而建风骨，甚至被学人视为中国文化史上的一股"清流"。在"名士"眼中，热衷功名者被目为"俗士"，所以《红楼梦》中淡薄功名的贾宝玉才被林妹妹青睐，认同他的"却原来骨格清奇非俗流"。此外，不识大体、不学无术的官吏被称为"俗吏"，目光短浅、见识肤浅的文人被称为"俗儒"……"俗"也就越来越"俗不可耐"了！

讲究品位、追求境界的文化人，不一定自封"高雅"，但大多自鸣"清高"；不一定都能"超凡脱俗"，但大多鄙夷"诡世媚俗"。何谓"媚俗"，其实是个见仁见智的话题：李白的不媚俗，是"安能摧眉折腰事权贵，使我不得开心颜"；齐白石的不媚俗，是追求"妙在似与不似之间"，因为"不似则欺世，太似则媚俗"。也就是说，拒绝媚俗可以是为着维护自己的人格尊严，也可以是为着彰显自己的人格魅力。"俗"还是"雅"

作为一种价值评判，已不仅仅是一种文化现象或文化习惯，它还是包括品位、境界在内的文化人格。

文化现象或文化习惯，是文化的"自然"而非文化的"自觉"。文化自觉，是人的文化追求的自觉，更是文化人人格陶塑的自觉。所谓"文化"，意在"以文化人"，即《易经》所言"观乎人文以化成天下"。此间"人文"相对于"天文"而言，"天文"是自然之"文"而"人文"是人为之"文"。中国传统文化追求的"天人合一"，就有"人文"顺应"天文"之意。文化作为"人文"，在其构词的"使动结构"中，本身就体现出一种"化人"的自觉。"化人"以文，在于使人脱离蒙昧、超越本能、发展智慧、趋赴道德。也就是说，文化文化，"文"是构成而"化"是功能，相对于"化"之功能取向而言，"文"之构成往往更具有稳定性。"风俗"作为"人文"的重要构成，需要一定的坚守来维护稳定，也需要一定的迁变来谋求发展。"风俗"在需要稳定时，是作为正面价值呈现的，背弃者被斥为"伤风败俗"；而"风俗"在需要发展时，是作为负面价值披露的，变革者被誉为"移风易俗"。

文化的"以文化人"，主导倾向是"化人以雅"，是使人的品貌、趣味、格调、境界都渐至"文雅"起来。在这里，"雅"成了"文"的内涵，"文"成了"雅"的表征。但在实际生活中，人们对文化人格的追求并不都言行如一、表里如一、始终如一。既然人们鄙夷"谄世媚俗"，藐视"跟风从俗"，就不排斥有人以"文雅"来装装门面，垫垫柱基。因此，我们在远离低俗、拒绝庸俗、摒弃媚俗之时，更要养文心、修文德、循雅道、育雅趣，通过文化自觉陶塑文化人格并提升文化境界！

（原载《光明日报》2011年12月7日）

构建精神家园需要凝聚核心价值

在中国共产党第十八次全国代表大会上,胡锦涛同志代表十七届中央委员会作了题为"坚定不移沿着中国特色社会主义道路前进,为全面建设小康社会而奋斗"的报告。《报告》在指出"文化是民族的血脉,是人民的精神家园"之后,特别强调要"开创全民族文化创造活力持续迸发、社会文化生活更加丰富多彩、人民基本文化权益得到更好保障、人民思想道德素质和科学文化素质全面提高、中华文化国际影响力不断增强的新局面"。我理解,这样一个"新局面"就是我们需要努力去构建的"精神家园",这将是一个既能丰富人民精神世界,又能增强人民精神力量的"精神家园"。

精神家园,是一个很温馨的概念,其实也是一个"很农耕"的概念;在当下语境中,它还是一个"很生态"的概念。提起家园,会想到"采菊东篱下,悠然见南山",会想到"开轩面场圃,把酒话桑麻",会想到"人闲桂花落,夜静春山空",会想到"夜阑更秉烛,相对如梦寐"……仔细想来,对家园的思念往往都是在离家出去之后;更进一步,还可能是在闯荡江湖并且失意江湖之后。在这个意义上,"家园"从来都是"精神"层面上的,是精神在"路漫漫其修远兮,吾将上下而求索"之后,油然而生"念天地之悠悠,独怆然而涕下"的一种心境。

精神家园是精神的栖息地,其实也是精神的养生堂,应该还是精神的孵化器。当我们"直挂云帆济沧海"之时,当我们"酒酣胸胆尚开张"之时,当我们"敢为丹心借一枝"之时,当我们"白浪如山寄豪壮"之时,我们意气风发的精神何曾留恋过家园!一旦我们回首家园的温馨、惬意与和美,我们其实是想为彷徨的精神注入定力,为粘滞的精神注入活力,为疲软的精神注入锐力……也就是说,精神家园不仅是我们精神寄放的圣地,还是滋润我们精神的清泉和引领我们精神的灵光!

构建精神家园，引发的第一个理念是结束精神的漂泊，结束精神的无所皈依。精神的漂泊，在许多情形中并非无所皈依，这个漂泊大多是精神自觉地从家园出走，是为着追逐精神之光而实施的自我放逐。也就是说，精神的漂泊其实往往是构建新的精神家园的先声，它的出走在某种程度上也意味着开拓新的精神领地，构建新的精神支柱。需要指出的是，出走者并非都是自觉的，其中也不乏"盲流"——盲流者认为家园的回望是不合时宜，更认为家园的守望是不识时务；只是他们不思开拓也不想构建，他们把"神马都是浮云"视为终生漂泊的指南，把"你妈喊你回家吃饭"视为终结漂泊的自嘲……

因此，构建精神家园引发出第二个理念，这便是梳理精神的取向，梳理精神的自觉求索。曾经的精神家园的"出走"，无论是自觉的还是不自觉的，说明既往精神家园的亲和力有所淡化，凝聚力有所松散。面对"自觉者"的披荆斩棘和"不自觉者"的随波逐流，我们构建新的精神家园需要梳理精神的取向。一个时期"城市精神"的风起帆扬，便是梳理精神取向的舟驰潮涨，于是我们看到了"爱国、创新、包容、厚德"的北京精神，看到了"公正、包容、责任、诚信"的上海价值取向，看到了从"时间就是金钱，效率就是生命"到"来了，就是深圳人"（这也是"包容"）的深圳"十大观念"……诸多"城市精神"作为"精神家园"的构建，似乎都格外关注"包容"。

包容，与其说是对一种"精神价值"的诉求，不如说是对"精神家园"的一种期许。"包容"作为一种精神价值的取向，本身是期许着更为丰富的精神聚会和更为自由的精神抉择，是期许着个体的心情舒畅和整体的创意勃发。这其中引发出构建精神家园的第三个理念，也即我们需要宽松精神的生态，宽松精神的生长氛围。正如《报告》所说："让人民享有健康丰富的精神文化生活，是全面建设小康社会的重要内容。"我们特别注意到，《报告》一方面要求文化工作者"坚持以人民为中心的创作导向……为人民提供更好更多的精神食粮"，一方面也要求"引导群众在文化建设中自我表现、自我教育、自我服务"，真正实现"为人民提供广阔文化舞台，让一切文化创造源泉充分涌流"！

构建精神家园，特别需要关注的第四个理念、也是最重要的理念，这便是凝聚精神的内核，凝聚精神的社会共识。"五千年不间断"的中华文明，当然也有其道德维系、社会凝聚的主张。在常识上，这些经过提炼并高度凝炼的主张是针对不同人群的：对庶民百姓讲"礼、义、廉、耻"，对知识阶层讲"仁、义、礼、智、信"，对"读书做官"者则提出"修、齐、治、平"的更高要求。我们注意到，前两部分人群虽有所差异，但总体都是社会之"民"，是"民贵君轻"的社会之本。对二者的要求虽有差异，但都有"礼、义"二字在其中。前者"礼"字当头，体现出对伦理规范的"顶礼膜拜"；后者"仁"字居首，实现着"仁者爱人"的"当仁不让"。在这种要求的差异中，前者可视为"底线伦理"而后者则相通于"贤人治理"，这就是"正心、诚意、修身、齐家、治国、平天下"的人生理想。在这种人生理想的进阶中，又形成了"达则兼济""穷则独善"的价值取向。

在文化建设上，十八大《报告》第一次提出了包括十二个概念的社会主义核心价值观，也即《报告》所说"倡导富强、民主、文明、和谐，倡导自由、平等、公正、法治，倡导爱国、敬业、诚信、友善"。正如大家所理解的，三个"倡导"分别是在国家大德、社会公德和个人品德三个层面上来提出的，是核心价值体系的具体化，也是民族精神传统的时代化，还是精神家园构建的大众化。事实上，社会主义核心价值观的积极培育和践行，是我们坚持依法治国和以德治国相结合的重要方面，是我们弘扬中华传统美德和弘扬时代新风相结合的重要途径。这样，我们不仅能有效地培育自尊自信、理性平和、积极向上的社会心态，而且能成功地建树平等互信、包容互鉴、合作共赢的国际形象。

十八大《报告》提出的社会主义核心价值观，是适应时代要求、引领时代发展的精神家园构建。对于我们这样一个民族众多、人口众多的最大发展中国家，需要这个核心价值观来引领社会思潮、凝聚社会共识；对于我们这样一个多元价值差异共存、精神需求千姿百态的广阔社会，需要这个核心价值观培育知荣辱、讲正气、作奉献、促和谐的良好社会风尚；对于我们这样一个人民日益增长的物质文化需要同相对落后生产之间的矛盾长期存在的基本国度，更需要这个核心价值观开展理想信念教育，深化群众性精神文明创建活动，让人民的精神有归宿感和自豪感，有向心力和创造力！

十八大《报告》强调指出，是中国特色社会主义道路从根本上改变了中国人民和中华民族的前途命运，这条道路和与之相关的理论体系、制度，一并成为我们党和人民九十多年奋斗、创造、积累的根本成就。对此，《报告》提出"全党要坚持这样的道路自信、理论自信、制度自信"。那么，对于我们在"五千年不间断"的文化血脉和"九十年不僵化"的道路命脉基础上的精神家园构建，我们同样充满着自信——我们自信社会主义核心价值观的正确前进方向和强大精神力量，我们自信这个精神家园建构将推动我们向着建设社会主义文化强国的宏伟目标阔步前进！

（原载《文艺报》2012年11月30日）

文化人格的层次攀升

我们处于一个"文化"无处不在、无处不说且无处不火的时代！有趣的是，这似乎又是一个"文化人"有些迷茫、有些惆怅甚至有些失落的时代。有仁者说，这是一个文化"去魅"的时代，是文化从文化人的书斋里走出来，回到人民大众生活中从而焕发朝气永葆青春的时代；也有智者说，虽然我们置身于一个文化建设的热气腾腾的时代，但这种"泛漫化"的热浪替代不了认真严谨的文化创造，更无法替代经典的培植和大师的孕育。实际上，我们所处的文化时代是一个呈现为层次多样、层次认同和层次攀升的时代。当我们进入这个"言必称文化"的时代时，当我们看到"文化"融入"四位一体"的建设时，当我们听到"文化"不仅关乎"民心"而且关乎"民生"的作用时，我们其实对于文化的"多层次"还缺乏具体的认识。在我看来，认识文化构成的"多层次"有助于增强文化建设的自觉性，不仅有助于维护"多样性"的自觉而且有助于引领"攀升性"的自觉。只要稍稍考察一下我们时代的文化，在"以文化人"的意义上来说，对文化人格的层次攀升分别是文化素质、文化水平、文化涵养和文化境界。

文化素质是对一个人有无"文化"进行评价的基础层次。在日常生活中，我们经常能看到一些实际上与"文化"无关的争执，但争执的双方互不相让地指责对方"素质差，没文化"。这种现象的普遍存在，一方面说明在我们公众生活中对人的文化素质有了初步的自觉，一方面也说明这种自觉的程度还不高，因为以"素质、文化"作为争执乃至攻讦本身就有个"文化素质"的问题。我们通常会认为，"文化素质"的问题只会发生在具有一般文化程度的公众中；但在相当一个时期特别是最近一个时期，公众人物的"文化素质"常常成为吸引公众眼球并困扰公众心智的话题。的确，有不少公众人物，特别是有些以"文化人"自诩的公众人物近来不时被公众质疑"素质"问题，这其中有些"文化素质"已经关乎到"社会公德"了。在我看来，文化素质作为社会公众的关注点，一方面说明我们文化建设中的"公共文化优先发展"有了实质性的成效，一方面也说明许多大大小小的所谓"文化人"也有个"文化素质"补课的问题。文化素质作为对人的文化评价的基础层次，其实更意味着它是一个社会文明程度的基础，也是一个社会的人之所以为"人"的基础。我国先哲关于"人者仁也"的精要表述，就包含着人的文化素质与社会文明程度相互建构的社会理想。

在日常生活的人格评价中，也常能听到说某人"有水平，有文化"。实际上，"文化水平"作为对人的一种评价，已无关"有无文化"而是关乎"文化高低"的问题。在文化素质的基础上，文化水平关乎的是人的文化能力，包括人的认知能力和创造能力。我们为什么强调要建设"学习型政党"乃至建构"学习型社会"，目的就是要不断提高包括文化认知和文化创造能力在内的文化水平。如果说，文化素质关乎的是个体自身的文化形象，那么文化水平则更多地体现在个体面向社会的文化建设中。但实质上，整个民族的文化素质是以每一个体文化素质的不断攀升为前提的，而一个人文化水平的标高，又必须体现为他对社会文化建设的认知乃至创造能力上。一个社会，未必都是从事文化工作的人，但努力成为高水平的"文化人"应成为一个社会的价值取向。实际上，无论从事什么工作，其间人的认知和创造能力都会归结为"文化水平"。如同文化素质的不断完善会是一个永无止境的过程，不断攀升的文化水平作为过程也是永无止境的。并且，主体完善文化素质的自我建构与其在改造客体之时的文化水平提升是一个互动的过程，并且也是一个共进的过程。

把"有涵养"视为一种文化人格评价，是较之"有水平"更高一层次的文化评价。当我们说到某人有"文化涵养"时，通常会用上"非常"这种程度副词来加以修饰。也就是说，有文化涵养的人才会被视为"非常有文化"的人。与文化素质的评价相比，文化涵养似乎提升到对人的品位与格调的关注。需要指出的是，在这个层次上来透视文化人格，你会发现"附庸风雅"者颇为多见。风雅者，风度雅量之谓也。文化涵养是一种内涵的养成而不是外表的矫饰，它不仅需要知识的学习、能力的培养，往往更需要情操的陶冶，它是一种文化人格更是一种道德人格。也有人视"无故加之而不怒，骤然临之而不惊"是具有高度"文化涵养"的特征。当我们站在"文化涵养"的层次上来透视我们当下的许多文化现象时，总会有点某些"文化"不那么"文化"的感觉。曾有学者认为一味地追逐经济利益，会导致物欲化、躁动化、粗鄙化、冷漠化的人格趋向。问题在于，我们的文化建设是趋附、放纵这种趋向，还是最大限度地发挥文化引导社会、教育人民、推动发展的功能？对于文化人来说，选择应当是不言而喻的。但不言而喻并不意味着我们能够身体力行，因为在这种境况中身体力行，不仅需要我们的文化人养其"浩然之气"，更需要展其"扶摇之志"。也就是说，文化涵养其实也是文化人的一种陶塑和一种充实，善陶塑、能充实才能攀升到"文化境界"的层次。

古人论诗曰"有境界自成高格"，文化境界当然也是对高层次文化人格的评价。对于大多数文化人而言，其实也是缘自人的文化良知的一种追求，是屈原所说的"路漫漫其修远兮，吾将上下而求索"，是张载所说的"为天地立心，为生民立命，为往圣继绝学，为万世开太平"，也是费孝通先生所说的"各美其美，美人之美，美美与共，天下大同"。就文化人格的评价而言，如果说文化素质关乎"有无"的问题，文化水平关乎"高低"的问题，文化涵养关乎"厚薄"的问题，那么文化境界关乎的是"阔狭"的问题。不过我们通常不用"境界"来评说文化人格的缺失，说某人"有境界"是对其文化人格做最高级的评价。我总认为，文化经典也好，文化大师也好，与文化境界都有某种内在关联，或者说有宏阔博大的文化境界方可成就"经典"造就"大师"。相对于善陶塑、能充实的文化涵养来说，应具有孟老夫子所说的"天将降大任于斯人"的种种历练。作为文化人格攀升的最高层次，文化人要达到理想的文化境界，有两个重要的取向：其一，面对民族智慧数千年的文化积累，要力求站在文化巨人的肩上去攀升。但平心而论，在那些文化"泛漫化"的热浪中，我们能否搭在巨人肩上甚至搂在巨人腰上都不是没有疑问的，我们对于文化境界的攀升确实有"路漫漫"的感觉。其二，面对人民大众与时俱进的社会实践，要力求投身这一实践大潮中去"弄潮"。同样平心而论的是，我们在这方面也是做得很不够的，多有观潮者而罕见弄潮儿，不去顺应潮流、驾驭潮头，如何能预见到"潮平两岸阔，风正一帆悬"的文化境界呢？！

对于我们热气腾腾的文化建设，不乏有人说我们已进入一个"文化不是万能的，但没有文化是万万不能的"的时期，有一位报业主笔更是敏锐地指出，这是一个"沉默的大多数"凝思"活跃的一小撮"的时期。在此，我们谈文化人格的层次攀升，一方面是要肯定文化层次多样性、差异性的合理性，一方面更是让我们对文化建设的"两大一新"有更为自觉的认识和更为自觉的行动，让我们的文化建设对于文化人格的建构有更高的期待和更高的追求。

（原载《中国文化报》2010年12月30日）

文化记忆与文化想象

一个时期，我国电视剧创作中的"穿越"现象引起了大众的关注并遭遇了"批评"的狙击。有网民调侃道："美国穿越剧都往后穿，因为找不到历史；中国穿越剧都往前穿，因为看不到未来。"我理解，这种调侃并非针对"穿越"的创作倾向，而是拿"穿越"的价值取向开涮——即我们的文艺创作过多地沉湎于文化记忆，以至于立足当下、面向未来的文化想象显得空洞和苍白。

党的十七届六中全会提出了"建设社会主义文化强国"的目标，提出这一目标是充分考虑到我国作为历史悠久的文明古国、作为记忆厚重的文化资源大国这一前提的。哈佛大学终身教授、北京大学高等人文研究院院长杜维明先生在接受《人民论坛》记者的约访时，建议将"文化强国"改成"文化大国"来谈，因为他认为："'博大精深、大气磅礴'这一种'大'的观念比起强弱观念来，更符合当前中国面向世界的思路。"他还认为："用'大'而不是用'强'来体现这种包容的文明，更符合我们中国的儒家传统和精神。"很显然，杜维明先生的两个"更符合"是强调文化记忆在文化建设中的主导作用，是强调要掌握"在长期塑造我们中华民族成为今天这个样子"的重要资源，以便使其成为"塑造当前中华民族文化认同"的重要资源。固然，在我们建设社会主义文化强国的总体要求中，提出了要"建设中华民族共有精神家园，为人类文明进步作出更多贡献"；但我们更强调开创这样一种"新局面"，即"全民族文化创造活力持续迸发、社会文化生活更加丰富多彩、人民基本文化权益得到更好保障、人民思想道德素质和科学文化素质全面提高"。也就是说，我国作为"文化大国"主要是"大"在文化记忆，而力求成为"文化强国"则必须强化文化想象。因为要把文明古国、文化资源大国建设成为"社会主义文化强国"，我们缺少的不是文化记忆而是文化想象，或者可以说缺少的是文记忆的现代转型。

当然，面对这样的话题我们也可以说，文化记忆其实也是既往文化想象的历史积淀，是"大浪淘沙"所遗之金；文化想象也会经历史陶塑成为未来的文化记忆，成为"灵蚌含异"所育之珠。反思我们的文化记忆，可以看到我们中华民族"五千年不间断"的文明史并不缺文化想象，并且也正是那些有价值的文化现象丰富着我们文化记忆的宝库。这其实意味着，如果我们当下沉湎于对文化记忆的恋恋不舍而淡漠对文化想象的孜孜以求，在后来者的文化记忆中可能会出现贫困和缺憾。辩证地来看文化记忆和文化想象，可以认为文化想象不会是凭空的想象，它需要文化记忆来驱动和支撑；文化记忆也不会是冷却的记忆，它必然在文化想象中燃烧和沸腾。

谈文化记忆，我们当然有足够的资本。放眼环宇，"五千年不间断"世所罕见；悉心内省，有"自强不息"与"厚德载物"双轮驱动。在我看来，"自强不息"的是文化想象而"厚德载物"的是文化记忆，文化记忆的累累硕果得自于文化想象的汩汩清泉。投身今日的文化建设，我们尤应铭记自1840年以来百余年的文化记忆，铭记这百余年间的文化屈辱、文化奋争、文化觉醒乃至文化新生。这段百余年的文化记忆，恰恰告诉我们文化想象的重要，恰恰告诉我们对文化记忆抱残守缺的危害以及对文化想象开天辟地的精彩。没有那种划时代的文化想象，我们何以能从乾嘉时代的"训诂考据"走向"通经致用"的近代科学？我们何以能在救亡图存运动的失败中迎接新文化运动的兴起？我们又何以能选择马克思主义从而突破"三千年之未有变局"？！

党的十七届六中全会要求"培养高度的文化自觉和文化自信"。在一般意义上，我们的文化自信多是自信于博大精深的文化记忆，文化自觉也较多地呈现为守望"文化记忆"的自觉。我注意到，全会所要求培养的"文化自觉和文化自信"，着眼点在于"提高民族素质和塑造高尚人格，以更大力度推进文化改革发展，在中国特色社会主义伟大实践中进行文化创造，让人民共享文化发展成果"。从这一着眼点中"推进文化改革发展""进行文化创造"以及"共享文化发展成果"等等表述来看，我们的文化自觉更应自觉着眼于改革、创造和发展；我们的文化自信更应自信于不仅有博大精深的文化记忆，而且也能有宏大开阔的文化想象。辩证地看，文化记忆与文化想象不仅相互依存、相互补充而且相互砥砺、相互转化。但在一定时期、一定区域、一定群落的文化建设实践中，可能会出现不同的做法和多样的选择：有人会撷取文化记忆的碎片来充当文化认同的符码，有人会删除文化想象的枝蔓来维护文化本体的纯正，有人会通过文化想象来焕发文化记忆的容光，有人则会通过文化记忆来约束文化想象的翱翔……虽然文化记忆和文化想象都有其形态与内容、结构与功能，但文化想象更多地从内容与功能出发，文化记忆则较多地强调形态的不可变易与结构的相对守恒。实际上，我们文化记忆中难以磨灭且魅力长存的，是促使我们民族亲和、凝聚、诚信、正义、宽厚、包容、勤勉、奋发等等文化精神与文化品性；过于去纠缠只鳞片羽、一招半式、残篇断简的形态与结构，有可能在对"文化记忆"的把玩中忘却功能的要义和内容的真谛。

　　早些年在一篇文章中读到一个看法：说是看十年的中国看深圳，看百年的中国看上海，看千年的中国看北京，看万年的中国则要看地处关中的西安。很显然，这是一个事关"文化记忆"的看法。这个看法给我们的启迪是：一方面，我们文化建设的中心在不断地东移与南迁，就其根本而言是在融入一种世界性的格局和全球化的进程；另一方面，中国的文化形象也由重"文化记忆"向重"文化想象"转化，我们要"博物馆文化"，更要"试验田文化"。应当承认，我们不可能脱离我们的"文化记忆"来从事并评价我们的文化建设实践——上海"十里洋场"初起之时，被称为"冒险家的乐园"，至今已形成自身特质的"海派文化"似有"剑走偏锋"的意味。深圳"十里渔村"欲起之际，被誉为"开拓者的热土"，但在致力发展经济的相当一段时间内，也曾被认为是类似于香港的"文化沙漠"。

　　在深圳经济特区建立30周年（2010年）之际，深圳报业集团发起"深圳最具影响力十大观念"评选，《人民日报》在当年第一时间发表了评选结果，并以"编后"形式给予高度评价。《人民日报》"编后"指出："作为改革开放排头兵的深圳，30年特区史上诞生了一批新理念新口号……它是时代精神的高度浓缩，改革历程的生动注脚；它勾连着走向开放的全体中国人的共同记忆，也可以沉淀为我们继续迈步未来的独特财富。"其实，"深圳观念"就是深圳人在其社会实践中形成的文化观念，是由"文化理想"而非"文化记忆"引发的观念。有文化理想在引领，深圳不会因文化记忆的贫瘠而成为"文化沙漠"，最近该市从七个方面采取措施建设"文化强市"就是明证。恰恰相反，世界上有许多文化记忆厚重的文明古国，因文化理想的缺失而陨落成"文明碎片"。写到此，我想起了毛泽东的一段话："人的正确思想是从哪里来的？是从天上掉下来的吗？不是。是自己头脑里固有的吗？不是。人的正确思想，只能从社会实践中来……而代表先进阶级的正确思想，一旦被群众掌握，就会变成改造社会、改造世界的物质力量。"在当前的文化建设实践中，我们应当遵循的"正确思想"既不是"天山掉下来的"文化想象，也不是"自己头脑里固有的"文化记忆；投身人民群众的社会实践，让人民群众掌握代表先进文化的正确思想，我们就会有建设"文化强国"的高度文化自觉和充分文化自信！

（原载《光明日报》2012 年 4 月 21 日）

文化泛漫化及其民生取向

文化泛漫化是一个显而易见的事实。随意浏览电视节目，就能看到追风、扎堆的种种"文化"：有"星光大道"的选秀文化，有"非诚勿扰"的相亲文化，有"开心辞典"的益智文化，有"一槌定音"的理财文化；还有抖落家藏的鉴宝文化，结伴驴友的酷游文化，解析病理的养生文化，"鸡汤"经典的"开讲"文化……面对这种种"文化"，不少文化人觉得"文化"被稀释、被边缘、被俗常、被平庸；但换一个角度，透过"文化泛漫化"的种种现象，我们看到的是文化关注着"民生取向"。

关注"民生取向"的文化，在当下的确是一种含"文"量不高的文化。因此，在"泛漫化"文化中漫游的"屌丝"往往被取乐，同样在其中"导游"的专家也难免被"拍砖"。不过虽说一边取乐一边拍砖，但芸芸众生在乐此不疲中"生生不息"。对于文化的泛漫化，文化人也开始出现分化——有人看到了这些"准文化"消费的市场机遇，放下"不为五斗米折腰"的清高而步入"著书都为稻粱谋"的俗常；有人则痛惜"精神家园"的萧索气象，拒绝"过把瘾就死"而信守"板凳要坐十年冷"……于是，文化的俗雅之争，文化人的弃守之论，文化大师的去从之辩，成了这个时代的"文化问题"。

也可以说"文化泛漫化"是这个时代的"文化问题"。从党的十七届六中全会《决定》到党的十八大《报告》，都强调"文化是民族的血脉，是人民的精神家园"。这是否意味着，离开了对"民族血脉"的鼓荡，离开了对"人民精神家园"的培育，我们就无从去谈"文化"。"文化泛漫化"为什么成为这个时代的文化景观？这是一个"文化问题"。"文化泛漫化"对这个时代的文化意味着什么？这也是一个"文化问题"。"文化泛漫化"的时代景观应当如何应对？这还是一个"文化问题"。"问题"是时代的声音！"文化问题"是时代文化建设的召唤！时代有"问题"不是时代"有问题",文化有"问题"也不是文化"有问题"。"文化泛漫化"作为时代的"文化问题",是文化建设需要坦然面对、欣然比对、毅然答对的课题!

"文化泛漫化"的一个重要方面是"文化行为"的泛漫。除前述选秀、相亲、益智、理财、鉴宝、酷游、养生等等,还有各种土产、特产借文化摆摊,用文化贴金,以文化牟利,由此而派生出诸如花草、水果、美食、佳酿、奇石、红木等"文化节日"。"文化节日"毫无节制地泛漫,给人一种口味真重、心地不纯的印象。但稍加分析,地域性"特色文化节"的举办,其实是某种为"民生"造"市场"的举措,是"旅游+购物"文化的派生物。"节日"作为文化,大约与我国注重时令节气的农耕文明有关;当它与市场经济不期而遇,"节日"的时间性市场比"街区"的空间性市场显得更有号召力。这其实也暗示出,在我们这个"实用理性"根深蒂固的国度,"民生"所在很难说不是"文化"所在。

与之相关,"文化泛漫化"的另一个重要方面是"文化产品"的泛漫。文化产品,就其主导方面而言是精神产品,既是镌刻文化生产者精神印记又是满足文化接受者精神需求的产品。而当下的许多文化产品,一方面是强化着物质形态,特别是那些能交换出货币价值的物质形态。因此,工艺品、书画作品特别是所谓"大师"的作品受到追捧。另一方面是凸现出娱乐精神,如"二人转"表演屡屡告诉观众是来"开心"不是来"开会"。因此,文化产品精神品格的追求显得与货币价值的追求格格不入。就其文化精神而言,这类文化产品的"优质优价"已成为一种不可企及的愿景。如果说,"文化行为"的泛漫还有助于我们的文化建设关注"民生",那"文化产品"的泛漫则在貌似对"民生"取向的迎合中放弃了"灵魂工程"的担当。

"文化泛漫化"为什么成为这个时代的文化景观?有许多文化学者从不同角度去加以阐述。或谓之鉴于"文化大革命"的痛楚反省,人们不希望看到"文化"与"意识形态"过于亲密的接触;或谓之遭遇"市场经济大潮"的裹挟,书斋里摆不平书桌且文化人也耐不住清贫。"精神食粮"固然重要,但"衣食足而知荣辱"却是最最真切的先贤遗训,只是人们对"衣食足"的欲求从"衣食"延展到似乎永难"知足"的其他物质需求。在某些"物质"成了"硬道理"的人生追求中,惧"钱紧"而不惧"文盲"，"知足常乐"也成了"天方夜谭"；某些物欲化、躁动化、粗鄙化、冷漠化的人际关系如果还需要什么"文化"的话，大概无关于性情陶冶、格调培育和境界提升，"文化泛漫化"成为文化景观是因为有其追捧的消费群体。

那么，"文化泛漫化"对这个时代的文化意味着什么？毫无疑问，这种文化景观令许多有追求、有担当、有建树的文化人忧虑并焦灼，他们觉得泛漫化的文化代替不了严谨、认真的文化创造，觉得文化人对开创全民族文化创造活力持续迸发、人民思想道德素质和科学文化素质全面提高的新局面负有不可推卸的使命。在某种意义上，我倒倾向于视泛漫化的文化为文化多样化的一个有机构成，也倾向于视其为文化转型期的一个必要过渡。这种文化，在文化人看来可能不那么"文化"，但它可能深度关切"民生"，是大众需求文化的一个"进阶"，也是文化需求大众的一条路径。的确，我们的文化源远流长、博大精深，但要用它引领前进方向、凝聚奋斗力量，还要创新发展理念、推动全面繁荣。我们当然要关注人心不"古"、民生唯"实"这一现实。

应当思考如何应对"文化泛漫化"的时代景观。既然是文化多样化的一个有机构成和文化转型期的必要过渡，应对"文化泛漫化"就要树立积极地、长期地、持续地进行文化建设的理念。首先，我们还是应当把保障人民群众基本文化权益放在文化建设的首位。作为基本文化权益，要看到人民群众的文化需求往往是民生需求的一个重要补充，不必因其相关民生需求而低估其精神追求。其次，我们应当发挥人民群众文化创造的积极性。不应视群众性的文化活动为"文化泛漫化"，要引导人民群众在文化创造中自我表现、自我教育、自我服务。第三，我们应当坚持以人民为中心的创作导向。文化建设要做到"问心无愧"，就要无愧于历史、无愧于时代、无愧于人民。在这里，核心是"无愧于人民"，是为人民提供更多更好的精神食粮，是要把相关"民生取向"的文化建设建成真正的"灵魂工程"，发挥文化引领风尚、教育人民、服务社会、推动发展的作用。

（原载《光明日报》2013年5月11日）

文化的"平视"与"说人话"

偶读《新京报》，看到为纪念央视"东方时空"栏目开播20周年所写的一组文章。这组文章写得很"平视"。通过时间、崔永元、白岩松、敬一丹、柴静等"栏目功勋"的点滴记忆，让我们捕捉到这一栏目的功成名就，其实就在于"平视"的定位与"说人话"的路径。这使我想起15年前的1998年：任职于北京舞蹈学院的我，应时间之邀成为一期"东方之子"的访谈对象，播出时只有不到10分钟的画面是从近2个小时的访谈中剪辑的。那时并不明白栏目组为何会那样"剪辑"，总觉得有不少"精彩"成为遗珠之憾。现在似乎明白，时间他们要的是"说人话"。

"平视"是时间他们在讨论栏目开播之前就明确的定位，是他们立志改进传媒大鳄惯于"俯视"芸芸众生的变革举措。"东方时空"栏目开播的巨大成功固然有很多原因，但在20周年纪念的盘点中强调"平视"和"说人话"的意义，我以为对我们当下的文化建设也是很有针对性的。事实上，我们文化工作者努力实践的"三贴近"和"走转改"，也就是要形成"平视"的态度和"说人话"的风范。在这个意义上，"平视"也可以理解为"平民的视角"。说句大家都心知肚明的话，不能"平视"的文化何来"平常心"，不说"人话"的文化又何以能"化人"呢？

平视，不仅是一种视角定位而且是一种心态定位。比如习惯于"俯视"视角，就往往在于深层次维系于心态的"傲视"。为什么会"傲视"？是"劳心"优于"劳力"的认知积淀？还是"文雅"高于"俗常"的价值锁定？可能还有"救世""化人"的自命不凡。其实，媒体人有时不能"平视"无关于个人品性，而是体现为主流媒体作为"喉舌"的角色扮演，体现出芸芸众生对主流媒体"话语控"曾经的帖耳俯首。时至今日，我们可以看到"平视"已成为主流媒体几乎所有栏目的视角定位和开播理念。我当然也相信这其中有芸芸众生"收视率"的互动效应，我还相信这是主流媒体在一个"人人都有麦克风""人人都在抢镜头"的互联网时代的自我调适。

由此看来，20年前"东方时空"的开播理念具有开风气之先的意义，也可以说是具有前瞻性的。在人类社会出现分工，在"劳心"的文化工作成为一项专门的职业后，如同许多职业的技术化追求和专业化执守一样，文化的建设与发展也格外强调遵循自身的规律，而这个"规律"又往往被指认为这一职业已经"内在化"的某些"发展程序"。文化"发展程序的内在化"，根源当然在于数千年文脉沿革体现的某种"逻辑"，更在于这些其实并非一成不变的"逻辑"成为职业文化工作者必须习得、进而必须遵循的"法则"。有"逻辑"壮胆又有"法则"撑腰，我们有时就难免把身段架起来，把目光扬起来，随之也就难免把腔调摆起来了！

实际上，"平视"不只是文化工作者从事文化建设应取的一种视角和态度，它其实在更深层面上维系着文化发展的规律。体现在文化"发展程序内在化"中的某些"规律"，其实是人民群众社会实践的文化积淀。这一点，毛泽东70年前的《在延安文艺座谈会上的讲话》中申说的"源泉说"，就不仅道出了文艺创作的真谛，也点明了文化建设的经纶。试想，面对"社会生活"这"唯一源泉"，我们有什么理由不"平视"？有什么理由不"说人话"？舍此又何以去谈文化建设"以人民为中心"？现在几乎所有的文化人乃至整个社会都在讲"文化自觉"，也有人强调文化人更应有"文化先觉"。在我看来，"文化先觉"可能不是文化智者先天、先验的某种体察或觉悟，而是基于平视的视角，放下身段的态度，以及与大众实话实说的沟通，是在这一前提下对现实的深度体察及对发展趋势的高度觉悟。

"说人话"，其实是"平视"视角的伴随之物，也是它的认证之物。文化管理工作者的"说人话"，是指不要讲不着边际的空话、言不及义的废话、恍如隔世的老话和人云亦云的套话。为什么会有空话、套话？有学者指出在于管理者眼中没"料"、心里缺"思"、口上无"语"。这时的空话、套话往往又以老话、废话的方式出现，而这归根结蒂又是不能"平视"、不能"贴近"、不能"放下"惹的祸。所谓"说人话"，就是讲大家都能听得懂的话，就是用大家都能听得懂的语言来表达自己的看法和主张，就是要努力讲好"不唯上、不唯书、只唯实"的话。也因此，能否

"说人话"是能否"求真务实"地工作的一个重要方面。在这里，"说人话"的"务实"是"求真"的必由之径，而"求真"则是"务实"的必然取向。

在"互联网生存"的全媒体时代，"说人话"不可避免地会遭遇网络流行语的"造词"和"撰体"运动。一时间，伤不起、有木有、拍砖、灌水、给力、hold住……摩肩接踵，咆哮体、私奔体、高铁体、撑腰体、蓝精灵体、赵本山体……前赴后继。这其间有官员的话语被调侃，也有艺员的台词被扩放——"至于你信不信，我反正信了。""这个可以有。这个真没有！"等广为流传并被处处套用。艺员赵本山的小品名句与古典诗词"穿越"组合，形成了"本山体"：道是"问君能有几多愁，树上骑个猴，地下一个猴。众里寻他千百度，没病你就走两步。我自横刀向天笑，别看广告看疗效。"诗人余光中的《乡愁》被网友的"忧世"情绪灌装，形成了"光中体"：道是"小时候，奇迹是一个柔软的奶瓶，三聚氰胺在里面，良心在外面；长大了，奇迹是一座燃烧的礼堂，孩子在里面，领导在外面；再后来，奇迹是一辆着火的大巴，人在里面，救生锤在外面……"

有学者认为，出现在"微博"时代的无厘头网络语言，是一种被压抑心理的释放，是寓于娱乐精神之中的叛逆思想，是戏谑、嘲讽、无奈中的"吐槽"和"疗伤"。正是在网络这个"真面隐去"的空间里，正是在这个自由空间里的自由表达，才使得不同于日常用语的网络语体迅速地锲入了生活并成为释压、疗伤、泄怨的通道。与之相反，处在媒体聚光灯下的不少"新闻发言人"，从原本说不好"人话"而屡出"雷语"的尴尬，步入了"防火防盗防记者"的"失语"的惶恐。以多部电视剧引起大众关注的编剧高满堂，在谈到自己的创作时曾说："我的创作不是从'雅'开始的……《闯关东》《温州一家人》等都是从通俗视角切入的。但在全剧的终极目标中，我追求对时代精神文化的引领，企图通过通俗的故事表现出更高尚的精神境界和人文情怀。也就是说，我的表述是通俗的，抵达是高雅的。"这段话不仅表达出一位文化工作者"平视"与"说人话"的经验之谈，而且申说了自己切入视角的"务实"乃是为了"求真"，是通过通俗的表述实现高雅的抵达！

高满堂所谓的"通俗视角"，指的就是"平视"的定位加上"说人话"的路径；高满堂"通俗表述"和"高雅抵达"的追求则告诉我们，文化工作者的"说人话"不是为"说人话"而"说人话",不是"哗众取宠"也不是"招摇过市",不是"以浅薄示天真",更不是"拿肉麻当有趣"。"说人话"的基本内涵一是通俗易懂,二是通情达理,三是言简意赅,四是语近旨远。由此而言,说人话,说有意义的人话,说导人归真引人向善教人趋美的人话,是"说人话"的价值取向和目标追求。文化的"说人话",当然也要明确自己的价值取向和目标追求,这方面党和国家新的领导集体已然率先垂范。比如习近平总书记在中纪委十八届二次全会的讲话中说到:"领导干部更要时刻把群众的安危冷暖放在心上,多想想困难群众,多想想贫困地区,多做些雪中送炭、急人之困的实事,少做锦上添花、花上垒花的虚功。"又比如李克强总理在国务院机构职能转变动员会的讲话中说到:"要把政府的工作重点放到'保基本'上来,加快织就织好一张覆盖全民的社会保障'安全网',特别是要'补短板''兜底线',为人民基本生活提供保障。"这些"讲话"让我们悟到,文化的"说人话"要以"达民意"为取向,以"恤民情"为追求。

(原载《光明日报》2013年6月8日)

着眼于"人民至上"的文化自信

胡锦涛总书记在七一重要讲话中指出:"我们必须以高度的文化自觉和文化自信,着眼于提高民族素质和塑造高尚人格,以更大力度推进文化改革发展,在中国特色社会主义伟大实践中进行文化创造,让人民共享文化发展成果。"可以说,总书记的这段重要讲话,是我们当前推动社会主义文化大发展大繁荣、发展社会主义先进文化的"根本性的指针"。在这段讲话中,明确了目标是"提高民族素质和塑造高尚人格",方法是"推进文化改革发展",路径则是在社会主义实践中"进行文化创造"并让人民"共享文化发展的成果"。这个"根本性的指针"充分体现出我们党"人民至上"的政治理念和精神信仰。

一、"人民至上"是一种政治理念,也是一种精神信仰,它是文化自信的坚实内核。这个自信也是文化自觉的持久动力和文化自强的牢固支撑。从这个意义上来说,没有对"人民至上"这一理念和信仰的认同,所谓"自信"只会是盲目、空洞的自信。

我们置身于一个伟大的时代!这是一个中国共产党领导中国人民完成和推进了三件大事,向世界展示"中国传奇"并开创"中国道路"的时代!为着与这样一个伟大的时代相对称,我们的文化建设需要"大发展大繁荣",更需要"发展社会主义先进文化"。胡锦涛总书记把文化建设视为综合国力竞争的重要因素,视为中华民族伟大复兴的重大使命,为此他号召我们的文化工作开创这样一个"新局面",即"全民族文化创造活力持续迸发、社会文化生活更加丰富多彩、人民基本文化权益得到更好保障、人民思想道德素质和科学文化素质全面提高"。我们需要去努力开创的这个"新局面",正是"人民至上"的政治理念在文化工作中的切实体现。

我们知道，我们党"信仰的旗帜"是马克思主义，而马克思最能阐发共产党人信仰的话是："如果我们选择了最能为人类福利而劳动的事业，那么，我们就不会被任何重负所压倒，因为这是为全人类所作出的牺牲。"这句话让我们看到，我们"信仰的旗帜"上辉耀的正是"人民至上"的信仰。以"人民至上"为坚实内核的文化自信，首先着眼于从人民群众中汲取智慧和力量，这是"众人拾柴火焰高"的文化自信；其次还在于尊重人民群众的主体地位和首创精神，这是"水能载舟亦覆舟"的文化自信；第三还在于倾听人民群众呼声并反映人民群众愿望，这是"总关民间疾苦声"的文化自信。着眼于"人民至上"，我们的文化自信才会有正确的前进方向和强大的精神力量；着眼于"人民至上"，我们的文化自信才能前瞻到我们"自立于世界民族之林"的文化复兴！

二、着眼于"人民至上"的文化自信，是一种理性坚守的自信，既不妄自菲薄也不妄自尊大；还是一种付诸实践的自信，既追求"以文化人"更追求"为民兴文"。

胡锦涛总书记在强调"坚定不移发展社会主义先进文化"时有一个重要论断，即指出"社会主义先进文化是马克思主义政党思想精神上的旗帜"。很显然，这个"思想精神上的旗帜"与我们党"信仰的旗帜"是高度一致的，也是对"人民至上"这一理念和信仰的坚守。坚守一种理念和信仰，本身也可视为一种理性的自觉；但马克思主义的实践观告诉我们，认识世界的目的在于改造世界，对信仰的坚守要自觉地付诸实践。在这个意义上，我们的文化自觉其实是一种实践文化理念和信仰的自觉，是文化建设中将理性坚守付诸实践的自觉。事实上，自觉的文化实践本身就体现出文化自信：其一，它体现为在中国特色社会主义伟大实践中进行文化创造的自信，我们自信这个"实践"是我们文化创造的成功之本和力量之源。其二，它体现为推动社会主义先进文化深入人心的自信，我们自信此举将大大有助于中华民族共有精神家园的建设。其三，它体现为推动中华文化走向世界的自信，我们自信此举将极大地提高中华文化的国际影响力。其四，它还体现为形成积极向上的精神追求和健康文明的生活方式的自信，我们自信将由此创造出中华文化新的辉煌。

三、着眼于"人民至上"的文化自信，不仅承载着一种精神信仰，而且肩负起一种时代担当，这便是实现中华民族伟大复兴。实现民族复兴必然要实现民族的文化复兴，这需要我们具有实现文化跨越式发展的自信。

为着实现社会主义文化的大发展大繁荣，我们当前要努力实现文化跨越式发展。实现文化跨越式发展，首先是因为我们面对当今文化越来越成为综合国力竞争重要因素的新形势，面对经济全球化、政治多极化、文化多样化、生存网络化的开放境遇。在这样一个形势和境遇中，不仅文化产品的人生观、价值观、世界观在交流中交锋和交融，而且存在着文化产品生产力、传播力、影响力的竞争和较量。我们需要在传扬社会主义核心价值的同时，形成与我国国际地位相对称的文化软实力，必然要努力实现文化跨越式发展。第二，实现文化跨越式发展，还是我国当前彻底转变发展方式、跨越"中等收入陷阱"的重要举措。"中等收入陷阱"是跳出"贫困陷阱"后中国面临的新挑战，鉴于这一"陷阱"源于经济高增长方式不可持续，实现这一跨越就需要主动地、彻底地转变经济发展方式。在经济发展方式，特别是经济增长动力的转变中，文化的跨越式发展邂逅了一个难得的发展机遇。抓住这个机遇不仅意味着文化建设自身"潮平岸阔"，而且可以看到文化发展助力经济发展的"风正帆悬"。中共中央政治局委员、中宣部部长刘云山同志最近在贵州调研时指出："当今时代，文化影响比任何时候都更加广泛而深刻。转变发展方式，提升发展质量，增进民生幸福，促进社会和谐，文化都是十分重要的内容和衡量指标。特别是随着科技进步和知识经济迅猛发展，文化发展更有可能成为一个地区发展的先导力量和带动力量。"这里十分明确地指出了努力实现文化跨越式发展对于整个社会发展的重要意义。第三，面对人民群众日益增涨并且是迅速高涨的文化需求，努力实现文化跨越式发展也成为一种必须。在这个视角中的"文化跨越式发展"，一是需要跨越"象牙塔文化"的理念，要大力发展文化传播力，让人民共享文化发展成果；二是需要跨越"过把瘾文化"的理念，要有效提升文化影响力，在全社会形成积极向上的精神追求和健康文明的生活方式；三是需要跨越"封缸酒文化"的理念，要积极开创文化的先进性，藉此提高民族素质和塑造高尚人格；四是需要跨越"点爆竹文化"的理念，要潜心培育文化的优质性，创造出中华文化新的辉煌。

对于社会主义文化大发展大繁荣而言，我们无疑需要足够的文化自信。这是一个着眼于"人民至上"的文化自信，是一个理性坚守并付诸实践的文化自信，还是一个有能力实现文化跨越式发展的文化自信。有了这样的文化自信，"中华民族一定能够在弘扬中华优秀传统文化的基础上创造中华文化新的辉煌"。

（原载《文艺报》2011年8月5日）

文化建设：依靠人民和教育人民

党的十八大《报告》以"扎实推进社会主义文化强国建设"为题，专节论述了"五位一体"建设中的文化建设。特别强调为全面建成小康社会，为实现中华民族伟大复兴，必须发挥文化"引领风尚、教育人民、服务社会、推动发展"的作用。这个专节中，分述的四个部分正是上述"文化作用"的展开："引领风尚"具体化为"加强社会主义核心价值体系建设"，提出"用社会主义核心价值体系引领社会思潮、凝聚社会共识"；"教育人民"具体化为"全面提高公民道德素质"，提出"加强社会公德、职业道德、家庭美德、个人品德教育，弘扬中华传统美德，弘扬时代新风"；"服务社会"具体化为"丰富人民精神文化生活"，提倡"坚持以人民为中心的创作导向，……为人民提供更好更多精神食粮"；"推动发展"则具体化为"增强文化整体实力和竞争力"，提倡"推动文化事业全面繁荣、文化产业快速发展"。从"文化作用"具体展开的四个部分来看，文化与人民的关系是渗透全局、贯穿始终的。

党的十七届六中全会《决定》提出"坚持中国特色社会主义文化发展道路，努力建设社会主义文化强国"。建设社会主义文化强国，《决定》的根本着眼点在于人民的精神生活，在于更好满足人民精神需求、丰富人民精神世界、增强人民精神力量。因此一是强调"要着力推动社会主义先进文化更加深入人心，推动社会主义精神文明和物质文明全面发展"；二是强调"不断开创全民族文化创造活力持续迸发、社会文化生活更加丰富多彩、人民基本文化权益得到更好保障、人民思想道德素质和科学文化素质全面提高的新局面"。

以满足人民精神需求、丰富人民精神世界、增强人民精神力量作为建设社会主义文化强国的根本着眼点，是文化建设的构成本质使然、功能效应使然、发展规律使然。许多文化学者注意到，我们的文化建设正置身于一个世俗化和大众消费的时代。这是一个传统神圣价值受到严重挑战的时代，也是精神生活空间高度开放的时代；这是一个精神生活越来越趋近于文化消费的时代，也是一个人们越来越有条件不受世俗生活牵制的精神生活的时代。这个时代的人们往往把世俗的狂欢当成文化，文化也不由得走向世俗的狂欢；这个时代的人们往往以消费的理念来对待文化，文化也不由得顺应消费的理念……

更为重要的是，世俗化和大众消费的文化时代，其实也是一个文化平民主义的时代；由于互联网的出现和普及，这还是一个"人人都有麦克风"的众声喧哗的时代。这个时代的"众声喧哗"表面上呈现为多元生活状态的自由选择，但如果缺乏共同的价值观，这种"众声喧哗"的文化就成为一种离散化、碎片化的文化；而"网络化生存"的热衷者更是在匿名性、互动性的同时，强化了这种文化现象的虚拟性和随意性，使得这种文化带有浓厚的"民粹"色彩却远离于民族精神和民主风范。

我们注意到，十七届六中全会《决定》把"以人为本"视为实现文化改革发展目标的重要遵循之一。这是科学发展观的"核心立场"在文化建设中的坚决贯彻。《决定》在论及"以人为本"这一重要遵循时申说了两层含义：一层是"发挥人民在文化建设中的主体作用，坚持文化发展为了人民、文化发展依靠人民、文化发展成果由人民共享"；另一层是"促进人的全面发展，培育有理想、有道德、有文化、有纪律的社会主义公民"。可以说，前一层含义的内核是"依靠人民"，后一层含义的内核是"教育人民"。

"依靠人民"和"教育人民"，是我们文化建设对坚持"以人为本"核心立场的全面理解。依靠人民，首先是必须牢固树立人民是历史创造者的观点，坚持以人民为中心的创作导向，热情讴歌改革开放和社会主义现代化建设伟大实践，生动展示我国人民奋发有为的精神风貌和创造历史的辉煌业绩。其次，是必须牢固树立马克思主义群众观点，自觉贯彻党的群众路线，为广大群众成为社会主义文化建设者提供广阔舞台，发挥人民群众文化创造的积极性。第三，是必须以满足人民精神文化需求为出发点和落脚点，一方面要通过构建公共文化服务体系以保障人民基本文化权益，一方面也要通过创新商业模式以培育新的文化消费增长点。

事实上，"依靠人民"是我们发挥文化"引领风尚、教育人民、服务社会、推动发展"作用的前提；而在文化作用的发挥中，"教育人民"又成为主导的、关键的取向。比如我们的"引领风尚",就包括大力弘扬民族精神和时代精神,深入开展爱国主义、集体主义、社会主义教育;比如我们的"服务社会",就包括引导群众在文化建设中的自我表现、自我教育、自我服务;比如我们的"推动发展",就不能不包括提高全民族思想道德素质和科学文化素质,促进人的全面发展。而就"教育人民"这一作用的发挥来说,十八大《报告》既提到了"加强社会公德、职业道德、家庭美德、个人品德教育",也提到了"引导人们自觉履行法定义务、社会责任、家庭责任",还提到了"培育自尊自信、理性平和、积极向上的社会心态"。总而言之,发挥文化"教育人民"的作用就是促进人的全面发展,就是提高全民族的思想道德素质和科学文化素质,就是培育有理性、有道德、有文化、有纪律的社会主义公民。

文化建设要发挥"教育人民"的作用,就要深度贴近人民的精神生活。我们当下正经历的社会现代化过程,作为传统社会向现代社会转型的过程,不可避免地呈现为社会的世俗化过程。这个过程对"经典文化"或"神圣精神"的消解并不仅仅是一种文化现象,在这个现象底层涌动的,是人们行为动机的物质化和终极价值的虚幻化。十七届六中全会《决定》和十八大《报告》,为什么都特别申说"文化是民族的血脉,是人民的精神家园"?其实质就是要求我们的文化建设要更好满足人民精神需求、丰富人民精神世界、增强人民精神力量。这是文化建设"教育人民"的应有之义。

文化建设"教育人民"作用的发挥,当务之急是人民精神家园的构建。构建精神家园,既要忠实传承和弘扬中华优秀传统文化,又要积极倡导和发展中国先进文化,如《决定》所说:"运用文化引领前进方向、凝聚奋斗力量……不断以思想文化新觉醒、理论创造新成果、文化建设新成就推动党和人民事业向前发展。"我们当然注意到,在出现消解"经典文化"或"神圣精神"现象的社会转型期,的确存在着精神生活无所皈依、无所适从、无所"畏惧"者,他们把"神马都是浮云"视为精神漂泊的指南,把"元芳,你怎么看"视为精神漂泊的求解,把"你妈喊你回家吃饭"视为精神漂泊的自嘲……无疑,构建精神家园就要结束精神的漂泊,就要通过梳理精神的取向、宽松精神的生态去凝聚精神的内核。

作为精神内核的凝聚,十八大《报告》首次提出了包括十二个概念的社会主义核心价值观,即"倡导富强、民主、文明、和谐,倡导自由、平等、公正、法治，倡导爱国、敬业、诚信、友善"。正如人们所理解的，三个"倡导"分别是在国家大德、社会公德、个人品德三个层面上来提出的，是核心价值体系的具体化、民族精神传统的时代化、精神家园构建的大众化。文化建设发挥"教育人民"的作用，是一个时代的课题也是一个时代的使命。十八大《报告》提出的社会主义核心价值观，正是适应时代要求、引领时代进步的精神家园构建。对于我们这样一个民族众多、人口众多的最大发展中国家，需要这个核心价值观来引领社会思潮、凝聚社会共识；对于我们这样一个多元价值共存、精神需求千姿百态的广阔社会，需要这个核心价值观培育知荣辱、讲正气、作奉献、促和谐的良好社会风尚；对于我们这样一个人民日益增长的物质文化需要同相对落后生产之间的矛盾长期存在的基本国情，更需要这个核心价值观开展理想信念教育，深化群众性精神文明创建活动，让人民的精神生活有归宿感和自豪感，有向心力和创造力！

（原载《光明日报》2013年2月23日）

文化"为人民"需要大发展大繁荣

在纪念毛泽东同志《在延安文艺座谈会上的讲话》(以下简称《讲话》)发表 70 周年的日子里,胡锦涛总书记作出重要指示,强调"《讲话》所指明的方向和道路始终是我国文艺事业发展必须遵循的正确方向和道路"。这个方向,就是"为人民大众服务"的文艺创作方向;这条道路,就是"以人民为中心"的文化发展道路。

在 70 年前的延安文艺座谈会上,毛泽东同志与来到延安、投身革命的文艺工作者交换意见,"研究文艺工作和一般革命工作的关系,求得革命文艺的正确发展,求得革命文艺对其他革命工作的更好的协助,借以打倒我们的敌人,完成民族解放的任务。"在去年召开的党的十七届六中全会上,胡锦涛总书记强调要把广大知识分子紧紧团结在党的周围,"抓住和用好我国发展的重要战略机遇期,在新的历史起点上深化文化体制改革、推动社会主义文化大发展大繁荣,实现全面建设小康社会奋斗目标,坚持和发展中国特色社会主义,实现中华民族伟大复兴。"

为着要"完成民族解放的任务",毛泽东同志以辩证唯物主义的观点分析了当时文艺工作中亟待解决的一系列问题。这些问题以"为群众"和"如何为群众"为中心,涉及文艺创作的源与流、继承借鉴与创新,文艺作品的人性与阶级性、真实性与普遍性,文艺作用的歌颂与暴露、普及与提高,文艺批评的动机与效果、政治标准和艺术标准等等,成为我们新中国"建国"的文艺指针。为着要"实现中华民族伟大复兴",胡锦涛总书记立足科学发展观论述了建设社会主义文化强国的"中国道路"。这条中国特色的社会主义文化发展道路,以马克思主义为指导并以社会主义先进文化为引领,以满足人民精神文化需求和促进人的全面发展为根本目的,以建设社会主义核心价值体系为根本任务,以立足中国特色社会主义实践和中华民族生生不息、团结奋进的不竭动力为深厚基础,以深化文化体制改革、不断解放和发展文化生产力为强大动力，这是我们当代中国"强国"的文化方略。

为着建设社会主义文化强国，《中共中央关于深化文化体制改革推动社会主义文化大发展大繁荣若干重大问题的决定》（以下简称《决定》）不仅提出了"文化强国"建设的总体要求，而且提出了到2020年文化改革发展的奋斗目标。无论是"总体要求"还是"奋斗目标"，都贯通于《讲话》精神，体现出"以人民为中心"的思想和"人民至上"的原则。正如胡锦涛总书记在十七届六中全会上讲话中所说，"为了谁、依靠谁是我们推进文化改革发展的根本问题，决定着社会主义文化的性质和方向。"他指出，"中国特色社会主义文化是人民共建共享的文化，人民是推动社会主义文化大发展大繁荣最深厚的力量源泉。"建设"文化强国"首重"人民至上"，集中体现为胡锦涛总书记对"四个必须"的强调：一是必须以满足人民精神文化需求、促进人的全面发展为根本目的；二是必须尊重人民主体地位和首创精神；三是必须坚持以人民为中心的创作导向；四是必须坚持面向基层、把满足人民基本文化需求作为基本任务。"四个必须"实际上是把"为人民"的理念，全面贯彻在文化工作的目的、动力、路径和任务之中。

文化"为人民"，首先应强调保障人民群众的基本文化权益。在大多数情况下，人民群众主要是社会物质财富的创造者，一旦他们进入精神财富的领域或者说进入文化产品的创造，我们往往冠其以"草根"之名，如草根诗人、草根歌手等。保障他们的文化权益，对于文化工作者仍有个正确处理"普及与提高"之关系的过程，仍有个由浅入深、由近及远、由谐而庄、由野而文的过程。文化"为人民"，其次还意味着要满足人民群众日益增长的文化需求。文化需求也是人的一种生存需求，是人的生活质量达到一定高度并追求更高幸福指数的需求。实质上，满足人民群众日益增长的文化需求，对于文化产品的生产而言，不是"量"的增容而是"质"的提升，这就要求我们文化工作者要先行拓展视野，涵养境界。文化"为人民"，第三还意味着要全面提高人民群众的思想道德素质和科学文化素质。为此，我们一方面要把社会主义核心价值体系融入国民教育全过程，坚持用社会主义核心价值体系引领社会思潮；另一方面，我们也要建设好中华民族共有精神家园，在弘扬中华优秀传统文化基础上创造出新的辉煌。

文化"为人民",对于文化工作者而言是责无旁贷、义不容辞的,这需要我们文化工作者关注民生、反映民意、了解民情、集中民智,需要我们在人民群众投身的社会主义伟大实践中进行文化创造,需要我们激发全民族的创造活力来建设"文化强国"。人类社会的进步促成了社会分工的出现,但即便在社会分工相对明晰的今天,"文化创造"其实也并非文化工作者的"专利"。从某种意义上来说,亲自参与社会实践的人民大众更能敏锐地感受时代的脉动,对时代脉动的敏锐感受也更能激发起他们表达的欲望。这其实意味着,人民群众自主创造文化的积极性会随着他们表达的欲望而不断高涨,而他们对于文化创造的积极参与也必然使文化工作者不断对自己提出更高的要求。

这使我回想起去年岁末胡锦涛总书记在全国第九次文代会、第八次作代会上的讲话。讲话中,胡锦涛总书记对文艺工作给予了充分肯定,对文艺工作者给予高度褒扬。总书记褒扬我们"与时代同进步,与人民共命运,为人民奉献了大量思想内涵丰富、艺术品质上乘的精神食粮";褒扬我们"对祖国和人民有真情挚爱,对国家和民族有担当奉献,对艺术和事业有坚守追求";褒扬我们"是一支可亲可敬、大有作为的队伍,是一支党和人民完全可以信赖的队伍"。总书记在对文艺工作者动以深情、励以壮志、赋以重任、启以长思的同时,进一步对文艺工作者提出要"始终坚持"和"自觉承担"的"四个希望"。总书记要我们文艺工作者始终坚持正确方向、以人为本、锐意创新和德艺双馨,进而言之,始终坚持"正确方向"是坚持社会主义先进文化前进方向,坚持社会主义核心价值体系;始终坚持"以人为本"是坚持把人民放在心中最高位置,始终坚持以人民为中心的创作导向;始终坚持"锐意创新"是坚持在新的时代条件下进行新的文化创造,坚持为中华文化书写新的篇章;始终坚持"德艺双馨"是坚持把实现个人艺术追求和促进社会进步有机结合作为毕生信念,坚持用人格力量赢得社会尊重、赢得人民赞誉。

在纪念《讲话》发表70周年的日子里,重温《讲话》精神、重温我们"建国"的文艺指针是重要的;同样重要的是认真学习、深入贯彻《决定》,实践我们"强国"的文化方略——这是我们实现文化"为人民"的时代标高,是《讲话》精神70年来的历史跨越。《决定》告诉我们,文化

"为人民"需要大发展大繁荣,而这个"大发展大繁荣",一是要把社会主义核心价值体系体现到精神文化产品创作生产传播各方面,形成统一指导思想、共同理想信念、强大精神力量和基本道德规范;二是要创作生产更多无愧于历史、时代和人民的优秀作品,发挥文化引领风尚、教育人民、服务社会、推动发展的作用;三是要发展现代传播体系,完善公共文化服务网络,保障人民基本文化权益并满足人民基本文化需求;四是要发展文化产业、扩大文化消费,在满足人民群众多样化文化需求的同时,吸引人民群众参与文化创作、生产、传播和服务并藉此以改进民生;五是要在建设人民精神家园、提高人民文化素养、增强民族凝聚力的同时,增强中华文化在世界上的感召力和影响力,展现我国人民文明、民主、开放、进步的文化形象;六是要广泛开展文化艺术教育,一方面是要源源不断地培养"为人民"的文化艺术工作者,另一方面也是为着人民群众能更自觉、更有效地参与文化创造。

70年前,毛泽东同志在与文艺工作者座谈文艺问题时,就强调"应当从实际出发,不是从定义出发",强调"要从客观存在的事实出发,从分析这些事实中找出方针、政策和办法来"。党的十七届六中全会通过的《决定》,正如胡锦涛总书记所说,"全面总结党领导文化建设的成就和经验,深刻分析文化建设面临的形势和任务……提出了在新形势下推进文化改革发展的指导思想、重要方针、目标任务、政策措施,是当前和今后一个时期指导我们文化改革发展的纲领性文件。"可以认为,我们当前对《决定》的认真学习、深刻领会并落到实处,我们在坚持和发展中国特色社会主义的伟大实践中进行文化创造,就是对《讲话》最好的纪念、坚守和弘扬!

(原载《光明日报》2012年6月16日)

"以文化人"要坚持"以人为本"的核心立场

"以文化人",应当是来自《易·贲》的"观乎人文,以化成天下"。这里的"文"与"化",指的"人文"这一实体及其"化成天下"的功能。"化成天下",当然也包括"化人"或"人的自化",只是"化人"其实是"人文"在"化成天下"过程中的自我提升。所谓"人文",《易·贲》指的是"文明以止",区别于"以察时变"的"天文"。如果说,"观乎天文,以察时变"指的是人们对"天下"的感知,那"观乎人文,以化成天下"指的就是人们对"天下"的改造。透过"文化"的功能来审视其构成,我们所称的"文化"其实就是马克思在《1844年经济学—哲学手稿》(以下简称《手稿》)中所提出的"人的本质力量的对象化"。

《易·贲》的"化成天下"一语,是"人文"的感性显现也是其功能指向。这里的"天下",指称着大千世界的万事万物,当然这是"人的本质力量"所抵达所化成的世间万物。《易·贲》用"人文"来代言"人的本质力量",它给予的释义则是"文明以止,人文也"。《书·舜典》有"睿哲文明"一语,说明"人文"也好,"文明"也罢,都指向"人"所特有的聪慧与明智。《书·洪范》云"思曰睿",而《书·皋陶谟》曰"知人则哲",正说明无"睿哲"无以谈"文明",无"文明"则无以言"人文"。那么"人文"何以为观呢?要"观乎人文",就要去看它所"化成"的"天下";而在"人的本质力量的对象化"的漫长进程中,"人文"已无处不在、无所不包、无孔不入了!关于"文化"的定义之所以多得难以数计,就在于我们要定义"文化",就要去定义"人的本质力量对象化"的整个世界。

在马克思看来,"人的本质力量"体现为一种自由的、有意识的活动;而"人的本质力量的对象化",则呈现为这种活动改造的世界和创造的现实,如马克思在《手稿》中所说:"正是在改造对象的世界中,人才真正地证明自己是类存在物……通过这种生产，自然界才表现为他的作品和他的现实。"这其实意味着，"人的本质力量"与其"对象化的世界"是一个不断实现着"双向建构"的实践过程，沟通并纽结这一建构过程双方（主体与对象）的，正是人所特有的实践——也即自由的、有意识的活动。"文化"作为"人的本质力量的对象化"，一方面体现为"对象化的世界"的物事行迹，一方面也内蕴于"人的本质力量"的思欲情志，我们将前者称为"物质文化"而将后者称为"精神文化"。由于创造"人文"的"人"是马克思所说的"类存在物"，所以"人的本质力量"还会"对象化"为一种人际关系准则，籍此以大大提高"人的本质力量"的效能。这就是我们所说的"制度文化"。"制度文化"其实是一种整体性、协同性、系统性的"人的本质力量"。如马克思在《关于费尔巴哈提纲》中所说，"人的本质并不是单个人固有的抽象物。在其现实性上，它是一切社会关系的总和。"

由此可以看出，"文化"的底蕴及其义涵在于"人所特有的自由的、有意识的活动"，在于"人的本质力量"与其"对象化的世界"双向的、持续的建构。从这个意义上来说，"以文化人"的文化要坚持"以人为本"的核心立场，其实是文化的本质使然。党的十七届六中全会《决定》在谈到"坚持以人为本"这一"建设文化强国"的重要遵循时说："发挥人民在文化建设中的主体作用，坚持文化发展为了人民、文化发展依靠人民、文化成果由人民共享，促进人的全面发展……"也就是说："以人为本"作为我们文化建设需要自觉坚持的核心立场，有两个明确的义涵：其一，以人为本就是以人民为本，要发挥人民在文化建设中的主体作用；其二，以人为本就是以人的全面发展为本，文化建设要更好地满足人的精神需求、丰富人的精神世界和增强人的精神力量。

坚持"以人为本"就是坚持"以人民为本"，这是由"人"作为"类存在物"、作为"一切社会关系的总和"的本质所决定的。我们的文化创造强调"坚持以人民为中心的导向"，基于"人民是历史创造者"的历史唯物主义观点；我们的文化服务强调"满足人民群众日益增长的文化需求"，基于"开创全民族文化创造活力新局面"的文化建构目标。为什么说"文化是民族的血脉，是人民的精神家园"？正在于"血脉"作为文化的驱动力是民族"自强不息"的"本质力量"，也正在于"精神家园"作为"对象化"的存在而呈现出"厚德载物"的品相。同理,坚持"以人为本"就要坚持"以人的全面发展为本",这是由"人的本质力量"作为一个综合的复合结构、作为一个自觉的生长结构所决定的。马克思在指出"人的本质"是"一切社会关系的总和"之后,进一步强调"人以一种全面的方式……把自己全面的本质据为己有"。这其实意味着,人不仅在其改造对象世界的实践中确证了自己的存在,而且也在这一实践中逐步以"全面的方式"提升着自己的"本质力量"。

说到"以文化人",党的十八大《报告》强调要"发挥文化引领风尚、教育人民、服务社会、推动发展的作用";强调要"用社会主义核心价值体系引领社会思潮、凝聚社会共识";强调要"培育知荣辱、讲正气、作奉献、促和谐的良好风尚"和"培育自尊自信、理性平和、积极向上的社会心态";强调要"引导群众在文化建设中自我表现、自我教育、自我服务"和"营造有利于高素质文化人才大量涌现、健康成长的良好环境"……凡此种种,都说明"以文化人"是要"化人以强"——即不断增强、不断提升"人"作为"类存在物"的"本质力量"。我们建设社会主义文化强国,之所以"必须走中国特色社会主义文化发展道路",是因为这条"道路"给了我们中华民族"化人以强"的文化自信;之所以"关键是增强全民族文化创造活力",是因为我们深知中华民族"化人以强"的"关键"最终要靠文化自强。我们的文化自觉,就是坚守这种"文化自信"和践行这种"文化自强"的自觉。

在我们全面建设小康社会、基本实现现代化、实现中华民族伟大复兴的进程中,坚持"以人为本"在关注"以人民为本"和"以人的全面发展为本"的同时,还应强调"以人的本质力量的全面增强为本"。最近读到余秋雨先生的《何谓文化》,他指出今天中国文化在理解上太注意文化的部门职能、外在方式、积累层面、作品组成、片断享用而不重视文化的全民性质、精神价值、引导作用、人格构成、集体积淀。他说得很中肯也很透彻。用我的话来说,我们理解"文化"不要只盯住"对象化"的"人的本质力量"(这也是一种"见物不见人"),而要正视"对象化的世界"对增强"人的本质力量"的意义,要探索增强并且是全面增强"人的本质力量"的方法与路径。我想到"我是谁?我从哪里来?我要到哪里去?"的人类永恒之问,按照马克思的观点,我们是否可以说:我是作为

"类存在物"的人，我来自"自由的、有意识的活动"，我的去向是通过不断地"改造对象世界"来全面增强自身的"本质力量"。我们申说"以文化人"要坚持"以人为本"的核心立场，终极指向也正在于此。

（原载《人民日报》2013年1月29日）

综合国力竞争中的文化力量

胡锦涛总书记在十七届中央政治局第二十二次集体学习时发表讲话，指出："文化是民族凝聚力和创造力的重要源泉，是综合国力竞争的重要因素，是经济社会发展的重要支撑。"的确，国家富强、民族振兴、人民生活幸福安康，需要强大的经济力量，也需要强大的文化力量。在综合国力竞争中，文化力量发挥着重要作用。

首先，在我看来，文化力量是经济力量发展到一定程度时更高的社会需求，是社会对建立与高度发达物质文明相适应的精神文明的需求。再者，发达的经济力量在唤起这种社会需求后会起到为文化力量壮行的作用，日趋壮大的文化力量又将为经济力量增辉并引导其前行。第三，在经济力量通过发展方式转变以谋求更大发展之时，文化力量在助力这个转变时发展了自身，从而使"软实力"产生了"硬功效"。其实，文化力量作为"软实力"是有其"硬道理"的，这个"硬道理"就在于文化力量具有无处不在的普遍性、无隙不入的渗透性、无所不包的融通性和无往不复的赓续性。有学者将老子"上善如水"的睿语点化为"文化如水"，正是喻示出文化是一种普遍存在的力量、全面渗透的力量、融会贯通的力量和恒远赓续的力量。

我国是一个历史悠久的文明古国和文化大国。我们的文化在悠长的历史进程中积淀起文化向心性的凝聚力、文化赓续性的传承力和文化多样性的包容力。党的十六大以来，以胡锦涛同志为总书记的党中央，按照科学发展观的要求树立并落实了新的文化发展理念，明确了文化建设是中国特色社会主义事业总体布局的重要组成部分；在当前加快经济发展方式转变的时空境遇中，探索中国特色社会主义文化发展道路更成为我们的时代担当和历史使命。这个时代担当和历史使命就是要发展、壮大我们的文化力量，把我们这个文明古国、文化大国建设成文化强国。其实，中国近百年来基于"屈辱史"上的"强国梦",就不乏通过文化开启民智、砥砺民心、激扬民风而强国的壮举;历史证明,文化力量不仅是进军强国之路的必要举措,而且是实现强国之梦的必然构成。

要建设一个具有中国特色社会主义的文化强国,就要大力发展我们的文化力量。发展经济力量需要解放生产力并促进生产力的发展,发展文化力量同样如此。我们当前解放和发展文化生产力的动力,一在于体制机制的改革,二在于科学技术的进步。如果说,体制机制改革在于为传统文化业态松绑并为新兴文化业态铺轨,那么科学技术进步则在于提升传统文化业态并创生新兴文化业态。在当下,创生并壮大新兴文化业态对建设"文化强国"具有更重要的意义。因为新兴文化业态所呈现的文化力量,一是它的高科技含量,二是它的产业化运作。它首先需要关注的是人民群众日益增长的精神文化需求,因此它的文化产品生产是为着解决"有效供给"的课题应运而生的,它通过自身增量的发达改变既往文化业态存量的格局,从而推动我们整体意义上的文化转型;其次,它需要认清在解决"有效供给"的同时要实现"有效提升",因为"文化转型"只是我们实现"文化强国"的举措和路径,我们的"有效提升"在于强调文化力量首要的、主要的、必要的是精神力量。事实上,一个文化强国的文化力量,不仅体现为国民精神的凝聚力而且体现为创造力,不仅体现为国民精神的传承力而且体现为进取力,不仅体现为国民精神的包容力而且体现为开拓力,不仅体现为国民精神的自信力而且体现为诚信力,不仅体现为国民精神的务实力而且体现为超越力……

在我看来,要建设一个具有中国特色社会主义的文化强国,我们文化力量的大力发展必须正视世界范围内综合国力竞争的现状。由于新时期以来我国经济社会又好又快地发展,中国作为"大国崛起"已是一个世所瞩目的焦点和一个世所热议的话题。因此,在综合国力竞争的世界语境中,我们文化力量的大力发展要有更开阔、更深入、更前沿也更全面的思考:其一,我们要关注发达国家文化与科技融合的当代文化建设,从根本上解决我们传统文化现代化和中华文化国际影响力的问题;其二,我们要大力传播中华文化的核心价值,消除他国对"中国崛起"的担忧和戒备,树立一个主张和谐、讲究诚信并敢于担当的大国形象;其三,我们要在思想文化的交流交融交锋中,守护我们的精神家园并维护国家的文化安全;其四，我们还要在不断扩大的对外开放中，扩大中华文化核心价值的感召力，通过不断沟通而逐步改变既往"欧美中心论"的普世价值观。为此，我们需要通过具有自主能力的文化转型来建树中国文化的时代形象，需要通过现代传播手段的快速发展来弘扬中国文化的核心价值，需要通过文化惠民工程的系统构建来提供中国文化的优质服务，需要通过现代科技进步的支撑引领来拓展中国文化的产业规模，需要通过贴近人民群众的社会实践来创造中国文化的精品力作，需要通过坚持先进文化的前进方向来呼唤中国文化的宏才巨匠……我们深切地感受到，文化力量在综合国力的竞争中发挥着越来越重要的作用！尽管我们的征途还山重水复、任重道远，我们的境遇却已然潮平岸阔、风正帆悬！

（原载《光明日报》2010年10月18日）

包容性增长理念中的文化建设

在去年召开的第五届亚太经合组织人才资源开发部长级会议的开幕式上，胡锦涛总书记发表了题为"深化交流合作，实现包容性增长"的致辞。包容性增长，是发展经济学近年来提出的一个新理念。它的主要关注点，一是寻求符合发展中国家国情的经济增长方式，二是使这种方式的经济增长有利于广大民众收入分配的普遍改善。胡锦涛总书记在提到实现包容性增长时，特别强调要切实解决经济发展中出现的社会问题，强调要为经济长远发展奠定坚实的社会基础。而无论解决社会问题还是奠定社会基础，都需要我们的文化建设去积极参与并自觉担当；并且，我们也需要在包容性增长理念中来思考我们当下的文化建设。

一、包容性增长理念对于文化建设的有益启示

在发展经济学的视野中，包容性增长理念有一个逐步生成的过程，这是一个从着眼"有利于穷人"的"亲贫增长"、从着眼于社会基层民众的"普惠式增长"逐步完善起来的过程。需要特别关注的是，这里的"亲贫"和"普惠"不只是社会分配意义上的，它们作为"增长"的定语，是社会发展对于经济增长趋向的引导，其中格外关注经济增长方式的转型。在我国当下的经济发展中也屡屡提及经济增长方式的转型，特别是提到"把保障和改善民生作为加快转变经济发展方式的根本出发点和落脚点"，这其实就渗透着"包容性增长"的理念。在加快转变经济发展方式的进程中强调"包容性增长"，是由我们践行"社会主义市场经济"的经济发展理念所决定的。这是因为，单纯市场机制驱动下的经济增长往往是"嫌贫爱富""见利忘义"的，"社会主义市场经济"关注"包容性增长"，不仅由"社会主义"的根本属性所决定，而且是"全面市场"观的根本要求。有

什么市场能比"普惠式增长"面对更大的市场呢？

我们的文化建设之所以要提大发展、大繁荣和新高潮，就是要不断满足最广大人民群众日益增长的文化需求。一个"广大性"，一个"增长性"，正是文化建设"包容性增长"的应有之义。文化建设作为精神文明的建设，文化产品作为精神产品的生产，我们以往较多地强调它作为精神劳动的"复杂性"和它满足精神需求的"超越性"。这使得在不少方面，文化建设成了部分文化人自命清高、自鸣得意、自我标榜、自我陶醉的东西，使得人民群众对我们一些文化人自认为很有价值的文化产品"不买账"；也使得我们文化产品的生产，在"有效供给不足"的同时呈现出"相对过剩"的景观。可以说，当下文化建设的出发点和落脚点，也是需要着眼于"保障和改善民生"这一"包容性增长"理念的。胡锦涛总书记去年7·23讲话强调"促进基本公共文化服务均等化"，强调"保障人民基本文化权益是社会主义文化建设的重要目的"，在"包容性增长"的理念看来，这其实也是我们当下文化发展的"重要通道"。

二、"四位一体"赋予文化建设更重要的历史担当

"四位一体"强调的是我国社会主义建设全面推进，包括经济建设、政治建设、文化建设、社会建设。相对于"两个文明"的物质文明建设和精神文明建设而言，"四位一体"的指向性更明确、综合性更完备、系统性更有机。事实上，"包容性增长"本身也是要求包容经济、社会、生态等方面的增长，"四位一体"建设本身体现着"包容性增长"的理念。对于社会主义建设"四位一体"的推进，广大文化工作者是尽心而为、倾力以行的。他们深知今日文化建设的"有位"既是全面建设的"有需"，更是既往文化建设的"有为"，"文化建设"位居"四位一体"之中，其实是赋予了文化建设更重要的历史担当！在我看来，"两个文明"的建设，仍然是在"经济基础与上层建筑及其意识形态"关系中的认识，强调的是前者对后者的"决定作用"与后者对前者的反作用，文化建设的意识形态属性在这一认识中被高度强调。

我们都知道，广义的"文化"指的是人类创造的物质文明和精神文明的总和，所以在"四位一体"的经济建设、政治建设中也必然包含经济文

化、政治文化的建设。我们之所以说"四位一体"赋予文化建设更重要的历史担当，首先是文化建设要考虑"四位一体"建设的整体性要求。这个"整体性要求"用国家"十二五"规划纲要的话来说，就是"促进经济长期平稳较快发展和社会和谐稳定，为全面建成小康社会打下具有决定性意义的基础"。也就是说，文化建设要有助于促进经济较快发展和社会和谐稳定，要有助于保障和改善民生，要充分发挥引导社会、教育人民、推动发展的功能。其次，文化建设要考虑"四位一体"建设的协调性要求。比如说在加快转变经济发展方式的发展主线中，要将推动文化产业成为国民经济支柱性产业自觉纳入经济发展方式转变的布局中；比如在推进社会主义政治文明建设中，要将社会主义核心价值体系的建设作为发展社会主义民主政治的内核，因为社会主义政治文明建设与全民族文明素质的提高是紧密关联的。第三，文化建设要考虑"四位一体"建设的本体性要求。文化建设的本体性要求就是满足人民群众不断增长的文化需求，这方面在当下的重要任务就是建立健全公共文化服务体系，通过文化服务体系的建设来更便捷、更均等地提供优秀的文化产品，增强民族凝聚力和创造力。

三、文化建设的增长方式要关注经济社会结构变革

国家"十二五"规划纲要明确指出："我国仍处于并将长期处于社会主义初级阶段，发展仍是解决我国所有问题的关键。坚持发展是硬道理的本质要求，就是坚持科学发展。"同时还具体指明："以加快转变经济发展方式为主线，是推动科学发展的必由之路，是我国经济社会领域的一场深刻变革，是综合性、系统性、战略性的转变，必须贯穿经济社会发展全过程和各领域，在发展中促转变，在转变中谋发展。"我们也可以说，当下坚持和推动科学发展，就是"在发展中促转变"和"在转变中谋发展"。实际上，这一"科学发展"不仅是经济社会领域的"深刻变革"，也必然影响到文化建设的"增长方式"。

毋庸讳言，我们既往的文化体制和机制，是一定时期经济社会结构的产物，是服务于一定时期特定文化建设任务的。在彼时计划经济的条件下，文化产品的供给如同经济产品的生产一样，主要体现出"国家意志"，并且在很多情况下体现出一种与"民众意愿"有所偏离的"国家意志"。

于是，文化产品的供需关系不是由需求来调节生产而是由生产来决定消费，这种"生产决定消费"的生产方式久而久之板结成两个阻碍文化产品生产的障碍：一个是体制性的，维护着"非经营性"的文化生产方式；一个是观念性的，主要是许多生产者认为在这种生产方式中生产的产品正体现出"文化产品的规律"——既包括构成规律也包括接受规律。以至于我们在许多时候漠视民众当下的文化需求，把这种需求视为冲击着文化产品自身规律的"市场规律"。事实上，要从根本上改变这种观念，不能只着眼于"观念"而必须触及维护着这种观念的"体制"。这样，我们才能深刻理解胡锦涛总书记去年7·23讲话所说的"文化体制改革是解放和发展文化生产力的根本途径"，因为总书记已然强调"深化文化体制改革，是党中央作出的关系我国经济社会发展全局的重大决策"。这其实就意味着我们不能离开经济社会结构的变革来谈文化建设的增长方式。

四、文化的"包容性增长"重在促进民生改善和挺进支柱产业

国家"十二五"规划纲要在"繁荣发展文化事业和文化产业"一章有两个重点：一个是健全公共文化服务体系，一个是推动文化产业成为国民经济支柱性产业。这就是我们所说的"民生改善"和"支柱产业"。胡锦涛总书记在去年7·23讲话中，提出"三加快一加强"来切实做好深入推进文化体制改革各项工作，其中就包括"加快构建公共文化服务体系"和"加快发展文化产业"。加快构建公共文化服务体系，是建立健全基本公共服务体系的一个重要组成部分，是坚持以人为本、坚持民生优先的科学发展观的重要实践路径。对于广大民众而言，最关心的公共服务莫过于公共卫生、公共教育和公共文化，因为这事关康健民体、开启民智和愉悦民心，它们是广大民众在实现温饱需求、安居需求、就业需求后最重要的"民生"关怀和"幸福"企盼。这显然是文化"包容性增长"的应有之义。

就加快发展文化产业而言，显然也是国家发展结构优化、技术先进、清洁安全、附加值高、吸纳就业能力强的现代产业体系的重要方面，是科学发展观"全面协调可持续"的重要体现。在我们当下的文化建设中，之所以要推动文化产业成为国民经济支柱性产业，一是因为文化产业成为经

济发展新的增长点是世界经济增长的新趋势，二是"四位一体"建设需要发展文化产业来整体提升国家实力特别是"软实力"，三是加快转变经济发展方式需要加快发展文化产业这一抓手，四是只有加快发展文化产业才能更好地在市场经济条件下满足人民群众基本的、多样的、增长的文化需求。这最后一点其实正是我们文化建设和文化发展的目的，而也正是在这一点上，我们看到了"加快构建公共文化服务体系"和"加快发展文化产业"的共同点。因为，文化产业是将工业化生产理念作用于文化产品的生产，以"同型批量"的产品生产为特征，它一方面要考虑最广大人民群众的最基本需求，一方面又要考虑生产最优质的产品并通过"批量"降低人民群众的消费成本。换言之，向人民群众提供免费的、公益性的文化服务与文化产品生产方式的产业化并不是一对矛盾，恰恰是因为文化产业的更大发展才使我们在更大范围内提供公益性文化服务成为可能。这其实就是文化"包容性增长"最重要的方面。

（原载《中国文化报》2011年5月9日）

文化创新的高端定位与发展路径

一、从文化发展的高端定位看文化创新

第三届文化部创新奖颁奖仪式在深圳举行。与这个仪式相呼应，文化部文化科技司与深圳市委宣传部共同组织了一个以文化创新为主题的高峰论坛。记得今年9月创新奖的评审工作在合肥进行，我曾特别强调评审工作要关注两个方面：一要关注立足于"两个面向"的文化创新，二要关注体现出"科技自觉"的文化创新。为什么要这样去强调呢？因为在我看来，我国几千年的文明史之所以博大精深，得自于源远流长；之所以源源不断，得自于生生不息。而这个"生生"就意味着"新生"并且是"创生"，意味着吐故纳新、推陈出新、革故鼎新和除旧布新。但是，我们今天所谈的文化创新，显然有着不同于既往的时代视野和世界目光。许多领导同志在谈到当前中国文化发展的动力之时，常说一方面要深化体制改革，一方面要强化科技支撑。这样说，我以为与我们文化发展参照的高端定位有关。我们讨论文化的大发展大繁荣，都已经注意到了当前是历史上发展的最好时期，但为什么还要谈促进大发展掀起新高潮呢？在于我们文化发展的参照不是和自己的过去比，而是一要参照人民大众日益增长的文化需求，二要参照"四位一体"乃至"五位一体"（政治、经济、文化、社会再加上生态文明）的整体建设，三要参照世界发达国家的文化软实力。因此，我们当前所说的"文化创新"不是一般意义上而是高端定位上的"文化创新"，我们要通过"文化创新"满足人民大众日益增长的文化需求，要通过"文化创新"共绘小康社会绚丽多彩的文化蓝图，要通过"文化创新"提升中华民族国际竞争的文化软实力。

二、从文化权益公平性到文化服务引领性的文化创新

从文化发展的高端定位来看我们的文化创新，可以看到体制的弊端和科技的缺席是相比较而言最突出的问题。而在这两者之中，"体制"问题

维系于我们既往的文化建设方式，而"科技"问题却关涉着我们未来的文化建设取向。在中科院建院60周年之际，温总理作了题为"让科技引领中国可持续发展"的讲话。他说："中华民族有史以来就是富于创造的民族……遗憾的是，由于众所周知的原因，近代中国屡次错失科技革命的机遇，逐步从世界经济科技强国的地位上沦落了。"在简略回顾与"四次发展机遇"失之交臂后，温总理强调："中国再不能与新科技革命失之交臂，必须密切关注和紧跟世界经济科技发展的大趋势，在新的科技革命中赢得主动。"事实上，科学技术作为"第一生产力"，不仅仅体现在经济建设中；在科学技术高度发达并极为普及的当代社会中，文化建设作为人的生存方式的建设，也不能不受科学技术的影响。在我看来，经济危机的周期性出现，总是体现出经济结构调整和转变经济发展方式的必然要求。而历来经济危机中文化需求的"口红效应"和当前经济危机中文化产业的"逆势而上"，说明可经营的文化产品和文化服务，会在经济结构调整时发挥积极的作用。与此同时，我们文化建设的理念也在调整，一个明显的事实是，文化建设的产业意识和科技自觉得到明显的加强。事实上，信息网络产业作为世界经济复苏的重要驱动力，本身就体现为文化传播方式的进步和新一代的文化生存方式。在现代冷峻的技术理性面前，传统温馨的人文精神显得过于"古典"，文化传播方式的科技进步决定着人的文化生存，这种科技化的文化生存正改变着历史文化烙印和人对文化的历史理解。因而，不同文化生存方式的和谐沟通与平稳过渡在当前显得尤为重要。在此间，人民大众似乎比任何时候都在意自己的文化权益，他们往往忽略文化服务的引领性而专注文化权益的公平性。这也使得从文化权益的公平性到文化服务的引领性成为我们文化创新的一个过程。

三、建设创新型国家要求我们创新文化发展路径

许多发达国家在其经济迅速发展时期，都采取过冒险主义的经济政策、保守主义的政治方针和复古主义的文化措施。我们当下的文化建设之所以一手抓文化事业一手抓文化产业，就在于我们要一方面共享文化建设成果一方面要创新文化发展路径。其实，即便在我们这个极为珍视文化传统并重视文化传承的国度，也有"人惟旧，器惟新"这样的训示。当代文

化建设中文化产品的升级换代和文化服务的趋美近善，都与"器"的改造和应用分不开；并且，体现在这种改造和应用中的"创新"往往都有较高的科技含量，往往都体现出文化建设中的科技自觉。数年前，现已故去的费孝通先生曾语重心长地强调"文化自觉"，认为我们的文化建设要"各美其美，美人之美，美美与共，世界大同"。而当下我们创新文化发展路径，特别应当强调文化建设中的"科技自觉"。强调文化建设的科技自觉，首先是应当正视我们文化建设的当代境遇，正视科技的进步和进步的科技正改变着我们的世界、我们的生活和我们自己这一现实。只有正视这种改变中的人的生活和人的世界的文化需求，我们才能进行有效的文化建设。其次，强调文化建设的科技自觉，是加速科技成果在文化建设中的转化和应用，是发挥科技手段在文化建设中的支撑和提升作用。只有这样，我们的文化建设才能在满足当代世界的需求中提高科技含量，才能在科技手段的支撑和提升中创新我们的文化形态和文化业态。第三，强调文化建设中的科技自觉，是我们文化建设服务于我们"学习型社会"和"创新型国家"建设的必然要求。当下的文化创新，是我们建设创新型国家的有机构成；而倡导学习型社会的建设，则意味着我们的文化创新是指向未来"新文化"建设的，而无论是"创新型"国家的有机构成还是指向未来的"新文化"，都是有较高科技含量，都是需要科技支撑、提升乃至引领的文化。从人类发展的大文化观来看，科技不仅是文化发展的动力也是文化存在的形态，既推动着文化的新变更促进着新文化的诞生。要言之，我们当下倡导的文化创新是基于文化发展高端定位的创新，这种文化创新具有较高的科技含量并体现出充分的科技自觉；同时，它把实现人民大众文化权益的公平性作为着眼点，由此而向文化服务的引领性迈进。

（原载《光明日报》2009 年 12 月 25 日）

"集成创新"驱动城市文化转型发展

在人类发展史上，城市是迥异于乡村的一种社会形态。在以农为本的国度，城市更可视为乡村社会的集聚、扩张、建构和提升。相对于乡村社会而言，城市有着更为庞大的人口流动和更为复杂的人际关系，也因此生成着更为复杂的社会结构和更为包容的人文精神。城市精神就其本质而言，就是流动中的融通，就是包容中的凝聚。

城市当然也有着更为复杂的社会功能。不过从总体而言，古代城市的功能主要是"城"，是护卫居民的安全；现代城市的功能主要是"市"，是交易居民的需求。在此基础上，古代城市往往又成为据守一方热土的要塞，"守望"从一种安全需求出发内聚为一种精神操守；现代城市则往往成为呼唤八面来风的通衢，"交流"从一种物质流动行为升华为一种精神沟通。城市从相对的"封闭"走向全然的"开放"，本身是其功能的时代驱使和观念转型使然。

城市，在任何时代都是起一种主导作用、向导作用和领导作用的社会形态。之所以能主导、向导和领导，在于它的诉求汇聚和价值凝聚过程。事实上，一个城市的精神品质，不管是在城市间的比较中呈现出何种地域特征，但它事实上都在相当广阔的时空维度上实现着诉求和价值的"民主集中"。因此，一个城市的物流主导作用、精神向导作用和行政领导作用发挥得如何，往往又成为人们评价城市"著名"与否、"博大"与否的重要参数。正是在这个意义上，农耕文明土壤上孕育的城市与工业文明流程中诞生的城市有了本质的区别——前者多注重"城"的守望而后者多注重"市"的交流；既便都从"市"的层面上来观照，前者趋近于农贸市场"集市式"的实物交易，后者则在"都市化"的商贸经济中发展出集约交易甚至是虚拟交易。

一个国家的现代化进程，其实就是农耕文明基础上的工业化及其推动下的都市化进程，当代都市化进程更由于互联网技术而经历着信息化"暴风骤雨"般的洗礼。指明这一点，是说明城市文化不仅与乡村文化有着本质的差异，处于不同历史发展阶段的城市文化之间也有着巨大的鸿沟。也就是说，城市文化之间的差异性，不排除有地域环境、族群赓续的根本性影响；但城市发展中越来越起主导作用的交流、汇聚、融通功能，使得其差异性成为时代发展梯级上的差异。当然，文化本身的差异只是"差异"而无"高下"之分。需要指出的是，"各美其美，美人之美，美美与共"不只是一种文化生存的已然现实，也是在都市化进程中不断养成并继续生成的文化精神。

数十年前，我曾经读到过一篇久久难以释怀的文章，说是"看十年的中国看深圳，看百年的中国看上海，看千年的中国看北京……"，看五千年的中国呢？文章说要去看"关中"，大约是今西安古长安了。这篇文章引起我思索的问题，一是我们何以选择城市精神来代表中国文化的迁变？二是我们从"关中"、北京、上海、深圳的"看"中看到了怎样的迁变？对第一个问题的回复是简明的，也就是"城市精神"之所以能代表一定时期的"中国文化"，一是它是那一时期人生诉求和人文价值最具广度的"民主集中"，二是它的"民主集中"体现出最具时代高度的精神品质。而对第二个问题的回复呢，似乎还会带来新的思索。

思索从"关中"、北京、上海、深圳的"看"中看到了怎样的迁变，我首先想到的就是在北京随处可见的"北京精神"——也即爱国、创新、包容、厚德。与之相关，上海提出的是"价值取向"，即公正、包容、责任、诚信。深圳呢？则是在改革开放30年之际，由"深圳人"全民推选出"十大观念"（略）。一个十分有趣的现象是，无论是北京精神、深圳观念还是上海价值取向，实质都是在推动城市文化之灵魂，也即"城市价值观"的建设。只是深圳作为才只有"而立之年"的新城，梳理出自己流动、融通、包容、凝聚进程中的坚实步履来走向未来；北京精神和上海价值取向则是根据自身的城市功能定位，大力践行社会主义核心价值体系的重要举措。正如上海在160多年的中西文化交汇交融、移民文化碰撞合璧中形成过"海纳百川、追求卓越、开明睿智、大气谦和"的城市精神；如果从千年王朝更替、一条新路长驱来看北京精神，其实也深深地积淀为

"守正、向善、卫道、尚德"。

党的十八大《报告》在提出"用社会主义核心价值体系引领社会思潮，凝聚社会共识"之时，特别提出要"积极培育和践行社会主义核心价值观"，用三个"倡导"提出了"富强、民主、文明、和谐""自由、平等、公正、法治"和"爱国、敬业、诚信、友善"。与历朝历代对平民百姓讲"礼、义、廉、耻"和对文人士大夫讲"诚心、正意、修身、齐家、治国、平天下"有别，我们当下的核心价值观是一个由国家、社会、个体三层面构成的一个有机整体，是全体中国人民和中华民族的价值取向。我们的城市精神当然莫能于外。

事实上我们已经注意到，城市文化在其本质上是淡化并漠视地域特征的。某些城市在一定时期呈现的地域性特征，其实也是整合了更多的"小地域"而形成的"大区域"特征，并且它还将在更大的区域流动、融通、包容与凝聚中被"去地域化"。这是由城市的文化功能，也是由城市的发展驱动所决定的。也就是说，城市文化历史遗迹所促成的地域特征，其之所以值得珍视就在于它是"遗迹"，它可以被解读出历史文化精神，但却未必能引导时代价值取向。我们既往的城市文化建设是挈领乡村并提升乡村，甚至也还代表众多乡村的地域性与另外的城市交流；而当下的城市文化建设，我们不得不正视"中国城镇化"的时代大潮，这是一个跨地域的全方位流动，也是一个开放性的大格局融通，我们需要一种全新的城市文化建设观——它的内涵当然维系于十八大《报告》所提"社会主义核心价值观"，它的创新理念则需要大力关注"集成创新"。

诺贝尔经济学奖获得者斯蒂格利茨预言：美国的新技术革命和中国的城镇化，是21世纪带动世界经济发展的两大引擎。事实上，中国的经济社会发展之所以格外强调转变经济发展方式，就与这"两大引擎"都必然决定中国经济社会的发展走向相关。"集成创新"较多地被使用在科技进步的创新模式中，是与"原始创新""引进消化吸收再创新"共存的三大创新模式。"集成创新"作为当下文化建设，特别是城市文化建设需要大力关注的创新理念，在于它一是强调对创新要素的选择、集成和优化，二是强调创新要素的优势互补、有机熔铸，三是强调创新成果的结构追随功能、要素服从结构。

我们"五千年不间断"的历史文明当然也不乏创新,"创新"当然也是我们中华民族自强不息、生生不息的驱动力。在漫长农耕文明经久的赓续和缓慢的迁变中,我们成功地运用了"继承创新"的方法并牢固地树立了这一理念。"继承创新"作为一种根深蒂固的创新理念,其实也是我们民族历史文化赓续发展的一个事实,不过那主要是"城"之理念而非"市"之理念中的发展。其实,反顾我们民族文化发展演进的历史,"集成创新"与"继承创新"总是交替进行的,而"集成创新"更体现在民族文化的大开拓、大融合时期。秦始皇统一中国,汉武帝"罢黜百家","罢黜百家"之"独尊儒术",其实就包含着对"百家"的集成。我曾看到对中华文化鼻祖孔子盛赞的一副对联:上联是"祖述尧舜,宪章文武";下联是"德参天地,道贯古今";横批则是"圣集大成"。在这个意义上,孔子是最早的"集成创新"并且是"集大成创新"者。

20世纪30年代,在文化碰撞"中西体用"的论战中,著名文化学者张岱年先生曾提出过"文化综合创新"的范式。在当时,他只是想超越文化上的"两极性"和"单向度"的立场,也即超越"拒斥外来文化的传统主义"和"抛弃传统的西化主义"。张岱年先生所坚持的,是文化内容的"可选择性"。他认为:"人类不同地域的几大文化都是一个具有整体性结构的体系,构成体系的许多文化要素和项目之间,具有一定的联系和关联性,甚至是带有有机性的联系。在整体与部分之间的互动变迁中,造就了不同文化的品性和特点。"但张岱年先生并不认为构成不同文化体系及结构的各个部分是完全不可分的。他提出的"可选择性"用他自己的话来说是"可析取性"。既然具有这种"可选择性",我们就可以实施"优选"的实践。我倾向于把这种"可析取性"称为"可集成性"。

相对于"继承创新"而言,"集成创新"更强调"集成"主体的自觉,而"继承创新"更强调"继承"对象的权衡。事实上,我们当下在世界开放格局中的城市文化建设,更体现为一种跨越发展和转型发展,我们需要的"文化自觉"就是这种发展中主体的自主意识,开放意识和建构意识。在文化建设的操作层面上,"集成创新"需要凝聚一个核心理念,谋划一方整合框架,优化一批析取元素,创生一个有机形态。为了实现有效的"集成创新",我认为需要强化、培养四种意识:一是自主意识,即创新要素及其有机集成要服从主体解决文化转型发展的需要;二是跨界意识,这既包括开放创新要素的空间跨界,也包括开放创新主体的思维跨界;三是协同意识,这意味着要善于集中智慧,凝聚力量,开放建构,有机整合;四是前瞻意识,即不仅关注"现实的文化"更要关注"文化的现实",在与时俱进中实现文化转型。

(原载《光明日报》2012年12月1日)

城镇化驱动文化转型发展

中央城镇化工作会议不久前在京召开。对于我们的文化建设而言,这是一项特别需要关注的工作,是一个我们必然置身其中且应当顺势而为的进程。会议指出,城镇化是现代化的必由之路。推进城镇化是解决"三农"问题的重要途径,是推动区域协调发展的有力支撑,是扩大内需和促进产业升级的重要抓手。很显然,这里的"扩大内需"包括文化内需的扩大,这里的"产业升级"包括文化产业的增长,这里的"协调发展"包括公共文化服务的均等;而这里所谓的"三农"问题的解决,更意味着文化的转型发展。这是因为,世界各国的发展经验表明,现代化是依托工业化、城镇化由传统农业社会向现代社会转变的过程,这是一个城镇化与工业化、现代化相伴而行、相互促进的过程。也就是说,城镇化作为我国经济社会发展一个必然的历史过程,也必然驱动文化的转型发展并将主导现代文化的发展进程。此间"现代文化"的重要特征,就是农业文明向工业文明的迈进,就是乡村文明向城镇文明的迁变,就是知识守恒向信息裂变的转换,就是文化传衍向文化转型的跋涉!

我国是一个历史悠久的文明古国,这个历史悠久的文明就其主导方面而言是农耕文明。我们之所以要坚持以农为本、以农立国,不仅因为"三农"问题是中华民族传衍与发展的基本问题,而且也是因为国家的律法规制与道德操守也深深根源于斯、维系于斯。中国的传统文化及一以贯之于其中的文化传统,就其本质而言是求善重于求真且趋美重于趋利。这种重伦理轻逻辑、重感悟轻功利的人生信念几乎渗透在所有的生活仪式、人际交往、精神陶冶、休闲娱乐之中。不仅作为人生信念的文化内容是如此,对其加以呈现的文化形态也显得不愠不火、不躁不急、不浓不艳。绘画"计白当黑"的写意,戏曲"以一当十"的虚拟,民乐"大音希声"的空灵……无不在其底蕴上沉淀着农耕文明,流连于乡村境界。

现在,"城镇化"作为一个自然历史过程降临了。"降临"的真实含义是:到2012年,我国城镇人口已达到7.1亿,城镇化率达到世界平均水平。显然,对于我国来说,"城镇化"意味着重大的历史变更;但从仅仅是"世界平均水平"的"城镇化率"来看,我国还会因势利导地推进这一"自然历史过程"。就"城镇化是现代化的必由之路"而言,可以断言城镇化也将驱动文化发展的现代化。固然,现代化不是"西化",尤其不会是意识形态意义上的"西化";但具有较高"城镇化率"的西方发达国家,由城镇功能决定的建筑文化,由市民需求引领的休闲文化,以及由文化流动、交集、包容而形成的契约文化,都可能成为驱动我们文化转型发展的"他山之石"。看看安德鲁在我国多地留下的包括"国家大剧院"在内的建筑样本,看看音乐剧这一"都市新演剧"演绎的"大市民伦理",看看高新科技催生的文化新业态及其内容生产的新理念……我们不得不承认,"城镇化"已然驱动着我们文化的转型发展。

城镇化对文化转型发展的驱动,首先体现为文化生产对市民文化消费需求的顺应。建立在农耕文明基础上的乡村文明,培育出的文化消费心理有两个基本特征:一是在时空观上,体现为"春种秋收闹冬闲"的"年周期",这种"心理期待"适应节奏平缓且循环往复;二是在技艺观上,体现为"有起有合有承转"的"线性美",这种"心理期待"适应材料天然且技艺单纯。不仅泥人、皮影、窗花、麦秸编等工艺文化就地取材,而且歌舞、曲艺、杂耍、地方戏等演艺文化亦率性而为。城镇,特别是都市文明在这两个方面都体现为与之迥异的文化消费心理:时空观上,市民生活节奏是"作五息二度周末",节奏提速且阡陌纵横;技艺观上,由于文化的流动、交集、包容乃至融合,市民们更向往材料的复合与手段的"交响"。在这种转型期,我们总能听到"静一些""慢一些"的诉求,其实就体现出转型期文化消费心理的落差。

其次,城镇化对文化转型发展的驱动,体现为高新科技对都市文明的不断提升和持续建构。说"城镇化是现代化的必由之路",包含着这样一个判断,即都市文明是比乡村文明更现代的文明;而这个"现代"或曰"现代性"的主导方面,就体现为都市文明构成中的高新科技含量。数年前,诺贝尔经济学奖获得者斯蒂格利茨就预言:美国的新技术革命和中国的城镇化,是21世纪带动世界经济发展的两大引擎。似乎也可以说,城镇化和与之紧密相伴的新技术革命，也是带动我们文化发展的两大引擎。事实上，科学技术的每一次重大进步，都会给文化的发展带来革命性变化。我们当前文化建设中对"文化与科技融合"的强调，其实也是我们城镇化进程中最重要的文化建设举措。这个融合有利于转变文化发展方式，促进文化又好又快发展；有利于丰富文化样式业态，满足人们多样化文化需求；有利于掌握文化发展的主动权，提升中华文化影响力。

第三，城镇化对文化转型发展的驱动，必须考虑实现文化引领风尚、教育人民、服务社会、推动发展的功能。中央城镇化工作会议要求，要以人为本，推进以人为核心的城镇化，提高城镇人口素质和居民生活质量；要优化布局，促进大中小城市和小城镇合理分工、功能互补、协调发展；要坚持生态文明，着力推进绿色发展、循环发展、低碳发展；要传承文化，发展有历史记忆、地域特色、民族特点的美丽城镇。我国城镇化工作的上述要求，本质上是对文化转型发展的要求。也就是说，文化的转型发展，一要有助于提高人口素质和居民生活质量，二要有助于合理布局、协调互补，三要有助于节约集约利用资源，四是有助于传承文化、强化特色。我们的城镇化是以人为本的新型城镇化，由这种城镇化驱动的文化转型发展将顺应并引领人的全面发展。

第四，城镇化对文化转型发展的驱动，需要强化"文化综合创新"的意识。城镇化对于我们这个以农为本的国度而言，本身就体现为一次重大的社会转型。相对于我们既往的乡村社会而言，城镇化意味着更为庞大的人口流动和更为复杂的人际关系，也因此生成着更为复杂的社会结构和更为包容的人文精神。城镇化及其导入的都市文明就其本质而言，是流动中的融通和包容中的凝聚。这样一种新的都市文明的建构，往往不是"以不变应万变"似的"继承创新"，而是如哲学大师张岱年所说的"文化综合创新"。"文化综合创新"的理念，是张岱年探索中华文化重建和复兴时提出的。提出的目的是超越文化上"传统主义""西化主义"的两极性和单向度立场，坚持文化内容的可选择性并倡导文化"优选法"；而"文化综合创新"的意旨，则在于对多重文化因素进行有机融合、会通以有效实现文化转型发展。著名科学家钱学森从社会科学与自然科学汇流的时代大潮中，看到科技创新呼唤和孕育了系统集成思维，提出了"大成思维学"的系统思考。结合钱学森的思考来看张岱年的理念，我以为在城镇化驱动的文化转型发展中需要强化的是"集成创新"意识。因为"大成思维"就是"集大成"的思维,"文化综合创新"就是"文化集成创新"。所谓"文化转型发展"意味着对文化创新要素的选择、优化,以及在这一基础上的建模、构型。

在中央城镇化工作会议上,提出了推进城镇化的主要任务,其中有一项是"提高城镇建设水平"。城镇建设水平,既是其生命力所在,也是其文化魅力所在。因此,城镇化驱动的文化转型发展,在顺应并引领城镇人的全面发展时,还要努力建构并提升城镇文化的精神品质。对此,工作会申说"要体现尊重自然、顺应自然、天人合一的理念,依托现有的山水脉络等独特风光,让城市融入大自然,让居民望得见山、看得见水、记得住乡愁;要融入现代元素,更要保护和弘扬传统优秀文化,延续城市历史文脉……"这项任务告诉我们,中国的城镇化是饱浸着中国"天人合一"理念的城镇化,是守望乡愁、延续文脉的城镇化,这也是我们文化转型发展中不移的信念和不变的情操!

(原载《光明日报》2013年12月26日)

先进文化建设重在发挥文化功能的先进性

今年是中国共产党建党 90 周年。这 90 年是世界历史大变动更是中国历史大变动的 90 年，或者可以说，中国历史大变动影响、改变并重新确立着世界格局。从文化的角度看，中国共产党在每一历史阶段都成功地构建了其先进文化，从而有力地推动了党的事业发展并实现着中华民族的伟大复兴。毛泽东说过："没有文化的军队是愚蠢的军队，而愚蠢的军队是不能战胜敌人的。"这句话言简意赅地告诉我们，我们党在任何时候要建设的文化是能"战胜敌人"的文化。中国共产党文化建设的先进性，在于建设一种帮助我们攻坚克难、克敌制胜的文化，这也就是我们所说的发挥文化功能的先进性。具体而言，我们党的先进文化建设有十个要点：

一、先进文化是能解决实际问题的文化

"十月革命一声炮响，给我们送来了马克思列宁主义"，作为一种先进性的思想文化并作为我们党指导思想的理论基础，马克思主义是能解决中国革命实际问题的思想文化，马克思主义也必然与中国革命实际相结合。反本本、反教条都体现出我们"解决实际问题"的主张，而"实践是检验真理的唯一标准"更是这一主张"先进性"的高度凝炼。

二、先进文化是能实现阶段目标的文化

谈及文化的"先进性"，学者们往往会关注其指向的终极性和对现实的超越性。我们党是一个求真务实的政党，具有远大理想但不好高骛远，

知道文化建设必须通过阶段目标的不断设计和不断实现，才谈得上实现超越性和走向终极性。"饭要一口一口地吃，仗要一仗一仗地打"，就是发挥文化功能这一"先进性"的一个形象比喻。

三、先进文化是能聚合社会阶层的文化

不论是追求远大理想还是实现阶段目标，我们的文化建设都需要发挥聚合社会阶层的功能，这是真正意义上、彻底意义上的"大众文化"建设。社会阶层的现实存在和长期存在是文化建设需要面对的实际，"均贫富"特别是文化建设的"均贫富"作为一种文化理想，不是掐"精英文化"之尖去齐"俗世文化"之念，而是通过"普及基础上的提高"和"提高指导下的普及"，通过"引导社会，教育人民"来发挥聚合社会阶层的功能。

四、先进文化是能树立核心价值的文化

一种文化是否具有先进性，在很大程度上决定于一定时期一定区域（特别是较大区域）的广大群众对其认同的自觉性。能发挥文化认同功能并引导文化信仰建设的文化，必然是能树立核心价值的文化。所谓"文化自觉"，首先体现为对文化核心价值倾心认同并诚心守望的自觉，而能否建设这样一种文化，显然是文化是否具有先进性的一个重要标志。

五、先进文化是能理顺社会矛盾的文化

在任何一个社会中，都不可能不存在社会矛盾。社会是种种人际关系组成的社会，社会矛盾说到底是人与人之间关系的矛盾。如何处理人际关系或者说理顺人与人之间关系的矛盾，古哲先贤亦多有哲思贤论，但时过境迁，理顺社会矛盾的文化也需与时俱进。我们当前强调加强社会管理建设，从文化层面上来看，一是要加强社会良序和个体良知的建设，二是要理顺社会管理者与被管理者（特别是社会弱势群体）的关系，这是先进性文化建设一个极其重要的方面。

六、先进文化是能推动经济建设的文化

推动经济建设是推动整个社会发展的基础和先决条件，推动经济建设首先是要推动生产力的解放和促进生产力的发展。从这个意义上来说，文化的"先进性"与否不能完全脱离生产力的先进性与否来谈。固然，先进的生产力只是先进文化的一个重要方面，但生产力的落后不能说决定这种生产力的文化具有了"先进性"。推动经济建设作为文化功能先进性的一个重要方面，还在于经济建设的不断推进将会为先进文化建设提供更高耸的平台和更广袤的视野。

七、先进文化是能促进改革创新的文化

改革创新是先进文化建设的动力，也是先进文化建设的内在要求。无论是解决实际问题也好，实现阶段目标也好，促进改革创新都是发挥文化功能先进性的重要方面。在我们党的事业发展中，革命是解放生产力，改革也是解放生产力；同样，革命是建设先进性的新文化，改革也是建设先进性的新文化。正是因为体制机制改革的不断深化和"创新型国家"建设的高度要求，我们的文化建设才可能呈现出先进性并保持着先进性。

八、先进文化是能全面协调发展的文化

当前中国特色社会主义事业的总体布局，强调的是经济、政治、社会、文化及生态文明"五位一体"的建设，这种全面协调发展的文化建设观无疑体现出文化功能先进性的高度发挥。在广义的文化理念中，经济、政治、社会、生态文明建设也体现为相应的文化建设，但文化建设不以狭义的文化理念自囿自足，这是先进文化的一个重要品质。文化需要全面协调发展，既是人的全面发展的需要，也是社会全面发展的需要。并且，文化作为"软实力"虽然对内体现为凝聚力对外体现为影响力，但其本质上更是一种渗透力和濡润力，这一本质也决定了先进文化建设是全面协调的。

九、先进文化是能抓住战略机遇的文化

一个国家一个民族一个社会需要生存更需要发展，发展不仅需要启动建设引擎而且需要抓住战略机遇，在经济全球化、政治多极化的发展背景中尤其如此。与经济全球化、政治多极化相联系，我们较多强调的是文化多样化。对文化多样化的强调既是对一种理想文化生态的期盼，也是对一种文化生存权利的诉求。发挥文化功能的先进性，就是要将文化生存权利的诉求转化为文化发展机遇的寻求，就是要抓住战略机遇以发展求生存、壮生存。

十、先进文化是能构建共同利益的文化

所谓先进文化，不仅在于时代性强而且在于认同度高。因此，先进文化建设的价值取向应当有利于利益共同体的构建。我们处于一个文化广泛交流、激烈交锋和彼此交融的时代，有无普世价值、如何认识普世价值、怎样认同普世价值已成为不同利益集团主打的一张"文化牌"。在这样一个发展时代、发展境遇中，构建共同利益显然是发挥文化功能先进性的一个重要方面，因为共同利益的构建将大大有助于文化的共同发展。

在90年的辉煌历程中，中国共产党始终坚持自身的"先进性"建设，坚持实事求是，坚持与时俱进，坚持科学发展，坚持包容增长……这本身也体现为一种先进文化建设。以发展的眼光看，文化的"先进性"是一种属性更是一个过程，发挥文化功能的先进性旨在从文化理念的作用来思考文化本体的建设，而这本身就是我们党先进文化建设的一个重要理念。

（原载《文艺报》2011年7月1日）

后　　记

　　将自己一段时间的文章结集付梓，这是第三次。第一次是结束在北京舞蹈学院任教 13 年（1988—2001）之际，由文化艺术出版社出了一本《高教舞蹈综论》；第二次是结束在文化部艺术司任职 8 年（2001—2009）之际，由古吴轩出版社出了一本《舞台演艺综论》。曾经设想过第三次文章结集的情景：因为自 2009 年之后的 5 年任职于文化部文化科技司，该司的主体业务是文化科技、艺术科研和艺术教育，所以书名想叫《文化科教综论》……只是彼时并不知道由谁家来付梓出版。

　　看来是一种天赐的机缘。《文艺报》理论部主任熊元义一日带来友人造访，他们分别是中国文联出版社社长兼总编辑朱庆和该社学术分社总监邓友女。在我看来，这应当是一次准公务活动。因为朱庆尚未坐定就滔滔不绝地谈起了他关于"艺术学文库"的庞大构想，他希望国家哲学社会科学基金艺术学项目的优秀成果能被吸纳其中——出版社提供了很优越的补贴条件。这是一件不太容易的事，特别是这年头——你懂的！随后，朱庆提到正在为"中国艺术学文库·博导文丛"组织书稿，他说熊元义极力向他推荐我。

　　在文化科技司任职的 5 年，虽然也结合工作发表过一些思考，但数量显然有限。因为司里主体业务的拓展，往往与新的文化发展理念紧密关联，这些年的思考也因此而更加宏观，也因此更加"大文化"。我常说，十分感激部党组织 2009 年的"大轮岗"，正是这个"大轮岗"让我步入了"大文化"。如果说，从北京舞蹈学院任教到文化部艺术司任职，我的视野是由舞蹈艺术拓展到整个舞台表演艺术；那么从艺术司转岗到文化科技司，不仅是视野的拓展更是心胸的敞亮，是从传统文化业态踏上新兴文化平台。在这个平台上，能感觉传统文化业态正日益"小众"起来，而大众更多的在新兴文化平台上追逐那种与时俱进、与民同乐的"大文化"。

但其实，答应朱庆的约稿后我并未付诸行动。因彼时仍有不少思考荡然胸臆、涌上笔端。只是经不住友女三番屡次的催促，才下决心对5年来的文稿进行了系统的梳理，于是便有了这部《艺术学的文化视野》。这个系统梳理，一是尽量符合"中国艺术学文库·博导文丛"的取向，二是尽量依循5年来"大文化思考"的面向。"文集"不是"专著"，它貌似的"系统"只是事后有限的"归纳"。这样也好，读者看到的不是"为文而文"的我，是我对所做工作的一点思考，也是我在工作中的一种思考方式。不敢说"文以载道"，但"文以录思"却是实情。当然，那"思"思的主要还是"道"。

文集文集，说明是对一段时间文稿的集中梳理；做这种时过境迁、朝花夕拾的事情，我其实也是心存疑虑的——它对我们坚定前行的文化建设是否有些许意义。"文集"相对梳理出的九个篇章，倒有些自己近年来格外倡导的"集成创新"的愿景。集成创新，先得要有丰富的、可供选择的要素，那就是这5年来我对文化建设即时的思考和瞬时的反应。这些思考和反应基本上源自"问题意识"，目标当然是指向"问题的解决"。由此，我想特别感谢《中国文化报》的林金华、《艺术百家》杂志的楚小庆、《光明日报》的苏丽萍和《中国艺术报》的向云驹，是他们的帮助乃至催促，使这些思考、反应醒目地亮相报章。我至今对苏丽萍最深的印象，是她那不时发来的短信——"于司，给来篇头条，下周见报"。这头条的篇幅可达3000字，要知道这可是《光明日报》；林金华和楚小庆不仅在第一时间让我的文稿面世，而且总是溢美有加地说我的文章为他们的报刊添加了分量——虽然明知这里有友人间的恭维，但心里仍不免有几分惬意；向云驹作为多年老友，接掌《中国艺术报》后将其办得有声有色，也吸引了我不断将思考形成文章、付诸版面。就这部"文集"的出版而言，还应感谢河北省艺术研究所张红武和中国文联出版社王小陶付出的心血。"文集"的文章全由红武搜索整理，而具体的编辑工作则由小陶完成。

最后还要再提一下熊元义。早在两年前，元义就要以"专访"的方式来让我谈谈文化建设的见解，我则觉得目光欠炯、底气不足。这次将文稿集结成集后，我倒有心请他分析分析，当然我也十分明确地告诉他，他的"分析"将作为"代序"出现在"文集"之中。关于"后记"我只能写这些，希望元义的"代序"能对读者的阅读有所帮助。

2014年5月23日